LE PRÉSIDENT TH. ROOSEVELT

La Conquête de l'Ouest

DES ALLEGHANYS AU MISSISSIPI

(1769-1777)

Traduction ALBERT SAVINE

PARIS

DUJARRIC & Cie, ÉDITEURS

50, RUE DES SAINTS-PÈRES, 50

1905

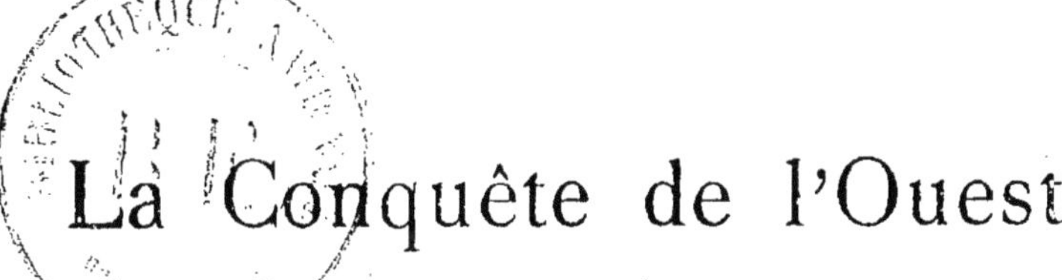

La Conquête de l'Ouest

DU MÊME AUTEUR

La Vie au Rancho.
Chasses et Parties de chasse.
New-York.

En Préparation :

La Conquête de l'Ouest : *Sous la Révolution (1777-1783).*
Le Chasseur des Solitudes.
La Guerre navale de 1812.

PRÉSIDENT TH. ROOSEVELT

La Conquête de l'Ouest

DES ALLÉGHANYS AU MISSISSIPI

1769-1777

Traduction ALBERT SAVINE

PARIS

DUJARRIC & Cⁱᵉ, ÉDITEURS

50, RUE DES SAINTS-PÈRES, 50

1904

CE LIVRE EST DÉDIÉ

A

FRANCIS PARKMAN

A QUI

*les Américains, qui se sentent fiers des progrès qu'a faits leur pays,
ont tant d'obligations*

O étrange nouveau monde qui ne fus jamais jeune,
A qui l'enfance fut arrachée par la main crochue de la nécessité,
Orphelin au brun visage, trouvé dans les bois, et dont le berceau
Fut assiégé par le bruit des pas de l'Indien sanguinaire,
Qui grandis et devins fort par les expédients, les besoins, les souf<
[frances.
Tes pères nourriciers étaient des hommes austères qui portaient un
[empire dans leur cerveau,
Ils virent dans leur rêve le jeune Ismael
Saisir de chaque main à la crinière et dompter un Océan.
Toi qui fus exercé par la Liberté et par de grands événements,
A créer des Etats nouveaux avant que le vieux monde pût planter
[des tentes,
La destinée t'apprit à pénétrer le plan de Jéhovah
Et ainsi tu connus que nul danger humain ne saurait triompher
[d'un homme.

. . . .

O mes amis, rendez grâce à votre Dieu, si vous en avez un, de ce que,
Entre le vieux monde et vous, il a mis le gouffre d'une mer.
Restez le dos fort, la main hâlée, droits comme vos pères,
Et modelez vos desseins sur l'échelle d'un hémisphère.

LOWELL.

PRÉFACE

Une grande partie des matériaux qui servent de base à cet ouvrage se trouvent dans les Archives du Gouvernement Américain, qui remontent jusqu'à 1774, époque où s'assembla le premier congrès continental. Les premières séries ont été publiées complètes jusqu'à 1777, sous le titre d'*Archives Américaines,* et seront ici désignées par ce nom. Ces volumes contiennent une quantité immense de documents : on y trouve des mémoires de particuliers, et une grande partie des papiers d'état des divers gouvernements d'Etats et de Colonies, aussi bien que ceux qui se rapportent à la Confédération. Les documents qui datent de 1789 et années suivantes, mais sans qu'on y ait joint aucuns papiers relatifs aux Etats distincts, ont été également recueillis et imprimés sous le titre de *Papiers d'Etat Américains* ; c'est sous ce titre qu'on les citera désormais.

Quant à l'ensemble des documents correspondant à l'intervalle entre ces deux séries, c'est-à-dire à la période comprise entre 1776 et 1789, ils n'ont point été publiés, et la plus grande partie d'entre eux n'ont même jamais été consultés, fût-ce de la façon la plus hâtive. Toutes les pièces originales se trouvent au département d'Etat à Washington et, pour plus de commodité, elles seront citées sous le titre de *Manuscrits du département d'Etat*. Elles sont reliées en deux ou trois cents gros volumes, mais je ne saurais indiquer au juste leur nombre, car bien qu'il y ait un numérotage, plusieurs numéros se rapportent à un nombre de volumes qui va de deux ou trois à dix ou quinze. Les volumes les plus souvent cités sont les suivants :

N° 15. *Lettres de Huntington.*

N° 16. *Lettres des Présidents de congrès.*

N° 18. *Volume de correspondances B.*

N° 20. Volume I. *Rapports de Comités sur les papiers d'Etat.*

N° 27. *Rapports de Comités sur le Bureau de la guerre*, de 1776 à 1778.

N° 30. *Rapports de Comités.*

N° 32. *Rapports de Comités des Etats et de la semaine.*

N° 41. Volume 3. *Mémoires E. F. G.* 1776-1788.

N° 41. Volume 5. *Mémoires K. L.* 1777-1789.

N° 50. *Lettres et Papiers d'Olivier Pollock*, 1777-1792.

N° 51. Volume 2. *Lettres interceptées.*

N° 56. *Affaires indiennes.*

N° 71. *Papiers de l'Etat de Virginie.*

N° 73. *Papiers de l'Etat de Géorgie.*

N° 81. Volume 2. *Rapports du secrétaire John Jay.*

N° 120. *Lettres Américaines.*

N° 124. Volume 3. *Rapports de Jay.*

N°-125. *Volume relatif aux négociations.*

N° 136. Volume 1er. *Rapports du bureau de la Trésorerie.*

N° 136. Volume 2. *Rapports du bureau de la Trésorerie.*

N° 147. Volume 2. *Rapports du bureau de la guerre.*

N° 147. Volume 5. *Volume du bureau de la guerre.*

N° 147. Volume 6. *Rapports du bureau de la guerre.*

N° 148. Volume 1. *Lettres provenant du bureau de la guerre.*

N° 149. Volume 1. *Lettres et rapports de B. Lincoln, secrétaire à la guerre.*

N° 149. Volume 2. *Lettres et rapports de B. Lincoln, secrétaire à la guerre.*

N° 149. Volume 3. *Lettres et rapports de B. Lincoln, secrétaire à la guerre.*

N° 150. Volume I. *Lettres de H. Knox, secrétaire à la guerre.*

N° 150. Volume 2. *Lettres de H. Knox, secrétaire à la guerre.*

N° 150. Volume 3. *Lettres de H. Knox, secrétaire à la guerre.*

N° 152. Volume 2. *Lettres du général Washington.*

N° 163. *Lettres des généraux Clinton, Nixon, Nicola, Morgan, Harmar, Muhlenburg.*

N° 169. Volume 9. *Lettres de Washington.*

N° 180. *Rapport du secrétaire du Congrès.*

Outre ces volumes numérotés, le département d'Etat en possède d'autres, tels que la *Correspondance de Washington*, marquée *Département de la guerre,* 1792-93-94-95. Il y a aussi une série de volumes numérotés de *Lettres à Washington,* les numéros 33 et 49 contiennent les *rapports* de George Rogers Clarke. Les *papiers de Jefferson*, qui sont conservés dans le même dépôt, sont reliés en plusieurs séries, dont chacune contient plusieurs volumes. On y trouve également ment les *papiers de Madison et de Monroë*, mais non encore reliés ; je les cite avec l'indication de Madison Mss, et de Monroë Mss.

Je dois mes remerciements à M. W. C. Hamilton, sous-Bibliothécaire, qui m'a donné toutes les facilités pour l'examen des matériaux.

A Nashville, dans le Tennessee, j'ai eu à ma disposition des quantités de documents originaux, consistant en séries d'anciens journaux, lettres inédites, carnets de notes journalières, rapports et autres manuscrits. J'ai obtenu l'autorisation de les examiner à loisir, et même d'apporter chez moi tout ce que j'ai jugé de plus grande valeur. Je dois des remerciements tout particuliers pour cela au juge John M. Lea, ainsi qu'à mes autres nombreux amis de Nashville, auxquels je me reconnaîtrai toujours redevable, pour la bienveillance infatigable avec laquelle j'ai été traité, je dois exprimer ma gratitude toute spéciale à M. Lemuel R. Campbell. Les manuscrits de Nashville dont je me suis le plus servi, sont :

Les manuscrits Robertson, comprenant deux forts volumes, intitulés : *Correspondance... du général*

James Roberston, *de* 1784 *à* 1814. Ils appartiennent à la bibliothèque de l'Université de Nashville ; j'ai eu quelque peine à trouver le second volume, mais enfin j'y suis parvenu.

Les manuscrits Campbell composés de lettres et de mémoires échangés entre différents membres de la famille Campbell qui jouèrent un rôle considérable dans la Révolution. Il y est surtout question de la guerre de Lord Dunmore, des guerres des Chérokees, de la bataille de King's Mountain, des spéculations sur les terres, etc. Ils appartiennent à M. Lemuel R. Campbell, qui s'est donné personnellement beaucoup de peine pour me faire parvenir la copie des pièces les plus importantes.

Quelques-uns des papiers de Sévier et de Jackson, les journaux originaux manuscrits de Donelson, relatifs à son fameux voyage pour descendre le Tennessee et remonter le Cumberland, et ceux de Benjamin Hawkins relatifs à la détermination des limites du Tennessee, les mémoires de Thos. Washington, Overton et de Dunham, les premières années de la *Gazette de Knoxville*, de 1791 à 1795, etc. Tous ces documents se trouvent dans la bibliothèque de la Société historique de Tennessee.

Quant aux documents originaux sur le Kentucky, j'en suis surtout redevable au colonel Ruben T. Durrett, de Louisville, le fondateur du « Filson Club », qui a tant fait pour l'histoire en ces dernières années. Il m'a permis de travailler à loisir dans sa bibliothèque, la plus complète qu'il y ait au monde pour tout ce qui se rattache à l'histoire du Kentucky. Entre autres matériaux, il possède les manuscrits Shelby qui contiennent nombre de lettres adressées à Isaac Shelby ou écrites par lui, une auto-biographie dictée par lui ; le journal manuscrit du Rev. James Smith, relatif à deux voyages faits dans l'ouest en 1784 et 1795 ; des séries anciennes de la *Kentucky Gazette ;* des livres que possédaient les premiers colons ; les papiers de Boon, de George Rogers Clark ; des notes manuscrites sur le Kentucky par Georges Bradford, qui s'y établit en 1779 ; la copie manuscrite du livre de notes du colonel John Todd, le premier gouverneur du pays de l'Illinois après la conquête par Clark ; les manuscrits Mac Afee, consistant en un récit du premier établissement de la Rivière salée, l'autobiographie de Robert Mac Afee, et un court mémoire sur l'histoire civile et naturelle de Kentucky ; une antobiographie manuscrite du Rev. William Hickman, qui parcourut le Kentucky en 1776, etc.

Je suis également très redevable au colonel John Mason Brown, de Louisville, aussi membre du Filson Club, pour l'aide qu'il m'a donnée, et surtout pour l'envoi de six volumes reliés de manuscrits, contenant la correspondance du ministre espagnol, Gardoqui, copiée dans les Archives d'Espagne.

A Lexington, j'eus à ma disposition les manuscrits Breckenridge, grâce à la bonté de M. Ethelbert D. Warfield ; ainsi que les manuscrits Clay, que je dus à l'obligeance de Miss Lucretia Hart Clay. Je suis tout spécialement reconnaissant à Miss Clay, pour m'avoir envoyé courtoisement la plupart des plus importantes et anciennes lettres, dépositions, comptes de Hart et de Benton.

Les manuscrits Blount m'ont été envoyés de Californie par l'honorable W. D. Stephens, de Los Angeles, bien que je ne lui fusse pas personnellement connu. C'est un trait de courtoisie et de générosité que je ne puis reconnaître autrement qu'en en exprimant ma sincère estime et ma gratitude et en profitant de cette occasion pour les exprimer de nouveau.

Les manuscrits Gates, d'où j'ai tiré quelques faits importants et non connus jusqu'à ce jour, au sujet de la campagne des King's Mountains, se trouvent dans la Bibliothèque de la Société historique de New-York.

Les *papiers de l'État de Virginie* ont été récemment publiés et sont maintenant accessibles à tous.

Au nombre des plus précieux documents qui n'ont point servi jusqu'à ce jour, et dont j'ai obtenu communication, se trouvent les papiers Haldimand, conservés dans les Archives Canadiennes à Ottawa. Ils font voir pour la première fois au point de vue anglais et indien tout ce qui est relatif aux batailles du Nord-Ouest, y compris la campagne de Clark, le siège de Boonsborough, la bataille des Blue Licks, la défaite de Crawford, etc. L'archiviste canadien, M. Douglass Brymner, m'a fourni des copies de tout ce qui m'était nécessaire, avec un empressement courtois dont je lui suis plus reconnaissant que je ne saurais le dire.

J'ai dû m'appuyer principalement sur ces collections d'anciens documents comme autorités, surtout pour la période de l'histoire de l'Ouest qui précède 1783. A l'exception du récit précieux, mais très bref, et souvent très inexact qui a été écrit par Filson comme venant de Boon, il n'existe pas d'histoire du Kentucky, antérieure à celle de Marshall, en 1812. La première his-

toire du Tennessee fut composée par Haywood en 1822.
Marshall et Haywood se sont fort bien tirés de leur
tâche ; le premier était un bon écrivain ; le second, un
érudit, et ainsi que l'historien du Kentucky, Mann
Butler, il avait un jugement sain et, en matière politique, il était dévoué à l'Union et empressé à se ranger
du côté du bon droit. Mais tous deux, ayant à parler
de l'histoire ancienne du pays situé au-delà des Alleghanys, écrivaient sur des événements qui étaient arrivés de trente à cinquante ans auparavant, et ils
étaient obligés de fonder la plupart de leurs assertions
sur la tradition, ou sur les souvenirs des pionniers arrivés à la vieillesse. La plupart des historiens plus récents suivent ces deux écrivains. Aussi la masse des
documents originaux, sous forme de correspondance
officielle et de lettres contemporaines contenues dans
les manuscrits Haldimand, Campbell, Mac Afee, Gardoqui, les documents manuscrits du département d'Etat,
les papiers de l'Etat de Virginie, non seulement jettent
un flot de lumière nouvelle sur cette histoire ancienne,
mais encore obligent à la recommencer entièrement.
Par exemple, ils donnent un aspect nouveau, et, en
quelques cas, diamétralement différent, à ce qu'on raconte couramment sur toutes les batailles avec les
Indiens, tant au sujet des Chérokees que des tribus du
Nord-Ouest. Ils donnent pour la première fois un tableau exact de la diplomatie relative à la frontière, des
intrigues avec les Espagnols, et même du genre de vie
qu'on mène dans les bois, et des effets du gouvernement civil. Il est peut-être bon de rappeler que les
divers noms propres sont écrits de façon si différentes

qu'on a quelque peine à reconnaître celle qui est la meilleure. Même le nom de Clark s'écrit parfois Clarke, et Boon paraissait indifférent à ce qu'on écrivît le sien avec ou sans l'*e* muet final. Quant aux titres originaux des Indiens, il est souvent tout à fait impossible d'en donner même une reproduction approximative. Les anciens historiens écrivaient souvent le même mot indien de façons si diverses qu'il était impossible de trouver aucune ressemblance de l'une à l'autre.

Pour conclure, je voudrais dire que ça été pour moi une vraie joie que d'écrire les exploits du peuple de la frontière. Je ne ferme nullement les yeux sur ses nombreux défauts, pas plus que je n'ignore le nombre de ses solides et bonnes qualités. J'ai passé sur la frontière la plus grande partie de mon temps pendant plusieurs années ; j'ai vécu et travaillé comme le fait tout autre habitant de la frontière. La contrée sauvage que nous habitions et que nous parcourions était située fort loin dans l'Ouest, et il y avait naturellement, dans la vie d'un éleveur de bestiaux des Grandes Plaines et des Montagnes Rocheuses, plus d'un trait qui la rendait différente de celle d'un backwoodman des forêts des Alléghanys un siècle avant. Néanmoins, les points de ressemblance étaient de beaucoup les plus nombreux et les plus frappants (1). Nous gardions nos troupeaux de bêtes à cornes marquées au fer rouge et de chevaux à long poil ; nous chassions l'ours, le bison, l'élan. le daim ; nous établissions le gouvernement civil et abat-

---

(1) Voir à ce sujet *La Vie au Rancho, Chasses et parties de chasse, Le chasseur des solitudes*, volumes traduits par nous de l'œuvre du Président Roosevelt. (*Note du traducteur*).

tions les individus malfaisants, blancs et rouges, sur les rives du Petit-Missouri, et parmi les pentes boisées, escarpées des Montagnes de la Grosse Corne exactement comme l'avaient fait les pionniers qui, cent ans auparavant, avaient construit leurs cabanes en troncs d'arbres le long de la Kentucky ou dans les vallées des Grandes Montagnes Fumeuses.

Les hommes qui ont pris part à la vie de frontière de nos jours, vie qui disparaît rapidement, éprouvent un attrait particulier pour la vie de frontière du passé, alors qu'elle a déjà disparu depuis longtemps.

THÉODORE ROOSEVELT.

Sagamore Hill, mai 1889.

LA CONQUÊTE DE L'OUEST

CHAPITRE PREMIER

L'EXPANSION DES PEUPLES DE LANGUE ANGLAISE

Pendant les trois derniers siècles, l'expansion des peuples de langue anglaise sur les vastes déserts de l'univers n'a pas été seulement le trait le plus frappant dans l'histoire du monde ; il a été aussi l'événement qui aura le plus de portée dans ses effets et ses conséquences.

La langue, que Bacon hésitait tant à employer dans ses écrits, de peur qu'ils ne restassent inconnus à tous, excepté aux habitants d'un royaume insulaire d'importance relativement faible, est maintenant la langue de deux continents. La Loi commune, que Coke défendait jalousement dans la moitié méridionale d'une île séparée de l'Europe, est maintenant la loi du pays dans de vastes régions de l'Australie et de l'Amérique, au nord du Rio-Grande. Les titres des pièces que composa Shakespeare sont aujourd'hui des mots courants, dans la bouche de puissantes nations, dont les vastes possessions lui paraissaient plus chimériques que le royaume du Prêtre-Jean. Plus de la moitié des descendants de leurs compatriotes de cette époque habitent aujourd'hui des pays qui, lors de la naissance de ces trois Anglais, ne contenaient pas un seul blanc. La race qui, à l'époque où ils devinrent des hommes, était resserrée entre la mer du Nord et la mer d'Irlande, étend aujourd'hui sa domination sur des mondes dont les côtes sans fin sont baignées par les vagues de trois océans.

Plusieurs autres races ont eu, à une époque ou à une autre, leurs grandes périodes de développement, en tant que phénomène distinct de la pure conquête, mais il n'en est point dont le développement ait été à la fois si étendu et si rapide.

A une certaine date, il y a bien des siècles, on eût pu croire que les peuples germaniques, subissant le sort de leurs ennemis et voisins les Celtes, allaient être absorbés dans l'universelle puissance romaine; que, mêlant leur identité à celle des vainqueurs, ils adopteraient leur loi, leur langue et leurs habitudes de pensée. Mais ce danger disparut à jamais le jour du massacre de la forêt de Teutoburg, où les légions de Varus furent broyées par le choc des guerriers sauvages de Hermann.

Deux ou trois cents ans plus tard, les Germains, renonçant à la défensive, sortirent de leurs forêts marécageuses, en conquérants et pour conquérir. Pendant des siècles, leurs essaims fourmillèrent de la sombre forêt qui s'étendait à l'est du Rhin et au nord du Danube, et lorsque leur force se fut épuisée, le mouvement se transmit à leurs frères qui habitaient les côtes de la Baltique et du nord de l'Atlantique. Du Volga aux Colonnes d'Hercule, de la Sicile à la Bretagne, tous les pays s'inclinèrent tour à tour devant les prouesses guerrières des robustes fils d'Odin. Rome et Novgorod, la cité impériale d'Italie comme la capitale fangeuse de la Moscovie, reconnurent l'autorité des rois de race teutonique ou scandinave.

Néanmoins, dans la plupart des cas, les envahisseurs victorieux se bornèrent à s'introduire de force parmi les possesseurs anciens et beaucoup plus nombreux du pays; ils régnèrent sur eux et furent absorbés par eux. Ce fut le sort des Teutons ainsi que des Scandinaves, des descendants d'Alaric et de ceux de Rurik. En Irlande, le Danois devint Celte ; le Goth de la péninsule Ibérique devint Espagnol ; Francs et Norvégiens se perdirent pareillement dans la masse de Gaulois parlant latin, et qui, eux-mêmes, finirent par prendre les noms de leurs maîtres. Aussi arriva-t-il que les Germains, après avoir conquis l'Europe, n'étendirent point les limites de la Germanie et la sphère de domination de la race germanique. Au contraire, ils donnèrent de la force aux rivaux du peuple dont ils étaient sortis. Ils donnèrent des maîtres, empereurs, rois, barons, chevaliers, à tous les pays qu'ils envahirent ; ils imposèrent leurs noms à des royaumes, à des principautés, comme en France, Normandie, Bourgogne, Lombardie ; ils greffèrent le système féodal sur la jurisprudence romaine, et interpolèrent quelques mots teutoniques dans les dialectes latins des peuples qu'ils avaient vaincus, mais succombant sous l'écrasante majorité du nombre, ils furent bientôt perdus dans la masse de leurs sujets, et reçurent d'eux leurs lois, leur civilisation et leur langage. En dernière analyse, les races mixtes du Sud, — les nations latines, comme on les nomme parfois, fortifiées par l'infusion du sang septentrional, se relevèrent pour commencer une vie nouvelle, plus vigoureuse, et devinrent pour quelque temps les guides du monde européen.

Dans un seul pays, la conquête aboutit à une extension durable du territoire germanique, mais ce pays était destiné à prendre plus d'importance dans l'avenir des peuples germaniques que toutes leurs possessions naturelles ou acquises, prises ensemble. Le jour où les carènes des pirates frisons hollandais heurtèrent les côtes anglaises était gros du destin de plusieurs nations. Alors surgit dans le sud de la Grande-Bretagne conquise, quand elle eut, par un phénomène significatif, pris le nom d'Angleterre, cette branche du tronc germanique qui devait à la fin s'emparer d'un pouvoir littéralement universel, et, dans son expansion débordante, réduire à une proportion insignifiante tout le reste de sa parenté. En ce temps-là, dans le naufrage général du monde civilisé, la formation de l'Angleterre attira peu l'attention. Les regards des hommes étaient fixés sur les empires conquis par les armées d'Alaric, de Théodoric, de Clovis, et non point sur cet essaim de petits royaumes et comtés fondés par des chefs sans nom, dont chacun conduisait sa bande distincte de fidèles aguerris à la rame, aguerris à la bataille, à travers les eaux orageuses de l'Océan germanique. Cependant les lois et la race du Goth, du Franc, du Burgonde ont disparu de la terre, tandis que les fils d'inconnus, guerriers saxons, angles et frisons, tiennent aujourd'hui dans leurs mains le destin des armées à venir.

Quand eurent pris fin les grandes migrations teutoniques, il se produisit une longue période de calme, jusqu'au jour où la découverte de l'Amérique ouvrit une carrière encore plus vaste à l'expansion. Pendant ce repos, les nations de l'Europe prirent leurs formes actuelles. Et vraiment, les nations dites latines — les Français, les Espagnols par exemple, — peuvent être considérés comme nés après qu'eut cessé la première phrase de migration. Leur histoire nationale, comme telle, ne commence guère que vers cette époque, tandis que celle des peuples germaniques s'étend sans interruption jusqu'à l'époque où nous entendons parler d'eux pour la première fois. Il serait malaisé de dire, parmi la demi-douzaine de races qui existaient en Europe au début de l'ère actuelle, laquelle doit être regardée comme l'ancêtre du Français ou de l'Espagnol modernes. Quand les Romains conquirent la Gaule ou l'Ibérie, ils ne chassèrent nulle part les anciens possesseurs du sol ; ils se bornèrent à les romaniser et les laissèrent subsister comme base de la population. Mais les invasions franques et wisigothes ajoutèrent un autre élément sanguin, qui devait être promptement absorbé, tandis que les envahisseurs adoptaient la langue du peuple conquis et s'établissaient comme classe gouvernante. Ainsi les nations modernes, qui sortirent de ce mélange, tirent une partie de leur système gouvernemental et de leur conduite générale, d'une race, une grande proportion de leur sang d'une autre race, et leur langage, leur législation, leur civilisation d'une troisième.

La race anglaise, au contraire, a une histoire parfaitement continue. Sous le règne d'Alfred, les Anglais avaient déjà une existence nationale bien distincte. Sous le règne de Charlemagne, les Français n'avaient aucune existence nationale dans le sens où nous employons cette expression. Les Germains du continent se bornèrent à parcourir les contrées qui s'ouvraient devant eux, mais les pirates qui conquirent l'Angleterre déplacèrent sur de grandes étendues les Bretons indigènes. Les premiers furent absorbés par des races sujettes ; les derniers, au contraire, massacrèrent ou chassèrent ou s'assimilèrent les habitants primitifs. A la différence de tous les autres essaims germaniques, les Anglais ne prirent à leurs ennemis battus ni leur croyance, ni leurs usages, ni leur législation, ni leur langue. Au temps où la dynastie des Capétiens s'établit solidement à Paris, la France était simplement une partie d'un pays où des Gaulois et des Basques latinisés étaient gouvernés par des Francs, des Goths, des Burgondes, des Normands latinisés, mais le peuple qui habitait alors au-delà du détroit ne montra guère de trace d'influence celtique ou romaine. Il serait malaisé de dire lequel de Vercingétorix ou de César, de Clovis ou de Syagrius, aurait le plus de droit à se donner comme le type du général français moderne. Il ne s'élèverait aucun doute dans le second cas. L'Anglais, l'Américain, l'Australien ordinaires d'aujourd'hui, s'ils veulent rappeler les preuves de puissance qu'on peut mettre au crédit de leur race en ces jours obscurs de leur histoire, devraient remonter jusqu'aux gloires à demi mystiques de Hengist et de Horsa, peut-être même aux exploits de Batave Civilis, ou à ceux qui eurent lieu dans la bataille de Teutoburg, mais à coup sûr, ils n'iront point recourir aux guerres du chef silurien Caractacus, ou de son vainqueur, le futur empereur Vespasien.

Néanmoins, au XVIe siècle, quand les peuples européens commencèrent à étendre leurs conquêtes hors de l'Europe, l'Angleterre était parvenue à un état qui différait profondément de celui des pays germaniques du continent. Un élément celtique très considérable avait été introduit dans le sang anglais, et en outre il avait reçu une très forte addition de sang scandinave. Plus importants encore, furent les changements radicaux apportés par la conquête normande : le principal d'entre eux consista dans la transformation de l'ancienne langue anglaise en ce magnifique idiôme qui est aujourd'hui l'héritage commun de tant de peuples qui occupent une si grande étendue de territoires. En outre, la position insulaire de l'Angleterre lui permit de travailler à sa propre destinée sans subir une gêne appréciable de la part des puissances étrangères, de sorte qu'elle produisit un type de nationalité tout à fait distinct de ceux qui occupaient le continent européen.

Rien de cela n'est indifférent pour l'histoire de l'Amérique. Le vaste ensemble de faits qui aboutit à la conquête de notre continent ne saurait être justement compris si on le considérait seulement en lui-même. Il fut le couronnement, le terme le plus élevé d'une succession d'événements immenses, et il doit être examiné dans ses rapports avec eux. On en perdrait de vue la véritable signification si l'on négligeait de se représenter, fût-ce en une grossière esquisse, l'histoire passée, au point de vue de la race, des nations qui y participèrent.

Lorsque commença, avec les voyages de Colomb et de ses successeurs, la grande période de colonisation extra-européenne, des nations diverses luttèrent pour avoir leur part dans cette œuvre. La plupart d'entre elles eurent à créer leurs colories dans des régions d'outre-mer. Seule, la Russie, grâce à sa situation géographique, était en état d'étendre ses frontières sur terre. Aussi sa colonisation comparativement récente de la Sibérie offre-t-elle quelque analogie avec notre propre entreprise dans les Etats occidentaux de l'Union. Les autres pays de l'Europe furent obligés de chercher au-delà de l'Océan des débouchés pour leurs conquêtes et leur émigration. Jusqu'au jour où les colons eurent pris profondément racine dans leur nouveau séjour, la possession de l'empire des mers devint une question d'importance vitale.

De tous les pays d'outre-mer, ce fut l'Amérique qu'on atteignit d'abord, et qui acquit le plus d'importance. Elle fut conquise par différentes races européennes, et des bancs entiers de colons européens furent jetés sur ses côtes. Parfois ils déplacèrent, parfois ils assujettirent, en se mêlant à eux, les indigènes. Ils commirent aussi à leur éternel dommage un crime dont l'imprévoyante folie fut pire encore que sa gravité morale, car ils introduisirent des hordes d'esclaves africains, dont les descendants forment d'immenses populations dans certaines parties du pays. Sur la surface du continent, nous trouvons, en conséquence, les races blanche, rouge et noire, à tous les degrés de pureté et de mélange. Un des résultats de ce vaste pêle-mêle de conquête et d'immigration a été que dans certaines parties de l'Amérique, les lignes de séparation naturelle entre les races ne coïncident presque jamais avec les lignes de séparation d'après la langue, et parfois même elles se coupent à angle droit, ainsi qu'on le voit dans les quatre territoires de l'Ontario, de Québec, d'Haïti et de la Jamaïque.

Chacune des puissances européennes envahissantes, en conquérant pour elle-même de nouveaux royaumes au-delà des mers, avait à faire deux sortes de guerre : il lui fallait, d'une part, assujettir les habitants indigènes, et, d'autre part, repousser les attaques des nations de même race qui avaient formé les mêmes projets. En général, les querelles de cette dernière sorte étaient de beaucoup les plus importantes. Les victoires, par lesquelles se terminèrent les luttes entre les conquérants européens eux-mêmes, méritent un souvenir durable. Parfois, néanmoins, celles même qui furent les plus importantes, celles même qui eurent la portée la plus décisive, n'eurent pas, à tous les points de vue, des conséquences aussi graves qu'on l'eût cru. Il serait impossible d'exagérer l'étendue, l'efficacité des résultats que produisit le renversement de la puissance française en Amérique, mais le Bas-Canada, où elle reçut le coup fatal, ne subit lui-même qu'une conquête politique, qui n'interrompit nullement le développement d'un État français sur les deux rives du Saint-Laurent inférieur. C'est d'une façon à peu près semblable que les États Hollandais ont tenu bon, et même ont surgi dans l'Afrique du Sud.

Toutes les nations européennes, qui sont baignées par l'Atlantique, prirent part à l'œuvre nouvelle, avec des chances très variables : seule, l'Allemagne, déchirée par bien des querelles intestines, n'y participa point. Le Portugal fonda un seul État, le Brésil ; les nations scandinaves firent peu ; leur principale colonie tomba sous la domination des Hollandais. Les Anglais et les Espagnols furent les deux peuples auxquels échut la grande masse des nouveaux pays ; les derniers s'emparèrent de la partie la plus étendue de beaucoup. Les conquêtes de l'Espagne eurent lieu au xvi° siècle. Les Indes Occidentales, le Mexique, le Pérou et la région sans limites des plaines herbeuses qui appartient aujourd'hui à la Confédération Argentine, tout cela, et en outre les contrées qui s'étendent entre les précédentes, les Espagnols l'avaient conquis et colonisé avant qu'il y eût un seul établissement anglais dans le Nouveau-Monde, et pendant que les flottes du Roi Catholique lui assuraient encore l'empire de l'Océan. Puis les encombrants vaisseaux espagnols succombèrent aux attaques des légers navires de guerre de la Hollande et de l'Angleterre, et le soleil de la domination universelle de l'Espagne se coucha aussi vite qu'il s'était levé. L'Espagne tomba soudain dans un état stationnaire ; elle n'étendit plus que çà et là son pouvoir sur quelques tribus indiennes du voisinage, en même temps qu'elle devenait absolument impuissante à prendre l'offensive contre les Français, les Hollandais et les Anglais. Mais, chose assez singulière, ces nouveaux venus, si vigoureux, si puissants, qui avaient si promptement arrêté son accroissement, ne lui arrachèrent que des parcelles insignifiantes de ce qu'elle possédait déjà. Ils pillèrent nombre de villes espagnoles ; ils capturèrent nombre de galions espagnols, mais il ne firent point sur le territoire espagnol de conquêtes étendues ou durables. Leur jalouse rivalité, la crainte que chacun d'eux inspirait aux autres, telles furent les principales causes de cet état de choses. Il en résulta qu'après le début du xviiᵉ siècle, les guerres qu'ils se firent entre eux eurent des conséquences ultimes bien plus considérables que celles qu'ils firent à l'ancienne maîtresse du monde occidental. A la fin, l'Angleterre chassa du champ de bataille la France et la Hollande, mais ce fut sous l'étendard de la République américaine et non sous celui de la monarchie anglaise, que les peuples de langue anglaise commencèrent la conquête de vastes contrées sur les descendants des conquistadores espagnols.

Les trois rivaux les plus puissants de l'Europe engagèrent les uns avec les autres plus d'une longue guerre pour décider auquel d'entre eux échoirait le sceptre que l'Espagne avait laissé glisser de ses mains. Les flottes de la Hollande luttèrent avec une opiniâtreté invincible pour arracher à l'Angleterre la suprématie maritime, mais elles échouèrent, et finalement la plus grande partie de l'empire hollandais tomba aux mains de ses ennemis. Les Français se lancèrent pareillement dans des entreprises de conquête et de colonisation, en même temps que le firent les Anglais, et après deux siècles, qui se terminèrent également par une longue guerre, ils échouèrent aussi. A la

fin de la lutte coloniale la plus importante qui se soit
engagée, il ne restait aux Français pas un pouce de terrain sur le continent américain. Au contraire, leurs ennemis victorieux avaient non seulement conquis le premier
rang dans la lutte pour la suprématie sur ce continent,
mais ils s'étaient aussi assuré l'empire de l'Océan. Ils se
retrouvèrent, désormais, en mesure d'agir à leur gré dans
tous les pays baignés par la mer, sans être entravés par
des influences européennes hostiles.

Le plus heureusement du monde, à l'époque où l'Angleterre commença ses entreprises comme puissance colonisatrice en Amérique, l'Espagne avait déjà pris possession
des régions populeuses tropicales et sous-tropicales, et
l'Etat septentrional fut ainsi obligé de former ses établissements dans la zone tempérée à population clairsemée.

Il est d'une importance capitale de se souvenir que les
conquêtes de l'Angleterre et celles de l'Espagne en Amérique différaient autant l'une de l'autre que les conquêtes
primitives qui donnèrent naissance aux nations anglaise
et espagnole. Les Anglais avaient exterminé ou absorbé
par assimilation les Celtes de Bretagne, et ils employèrent
le même système fondamental à l'égard des Indiens
d'Amérique, à cela près que, naturellement, l'assimilation,
au lieu d'être très forte, fut très faible. L'élément germanique domine dans le sang anglais moyen, de même
qu'en moyenne, l'élément anglais domine dans le sang
américain. Une partie de la race a deux fois changé de
séjour, et chaque fois elle a subi un changement marqué,
chaque fois elle l'a dû en même temps à l'action extérieure
et au développement intérieur, mais, en somme, elle a
conservé, surtout au dernier de ces points de vue, les
traits caractéristiques de la race.

Il en fut tout autrement dans les pays conquis par
Cortèz, Pizarre et leurs successeurs. Au lieu de tuer ou de
refouler les indigènes, comme le firent les Anglais, les
Espagnols se bornèrent à s'établir au milieu d'une popu-

lation native bien plus nombreuse. Le phénomène par lequel l'Amérique centrale et l'Amérique du Sud devinrent espagnoles, présenta une ressemblance frappante avec celui qui fit de l'Europe du Sud-Est une contrée de langue romaine. La population primitive, prise en masse, resta, dans les deux cas, ce qu'elle était.

Il n'y eut qu'un faible déplacement de population. Les soldats de Rome, ses magistrats, ses marchands, ses ouvriers furent jetés au milieu des peuples celtiques et ibères de la même façon que les chefs militaires et civils de l'Espagne, ses prêtres, ses commerçants, ses propriétaires fonciers, ses possesseurs de mines s'établirent parmi les Indiens du Pérou, du Mexique. Par degrés, et dans les deux cas, la majorité apprit la langue et adopta les lois, la religion et le système gouvernemental de la minorité, tout en gardant certains de ses usages et quelques habitudes de pensée. Bien que l'Espagnol contemporain normal parle un dialecte roman, il est en moyenne de sang celto-ibère ; bien que la plupart des Méxicains et des Péruviens parlent espagnol, cependant la grande majorité d'entre eux reconnaissent pour ancêtres les sujets de Montézuma et des Incas. En outre, tout comme en Europe, de petits îlots ethniques de race bretonne et basque ont échappé à l'inondation romaine ; de même, en Amérique, il existe de grandes contrées dont les habitants ont conservé intégralement la langue et les usages de leurs ancêtres indiens.

Aujourd'hui les peuples de langue anglaise occupent un territoire plus étendu et plus favorable qu'aucune autre nationalité ou qu'aucun autre groupe de nationalités américaines. Ils ont dans les veines moins de sang américain qu'aucun de leurs voisins. Néanmoins, c'est un fait digne de remarque que ceux-ci aient tacitement reconnu à ceux-là le droit de se qualifier d'Américains, pour désigner d'une manière distincte leur nationalité propre.

Telle est la différence dans la manière dont les Anglais

et les autres nations européennes ont conquis et colonisé. Mais il y eut aussi des différences considérables dans la façon dont les divers peuples de langue anglaise ont agi, suivant les époques et les endroits, où leurs procédés ont varié.

La colonisation des États-Unis et du Canada, sur une grande partie de son étendue, offre beaucoup d'analogie avec la colonisation moderne de l'Australie et de la Nouvelle-Zélande. La conquête de l'Inde par les Anglais, et celle qu'ils ont faite de l'Afrique du Sud, appartiennent à un ordre de faits tout différent. La première fut une conquête purement politique, comme le furent celle de Java par les Hollandais, ou l'extension de l'Empire romain sur certaines parties de l'Asie. L'Afrique du Sud offre un caractère tout particulier, à certains points de vue, parce que là les Anglais ont en face d'eux une autre race blanche et qu'il est encore incertain s'ils pourront se l'assimiler, et surtout pour une raison infiniment plus importante, parce qu'ils s'y trouvent en présence d'une population indigène très nombreuse, avec laquelle ils ne sauraient se mélanger, population qui ne diminue point, qui ne recule point devant leur marche. Il n'est point vraisemblable, — mais il n'est point en dehors des choses possibles, — qu'au cours des siècles, les blancs de l'Afrique du Sud soient destinés à subir le sort des colons grecs dans la Chersonèse Taurique, et à disparaître dans la masse écrasante de la barbarie noire.

D'un autre côté, on peut affirmer de bonne foi qu'en Amérique et en Australie, la race anglaise est entrée en jouissance de son vaste héritage, et qu'elle en a là pleine possession. Lorsque ces continents furent colonisés, ils contenaient les plus vastes étendues de terre fertile qu'il y eût au monde, sous un climat tempéré, et avec une population très clairsemée. Nous ne saurions nous exagérer l'importance de leur acquisition. Le succès de leur colonisation est un fait qui, par comparaison, réduit à des proportions infinitésimales toutes les guerres européennes des deux derniers siècles; de même l'importance des intérêts en jeu dans les conflits entre Rome et Carthage rejeta dans l'ombre les intérêts qui mettaient aux prises, à la même époque, les différents royaumes grecs.

L'Australie, bien moins importante que l'Amérique, fut aussi conquise et colonisée bien moins difficilement. Les indigènes étaient si peu nombreux et d'un type si bas, qu'ils n'opposèrent aucune résistance sérieuse. Ils ne furent guère plus gênants que ne l'eussent été des animaux féroces, en nombre égal. On n'eut à lutter contre aucune puissance européenne rivale, parce que la colonisation proprement dite, — et non point la simple déportation des convicts, — commença seulement lorsque l'Angleterre était devenue maîtresse absolue des mers, grâce à l'issue de ses luttes avec la France républicaine ou impériale. Sans en avoir conscience, Nelson et ses collègues de l'Amirauté décidèrent du sort de l'Australie, à laquelle, probablement, il ne leur arriva jamais d'accorder une pensée. Trafalgar trancha une question tout autre que celle de savoir si la Grande-Bretagne partagerait temporairement le sort de la Prusse ; car, selon toute probabilité, ce combat décida du destin du continent insulaire qui s'étendait dans les mers du Sud.

L'histoire de la race de langue anglaise en Amérique a été toute différente. En Australie, on n'eut point à livrer de batailles ni aux naturels, ni à d'autres étrangers. En Amérique, pendant les deux derniers siècles et la moitié du suivant, il a fallu lutter, dans une série de guerres, avec des tribus indigènes puissantes et belliqueuses, avec des nations européennes rivales, avec des nations américaines d'origine européenne. Mais, même en Amérique, il s'est manifesté de grandes différences dans la manière dont l'œuvre a du être faite selon les différents pays, depuis la terminaison des grandes guerres coloniales entre l'Angleterre, la France et l'Espagne.

L'extension des Anglais dans la direction de l'Ouest à travers le Canada, depuis la guerre de la Révolution, a été, dans ses traits essentiels, une simple répétition, dans des proportions moindres, de ce qui s'est fait dans les Etats-Unis du Nord. Le mineur d'or, le chemin de fer transcontinental et le soldat ont été les pionniers de la civilisation. La différence principale, d'ailleurs peu importante, résultait de ce que pendant longtemps tout le Canada Occidental fut soumis à l'influence souveraine de la plus puissante des Compagnies de Fourrures, qui employait un très grand nombre de Français comme voyageurs et coureurs des bois. De ces gens-là est issue, dans la vallée de la Rivière Rouge, une singulière race de métis, qui possède une demi-civilisation bien à elle. Ce fut avec ces métis, et non point avec les Indiens, comme dans les Etats-Unis, que les colons du Canada Oriental eurent le plus de difficultés.

Dans le pays qui constitue aujourd'hui les Etats-Unis, pris dans son ensemble, les ennemis qu'il fallait aborder et maîtriser étaient bien autrement formidables. Il fallait non seulement coloniser le sol, mais encore le conquérir, parfois aux dépens des indigènes, souvent aux dépens des races européennes rivales. Comme on l'a déjà fait remarquer, les Indiens eux-mêmes formaient un des principaux facteurs dans le problème des destinées du continent. Jamais ils ne furent en état de résister définitivement à la conquête blanche, mais ils furent souvent en état d'en retarder la marche pendant une longue série d'années. Les Iroquois, par exemple, tinrent tête à tous les nouveaux arrivants pendant deux siècles. Beaucoup d'autres tribus arrêtèrent quelque temps le flot envahisseur des blancs, et parfois même le firent reculer : dans la Maine, les colons furent, pendant un siècle, confinés sur une étroite lisière de côte. Il y eut même, çà et là, des nations indiennes qui reprirent définitivement aux Espagnols tout le terrain qu'elles avaient perdu.

Lorsque les blancs débarquèrent pour la première fois, la supériorité, et, par dessus tout, la nouveauté de leurs armes leur donnèrent un très grand avantage. Mais les Indiens ne tardèrent pas à se familiariser avec les armes et le genre de guerre des nouveaux venus. A l'époque où les Anglais avaient établi solidement sous leur domination les colonies de l'Atlantique, les Indiens étaient devenus, ce qu'ils sont restés depuis, les ennemis sauvages les plus formidables qu'aient rencontrés les colons d'origine européenne. Relativement à leur nombre, ils se sont montrés bien plus redoutables que les Zoulous ou même les Maoris.

Leur présence a eu pour effet de donner à la colonisation une très grande différence de vitesse dans sa marche, selon les localités : le flot a été contenu dans tel endroit ; dans tel autre, il a été obligé de s'étendre autour d'une île de population indigène. Si les Indiens avaient été des sauvages pacifiques comme le sont les indigènes australiens, le continent de l'Amérique du Nord aurait eu une histoire bien différente de ce qu'elle a été. Non seulement la colonisation aurait progressé infiniment plus vite, mais encore elle aurait suivi des directions bien différentes. Les hommes rouges ne se sont pas bornés à tenir les établissements à distance ; ils ont aussi pesé de la manière la plus décisive sur l'issue des luttes entre les divers peuples européens envahisseurs. Si les premiers habitants de la vallée du Mississipi avaient été aussi nombreux et aussi peu belliqueux que les Aztecs, De Soto aurait refait l'œuvre de Cortez, et nous aurions été très probablement exclus de la plus grande partie de notre domaine actuel. Sans leurs alliés indiens, les Français n'auraient pu prolonger aussi longtemps qu'ils le firent leur lutte avec leurs voisins anglais bien plus nombreux.

Les Indiens ont reculé devant notre marche, mais seulement après une résistance farouche et obstinée. Ils ne furent jamais fort nombreux dans le pays, mais il est impossible d'évaluer exactement leur nombre à l'époque où les blancs parurent pour la première fois. Il est probable que le chiffre d'un demi-million pour ceux qui se trouvent sur le territoire des Etats-Unis ne serait pas loin de la vérité, mais évidemment dans un tel calcul, l'évaluation à première vue tient beaucoup de place. Les écrivains d'autrefois exagéraient beaucoup leur nombre, en les comptant par millions. Aujourd'hui, la mode est de tomber dans l'extrême opposé et de soutenir même qu'ils n'ont point diminué. Cette dernière théorie ne peut être défendue qu'en admettant que le tout ne consiste pas dans la somme des parties. En effet, nous pouvons, d'une part, compter sur nos doigts les tribus qui se sont légèrement accrues, mais nous pouvons également compter par vingtaine celles qui ont disparu presque sous nos yeux. Pris dans l'ensemble, ils ne se sont que très peu alliés aux envahisseurs anglais considérés comme distincts des envahisseurs français et espagnols. Ils sont refoulés, ils s'éteignent, ou ils se retirent sur leurs réserves, mais pour eux, l'assimilation n'est point fréquente. Néanmoins, sur les frontières, l'assimilation va jusqu'à un certain point beaucoup plus loin qu'on ne l'a admis communément (1).

Partout où une population française ou espagnole a été absorbée par l'énergie américaine, une certaine proportion de sang indien a été absorbée aussi. Il semble possible que dans une partie de notre pays, c'est-à-dire sur

(1) A ce sujet je puis apporter mon témoignage personnel, en ce qui concerne le Montana, le Dakota et le Minnesota. Le mélange se fait d'ordinaire dans les classes de la population qui perdent tout souvenir de leur origine après deux ou rois générations, de sorte que cette origine est souvent ignorée. Parfois l'individu évite de la mentionner, parce qu'il la regarde comme une dégradation. Mais je connais aussi bon nombre de riches et anciens fermiers de la frontière, dont les enfants de demi-sang reçoivent de l'éducation dans des écoles couventuelles le plus souvent, tandis que dans les cités du Nord-Ouest je pourrais citer maintes personnes charmantes, hommes et femmes, qui appartiennent à la meilleure société et qui ont une goutte de sang indien dans les veines.

le territoire indien, les Indiens, qui s'élèvent continuellement dans la civilisation, finissent par rester l'élément
essentiel de la population, comme les créoles dans la Louisiane, les Méxicains dans le Nouveau-Mexique.

Quand les Américains devinrent une nation, ils continuèrent avec plus de succès encore l'œuvre qu'ils avaient
commencée comme citoyens des diverses colonies anglaises. Lorsque la Révolution éclata, ils étaient encore
limités aux côtes, soit sur le bord même de la mer, soit le
long des fleuves que se déversent dans l'Atlantique. A
l'époque de la bataille de Lexington, ils n'avaient pas
d'établissements au-delà de la chaîne de montagne qui se
trouve sur notre frontière orientale. Il leur a fallu un
siècle et demi pour s'étendre de l'Atlantique aux Alleghanys. Dans les trois premiers quarts du siècle suivant,
ils se sont étendus des Alleghanys à l'Océan Pacifique.
Pour ce faire, ils ont non seulement dépossédé les tribus
indiennes, mais encore conquis le pays sur les possesseurs
européens. L'Angleterre a dû céder le territoire entre
l'Ohio et les Grands Lacs. Par un marché, où nous déclarâmes franchement que l'autre alternative était la guerre,
nous acquîmes de la France la vaste contrée mal déli-
mitée, connue sous le nom de Louisiane. Sur les Espagnols ou leurs descendants, nous avons conquis les pays de
Floride, du Texas, du Nouveau-Mexique et de la Californie.

Tous ces pays furent conquis après que nous fûmes devenus une puissance, indépendante de toute autre, une
dans toutes ses frontières, quand nous ne fûmes plus une
réunion mal attachée de petits États réduits à des côtes,
et n'ayant les uns avec les autres de rapports que ceux
qui résultaient d'une soumission commune à un roi étranger, à un peuple étranger. Il est bon, en outre, de se
souvenir que, dès le jour même où nous commençâmes
à mener une existence propre, comme nation, nous diffé-
rions déjà de nos parents anglais par le sang comme par

le nom : le mot d'Américain était déjà plus qu'une expression géographique. Les Américains n'appartiennent à la
race anglaise que comme celle-ci appartient à la race germanique. Si la seconde migration de notre peuple, passant
de la Grande-Bretagne en Amérique, n'a point été accom-
pagnée d'un changement de langue, comme cela eut lieu
quand elle passa d'Allemagne en Grande-Bretagne, cela
tient à un fait postérieur, à ce que lors de la seconde
migration, la race possédait une langue littéraire fixée, et,
grâce à la facilité des communications, gardait le contact
avec la race mère. Le changement de sang fut probablement aussi grand dans un cas que dans l'autre. L'Anglais
moderne descend d'une population de la Basse-Hollande,
qui, à son arrivée en Bretagne, reçut une dose énorme de
sang celtique, une dose beaucoup plus faible de norvégien
et de danois, et aussi une certaine dose de sang normand
français. Quand cette nouvelle branche anglaise arriva en
Amérique, elle se mêla, en les absorbant, avec des immigrants venus de bien des pays d'Europe, et, depuis lors, le
même fait n'a cessé de se produire. Il faut remarquer que
dans le sang nouveau, qui a été ainsi introduit, la dose la
plus forte provenait de sources hollandaise et allemande ; puis, au second rang, le sang irlandais, tandis
que l'élément scandinave vient en troisième ligne, et le
seul qui ait ensuite quelque importance est l'élément huguenot français. Il apparaît donc que le sang n'a reçu aucun élément nouveau de quelque valeur. Les additions
qui ont été faites aux éléments fondamentaux de race l'ont
été à peu près dans les mêmes proportions où avaient eu
lieu les combinaisons primitives.

Quelques écrivains tout récents déplorent l'immigration
énorme qui se fait sur nos rivages, comme faisant de nous
un peuple composite au lieu d'un peuple homogène ; mais
le fait est que nous sommes bien moins hétérogènes que
nous ne l'étions quand éclata la Révolution. Notre sang
était tout aussi mêlé, il y a un siècle, qu'il l'est mainte-

nant. Aujourd'hui, aucun Etat n'a une plus faible proportion de sang anglais que celui de New-York ou que celui de Pensylvanie ne l'avait en 1775. Même dans la Nouvelle-Angleterre, où la race anglaise était la plus pure, il y avait un certain mélange de sang français et de sang irlandais. Dans la Virginie, il y avait, en outre, des Allemands. Dans les autres colonies, prises en leur ensemble, il est probable que le sang n'était guère plus qu'à moitié anglais ; il y avait un très grand nombre d'agglomérations hollandaises, françaises, gaéliques.

Mais tout cela se fondit rapidement en un seul peuple. De même que le Celte du Cornouailles et le Saxon du Wessex sont de nos jours également anglais, de même, en 1775, Hollandais, Huguenots, soit dans le New-York, soit dans la Caroline du Sud, sont devenus Américains, et il est impossible de les distinguer d'avec les gens de la Nouvelle Angleterre ou les Virginiens, les descendants des hommes qui suivirent Cromwell ou qui chargèrent derrière Rupert. Quand ce grand mouvement de l'Ouest commença, nous étions déjà un peuple formé. En outre, l'immense immigration d'Europe qui a eu lieu depuis, n'a exercé que peu d'influence, si elle en a jamais eu, sur la direction dans laquelle nous avons étendu nos frontières. La question n'a pris une réelle importance qu'à l'époque où nous avons acquis nos limites actuelles. Ces limites auraient, selon toute probabilité, été ce qu'elles sont, même si nous n'avions pas reçu un seul colon européen depuis la Révolution.

Ainsi les Américains commencèrent leur tâche de conquérir l'Occident quand ils furent un peuple séparé ayant son individualité, au moment où ils naquirent à la vie nationale. Et cette tâche a toujours été depuis lors leur objet principal. Toutes les autres questions, excepté celle de la conservation de l'Union elle-même et celle de l'émancipation des noirs, furent d'une importance secondaire au prix de ce fait : qu'ils devaient si rapidement, si complètement subjuguer la partie de leur domaine qui s'étendait entre les montagnes orientales et le Pacifique. Cependant, les hommes d'Etat de la côte atlantique furent souvent incapables de reconnaître cela, et bien souvent ils témoignèrent aux agglomérations formées au-delà des Alléghanys la même malveillance mesquine que l'Angleterre avait montrée envers l'Amérique. Lors même qu'ils avaient l'esprit trop libéral et les vues trop larges pour éprouver de tels sentiments, ils étaient néanmoins incapables d'apprécier, comme il le fallait, la grandeur des intérêts qui étaient engagés dans l'Ouest. Ils se préoccupaient davantage de nos droits de pêche dans le nord de l'Atlantique que de la possession de la ville de Mississipi ; ils s'intéressaient davantage au sort d'une banque ou aux effets d'un tarif douanier qu'à la détermination de la frontière de l'Orégon. Un bon nombre des écrivains d'alors font preuve des mêmes défauts dans le sens de la perspective historique. Les noms d'Ethan Allen et de Marcon sont probablement plus connus que celui de George Rogers Clarke. Pourtant leurs exploits, au point de vue des résultats, ne soutiennent pas plus la comparaison avec les siens que les siens avec ceux de Washington. Il en fut de même pour Houston. De son vivant, il y avait peut-être, à l'est du Mississipi, cinquante hommes qu'on jugeait bien plus grands que lui. Cependant les noms du plus grand nombre d'entre eux se seront effacés de la mémoire tandis que sa renommée prendra un éclat de plus en plus vif, à mesure qu'on se rendra mieux compte de l'importance de ce qu'il a accompli. Heureusement, en fin de compte, la masse des gens de l'est fut toujours favorable à leurs frères de l'ouest.

Le genre de conquête colonisatrice par laquelle le peuple des Etats-Unis a élargi ses frontières a beaucoup de traits de ressemblance avec les mouvements du même genre au Canada et en Australie ; et les uns comme les autres présentent un contraste tranché avec ce qui s'est passé dans les pays hispano-américains. Mais il va de soi que chacun a, en outre, des traits caractéristiques qui lui sont propres. De plus, même dans les États-Unis, ce mouvement se divise naturellement en deux courants qui, à plusieurs points de vue, diffèrent beaucoup l'un de l'autre.

La façon dont la partie méridionale de notre pays de l'ouest, c'est-à-dire toute la contrée au sud de l'Ohio et de là jusqu'au Rio Grande et au Pacifique, a été conquise et colonisée, est tout à fait unique. La région située plus au nord fut peuplée d'une manière fort différente. Le Sud-Ouest, en y comprenant ce que jadis on appelait simplement l'Ouest, et plus tard la région centrale de l'Ouest, fut conquis par le peuple lui-même, ses membres agissant en tant qu'individus, ou comme groupes d'individus qui se taillaient une fortune à la force de leurs bras, et avant toute action gouvernementale. D'un autre côté, le Nord-Ouest, pour employer une expression générale, fut acquis par le gouvernement, et les colons se bornèrent à prendre possession de ce que le pays tout entier leur garantissait. Le Nord-Ouest est essentiellement un domaine national, et il est convenable qu'il soit aussi, comme il l'est en effet, non seulement par sa situation, mais aussi par ses sentiments, le cœur de la nation.

Au nord de l'Ohio, ce fut l'armée régulière qui arriva tout d'abord. Les établissements se développèrent derrière le rideau des troupes fédérales conduites par Harmar, Sainte-Claire et Wayne, et leurs successeurs. Il en est ainsi, même de nos jours. Les guerres auxquelles prirent part en personne les gens de la frontière furent rares et insignifiantes en comparaison des luttes engagées par les gens aventureux qui conquirent le Kentucky, le Tennessee et le Texas.

Dans le Sud-Ouest, les premiers colons agirent pour leur propre compte, comme armée, et fournirent à la fois les chefs et les soldats. Sevier, Robertson, Clarke et d'autres conduisirent à la bataille leurs camarades de colonisation, comme Jackson le fit d'abord, et ensuite Houston. A vrai dire, les gens du Sud-Ouest ne conquirent pas seulement leur territoire, ils furent aussi les agents principaux pour l'acquisition première de l'Illinois. Sans la conquête des villes de l'Illinois, en 1779, il est probable que nous n'aurions jamais eu de Nord-Ouest à coloniser, et si l'immense région qui s'étend du Mississipi à la Colombie, et qui se nommait la Haute-Louisiane, tomba entre nos mains, ce fut uniquement parce que les Kentuckiens et les Tennesséens étaient résolus à prendre possession de la Nouvelle-Orléans soit par un marché, soit par les armes. Toute la partie de notre territoire qui se trouve au-delà des Alleghanys, au Nord et au Sud, nous fut d'abord gagnée par les gens du Sud-Ouest, alors qu'ils combattaient pour leur propre territoire. La partie septentrionale fut ensuite occupée par les hommes économes et robustes du Nord-Est, dont les fils devinrent les véritables gouverneurs aussi bien que les sauveurs de l'Union, mais ces établissements des gens du Nord ne furent possibles que grâce aux exploits de la nation prise dans son ensemble. Ils pénétrèrent sur le sol que les gens du Sud avaient conquis et ils y furent maintenus par la vigueur du gouvernement fédéral, tandis que les gens du Sud ne durent qu'à eux-mêmes la plupart de leurs victoires.

Il est vrai que les premiers qui se groupèrent autour de Marietta partagèrent jusqu'à un certain point les dangers des guerres indiennes qui se faisaient alors, mais leurs épreuves ne méritent pas d'être mentionnées à côté de celles qu'endurèrent les premiers colons du Tennessee et du Kentucky. Tandis que ceux-ci soumirent et refoulèrent eux-mêmes leurs ennemis, les premiers ne prirent qu'une part insignifiante à la lutte qui assura la possession de leur territoire. En outre, les tribus indiennes les plus fortes et les plus nombreuses se trouvaient dans le Sud-Ouest.

Le Sud-Ouest développa sa civilisation à sa façon particulière, pour le bien comme pour le mal. Le Nord-Ouest fut colonisé conformément à l'ordonnance nationale de 1787, qui en régla absolument la destinée, et qui, par là, détermina en même temps la destinée de toute la nation. En outre, les côtes du golfe, aussi bien que l'intérieur, depuis le Mississipi jusqu'au Pacifique, appartenaient à des puissances étrangères, tandis que dans le Nord il n'en était de même que pour la région comprise entre l'Ohio et les grands lacs et cela pendant les premières années de la Révolution, jusqu'à l'époque où les coureurs des bois Kentuckiens en firent la conquête. Nos rivaux de race européenne avaient habité pendant des générations le long du Bas Missouri, du Rio Grande, en Floride et en Californie quand nous nous les annexâmes. Détroit, Vincennes, Saint-Louis et la Nouvelle-Orléans, Saint-Augustin, San Antonio, Santa Fé et San Francisco, toutes ces cités ont été bâties par des Français ou des Espagnols ; nous ne les avons pas fondées, mais conquises. Toutes, à l'exception des deux premières, sont dans le Sud-Ouest ; et sur ces deux là, il y en eut une que prirent et gouvernèrent d'abord les gens du Sud-Ouest. D'autre part, les cités du Nord-Ouest, depuis Chicago et Cincinnati jusqu'à Helena et Portland, furent fondées par nos concitoyens, par ceux qui les possèdent aujourd'hui.

Le Sud-Ouest ne fut conquis qu'après des années de rude bataille contre les possesseurs primitifs. La manière dont cela se fit présente beaucoup moins d'analogie avec l'arrivée soudaine d'une nombreuse population en Australie et en Californie, résultant d'un débordement en quelque sorte spontané de la population en excès dans la mère-patrie qu'avec la conquête première de la Grande-Bretagne par les Angles. Les gens belliqueux de la frontière qui franchirent en très grand nombre les Alleghanys, les chasseurs infatigables et téméraires, les durs et entêtés fermiers de la zone limite, déplacèrent, à force d'impitoyable ténacité, Indiens, Français, Espagnols, absolument de la même manière que, quatorze cents ans auparavant, le Saxon et l'Angle avaient vaincu et refoulé les Celtes cymriques et gaels. Ils n'étaient conduits par aucun chef ; ils n'agissaient point d'après les ordres d'un roi ou d'un congrès ; ils n'exécutaient point les plans d'un homme d'État à vues étendues. Ils obéissaient à des instincts qui travaillaient presque aveuglement dans leur âme ; ils étaient sans cesse poussés en avant par les ardents désirs de leur cœur ; ils créaient dans le désert un foyer pour leurs enfants, et en travaillant ainsi, ils préparaient l'avenir d'une nation continentale. Ils guerroyèrent et colonisèrent depuis les hautes vallées de la Large Rivière française et du haut Cumberland jusqu'au bassin à demi tropical du Rio-Grande et jusqu'au point où la Porte d'Or mène à travers les flots du Pacifique aux lentes marées. L'histoire qui raconte comment cela advint forme un tout continu. Les pères ont suivi Boon ou combattu à King's Mountain ; les fils ont marché vers le Sud avec Jackson pour soumettre les Creeks, pour battre et faire reculer les Anglais ; les petits-fils moururent à l'Alamo ou décidèrent de la victoire par leur charge à San-Jacinto. Ils firent leur part d'une tâche qui commença avec la conquête de la Bretagne, qui entra dans une seconde et plus vaste période après la défaite de l'Armada espagnole, qui atteignit son apogée dans le merveilleux développement des États-Unis. La conquête de l'Ouest et du Sud-Ouest est une étape dans la conquête d'un continent.

CHAPITRE II

LES FRANÇAIS DE LA VALLÉE DE L'OHIO
1763-1775

Le résultat de la dernière grande guerre coloniale que soutint l'Angleterre avec la France fut d'enlever à celle-ci toutes ses possessions américaines, dont les colons devinrent les sujets de puissances étrangères et rivales. L'Angleterre acquit le Canada et la vallée de l'Ohio, tandis que la France cédait à ses alliés espagnols la Louisiane, comprenant sous cette dénomination tout le territoire vaguement délimité par le Mississipi et le Pacifique. Comme compensation de cette acquisition, l'Espagne avait dû céder à l'Angleterre les deux Florides, ainsi qu'on nommait alors les régions de la côte situées entre la Géorgie et la Louisiane.

Ainsi les treize colonies, à l'issue de leur lutte pour l'indépendance, se voyaient entourées au Nord, au Sud et à l'Ouest par des pays dont les maîtres et les sujets appartenaient à des races différentes, maîtres et sujets également hostiles au nouveau peuple que la destinée avait choisi pour leur commander un jour à tous.

La province actuelle de Québec, appelée alors Canada, était déjà ce qu'elle est restée jusqu'à ce jour, un État français reconnaissant comme suzerain le roi d'Angleterre. Ses intérêts n'étaient point en opposition avec ceux de notre peuple et n'avaient aucun point de contact avec eux. Elle eut peu d'influence sur notre histoire nationale, elle n'en eut aucune sur l'histoire de l'Ouest.

Dans la presqu'île de la Floride occidentale, dans le pays du cyprès, du palmier à éventail et du chêne vert, des vastes savanes, des marais impénétrables et sans bornes, une civilisation européenne, plus ancienne que celle d'aucune des colonies anglaises, achevait de se décomposer lentement. Elle avait pour capitale l'étrange et bizarre cité de Saint-Augustin, vieille ville murée que les Espagnols fondèrent bien des années avant que la quille du *Half Moon* (1) sillonnât les eaux de l'Hudson, avant que les vaisseaux des Puritains arrivassent en vue de la Nouvelle-Angleterre. Au temps jadis, Saint-Augustin avait vu bien des fois son port se remplir de vaisseaux à l'énorme et encombrant château, se blanchir des voiles enflées des navires de guerre espagnols, quand les flottes du roi catholique s'y rassemblaient avant de partir en expédition contre les villes maritimes de la Géorgie et des Carolines. Elle avait eu à souffrir des représailles exercées par les colons anglais et à repousser leurs attaques. Jadis ses prêtres et ses guerriers avaient contraint à la soumission les tribus indiennes du pays et des régions lointaines. Elle avait parsemé le désert de ses établissements, fort, église, plantation, postes avancés de son empire ; mais il y avait bien longtemps de cela. Le vent de la prospérité avait cessé de souffler sur l'Espagne et elle était entrée en décadence bien longtemps avant que les Anglais eussent pris possession de la Floride. Les Séminoles, race farouche et guerrière, dont les combattants luttaient à pied et à cheval, avaient vengé, dans d'innombrables attaques, les tribus indiennes de leur sang, dont

(1) Le *Half moon* était le navire qui portait Hendrick Hudson fondateur de New-York, Voir *New-York*, par Th. Roosevelt (*Note du traducteur*).

les noms mêmes avaient disparu sous la domination
espagnole. Les églises et les forts avaient fini par tomber
en ruines informes. Le canon, les cloches de bronze, à
demi ensevelies dans les décombres moisis, restaient seuls
pour indiquer l'endroit où il existait jadis un clocher et
une citadelle. Les plantations abandonnées, les chemins
devenus inutiles, ne se discernaient plus à la surface du
sol envahi par la forêt, car leur emplacement même n'était
plus reconnaissable. Le grande route qui allait à Pensacola aurait disparu sous la masse luxuriante des plantes
sauvages d'une forêt semi-tropicale. Dans tout l'intérieur,
erraient à leur gré les sauvages au corps bariolé de pein-
tures, ne reconnaissant plus de maîtres anglais ou espagnols, et n'admettant d'autre souverain que le chef blanc
de Tallasotchee (1). Saint-Augustin, avec sa garnison
anglaise et sa population espagnole ou minorquine (2),
était encore un rendez-vous par les commerçants des
Indes occidentales ainsi que pour les pêcheurs épars sur
la côte ; partout ailleurs il n'y avait pas plus d'une centaine de familles en tout (3).

Au-delà du Chattahooche et de l'Appalachicola, s'étendait jusqu'au Mississipi et à son delta la contrée plus pros-
père de la Floride Occidentale (4). Bien qu'elle eût été
enlevée aux Espagnols par l'Angleterre, il y avait peu
d'Espagnols dans sa population, maintenue dans l'obéissance par les faibles garnisons anglaises de Pensacola, de
Mobile et de Natchez. Sur la côte du Golfe, les habitants
étaient uniquement des créoles français. C'était une race

(1) TRAVELS (*Voyages*) de William Bartram (Philadelphie, 1791),
p. 184, 231, 232, etc. Les divers noms indiens sont écrits de plusieurs
façons.

(2) TRAVELS (*Voyages en* 1773 *et* 1784), par Johanne David Schœpf,
1788, II, 362. Les Minorquins étaient les plus nombreux et les plus
prospères ; ensuite venaient les Espagnols, puis quelques créoles,
des Anglais, des Allemands.

(3) J. D. SMYTH, *Excursion aux États-Unis* (1775), publié à Londres
en 1784, t. II, p. 35.

(4) Id., *ib.*

indolente, aimant le plaisir, vivant confortablement dans ses maisons basses, carrées, spacieuses, sur des plantations éparses, grossièrement cultivées, qui s'étendaient sur les deux rives du fleuve. Leurs esclaves noirs travaillaient pour eux ; et ils passaient une grande partie de leur temps à la pêche ou à la chasse. Leur arme favorite était la canardière légère, car ils étaient experts dans le tir au vol (1), à la différence des coureurs des bois américains qui n'entendaient rien au tir au vol, et regardaient avec dédain l'arme à canon lisse, car ils n'estimaient que la carabine, véritable arme de l'homme libre. En hiver, les créoles ramenaient leurs nègres sur les hauteurs, où ils fabriquaient, avec le pin résineux, du goudron qu'ils exportaient, ainsi que de l'indigo, du riz, du tabac, de l'huile d'ours, des pelleteries, des oranges et des bois équarris. On cultivait le coton, mais seulement pour l'usage domestique. Les soldats anglais habitaient dans des forts de pieux, pourvus d'une artillerie légère. Le gouverneur demeurait dans le haut château de pierre construit autrefois par les Espagnols à Pensacola (2).

Dans la partie de la Floride Occidentale qui longeait la rive droite du Mississipi, il y avait aussi quelques créoles français et un petit nombre d'Espagnols, sans compter, bien entendu, des nègres et des Indiens à foison (3). Mais la population se composait en majorité d'Américains venus des anciennes colonies, qui y étaient arrivés par mer dans de petits navires caboteurs, ou qui avaient descendu l'Ohio et le Tennessee sur des bateaux à fond plat, à moins

(1) *Mémoire ou coup d'œil rapide sur mes différents voyages et mon séjour dans la nation Creek*, par le général Milfort, Tastanégy ou grand chef de guerre de la nation Creek, et général de brigade au service de la République française, Paris, 1802. Écrivant en 1781, Milford dit que Mobile contenait quarante familles propriétaires, et était *un petit paradis terrestre.*

(2) BARTRAM, p. 407.

(3) *Magazine of American history*, IV, 388, lettre d'un colon de la Nouvelle Angleterre en 1773.

qu'ils n'eussent traversé le pays des Creeks avec des poneys de bât, en suivant les étroites pistes des marchands indiens. Avec eux, il se trouvait quelques Anglais et Ecossais. Les Américains eux-mêmes se sentaient dans des dispositions peu favorables à l'égard des colonies. Ils éprouvaient plutôt une certaine crainte, une sorte de répulsion en présence des rudes montagnards de la Caroline qui étaient leurs plus proches voisins de race blanche du côté de l'Est. Aussi pour la plupart restèrent-ils du côté de la Couronne dans la lutte révolutionnaire, et furent-ils maltraités en conséquence.

Lorsque la Louisiane fut cédée à l'Espagne, la plupart des créoles français qui en formaient la population étaient groupés ensemble dans le delta du Mississipi. Les autres étaient éparpillés en une ligne mince et comme ponctuée sur la rive gauche de ce fleuve jusqu'au Missouri. Près de l'embouchure se trouvaient plusieurs petits villages, Saint-Louis, Sainte-Geneviève, Saint-Charles (1). Une forte garnison espagnole occupait la Nouvelle-Orléans où les créoles, mécontents de leurs nouveaux maîtres, avaient protesté une fois par une révolte qui fut promptement terrassée et sévèrement châtiée. De petites garnisons étaient également établies dans les différents villages.

Nos gens eurent peu de rapports avec la Floride ou la Louisiane jusqu'après la fin de la Révolution, mais dès les premiers jours de cette lutte, et bientôt après le commencement du mouvement vers les montagnes de l'Ouest, nous nous trouvâmes brusquement en contact avec les Français du territoire du Nord-Ouest, et le résultat en fut de la plus grande importance pour la prospérité de toute la nation.

Cette contrée du Nord-Ouest s'étendait entre le Mississipi, l'Ohio et les Grands Lacs. Elle forme aujourd'hui

_____

(1) *Annales de Saint-Louis*, par Fred. L. BILLON, publié à Saint-Louis, 1886. C'est un ouvrage de valeur.

cinq de nos grands Etats, et une partie d'un sixième. Mais quand l'indépendance fut proclamée, c'était un territoire tout aussi étranger, au point de vue des anciennes colonies, que la Floride et le Canada. La différence fut que pendant la guerre nous réussîmes à conquérir le Nord-Ouest, alors que nous échouâmes dans la conquête de la Floride et du Canada. Le Nord-Ouest, tel qu'il était d'abord, ne faisait nullement partie de notre pays. Il n'eut aucune part dans la déclaration d'indépendance, il ne se révolta pas ; il fut conquis. Ses habitants, au début de la Révolution, ne sympathisaient pas plus avec nous, ne se montraient pas plus disposés à partager notre destin, que leurs parents de Québec ou les Espagnols de Saint-Augustin. C'est pendant la Révolution même que nous fîmes notre conquête la plus importante, et nous commençâmes ainsi de très bonne heure l'œuvre qui devait être notre tâche caractéristique pendant les soixante-dix années qui suivirent.

Ces établissements français, fondés vers le commencement du siècle, alors que les Anglais restaient obstinément fixés aux estuaires des côtes, étaient groupés en trois centres, que séparaient les uns des autres des centaines de milles de désert. Un de ces groupes, qui contenait environ un tiers de la population totale, était situé aux détroits, et aux environs de Détroit (1). C'était le siège de

(1) Dans les *Manuscrits Haldimand*, série B, vol. CXXII, p. 2, se trouve un recensement de Détroit, opéré en 1773 par le juge de paix Philippe Dejean. Il en résulte qu'il y avait 1.367 âmes, dont 85 esclaves ; ils habitaient 280 maisons, avec 157 granges ; ils possédaient 1.494 bêtes à cornes, 628 moutons et 1.067 porcs. L'acre est employé comme mesure de longueur. Les fermes réunies eussent formé un carré de 512 acres de long sur 40 ou 80 de large. Quelques-uns des habitants, à ce qu'il y est spécifié, ne sont point compris dans le détail, parce qu'ils sont occupés à la chasse, ou à commercer avec les villages indiens. Outre les esclaves, il y a 23 domestiques... Cela se rapporte uniquement aux habitants de Détroit proprement dit et aux fermes attenantes. Je n'ai pu trouver de bonnes indications sur les nombreuses autres fermes, et les petits villages des deux côtés des détroits, ni sur les nombreuses familles

l'autorité anglaise dans cette région, et elle resta aux mains des Anglais vingt ans après que nous fûmes devenus une nation.

Les deux autres centres étaient unis ensemble par l'histoire de leur destinée future, et c'est d'eux seuls que nous aurons à parler. Le village de Vincennes est situé sur la rive orientale de la Wabash, ainsi que deux ou trois villages plus petits qui en dépendent dans le pays environnant. Dans l'Ouest, au-delà du Mississipi, bien loin du point où il reçoit l'Ohio, se trouvent les villes dites de l'Illinois, c'est-à-dire les villages de Kaskaskia et de Cahokia, entre lesquels se trouvent les petits établissements de Prairie du Rocher et de Saint-Philippe (1).

Ces deux groupes de vieux hameaux français étaient situés dans la fertile région de prairie qui forme aujourd'hui le sud de l'Indiana et de l'Illinois. Nous avons fait entrer dans notre langue le mot *prairie*, parce que nos coureurs des bois, quand ils arrivèrent pour la première fois dans ce pays et qu'ils virent ces grandes étendues de pelouse naturelle, spectacle tout nouveau pour eux qui avaient toujours habité de sombres forêts, ne surent quel nom leur donner et empruntèrent le terme déjà en usage parmi les habitants français.

Les grandes prairies horizontales ou ondulées s'étendaient du nord au sud, séparées par de larges bandes de hautes forêts. Çà et là s'élevaient des bosquets formant en quelques sorte des îles dans ces mers ensoleillées d'herbe épaisse et mouvante. Dans les endroits où il y a des cours d'eau, leurs lits alluviaux étaient couverts d'une épaisse végétation d'arbres et de broussailles, et souvent

ou individus vivant du commerce et de la chasse avec les Indiens. Peut-être toute la population qui dépendait du Détroit se montait-elle à 2.000 personnes. Elle peut aussi avoir dépassé ce chiffre. Toute tentative d'évaluer cette population créole est forcément des plus conjecturales.

(1) *Papiers du département d'État*, nº 150. T. III, p. 89.

ils débordaient à la suite des orages de printemps. Ailleurs les prairies formaient des bandes longues et étroites de sol gazonné ; puis elles redevenaient assez larges pour qu'il fallut passer plusieurs jours à les traverser. Pour l'Américain, né dans une région boisée où les ouvertures les plus larges sont les prairies des castors et les éclaicies pratiquées par les colons de la frontière, ces étendues de gazon paraissaient sans limites. Le gibier y abondait. Le bison y passait, y repassait, allait et venait en longues files, traçant d'étroites pistes qu'il suivait d'année en année, pendant que l'ours, l'élan, le daim, habitaient les fourrés situés sur les bords.

Il y avait probablement environ quatre mille habitants dans ces villages français, et cette population se partageait également entre ceux de l'Illinois et ceux de Wabash (1).

(1) *Papiers du département d'Etat*, n° 30, p. 153. Mémoire de François Carbonneaux, agent pour les habitants du pays de l'Illinois, 8 décembre 1784. « Quatre cents familles [dans l'Illinois] sans compter un nombre égal à Port-Vincent [Vincennes] ». Les Américains commençaient justement à arriver, mais cette évaluation ne se rapporte pas à eux. La population avait diminué pendant la guerre de la Révolution, de sorte que quand elle éclata, il pouvait y avoir un millier de familles en tout. Elles étaient très prolifiques, et le chiffre de 4 personnes par famille ne saurait être exagéré, alors même que nous ferions entrer en compte les aventuriers célibataires qui sont toujours si nombreux dans une communauté rapprochée de la frontière. En outre, il y avait bon nombre d'esclaves. La lettre d'Harmar, du 24 novembre 1787, porte à 440 le nombre des hommes adultes à Kaskaskia et à Cahokia, et n'y comprend pas ceux de Saint-Philippe, ni de Prairie du Rocher. Ce chiffre concorde fort bien avec le précédent. Mais il va de soi que cette évaluation ne peut être considérée que comme approximative, et il y a dans une lettre du lieutenant général Hamilton un passage qui indiquerait un nombre beaucoup plus faible.

Cette lettre se trouve dans les *Manuscrits d'Haldimand*, série 13, vol. CXXIII, p. 53 ; elle consiste en un « Bref récit de sa malencontreuse expédition contre Vincennes ». Il dit : « En évaluant le nombre des habitants de cet endroit [Vincennes], nous arrivâmes au chiffre de 621, de tout âge et sexe ; sur ce nombre, 217 sont en état de porter les armes ; mais il y en a plusieurs de partis à la chasse du bison pour leur approvisionnement d'hiver ». Mais dans

Le pays tomba au pouvoir des Anglais (non point des
Anglais coloniaux ou des Américains) à la fin de la guerre
de Pontiac, dernière journée de la lutte qui décida contre
es Français de la possession de l'Amérique. Il fut traité
comme une nouvelle province anglaise, et non comme une
extension de l'une des anciennes colonies, et finalement,
en 1774, le fameux acte de Québec le déclara dépendance
du Canada, et soumis au gouvernement de celui-ci. Fait
curieux : l'Angleterre adopta immédiatement à l'égard de
ses propres colonies la politique de cette même nationalité
qu'elle avait remplacée. Depuis l'époque de la triomphante
paix conquise par la victoire de Wolfe, le gouvernement
anglais devint l'ennemi le plus actif de l'expansion de la
race anglaise en Amérique. L'Angleterre garda cette attitude pendant bien des années après l'échec de sa tentative pour empêcher ses colons de se développer en dehors
de l'Ohio. Cette attitude, elle la prit en 1814, à Gand,
lorsque ses commissaires voulurent entraver le développement naturel de leurs propres colons, en établissant un
grand « cordon neutre » de territoire indien, garanti par
le roi d'Angleterre. Ce fut le rôle que ses hommes d'Etat
tentèrent de lui faire jouer lorsque, dans la suite, ils s'efforcèrent de maintenir l'Orégon à l'état de désert plutôt
que de le voir peuplé par des Américains.

Dans le Nord-Ouest, elle adopta la politique française
en même temps qu'elle succédait à l'occupation française.
Elle voulait que le pays restât un désert, le séjour du

un autre passage de la même lettre, il parle encore des adultes en
état de porter les armes, comme se montant à 300, et bien entendu
Il ne fait pas entrer dans ce chiffre la population des fermes
isolées et des villages dépendants. Cela à la date de décembre 1778.
Il se peut que plusieurs familles aient quitté le pays pour aller s'établir dans les possessions espagnoles après la déclaration de la
guerre, et qu'elles soient revenues quand elle fût finie. Mais tous
les observateurs paraissent d'accord pour reconnaître que les établissements cessèrent de se développer et même diminuèrent pendant
la guerre de la Révolution, ce qui ne permet guère de faire accorder les chiffres de Hamilton et ceux de Carbonneaux.

trappeur et du chasseur de fourrures, du chasseur indien et du voyageur français. Elle désirait le garder comme une barrière à opposer aux colonies maritimes dans leur développement vers l'intérieur. Elle considérait les nouvelles contrées qui sont au delà de l'Atlantique comme des pays à conquérir et à coloniser au profit des négociants restés dans la mère-patrie et non pour l'avantage de ceux qui les ont conquis et colonisés. C'était là ce qui avait rendu la Révolution inévitable. La lutte était une révolte contre la manière de voir de l'Angleterre à l'égard de l'Amérique plutôt que contre tel acte ou telle série d'actes particuliers. Les fautes et les erreurs des colons furent nombreuses, et il serait aisé de dresser, au profit de la mère-patrie, un catalogue formidable de griefs contre eux, mais ils avaient parfaitement raison sur ce qui faisait le fond de la question, et leur victoire était d'une importance capitale pour la prospérité de la race sur ce continent.

Plusieurs des anciennes colonies élevèrent de vagues prétentions sur des parties du territoire du Nord-Ouest, en les fondant sur d'anciennes chartes, sur des traités avec les Indiens, mais les Anglais n'en tinrent pas plus compte que les Français ; et après la défaite de Montcalm et de Pontiac, elles n'étaient pas beaucoup plus près d'obtenir cette concession. Les Français en avaient gardé la possession malgré elles pendant soixante ans ; les Anglais la gardèrent pendant quinze autres années. Il suffit d'indiquer les faits pour montrer le peu de valeur intrinsèque des titres. Le Nord-Ouest passa de la France à la Grande-Bretagne par voie de conquête et de traité ; il passa de la même façon de la Grande-Bretagne aux Etats-Unis, à cela près que Clarke prit la place de Wolfe. Nous l'avons annexé exactement de la même manière que nous avons annexé la Louisiane, la Floride, l'Orégon, la Californie, le Nouveau-Mexique et le Texas, en partie par les armes, en partie par la diplomatie, en partie par la simple croissance et la pression qu'exerce notre population. Le fait que la conquête eut lieu justement après que nous nous fûmes déclaré une nation libre, et alors que nous nous battions pour maintenir notre indépendance, ne change rien au caractère de l'événement, mais il n'en a pas fallu davantage pour faire surgir un brouillard dans l'esprit de la plupart des écrivains postérieurs, qui parlent généralement du Nord-Ouest comme d'une partie de nos possessions primitives.

Les Français qui habitaient ce pays furent d'abord peu touchés par le changement qui avait transporté leur serment de fidélité d'un roi européen à un autre. Ils étaient habitués à obéir sans discussion aux ordres de leurs supérieurs. Ils acceptèrent docilement les résultats de la guerre et se soumirent avec une obéissance passive à leurs nouveaux gouvernants (1). Les uns se prirent d'affection pour les fonctionnaires qui vinrent parmi eux ; d'autres les prirent en aversion. Le plus grand nombre éprouvèrent seulement de la défiance et de l'antipathie, également partagées entre le hautain officier anglais à l'uniforme écarlate, et le grossier coureur des bois vêtu de gros drap ou de basane en lambeaux. Eux, ils restaient les possesseurs des villages, ils en cultivaient les terres. Dans les commencements, un petit nombre d'immigrants, anglais ou américains, se hasardèrent à venir parmi eux, à moins que ce ne fut un commerçant en fourrures, de passage. Mais leur sort était réglé, leur domination avait pris fin. Pendant un certain temps, ils continuèrent à former la masse de cette population si faible, mais nulle part ils ne purent reprendre la direction de leur propre destinée. Dans les années qui suivirent, ils se battirent

---

(1) Dans les *Manuscrits Haldimand*, série B, vol. CXXII, la lettre de M. Sainte-Marie, de Vincennes, 3 mai 1774, exprime le sentiment général des créoles, quand il promet en leur nom la soumission aux ordres du commandant anglais, et déclare à cette occasion : « qu'il est rempli de respect pour tout ce qui porte l'emprinte de l'otorité [*sic*] ».

pour et contre les Blancs et les Indiens : ils se tinrent tête mutuellement, rangés sous les drapeaux rivaux de l'Espagne et de l'Angleterre et des colons insurgés, mais ils ne luttèrent jamais plus pour leur propre drapeau, ou pour leur souveraineté.

Depuis le renversement de Pontiac jusqu'à l'explosion de la Révolution, les colons établis dans l'Illinois et autour de Vincennes vécurent en paix sous leurs anciennes lois et coutumes, qui furent confirmées par les commandants anglais (1). A l'origine, ils avaient été gouvernés, comme les habitants du Canada, par les lois françaises, modifiées toutefois d'après les exigences d'un pays neuf. En outre, ils avaient des coutumes locales qui étaient aussi obligatoires que des lois. Après la conquête, les commandants anglais qui vinrent, exercèrent de plus les fonctions de juges civils. Toutes les transactions publiques étaient rédigées en français par des notaires publics. Les ordres donnés en anglais étaient traduits en français pour qu'on les comprît. Les affaires criminelles étaient transmises en Angleterre. Avant la conquête, le procureur du roi prononçait un jugement d'après sa décision personnelle dans les affaires civiles ; si le litige était important, il était de coutume que chaque partie choisît deux arbitres, tandis que le procureur du roi en désignait un cinquième. On pouvait en appeler au conseil supérieur siégeant à la Nouvelle-Orléans. Le commandant anglais prit la place du Procureur du Roi, bien qu'on eût fait, sans paraître y tenir beaucoup, des efforts pour établir la Loi commune.

Les anciens commandants français avaient exercé le pouvoir d'accorder à quiconque le demandait, autant de terrain qu'il le désirait, à la condition qu'une partie de la surface fût mise en culture dans l'année, et sous peine de reprise par « le domaine du roi (2) ». Les Anglais se confor-

---

(1) *Papiers du Département d'Etat*, nº 48, p. 51 ; Déclaration de M. Cerré (ou Carré) en juillet 1786, traduite par John Pintard.
(2) *Papiers du département d'Etat*, nº 48, p. 51.

mèrent à cet usage. Une grande étendue de terrain fut réservée aux environs de chaque village pour l'usage commun, et une autre, mais extrêmement restreinte, pour les besoins de la religion. Le terrain commun était généralement une vaste pièce de terre en prairie close, dont une partie était mise en culture, et le reste servait de pâturage au bétail des habitants (1). La partie du terrain commun destinée à la culture était divisée en lots ayant un arpent dans un sens et quarante dans un autre sens ; on attribuait à chaque habitant un de ces lots ou davantage selon son habileté ou son activité comme cultivateur (2). L'arpent, tel qu'il était en usage parmi les Français de l'Ouest, était une mesure approximative de surface, correspondant à une étendue de moins d'un acre (3). Les fermes appartenant à des propriétaires formaient également de longues bandes de terrain avec une faible largeur pour chaque propriété, la partie de devant faisant d'ordinaire face à un cours d'eau (4). En général, plusieurs de ces fermes s'étendaient parallèlement les unes aux autres ; chacune d'elle avait une étendue d'environ cent acres, mais certaines d'entre elles avaient une étendue beaucoup plus considérable.

Dans bien des cas, les habitants français n'étaient pas de race pure. Les anciens établissements avaient été formés par des soldats, des commerçants, des trappeurs, qui avaient pris des femmes indiennes. Ils n'étaient point esclaves de cet étrange amour-propre qui inspire à l'homme de race anglaise une répugnance profonde à faire d'une femme à peau rouge son épouse, alors qu'il ne demande pas mieux que d'en faire sa concubine. Leurs enfants

(1) *Papiers du département d'État*, n° 48. Pétition de J.-B. La Croix A. Girardin, etc., datée de Cohoé dans l'Illinois, 15 juillet 1783.

(2) BILLON, p. 91.

(3) Un arpent de terre correspondait à 160 pieds carrés. *Copie d'un journal tenu par Mathieu Clarkson en 1766*, dans la collection Durrett.

(4) *Papiers d'État Américains. — Terres publiques*, I, 11.

étaient baptisés dans la petite église par les prêtres en soutane noire, et en grandissant dans la petite communauté, ils y occupaient la même situation que ceux de leurs camarades dont le père et la mère étaient blancs. Mais, outre ces citoyens libres, il y avait les esclaves possédés par les habitants plus riches, esclaves de deux races, les nègres importés d'Afrique, et les Indiens battus et faits prisonniers (1). Il y avait beaucoup d'affranchis et d'affranchies des deux couleurs, de sorte que le sang était des plus mêlés.

Cette population était adonnée à l'agriculture, mais il s'y trouvait en outre des professions diverses, comme celles de forgeron et de charpentier. Leur monnaie était composée de fourrures et de pelleteries, taxées à une valeur fixe par livre (2). Aucune autre n'était en usage, à moins d'une stipulation formelle dans le contrat. Comme chez les Français d'Europe, l'unité monétaire était la livre, à peu près équivalente à un franc de nos jours. Ils n'étaient pas des plus industrieux et ne se montraient pas fort économes dans leur ménage. Leurs instruments agricoles étaient grossiers, leurs méthodes de culture simples et primitives ; ils étaient eux-mêmes souvent paresseux et imprévoyants. Près de leur ville, ils avaient de grands vergers de pommiers rabougris, qu'y avaient plantés leurs ancêtres en arrivant de France, ainsi que des poiriers d'une espèce inconnue aux Américains, mais leurs champs restaient souvent incultes, tandis que leurs propriétaires somnolaient au soleil en fumant leur pipe. Par suite, ils avaient parfois à souffrir cruellement de la disette, et il leur

(1) Fergus, série historique, n° 12, l'*Illinois au xviiie siècle* (Edward G. Mason, Chicago, 1881). C'est un excellent volume dans cette série. Les anciens registres paroissiaux de Kaskaskia, remontant jusqu'à 1695, contiennent quelques noms remarquables de mères de familles indiennes, tels que Maria Aramipinchicone, et Domitilla Tehuigonanaligahaneone. Parfois l'homme n'est désigné que par un sobriquet, comme le *Parisien*, le *Bohémien*.

(2) Biron, p. 94.

fallait couper leur blé quand il était encore vert (1).

Les occupations du commerce et de la chasse des fourrures étaient bien plus en harmonie avec leurs goûts, et formaient en somme leur principale ressource. La vie à demi-sauvage, avec ses fatigues, ses privations, son entraînement et ses longues périodes de paresse les attirait fortement. C'est sans doute là une des raisons pour lesquelles ils réussirent bien mieux auprès des Indiens que ne le firent jamais les Américains, qui, partout où ils arrivaient, commençaient par faire des déboisements et défricher le sol, abattaient les arbres et mettaient en fuite le gibier.

Mais ces occupations mêmes étaient exercées conformément aux anciennes mœurs et coutumes du pays : il fallait tout d'abord obtenir du commandant un permis de voyager et de commercer (2), car le gouvernement du commandant tenait beaucoup du régime patriarcal. Les habitants étaient dans une ignorance absolue de ce que les Américains appelaient liberté. Quand ils passèrent sous notre domination, on reconnut bientôt l'impossibilité de leur faire comprendre ce qu'était une institution comme le jugement par le jury. Ils prospéraient bien mieux sous le régime auquel ils étaient accoutumés de temps immémorial, celui d'un commandant qui leur donnait des ordres et qui avait quelques troupes pour les faire exécuter (3). Souvent ils cherchaient à esquiver l'obéissance à ces ordres, mais rarement à les braver ; leur indocilité était celle des enfants et des sauvages, et s'ils désobéissaient, c'était à tel ou tel ordre, et non point au système.

Lorsque le commerçant avait obtenu son permis, il construisait ses embarcations, soit des bateaux légers,

(1) *Lettres de P. A. Laforge*, 31 décembre 1786. — BILLON, p. 268.
(2) *Papiers du département d'État*, n° 150, vol. III, p. 519. Lettre de Joseph Saint-Marin, 23 août 1788.
(3) *Papiers du département d'État*, ibid., p. 89. Lettre de Harmar.

spacieux, faits de planches, soit des canots en écorce de
bouleau, soit des pirogues, qui étaient tout simplement
des troncs d'arbres creusés. Il les chargeait de peinture,
de poudre, de balles, de couvertures, de verroteries et de
rhum, formait leur équipage de hardis voyageurs, exercés
pendant toute leur vie au maniement de la gaffe et de
l'aviron, puis on partait pour remonter ou descendre le
Mississipi (1), l'Ohio, le Wabash. Parfois on faisait un
long trajet ou *portage* à travers le pays pour aller jusqu'aux
Grands Lacs. Il fallait des semaines, souvent des mois,
pour arriver jusqu'au poste de commerce le plus rappro-
ché, qui était généralement un grand campement d'hiver
des Indiens. Il arrivait d'en visiter plusieurs, ou de
passer l'hiver entier dans l'un d'eux, à acheter des
fourrures. Un grand nombre des coureurs des bois français, qui avaient pour tâche de traverser le désert, et qui
étaient des trappeurs experts, fixaient leur séjour parmi
les Indiens, leur apprenaient à capturer la zibeline, la
martre, la loutre et le castor, vivaient au milieu d'eux
comme s'ils faisaient partie de la tribu, épousaient des
squaws à la peau cuivrée, et élevaient des enfants de
couleur foncée. Quand le commerçant avait échangé ses
marchandises contre les pelleteries de ces chasseurs de
fourrures rouges et blancs, il retournait chez lui, après
une absence qui avait pu durer d'un an à dix-huit mois.
C'était une existence dure ; plus d'un commerçant périssait
de froid ou de faim dans le désert, ou bien son bateau
chavirait sous le choc des glaçons charriés sur les rapides
avec autant d'impétuosité que dans la vanne d'un moulin ;
ou bien il était attaqué par une tribu ennemie, à moins
qu'il ne succombât dans une scène d'ivresse désordonnée
au milieu de ses amis les Indiens, alors que voyageur,
demi-sang et Indiens avaient été pris d'un accès d'alcoo-

____

(1) *Papiers du Département d'État*, n° 150, p. 519. Lettre de
Joseph Saint-Marin.

lisme aigu grâce à l'abus de la liqueur incendiaire (1).

Le personnage qui avait le plus d'autorité après le commandant, était le prêtre. Il exerçait un pouvoir incontesté sur son troupeau, mais dans un certain domaine, car les Français de la région forestière, entretenus dans un état de fermentation par la présence au milieu d'eux de tant de caractères farouches et hardis, ne pouvaient pas être traités tout à fait de la même façon que les *habitants* plus paisibles du Bas Canada. La tâche du prêtre était de veiller sur les âmes des sujets de son souverain, de les baptiser, de les marier, de les enterrer, de les confesser et de les absoudre, de s'assurer qu'ils ne manquaient pas la messe, de recevoir le salaire qui lui était dû pour la célébration de l'office divin, mais bien que son influence personnelle fût naturellement fort grande, il n'avait aucune autorité temporelle, et ne pouvait commander à son troupeau ni de travailler ni de combattre. Moins encore pouvait-il disposer de leur terre. Ce privilège appartenait exclusivement au commandant et aux commissaires des villages, là où ils en avaient reçu l'autorisation formelle du souverain (2).

L'habitant, en général, était très religieux, malgré le relâchement fréquent des mœurs. Il était aussi superstitieux, car il croyait fermement aux présages, aux charmes et à la sorcellerie. Aussi quand on agissait sur lui en se servant de sa crainte de l'invisible et de l'inconnu, il en venait à des actes terribles, ainsi qu'on le rapportera plus loin.

(1) *Journal de Jean-Baptiste Perrault*, en 1783. — *Les Tribus Indiennes*, de Henry R. Schoolcraft, 3ᵉ partie (Philadelphie, 1855). Voir aussi Billon, p. 484, qui donne un récit intéressant des aventures de Gratiot. Celui-ci établit plus tard, au temps de la domination américaine, une grande maison de commerce des fourrures, et fut en relations très étendues avec l'Europe, ainsi qu'avec les villes de la côte d'Amérique.

(2) *Papiers du département d'État*, nᵒ 48, p. 25 : pétition relative à une affaire de ce genre, qui intéresse le prêtre Gibault.

Dans les circonstances ordinaires, c'était un homme facile à vivre, bienveillant, toujours poli. Ses manières offraient un contraste agréable avec celles de certains de nos habitants des frontières. Toujours souriant ou riant, toujours prêt à prendre sa part de quelque divertissement, les dimanches et les jours de fête, il était appelé à la petite église paroissiale par le son de la vieille cloche qui tintait dans le petit beffroi de bois. L'église était un grossier édifice oblong, dont les murs étaient formés de troncs d'arbres écorcés, plantés debout, dont les interstices étaient bouchés avec de la mousse, et dont la surface était enduite d'argile ou de mortier. Là se rendait toute la population, les hommes vêtus d'une capote ou couverture taillée en habit, la tête serrée dans un foulard aux couleurs vives, les pieds chaussés de mocassins ou de fortes sandales en cuir cru. Les jeunes gens allaient à pied ou montés sur des poneys velus. Les gens plus âgés arrivaient dans des charrettes de bois, grinçantes, sans ressorts, sans bandes ni essieux de fer, où leur famille était assise sur des chaises (1).

Les degrés sociaux étaient bien plus nettement marqués que dans les agglomérations analogues de notre peuple. La classe noble, bien que peu nombreuse, possédait, sans conteste, la direction générale, et fournissait les chefs

(1) *Histoire de Vincennes*, par le juge John LAW (Vincennes, 1858, pp. 18 et 140). Ces charrettes sont identiques à celles que j'ai vues moi-même dans la Vallée de la Rivière Rouge, et dans la grande boucle du Missouri, où elles servaient à transporter les pénates de leurs propriétaires les métis français. Ces métis, ex-trappeurs, ex-chasseurs de bisons, et petits fermiers, sont les plus fidèles représentants des anciens Français de l'Ouest. Ils sont un peu moins civilisés. Ils ont un peu plus de sang indien dans les veines, mais ce sont, en définitive, les mêmes gens. On peut remarquer que les Français de Kaskaskia et de Vincennes s'approvisionnaient de viande pour l'hiver, grâce aux troupeaux de bisons qui abondaient dans les plaines de la contrée formant aujourd'hui les États d'Illinois et d'Indiana, tout comme pendant le siècle actuel les métis Saskatchewan ont vécu aux dépens des troupeaux d'animaux sauvages jusqu'à l'extermination de ceux-ci.

militaires, quoique, naturellement, elle ne pût prétendre
à une prééminence aussi marquée qu'à Québec, où les
conditions étaient plus semblables à celles de l'Ancien
Monde. L'éducation était à peu près nulle. Les gens du
peuple étaient rarement versés dans les mystères de la
lecture et de l'écriture, et même les femmes mariées de la
noblesse étaient incapables de signer leur nom et obligées
de tracer une croix pour en tenir lieu (1).

Les petits villages qu'ils habitaient étaient charmants (2),
avec des rues larges et ombragées. Les maisons étaient
fort éloignées les unes des autres : celles des gens de
classe plus haute étaient pourvues de grandes vérandahs
et contenaient des chambres spacieuses, au plafond bas ;
les hautes cheminées et les montures des portes étaient
en bois curieusement sculpté. Chaque village était défendu
par un fort entouré de palissade et par des blockhaus.
Parfois même il était aussi entouré d'une haute enceinte
de pieux. Les habitants avaient un goût immodéré pour
la musique et la danse (3). Les mariages et les baptêmes
étaient des occasions de divertissements, où l'on râclait du
violon pendant toute la nuit, tandis que les pieds chaussés
de mocassins se mouvaient avec agilité au son de la
musique.

Trois générations de vie isolée dans le désert avaient
fortement modifié les caractères dans ces agglomérations
de commerçants, de trappeurs, de bateliers et de guerriers
aventureux. Il était impossible qu'ils n'empruntassent pas

(1) Voir les listes des signatures dans les *Papiers du département
d'État*, ainsi que Mason (Registres paroissiaux de Kaskaskia), et
Law (Vincennes). Pour en donner un exemple, la femme du chevalier
Vinsenne (qui donna son nom à Vincennes, et périt ensuite
dans la bataille où les Chickasaws mirent en déroute les Français
du Nord et leurs alliés indiens) ne savait signer que d'une croix.
— Dans ses diverses lettres, Clarke parle de la *gentry* en termes
qui impliquent que sa condition était supérieure à celle du peuple.
(2) *Papiers du département d'État*, nº 150, vol. III, p. 82.
(3) *Voyage en Amérique* (1796) par le général Victor COLLOT,
Paris, 1804, p. 318.

de nombreux traits aux sauvages leurs amis et leurs voisins. Hospitaliers, mais aveuglément attachés à leurs anciennes coutumes, ignorants, indolents, adonnés à l'ivrognerie, ils parlaient un jargon corrompu de la langue française. Les gens du peuple commençaient à ne plus compter le temps par les mois et les jours, et à adopter la façon des Indiens de dater les événements d'après les phénomènes de la nature, comme l'époque des inondations, la maturité du blé vert, ou celle des fraises (1). Tous leurs traits distinctifs semblaient étranges aux officiers polis de la vieille France. Ils n'avaient pas plus d'analogie avec ces derniers qu'avec les pionniers américains. Mais ils avaient conservé bien des qualités estimables, et en particulier leur bravoure, leur solidité, et ils étaient, dans leur genre, de bons soldats. Ils avaient combattu vaillamment côte à côte avec les mousquetaires du roi Louis et avec leurs alliés, les guerriers bariolés de peinture de la forêt. Plus tard ils servirent, bien qu'un peu à contre-cœur, sous les sombres drapeaux de l'Espagne, partagèrent le sort des grenadiers aux habits rouges du roi Georges, ou marchèrent sous les ordres des gigantesques riflemen du Kentucky.

(1) Collot les décrit ainsi : « Un composé de traiteurs, d'aventuriers, de coureurs des bois, rameurs et guerriers ; ignorants, superstitieux et entêtés, qu'aucunes fatigues, aucunes privations, aucuns dangers ne peuvent arrêter dans leurs entreprises qu'ils mènent toujours à fin ; ils n'ont conservé des vertus françaises que le courage ».

CHAPITRE III

LES CONFÉDÉRATIONS DES APPALACHES
(1765-1775).

Lorsque nous nous déclarâmes nation indépendante, il y avait sur nos frontières trois groupes de peuples indiens. Tout à fait au Nord étaient les Iroquois ou Six Nations, qui habitaient l'État de New-York, et s'étendaient jusque dans la Pensylvanie. Pendant deux siècles, ils avaient été la terreur de toutes les autres tribus indiennes à l'Est du Mississipi, aussi bien que des blancs, mais ils avaient déjà perdu leur force. Ils comptaient en tout dix ou douze mille individus, et s'ils jouèrent un rôle sanglant dans la guerre de la Révolution, ce fut seulement comme alliés secondaires des Anglais. Il n'était pas en leur pouvoir de frapper un coup vraiment décisif. Leur châtiment n'eut point pour résultat de nous faire acquérir un territoire nouveau, et si l'on n'eût point réussi à les châtier, cet échec n'eût influé ni sur l'issue de la guerre, ni sur les conditions de la paix. Leur destinée était liée à celle de la cause royale en Amérique, et fut entièrement décidée par des événements qui n'avaient aucune connexion avec leur victoire ou leur défaite.

Ce fut absolument le contraire en ce qui concerne les Indiens, dix fois plus nombreux, qui habitaient le long de notre frontière de l'Ouest. Là ils étaient nos vrais adversaires, et les Anglais ne faisaient que les soutenir. Loin que leur destinée fût décidée par le traité de paix avec la Grande-Bretagne, ils continuèrent activement les hostilités pendant les douze années qui suivirent la signature de ce traité. S'ils nous avaient battus dans les premières années de la lutte, il est plus que probable qu'à la paix notre frontière de l'Ouest aurait été formée par les Alléghanys. Nous conquîmes sur eux de vastes étendues de territoire, parce que nous avions battu leurs guerriers, et nous n'aurions pu les gagner autrement, tandis que pour les Iroquois, la perte de leur territoire fut la conséquence de la défaite des Anglais, et non point de la défaite des Iroquois eux-mêmes.

Il existait deux groupes de ces Indiens, et la division ethnique correspondait, en gros, à la répartition géographique. Au Nord-Ouest, entre l'Ohio et les Grands Lacs, il y avait ces tribus Algonquines, qui étaient généralement unies d'un lien assez lâche ; dans le Sud-Ouest, entre la Tennessee (alors appelé le Chérokee) et le Golfe du Mexique habitaient les Indiens dits Appalaches. Entre eux s'étendait une vaste et belle contrée où n'osait habiter aucune tribu, mais où toutes se hasardaient pour guerroyer et chasser.

Les Indiens du Sud-Ouest étaient appelés Appalaches par les anciens écrivains, parce que tel était le nom donné alors aux Alléghanys du Sud. On ne saurait dire si ce nom-là eut jamais un sens ethnique mais il est fort utile pour indiquer un groupe de nations indiennes dont le système de gouvernement, le genre de vie, les coutumes et l'état social en général, présentaient de grandes ressemblances et dont la civilisation avait atteint un niveau beaucoup plus élevé qu'aucune autre des tribus américaines.

Les Appalaches se trouvaient à l'état de barbarie plutôt qu'à celui de sauvagerie proprement dite. Ils étaient divisés en cinq confédérations assez lâches, les Chérokees, les

Chickasaws, les Choctaws, les Creeks et les Séminoles. Ces derniers n'étaient qu'une branche méridionale des Creeks ou Muscogees. Ils étaient bien plus nombreux que les Indiens du Nord-Ouest, moins nomades, et en conséquence ils étaient plus attachés à la possession de territoires définis, de sorte que leur pays avait une population plus dense.

Ils se montaient à un total d'environ soixante-dix mille âmes (1). Il est plus difficile d'indiquer le nombre de chacune des tribus, car les lignes de division qui les séparaient étaient très mal définies, et sujettes à de grandes fluctuations. Ainsi celle des Creeks, la plus formidable de toutes, était composée d'un nombre considérable de bandes qui différaient les unes des autres à la fois par la race et le langage. Les langues des Chickasaws et des Choctaws ne différaient pas plus de celle des Chérokees, que ne différaient entre elles les langues parlées par chacune des deux sections de cette dernière tribu. Les Chérokees des collines, ou Otari, parlaient un dialecte que ne comprenaient pas les Erati, ou Chérokees des plaines. Les cités et les bandes se dissociaient sans cesse, rompaient leurs alliances anciennes, tandis que des chefs ambitieux et guerriers formaient tous les jours de nouveaux groupes, et s'ils étaient

(1) Lettre des commissaires Hawkins, Pickens, Martin et Mac Intosh au président du Congrès continental (2 décembre 1785), reproduite dans les *Documents d'État*, XXXIII° Congrès, 2° session, *Délimitation entre la Géorgie et la Floride*. Ils donnent le chiffre de 14.200 *fusils*, et disent qu'en « calculant avec modération », il y a quatre fois autant de vieillards, de femmes et d'enfants que de *fusils*. Les évaluations numériques sont fort nombreuses et contradictoires. Après avoir consulté soigneusement toutes les sources accessibles, je suis arrivé à conclure que le chiffre donné ci-dessus est probablement fort près de la vérité. C'est l'opinion réfléchie de quatre hommes spéciaux et expérimentés, qui avaient tous les moyens d'investigation, et qui ont étudié le sujet avec soin. Mais il se pourrait bien qu'en indiquant un chiffre pour chaque tribu, ils commettent une erreur ici ou là, car les limites des tribus changeaient sans cesse, et il y avait toujours de grandes troupes de renégats, comme les Chickamangas, qui ne trouvaient de place dans les rangs d'aucune tribu.

heureux, attiraient à eux un grand nombre de jeunes guerriers des autres agglomérations. Aussi la ligne de séparation entre les confédérations variait-elle sans cesse (1). A en juger d'après une comparaison attentive des diverses autorités, l'évaluation suivante du nombre d'individus dans les tribus du Sud, à l'époque où éclata la Révolution, peut être regardée comme une approximation très rapprochée de la probabilité.

Les Chérokees, comptant environ 1.200 personnes (2),

(1) C'est là une des raisons principales qui rendent inutile toute tentative d'évaluation numérique. Voici un cas qui peut servir de spécimen, entre autre : Que l'on compare l'évaluation faite par le Prof. Benjamin Smith Barton (*Origine des tribus et des nations de l'Amérique*, Philadelphie, 1798) avec le *Rapport* du commissaire des Affaires indiennes pour 1827. Barton estimait qu'en 1793 les nations Appalaches comptaient en tout 13.000 guerriers ; regardant ce nombre comme le cinquième de la population, il évaluait celle-ci à 65 000 âmes. En 1837, le Commissaire fixe leur chiffre à 65.304 personnes, ce qui coïncide presque exactement. Il est probable que les deux évaluations sont également exactes, l'augmentation naturelle ayant presque exactement compensé la perte qui résulte d'un déplacement partiel et des guerres d'extermination que Jackson fit aux Creeks et aux Séminoles. Mais s'ils sont d'accord sur le total, ils diffèrent constamment sur les détails. Selon l'estimation de Barton, les Chérokees ne comptent que 7.500 individus ; les Choctaws en ont 30.000 ; selon le recensement des commissaires, les Chérokees sont au nombre de 21.911 ; les Choctaws sont 15.000. Il est évidemment inutile de discuter la probabilité qu'en quarante-quatre ans, le nombre des Chérokees ait triplé, et celui des Choctaws diminué de moitié. A moins que le sens des mots n'ait changé, il faut admettre qu'il y a eu des migrations considérables de tribu à tribu. De même, suivant les *Rapports*, les Creeks ont augmenté de 4.000, les Séminoles et les Choctaws ont diminué de 4.000.

(2) *Archives américaines*, 4e série, t. III, p. 790. Évaluation de Drayton, datée du 23 septembre 1775. Ce fut un recensement fait avec soin, par des commerçants en rapport avec les Indiens. En dehors des agglomérations non classées, comme les Chickamangas le furent plus tard, il y avait :

737 hommes portant le fusil dans les villages situés sur les hauteurs au nombre de 10 ;

908 hommes portant le fusil dans les villages situés à mi-côte au nombre de 23 ;

356 hommes portant le fusil dans les villages situés en plaine au nombre de 9 ;

en tout 2.021 guerriers. Les agglomérations nomades qui avaient

étaient les montagnards de leur race. Ils habitaient parmi les chaînes, aux cimes bleues et aux pics élevés, des Alléghanys du Sud (1), dans la région sauvage et pittoresque où se rejoignent aujourd'hui les frontières des Etats de Tennessee, de l'Alabama, de la Géorgie et des deux Carolines.

A l'ouest des Chérokees, sur les rives du Mississipi, étaient les Chickasaws, la plus petite des nations du Sud, comptant au plus quatre mille âmes (2), mais d'autre part c'étaient les plus braves et les plus belliqueux, et de toutes les Confédérations de tribus, la seule qui fût unie par des liens très forts. La tribu entière agissait avec ensemble. Aussi, bien qu'ils fussent continuellement aux prises avec les Choctaws, les Creeks et les Chérokees, beaucoup plus nombreux, ils leur tinrent souvent tête à tous avec succès. En outre, ils infligèrent aux Français deux des plus sanglantes défaites qu'ils aient jamais subies de la part des Indiens. Ceux qui restaient des Natchez, ces étranges adorateurs du soleil, s'étaient pour la plupart réfugiés parmi les Chickasaws, et s'étaient entièrement identifiés avec eux, lorsque leur nationalité eut été détruite par les gens de la Nouvelle-Orléans.

Les Choctaws, les plus grossiers, et au point de vue historique, les moins importants de ces Indiens, habitaient au Sud des Chickasaws. Ils étaient probablement moins

renoncé à tout lien de fidélité, à cette époque-là, accroîtraient ce chiffre de 3 ou 400.

(1) *Histoire des Indiens d'Amérique, et particulièrement des nations qui touchent au Mississipi, aux deux Florides, à la Géorgie, aux Carolines et à la Virginie,* par James ADAIR (commerçant indien qui résida quarante ans dans le pays), Londres, 1775. Livre très estimable, mais dont la valeur est quelque peu diminuée par une marotte de l'auteur, qui prétend retrouver dans tous les mots, tous les usages, toutes les cérémonies indiennes, la preuve qu'ils descendent des dix tribus perdues. Il évalue à 2.300 le nombre des guerriers Chérokees.

(2) Hawkins, Pickens, Martin et Mac Intosh, dans leur Lettre, leur donnent 800 guerriers, le plus grand nombre des autres écrivains fixent un chiffre plus faible.

nombreux que les Creeks (1). On leur reconnaissait de la bravoure, mais on les disait perfides, enclins au vol, et ils n'étaient pas aussi bien armés que les autres. Ils s'unissaient rarement pour faire la paix ou la guerre ; des partis agissaient fréquemment d'accord avec les puissances européennes rivales, ou bien se joignaient aux bandes d'autres envahisseurs indiens qui allaient piller les établissements des blancs. Ils ne jouèrent qu'un faible rôle dans notre histoire, excepté en qualité d'auxiliaires de nos autres ennemis indiens.

Les Muscogees ou Creeks étaient les plus puissants de tous. Leurs bandes du sud, habitant la Floride, étaient généralement regardées comme une confédération distincte, sous le nom de Séminoles. Ils comptaient de 25 à 30.000 âmes (2), dont les trois quarts formaient les Muscogees proprement dits, et le reste les Séminoles. Ils habitaient au sud des Chérokees, et à l'est des Choctaws, aux confins de la Géorgie.

Ainsi, par le fait de leur situation, les tribus des Creeks et des Cherokees formaient la barrière du Sud qui devait soutenir le choc de notre marche en avant, et jouèrent le rôle de tampon entre nous et les Français et Espagnols du Golfe et du Bas Mississipi. Une fois que leur sort fut décidé, celui des Chickasaws et des Choctaws, le fut aussi, par une conséquence inévitable.

(1) Presque tous les anciens auteurs les disent plus nombreux. Adair leur attribue 4.500 guerriers ; Hawkins, 6.000. Mais il semble qu'on ne les ait pas connus aussi bien que les Creeks, les Chérokees et les Chikasaws ; et la plupart des anciennes évaluations des Indiens les disent d'autant plus nombreux qu'ils sont moins connus. Le chiffre d'Adair est probablement celui qui mérite le plus de confiance. Le premier recensement sérieux qu'on fit montra que les Creeks étaient plus nombreux.

(2) Hawkins, Pickens, etc., les évaluent à au moins 27.000 en 1789. Le *Rapport* sur les Indiens, de 1837, les porte à 26.844. Pendant ce demi-siècle, ils avaient souffert par suite de graves dévastations et de déplacements forcés, et avaient probablement diminué un peu dans leur nombre. Au temps d'Adair, ils augmentaient.

Les usages, le système politique et social de ces deux tribus offraient de grandes analogies ; s'il y avait quelque différence avec leurs voisins de l'Ouest, elle ne consistait qu'à les copier plus grossièrement. Ils étaient beaucoup plus avancés que les nations Algonquines du Nord.

Différents en ce point de la plupart des montagnards, les Chérokees ne passaient pas pour des combattants fort redoutables, à côté de leurs compatriotes des plaines (1). En 1760 et 1761, ils avaient risqué une lutte sanguinaire avec les blancs, ravagé les frontières de la Géorgie, pris des forts anglais, et tenu tête victorieusement à des armées anglaises, mais quoiqu'ils eussent eu le dessus en rase campagne, ils l'avaient payé de pertes désastreuses. Depuis cette époque, ils s'étaient engagés dans de longues guerres avec les Chickasaws et les Creeks, et ils avaient été rudement malmenés par les uns et les autres. En outre, ils avaient été vivement harcelés par les Indiens du Nord. Aussi, leur puissance et leur nombre diminuaient constamment (2).

Quoique divisés, au point de vue linguistique, en deux races parlant des dialectes différents, les Otari et les Erati n'étaient point divisés de même au point de vue politique. Il existait trois groupes de villes, celles du Haut, celles du Milieu et celles du Bas, et ces groupes agissaient souvent indépendamment l'un de l'autre, les villes du Haut étaient situées pour la plupart au bord des fleuves de l'Ouest, ainsi que les Américains dénommaient les affluents du Tennessee. Les habitants en étaient connus sous le nom de Chérokees de la côte (Overhill Cherokee) et ils appartenaient surtout aux Otari. Mais aucune de ces villes n'était stable ; elles changeaient parfois de place, et même passaient d'un groupe à l'autre. Les villes d'en bas, habitées par les Erati, étaient situées dans les régions planes de la

(1) *Archives américaines*, 5ᵉ série, t. Iᵉʳ, p. 95 : Lettre de Charles Lee.

(2) Adair, p. 227 ; Bartram, p. 390.

haute Géorgie et de la Caroline du Sud. C'étaient les moins importantes. Le troisième groupe plus nombreux que chacun des deux autres, et situé au milieu des montagnes et des collines entre ceux-ci, était composé des villes du milieu. Ses limites étaient mal définies et changeaient sans cesse.

Ainsi les villes de Chérokees s'étendaient depuis la région des hautes terres où s'élèvent les cimes les plus fières de l'Amérique occidentale, jusqu'à la contrée chaude, plane, basse, où croissent les cyprès et le pin à longues aiguilles. Chaque village avait son emplacement isolé dans quelque fond fertile de rivière, où il était entouré de ses vergers de pommiers et de ses champs de maïs. Comme les autres Indiens du Sud, les Chérokees étaient plus industrieux que leurs voisins du Nord ; ils vivaient des travaux agricoles, de la culture autant que de la chasse. Ils élevaient des chevaux, des porcs, de la volaille. Les maisons, allongées, hautes d'un étage, étaient construites en troncs d'arbres écorcés, assemblés à mortaises, et revêtues d'argile. Près de chacune se trouvait une petite cabane, en partie souterraine, et par conséquent très chaude ; c'était là que se retiraient les gens de la maison, en hiver, car ils étaient frileux. Au centre de chaque village s'élevait la grande maison du conseil, rotonde qui pouvait contenir toute la population. Elle avait souvent trente pieds de haut et parfois elle s'élevait sur une butte artificielle de terre (1).

Les Chérokees étaient une race vive, intelligente, mieux faite « pour suivre la route de l'homme blanc » qu'aucune autre race indienne. Ainsi que leurs voisins, ils étaient excessivement enclins aux jeux de hasard et d'adresse, ainsi qu'aux sports athlétiques. Un de leurs plus remarquables amusements était le jeu de ballon dont nous avons fait notre exercice de la crosse. Les instruments de ce jeu

(1) BARTRAM, p. 365.

consistaient en bâtons à lancer la balle ou raquettes, longues de deux pieds, à treillage en lanières de peau crue, et d'une balle en peau de daim, bourrée de crin au point d'être très dure, et à peu près de la dimension d'une pomme. Parfois la partie était jouée par un nombre défini d'individus, parfois tous les jeunes gens d'un village y prenaient part. Il y avait souvent des concours entre les différentes villes et même différentes tribus. Ces tournois excitaient l'intérêt le plus vif, et ils étaient soutenus avec l'obstination la plus invincible ; ils étaient précédés de danses et de cérémonies religieuses et donnaient lieu à des exploits terribles d'endurance physique. Ils se passaient d'une façon fort brutale ; on s'y cassait parfois bras et jambes. Les Choctaws étaient regardés comme les meilleurs joueurs de balle (1).

Les Chérokees aimaient aussi les danses. Parfois elles étaient comiques ou lascives ; parfois elles avaient un caractère religieux, ou on les organisait avant de s'engager sur la piste de guerre. Souvent les danses des jeunes gens et des jeunes filles étaient très pittoresques. Les jeunes filles, habillées de blanc, avec des bracelets et des gorgerins en argent, et une profusion de rubans aux couleurs vives, dansaient en cercle sur deux rangs. Les jeunes guerriers, en grand costume de bataille, dansaient en cercle autour d'elles ; tous exécutaient une marche rythmique, en suivant la mesure d'une antienne chantée à deux chœurs, où les jeunes gens et les jeunes filles se répondaient alternativement (2).

La grande confédération des Muscogees ou Creeks, composée de tribus nombreuses parlant au moins cinq langues différentes, occupait une région bien arrosée, couverte de petits arbres (3). Les cours d'eau rapides étaient bordés

(1) ADAIR, BARTRAM.
(2) BARTRAM.
(3) *Esquisse du pays des Creeks*, par Benjamin HAWKINS, dans la *Collection de la Société historique de Géorgie*. Cet ouvrage, écrit en 1798, n'a été publié que cinquante ans plus tard.

de plaines étroites, et leur lit était frangé de roseaux et de
joncs. Il y avait là de beaux pâturages, alternant avec des
régions sablonneuses, où la végétation se réduisait à des
pins, avec des bosquets de palmiers à éventail et de ma-
gnolias, avec de grands étangs et marais bordés de cyprès.
Le gibier y avait été presque détruit par des massacres ;
l'élan et le bison avaient été exterminés ; les daims même
décimés. Aussi les expéditions de chasse étaient-elles obligées d'aller fort loin dans la région inhabitée du Nord,
afin de s'y procurer la provision de viande nécessaire pour
l'hiver. Mais les panthères, les loups et les ours rôdaient
encore dans les sombres massifs des marais et des jungles,
d'où ils sortaient la nuit pour dévorer les porcs et les bestiaux. A une certaine époque, les ours avaient été si nombreux, qu'ils étaient devenus un des principaux articles de
la cuisine des Creeks, qui en tiraient de la viande, de la
graisse, et surtout une huile employée pour faire la cuisine et pour d'autres usages. Ils étaient si appréciés que
les Indiens en vinrent à la découverte du système qui consiste à les parquer, exactement comme les Européens
en agissent pour les daims et les faisans. Chaque ville ré-
servait un vaste territoire qui était désigné sous le nom de
« terrain aimé (1) de l'ours », où croissaient en abondance
le persimonon, l'épine-vinette, le châtaignier, la muscadine,
le raisin d'ours. On y laissait les ours vivre en paix, excepté à certaines époques où alors on en tuait un grand
nombre. Néanmoins on reconnut que les bestiaux étaient

(1) Le sens du mot *aimé* chez les Creeks était tout à fait particulier. Il a été évidemment traduit d'une manière exacte, car Milford
le rend par le mot français *bien-aimé*. C'était l'épithète affectée à
toute chose dont on faisait un très grand cas, pour des raisons
économiques ou surnaturelles. Parfois elle était employée dans le
même sens où les tribus de l'Ouest emploient actuellement le mot
Médecine. Les vieux chefs et sorciers étaient appelés les bien-
aimés vieillards ; les femmes que, dans l'Ouest, nous aurions appe-
lées les *Médecine Squaws*, étaient les bien-aimées vieilles femmes.
On donnait souvent ce titre aux principaux personnages officiels
blancs, quand on leur écrivait.

plus avantageux que les ours, et les « terrains aimés des ours » furent peu à peu transformés en terrains à bestiaux.

Les Creeks s'étaient créés une semi-civilisation originale qui était des plus curieuses. Ils habitaient un grand nombre de villes, dont les plus grandes ou les plus anciennes exerçaient l'autorité sur les cités moindres (1) et envoyaient seules des représentants aux conseils généraux. Plusieurs de ces villes étaient aussi fortes que bien des cités des contrées lointaines dans les colonies (2) mais on les changeait de place de temps à autre, quand le gibier avait été entièrement exterminé ou le sol épuisé par les récoltes. Alors le sol se couvrait de pins, et ainsi se formait ce qu'on nommait le « vieux champ ». Cette méthode de culture était, après tout, presque identique à celle des blancs du sud, et les « vieux champs » ou plantations abandonnées que les pins avaient de nouveau envahies, étaient en bon nombre dans les colonies.

Un grand nombre de chefs possédaient des troupes de chevaux et de bêtes à cornes, qui allaient parfois jusqu'à cinq cents têtes (3), sans compter les porcs et la volaille. Certains d'entre eux avaient, en outre, des esclaves nègres. Mais la culture du sol était faite en commun par tout le village. A vrai dire, le gouvernement, aussi bien que le genre de vie, était, à beaucoup d'égards, un singulier mélange de communisme et d'individualisme extrême. Les champs de riz, de blé, de tabac, de pois, de pommes de terre étaient parfois entourés de clôtures grossières faites avec des lattes de noyer. Parfois on les laissait sans clôture, avec des huttes ou de hauts échafaudages, sur lesquels on faisait le guet. On les plantait quand les fruits sauvages avaient acquis une maturité suffisante pour attirer les oiseaux. Pendant la maturation des récoltes, les

(1) HAWKINS.
(2) BARTRAM. La ville d'Uchee contenait au moins 1.500 âmes.
(3) HAWKINS.

porcs étaient renfermés, et les chevaux mis à l'attache avec de fortes cordes en écorce. On semait souvent des potirons, des melons, des mauves aquatiques, des soleils entre les rangées de blé. Les semailles avaient lieu à un jour fixé, où toute la ville était convoquée. Alors on ne permettait à personne de s'en dispenser ou d'aller à la chasse. Le lieutenant du chef présidait au travail (1).

On se nourrissait de toutes sortes de végétaux aussi bien que de bœuf et de porc, ou de venaison cuite dans l'huile d'ours. On connaissait la bouillie de maïs et les galettes de blé. On avait pour boisson froide de l'eau mélangée de miel ; on en avait une autre, faite de grains fermentés, qui avait presque le goût du cidre (2). On tamisait le blé dans des tamis à treillis d'osier; on cuisait le pain dans des chaudières ou sur de larges pierres plates. Enfin on recueillait les fruits sauvages, fraises, raisins, prunes, dans leur saison. Avec les noix, on faisait une pâte épaisse et huileuse qui s'appelait le lait de noix.

Chaque ville formait un carré dans lequel les vieilles gens allaient et venaient toute la journée, bavardant et se chamaillant. Devant chaque face du carré, et l'entourant, s'élevaient les quatre édifices communaux, constructions longues et basses, de huit pieds de hauteur, sur seize de largeur, et d'une longueur de quarante à soixante pieds. C'étaient des cadres de bois rapportés par des troncs de pins, avec maîtresse poutre et solives de noyer. La façade était ouverte, les côtés étaient lambrissés et badigeonnés, tantôt avec de la marne blanche, tantôt avec une argile rougeâtre. Elles avaient des portes faites de planches, et une toiture assez soignée faite en écorce de cyprès ou en bardeaux. Les planches qui formaient les gouttières étaient en peuplier tendre. Les villes de frontière, au voisinage d'ennemis blancs ou indiens, avaient des maisons

(1) HAWKINS, p. 39 ; ADAIR, p. 408.
(2) BARTRAM, p. 184.

faites en troncs d'arbres, avec des meurtrières ménagées dans les murs.

Chacune des maisons communales était divisée en trois pièces. La Maison des Micos, ou chefs et sous-chefs, était peinte en rouge et faisait face au soleil levant ; c'était la plus importante. La maison des Guerriers et celle des Hommes bien-aimés — cette dernière peinte en blanc — faisaient face l'une au sud, l'autre au nord, tandis que la maison des Jeunes Gens faisait vis-à-vis à celle des Micos. Chaque chambre était divisée en deux terrasses ; celle de devant était couverte de nattes rouges, tandis que celle de derrière contenait une sorte de dais élevé ou grande couche, couverte de peaux. Il y avait des sièges faits en bois de peuplier et des caisses faites avec des planches cousues ensemble au moyen de lanières en cuir de bison (1).

La Rotonde ou Maison du Conseil était placée près du carré sur l'endroit le plus élevé du village. Elle était ronde, avec un diamètre de cinquante ou soixante pieds, une toiture élevée et pointue ; les solives élevées étaient consolidées par des bardeaux et couvertes avec de l'écorce. Un divan élevé en faisait le tour et était semé de nattes et de peaux. Parfois, dans les maisons de conseil les plus grandes, il y avait un aigle en peuplier sculpté et peint, placé près des sièges rouges et blancs qu'occupaient les chefs et les guerriers. En face du grand dais étaient peintes de grandes images de la pleine lune et de la demi-lune, coloriées en blanc ou en noir, ou des sculptures grossières représentant des panthères, des hommes avec des cornes de bison. Les tribus avaient la même révérence pour la panthère et le serpent à sonnettes.

Les magasins à blé, les poulaillers, les serres chaudes ou maisons souterraines pour l'hiver étaient groupés près des autres cabanes.

____

(1) HAWKINS.

Bien que pour le travail de la terre on n'employât que la houe, on avait fait beaucoup de progrès dans certains arts utiles. On savait filer la laine grossière du bison pour en faire des couvertures qu'on ornait de grains enfilés. On tissait le chanvre sauvage avec des châssis et des navettes. On fabriquait les selles, on faisait de très beaux paniers avec des brins très fins de roseaux et de fort belles couvertures avec les plumes du dindon, enfin avec l'argile vernissée on faisait des bols, des cruches, des assiettes et d'autres poteries.

En été, les Creeks portaient des chemises et des braies de basane ; en hiver ils se couvraient de la fourrure des ours, du loup ou du bison à la rude crinière. Ils avaient des mocassins en peau d'élan ou de buffle, des cuissarts fort hauts en peau de daim très mince, ornés de sabots de faons ou d'éperons de dindons qui résonnaient pendant leur marche. Ils fixaient dans leur chevelure des plumes d'aigle, des ailes de faucon ou la brillante dépouille de l'oiseau tanager ou du cardinal gros-bec. Ils ne portaient aucune espèce de pantalons ou de braies, les regardant comme une marque d'amollissement.

Le vermillon était leur couleur de guerre ; le blanc ne se portait qu'à l'époque de la danse du blé vert. Dans chaque ville se dressait le poteau de la guerre, ou poteau peint, petit tronc d'arbre écorcé et peint en rouge. Certains de leurs villages se nommaient les villes blanches ou villes de paix ; certains autres, villes rouges ou villes sanglantes. Les villes blanches étaient consacrées à la paix ; on ne pouvait verser de sang sur leur territoire ; elles étaient des asiles où l'on ne pouvait mettre à mort même l'ennemi pris à la guerre. Un meurtrier qui s'y réfugiait était à l'abri de la vengeance. Dans les villes rouges, les prisonniers étaient torturés jusqu'à la mort, et c'était là que les chefs et les guerriers se réunissaient pour faire des plans ou des préparatifs de guerre.

Ils faisaient de grandes fêtes pour les mariages ; les

morts étaient ensevelis avec ce qu'ils avaient possédé de leur vivant.

Chaque soir, tous les gens de la ville se rassemblaient dans la Maison du Conseil pour danser, chanter et converser. En outre, ils y exécutaient à des époques fixes les danses de cérémonies ; telles étaient les danses de guerre ou de triomphe, où les guerriers peints en rouge et en blanc revenaient porteurs des scalps de leurs ennemis tués, sur des branches de pin toujours vert, en chantant une bruyante chanson de victoire ; telles étaient la danse du serpent, la danse de l'amour effréné, où les femmes et les jeunes filles étaient libres de faire ce qui leur plaisait.

Une fois par an, lors de la maturité des fruits, ils exécutaient la danse du blé vert, fête religieuse qui durait huit jours dans les grandes villes, et quatre dans les petites. On y buvait dans des coquillages la Boisson Noire, breuvage amer tiré des feuilles écrasées d'un petit arbrisseau. Au troisième jour, le grand-prêtre, ou faiseur de feu, l'homme qui était assis sur le siège blanc, vêtu d'une tunique et de mocassins d'une blancheur de neige, allumait le feu sacré, en l'attisant avec l'aile immaculée d'un cygne, et y brûlant comme offrande les premiers des fruits de l'année. Les danses succédaient aux danses. Les bien-aimés, hommes et femmes, le prêtre et les prêtresses dansaient en trois cercles, en chantant le chant solennel dont les paroles n'étaient répétées en aucun autre temps de l'année. Puis c'était le tour des guerriers, en leur étrange accoutrement de guerre, des coiffures en plumes blanches, ainsi que des femmes et des jeunes filles, en leurs plus beaux atours, avec des pendants d'oreilles et des bracelets, des carapaces de tortues remplies de petits cailloux attachées au côté extérieur de leurs jambes. Ils marquaient la mesure du pied et de la voix, les hommes sur un ton de basse, par des cris courts, les femmes par des voix de fausset aiguës, pendant que les tambours en terre cuite, sur lesquels était tendue une peau de daim, résonnaient, qu'on jouait du sifflet, qu'on battait les gourdes et les calebasses, et qu'ainsi l'air retentissait d'un tapage assourdissant (1).

Bien qu'il leur arrivât de brûler leurs prisonniers ou de violer les femmes captives, ils se montraient en général plus humains que les tribus du Nord (2).

Néanmoins leur système politique et militaire ne pouvait être comparé avec celui des Algonquins, et moins encore avec celui des Iroquois. Leur lien fédératif était des plus lâches. Il n'y avait aucune autorité centrale. Chaque ville faisait tout ce qui lui plaisait, déclarait la guerre ou traitait de la paix avec les autres villes ou avec les blancs, les Choctaws ou les Chérokees. Dans chacune, il y avait un chef nominal pour la paix et la guerre ; c'était le principal chef et le principal guerrier. Le premier était regardé comme le chef suprême et était élu à vie dans une famille puissante, par exemple dans les familles qui avaient pour totem le vent ou l'aigle. Mais ces chefs n'avaient qu'une faible autorité, et devaient tout au plus influencer ou conseiller leurs sujets ; ils étaient soumis aux décisions de la majorité. Chaque ville était un petit foyer d'esprit de parti ; les habitants étaient divisés presque à propos de tout. Si le grand chef optait pour la paix, et qu'en même temps le chef de guerre allait sur le sentier de la guerre, il n'était pas possible de l'en empêcher. On disait que jamais, de mémoire d'homme, d'après les plus vieux habitants, il n'était parti à la guerre plus de la moitié de la nation (3) en même temps. En conséquence, les troupes guerrières des Creeks se réduisaient généralement à de petites bandes de maraudeurs en quête de scalps et de butin. Si l'on tient compte du nombre total, la nation n'entreprit jamais, avant 1803, d'expédition de guerre aussi formidable que le firent les Wyandots, les Shawnees

(1) Hawkins et Adair, *passim*.
(2) Hawkins et Adair. Voir aussi Bartram.
(3) Hawkins, p. 29, 70 ; Adair, p. 428.

et les Delawares, et bien qu'ils fussent individuellement des combattants très redoutables, il est douteux que, même à ce point de vue, les Creeks égalèrent les prouesses de leurs parents du Nord.

Cependant, lorsque éclata la guerre révolutionnaire, les Creeks avaient à leur tête un chef dont l'habileté consommée et la diplomatie, absolument égoïste, mais froide et supérieurement menée, leur permit, pendant une génération, de tenir plus ferme qu'aucune autre race indigène contre les infatigables Américains. Ce chef était le métis Alexander Mac Gillivray, l'homme peut-être le mieux doué qui soit né sur le sol de l'Alabama (1).

Son père était un commerçant écossais, Lachlan Mac Gillivray, qui vint tout jeune à Charleston, alors quartier général du commerce que faisaient les Anglais avec les Indiens du Sud. En visitant le quartier commercial de la ville, le jeune Ecossais fut vivement frappé à la vue des robustes porteurs, dans leur costume voyant, à demi-indien, avec leurs centaines de chevaux de transport, leurs curieuses selles à bâts et leurs ballots de marchandises. Il s'engagea à leur service et fut bientôt employé comme auxiliaire à conduire une caravane sur une des étroites pistes qui traversaient la solitaire forêt de pins. Pour les natures vigoureuses et grossières, mais en même temps avisées et audacieuses, la perspective des grands risques que comportait ce genre de vie, et, d'autre part, celle des grands bénéfices à récolter étaient des plus attrayantes. Le jeune Lachlan s'éleva bientôt et ne tarda pas à devenir un des commerçants les plus riches et les plus influents du pays des Creeks.

Ainsi que la plupart des commerçants, il prit femme dans la tribu, fit sa cour et épousa, au Pays des noyers, une belle métisse, nommée Séhoy Marchand, née d'un

_____

(1) *Histoire de l'Alabama*, par Albert-James Pickett, Charleston, 1851. C'est un ouvrage de mérite.

père officier français et dont la mère appartenait à une puissante famille des Creeks, celle du Vent. Il eut d'elle deux filles et un fils, Alexander. Tous les commerçants, malgré les dangers que leur faisait courir l'humeur changeante des sauvages, possédaient sur eux une influence immense, et personne n'en avait plus que le père Mac Gillivray, Ecossais aux vues étendues, et dépourvu de scrupules, qui se rangeait tantôt du côté des Français et tantôt du côté des Anglais, suivant que le commandaient sa politique ou ses intérêts.

Son fils était regardé par les Creeks comme l'un des leurs. Il naquit vers 1746, à Little Tallasee, sur les bords de la Coosa aux eaux claires, où il vécut jusqu'à l'âge de quatorze ans, jouant, pêchant, chassant, se baignant avec les autres enfants indiens, écoutant les récits des vieux chefs et guerriers. Il fut alors amené à Charleston où il reçut une bonne éducation, apprit le latin et le grec, ainsi que l'histoire et la littérature anglaise. De haute taille, de teint foncé, le corps élancé avec une figure impérieuse et impassible, le caractère froid et retors, doué d'une grande ambition, d'une intelligence pénétrante, il se sentit appelé à jouer un rôle au-dessus du commun. Il n'aimait pas le commerce, et il profita de la première occasion pour regagner sa demeure indienne. Il n'avait aucune des qualités morales ou physiques nécessaires à un guerrier, mais c'était un diplomate consommé. Il avait le génie du commandement ; il était peut-être le seul homme qui fût en état de tirer parti d'une construction aussi fragile que l'était la confédération des Creeks.

Les Creeks le revendiquèrent comme étant de leur propre sang, et sentirent d'instinct qu'il était leur seul chef possible. Il fut aussitôt élu chef principal. Depuis cette époque, il se fixa parmi eux, allant de l'une à l'autre de ses plantations, dont la plus grande, sa véritable résidence, se trouvait à Little Tallasee. Il y vivait en un confort barbare, dans une vaste et spacieuse maison en troncs d'arbres qu'entouraient les cabanes de ses soixante esclaves nègres. Il était soutenu par de nombreux et redoutables guerriers tant de sang mêlé que de race pure. L'un d'eux mérite d'être mentionné en passant. C'était un jeune aventurier français nommé Milfort, qui, en 1776, voyagea dans les colonies insurgées, et devint le fils adoptif de la Nation Creek. Il rencontra pour la première fois Mac Gillivray, alors dans le début de son âge viril, à la ville de Coweta, la grande cité guerrière des Chattaboochee; le chef métis, assis sur une peau d'ours, dans la Maison du Conseil, entouré de ses sages et de ses guerriers, projetait de se faire l'allié des Anglais. Par la suite, il épousa une des sœurs de Mac Gillivray, qu'il avait rencontrée à une grande danse. C'était une jolie fille, vêtue d'un court jupon de soie, avec une chemise de fine toile fermée d'une boucle d'argent, avec des pendants d'oreille et des bracelets de même métal, et des rubans aux couleurs vives dans les cheveux (1).

La tâche qui s'imposait au fils de Séhoy était d'une incroyable difficulté, car il était le chef d'un nombre de villes et de tribus qui n'étaient que faiblement unies, et auxquelles nul ne pouvait demander l'obéissance complète, desquelles il ne pouvait lui-même exiger qu'une

______

(1) MILFORT, p. 22, 326. Le livre de Milfort est fort intéressant, mais comme l'auteur est évidemment un menteur et un vantard fieffé, on ne peut s'en rapporter à lui que sur les points où il n'a aucun intérêt à mentir. Son livre fut écrit après la mort de Mac Gillivray, et dans le but de s'attribuer la gloire qui revient au chef métis. Il insiste pour établir qu'il était le chef de guerre, le bras, que Mac Gillivray n'était que la tête, et se vante de ses nombreux succès à la guerre. Mais la réalité est que, pendant tout ce temps, les Creeks ne frappèrent aucun coup de quelque importance au point de vue militaire : le succès de leur résistance aux envahissements des Américains était dû à la diplomatie du fils de Séhoy. En outre, le récit que fait Milfort de ses prouesses guerrières est du roman pur. Il paraît n'avoir été que l'un des douze ou vingt chefs de guerre, et il y eut certainement une douzaine d'autres chefs Creeks, tant métis qu'indigènes, qui se rendirent bien plus formidables que lui à la frontière; leurs noms à tous étaient redoutés des colons, mais le sien leur était à peine connu.

obéissance incomplète. La nation ne pouvait empêcher une ville de partir en guerre, et de plus une ville ne pouvait empêcher ses propres jeunes gens de commettre des ravages. Aussi les blancs étaient-ils ainsi continuellement provoqués, et les gens de la frontière aussi molestés quand ils étaient de tranquilles et paisibles voisins que quand ils empiétaient sur le territoire indien. Les Creeks devaient le pays qu'ils occupaient au massacre et au pillage. Ils détruisaient impitoyablement toutes les agglomérations plus faibles, qu'elles fussent rouges ou blanches, Il n'avaient pas l'ombre d'une idée de justice ou de générosité à l'égard de ceux de leur race qui étaient moins forts, et ils devaient enfin subir le traitement qu'ils avaient tant de fois fait subir aux autres. Si les blancs leur témoignaient des égards, c'était pour eux un signe de faiblesse. Il était absolument impossible d'empêcher les jeunes gens de massacrer et de piller soit les Indiens du voisinage, soit les colonies des blancs. L'unique idéal de gloire était de réunir des scalps, et les jeunes braves trouvaient toujours le moyen d'en avoir, quoique fissent, pour les en empêcher, les hommes plus âgés et plus froids. Que la guerre fût déclarée ou non, cela importait peu. A un certain moment, les Anglais s'entremirent avec succès pour faire conclure la paix entre les Chérokees et les Creeks. Lorsqu'elle fut conclue, un chef Creek railla les médiateurs en ces termes : « Vous vous êtes épuisés à force de transpirer dans nos maisons enfumées, pour faire la paix entre nouset les Cherokees, et mettre ainsi nos jeunes gens en état de vous faire transpirer encore plus fort que vous ne l'avez jamais fait. » Le résultat justifia ces prédictions : les jeunes gens, n'ayànt plus d'ennemis, se mirent aussitôt à ravager les colonies. Il devint bientôt fort clair que c'était se faire une profonde illusion d'attendre que les Creeks se conduiraient bien à l'égard des blancs simplement parce que ceux-ci les traitaient bien. Et depuis cette époque les Anglais, au lieu de travailler à éteindre leurs querelles avec les Choctaws et les Chickasaws les fomentèrent de leur mieux.

Le récit de nos relations avec eux doit nous être en maints endroits d'une lecture déplaisante, car il révèle de grands torts de notre part ; mais, d'autre part, ce ne fut point la volonté, mais le pouvoir qui fit défaut aux Creeks pour nous infliger un traitement pire que celui qu'ils reçurent de nous, et les pages les plus sombres de leur histoire racontent les maux qu'ils nous causèrent.

CHAPITRE IV

LES ALGONQUINS DU NORD-OUEST
1769-1774.

Entre l'Ohio et les Grands Lacs, exactement au nord des confédérations appalaches et séparées d'elles, par le désert inhabité qui forme aujourd'hui les Etats du Tennessee et du Kentucky, vivait un autre groupe de tribus indiennes. Elles avaient un genre de vie et des mœurs plus farouches que leurs parents du Sud. Elles étaient moins avancées en civilisation mais aussi beaucoup plus guerrières. Ces Indiens tiraient bien plus de ressources de la chasse et de la pêche que de l'agriculture. C'étaient des sauvages, et non point de simples barbares. Ils étaient moins nombreux et éparpillés sur une étendue plus vaste. Mais ils étaient supérieurs aux Indiens cavaliers qui étaient restés à l'état nettement nomade, et que nous rencontrâmes plus tard à l'ouest du Mississipi. Certains de leurs villages étaient des établissements permanents, au moins pendant quelques années, et aux environs ils cultivaient un peu de blé et récoltaient quelques melons. Leur habitation ordinaire était le wigwam conique, couvert d'écorces, de peaux ou de nattes en roseaux tressés, mais certains villages des tribus voisines de la frontière étaient formés de blockhaus proprement dits, copiés sur les habitations de leurs voisins blancs. Ils allaient vêtus de peaux ou de couvertures ; les hommes étaient chasseurs et guerriers ; ils se peignaient le corps et se rasaient tout le haut de la figure, ne gardant que de longues tresses latérales. Les squaws étaient des bêtes de somme, auxquelles incombait tout le travail.

Leurs relations avec les Iroquois, qui se trouvaient à l'Est du territoire où ils vivaient, étaient rarement intimes, et en somme presque toujours hostiles. Ils étaient également en assez mauvais termes avec les Indiens du Sud, mais en temps de guerre, et entre eux-mêmes il existait une sorte de ligue, et les Américains les désignaient du nom collectif d'Indiens du Nord. Toutes les tribus appartenaient à la grande famille Algonquine, excepté celles des Winnibagos et des Wyandots. La première, qui était une branche des Dacotahs, habitait à l'ouest du lac Michigan. Elle n'entra guère en contact avec nous, bien que beaucoup de ses jeunes gens et de ses guerriers se joignissent à leurs voisins dans toutes leurs guerres avec nous. Les Wyandots ou Hurons habitaient plus loin que Détroit, et sur la rive sud du Lac Erié ; ils furent en temps de guerre nos ennemis les plus redoutables. Ils étaient apparentés de très près aux Iroquois, bien qu'ils fussent leurs ennemis acharnés ; ils montrèrent la même bravoure désespérée que ceux-ci, et s'estimaient supérieurs aux autres Algonquins, tout en vivant en paix et amitié avec eux.

Les Algonquins étaient divisés en nombreuses tribus dont les effectifs changeaient constamment. Il serait impossible d'indiquer l'emplacement de chacune d'elles, et même d'en faire une énumération quelque peu exacte, car les tribus se divisaient sans cesse ; l'une absorbant l'autre, ou étant absorbée à son tour, ou se déplaçant. Il y avait en outre de nombreuses petites sous-tribus ou bandes de renégats qui tantôt étaient, tantôt n'étaient pas considérées comme faisant partie de leurs voisines plus nombreuses. Souvent aussi des bandes séparées, qui se regardaient vaguement comme une seule nation pendant une génération, avaient perdu, lors de la suivante, jusqu'à cet instinct d'unité.

Néanmoins les grandes tribus étaient bien connues, et occupaient des territoires assez nettement définis. Les Delawares, ou Leni Lennappe, qui étaient les plus éloignés à l'est, se trouvaient au Nord-Ouest du haut Ohio ; leur pays confinait à celui des Senecas, la plus grande et la plus lointaine vers l'ouest parmi les Six Nations. Les Iroquois avaient été leurs ennemis et leurs oppresseurs les plus impitoyables dans les temps anciens, mais à la veille de la Révolution, toutes les tribus de la frontière oublièrent leurs différends passés, et se serrèrent pour tenir tête à l'ennemi commun. Ce fut ainsi que des troupes de jeunes braves Senecas combattirent avec les Delawares dans toutes leurs guerres contre nous.

A l'ouest des Delawares se trouvaient les villages des Shawnees, le long du Scioto et sur la plaine de Pickaway ; mais il faut rappeler que les Shawnees, les Delawares et les Wyandots étaient étroitements unis et que souvent leurs villages se mêlaient les uns aux autres. Plus à l'ouest encore, les Miamis de Twiglee habitaient entre les rivières de Miami et de Wabath, avec d'autres tribus qui leur étaient alliées, les Piankeshaws et les Weas ou Ouatinous. Encore plus loin, aux environs des villages français, habitaient les survivants épars des Illinois qui avaient échappé au sort fatal de leurs compagnons de tribu, sort que leur avait attiré le massacre de Pontiac. Au nord de ce débris de peuple, vivaient les Indiens Sacs et les Indiens Renards ; enfin aux environs des Grands Lacs, les nombreux et puissants Pottawattamies, Ottawas et Chippeways, guerriers cruels et perfides, qui ne cultivaient aucunement le sol, s'adonnaient uniquement à la chasse ou à la pêche, et plus sauvages encore que les tribus situées au sud-est de leur territoire (1). Dans les ouvrages des

(1) Voir les conférences de Stephen D. Peel, sur les tribus du Nord-Ouest, lues devant la Société archéologique de l'État d'Ohio, 1878.

anciens voyageurs, nous lisons les noms de beaucoup d'autres nations indiennes, mais nous ne saurions dire si c'étaient vraiment des peuples distincts ou des branches de quelque autre tribu déjà mentionnée, ou si les divers voyageurs ont écrit les noms indiens d'une façon différente. La seule chose certaine, c'est qu'il y avait un grand nombre de tribus et de sous-tribus qui erraient, guerroyaient, chassaient sur les beaux pays qui forment aujourd'hui le cœur de notre puissante nation ; c'est que les blancs donnèrent des noms à quelques-unes, n'en donnèrent point à quelques autres, et que celles qui reçurent un nom, celles qui n'en eurent point furent entraînées ensemble par un même et inévitable destin.

En outre, il y avait des bandes d'Indiens déserteurs ou mécontents qui, pour telle ou telle raison, avaient tranché les liens qui les unissaient à leur tribu. Deux bandes de ce genre occupaient une place importante, c'étaient les Cherokees et les Mingos, les uns et les autres connus pour leurs dispositions pillardes et sanguinaires, et leurs raids continuels sur les colons de la frontière. Les Cherokees étaient des fugitifs qui avaient abandonné le reste de leur nation, avaient fui au nord jusqu'au delà de l'Ohio, pour s'installer dans le pays que se partageaient les Delawares et les Shawnees, en attirant à eux bon nombre de jeunes guerriers les plus turbulents, non seulement dans ces tribus, mais encore dans d'autres plus éloignées. Les Mingos étaient également une agglomération bâtarde de bandits, où se trouvaient les outlaws et les indisciplinables des Wyandots et des Miamis, ainsi que des Iroquois et des Munceys (sous-tribu des Delawares).

Toutes ces nations du Nord-Ouest avaient été, à une certaine époque, soumises par les Iroquois, ou du moins elles avaient été défaites, leur pays envahi, et elles avaient dû elles-mêmes reconnaître une sorte de suzeraineté à leurs ennemis. Mais la puissance des Iroquois commençait à décliner. Quand commença notre histoire, lors de la réunion du premier Congrès national, ils avaient cessé d'être menaçants pour les tribus de l'Ouest, et ces dernière ne les craignaient plus et ne leur obéissaient plus, les regardant simplement comme des alliés ou des neutres. Cependant non seulement les Iroquois, mais encore les Wyandots, qui leur étaient apparentés, continuaient à exiger, et à recevoir, en alléguant leur ancienne suprématie, certaines marques extérieures de respect de la part des Algonquins qui les entouraient. Ainsi, parmi ces derniers, les Leni-Lenappes possédaient le titre officiel de chefs, et ils étaient qualifiés de « Grands-pères » à toutes les assemblées solennelles, ainsi que dans les entrevues cérémonieuses qui avaient lieu entre les tribus. Néanmoins ils étaient tenus à témoigner les mêmes marques de déférence non seulement en s'adressant à leurs anciens oppresseurs, mais encore quand ils étaient en rapports avec leurs alliés les Hurons, qui avaient souffert également sous ce joug irritant (1).

Les nations du Nord-Ouest en étaient arrivées à s'élever peu à peu au même niveau, comme guerrières, que les Iroquois, mais parmi elles, la palme revenait encore aux Wyandots. Ceux-ci, bien qu'ils ne fussent pas regardés comme plus formidables que les autres au point de vue de l'habileté, de la hardiesse, de l'endurance, étaient néanmoins au premier rang par leur résignation à subir de sévères châtiments lorsqu'il s'agissait de remporter une victoire (2).

Les Wyandots avaient subi l'influence des Jésuites français, et ils étaient chrétiens de nom (3) ; bien que l'essai

(1) BARTON, xxv.

(2) Général W.-H. HARRISON, *Les Aborigènes de la vallée de l'Ohio*. Le vieux Tippecanoe était le meilleur témoin qu'il fût possible de trouver pour montrer leur courage.

(3) *Aventures remarquables de la vie et des voyages du colonel James Smith*, etc., écrites par lui-même. Lexington (Kentucky), 1799. Smith est notre meilleure autorité contemporaine au sujet des guerres des Indiens. Il vécut avec eux pendant plusieurs années, et combattit contre eux en un grand nombre de campagnes. Outre plusieurs éditions du livre ci-dessus, il publia aussi, en 1812, à Pa-

pour les civiliser n'eût pas été fort heureux, et qu'ils fussent restés, sous bien des rapports, identiques aux Indiens qui les entouraient, ils avaient du moins fait un progrès ; ils étaient, en général, beaucoup moins cruels envers leurs prisonniers. Aussi surpassaient-ils tous leurs voisins, en humanité comme en bravoure. A ce point de vue, toutes les tribus Algonquines étaient à peu près au même niveau. Les Delawares, dont la destinée avait été d'être toujours malmenés tant par les blancs que par les rouges, s'étaient longtemps courbés sous la terreur qu'inspiraient les Iroquois, mais à la fin ils l'avaient secouée, et avaient repris la supériorité qu'ils avaient possédée jadis, suivant la tradition, et ils étaient devenus une formidable race guerrière. Il est vraiment curieux de voir combien les Delawares ont changé au point de vue des prouesses martiales depuis le jours où les blancs entrèrent pour la première fois en contact avec eux. Alors on ne les regardait pas comme un peuple bien redoutable, et aucun de leurs voisins ne les craignait. A l'époque où éclata la Révolution, ils étaient devenus de meilleurs guérriers, et pendant les vingt ans de guerre indienne qui la suivirent, ils furent aussi redoutables qu'aucun des autres Peaux-Rouges. Mais quand ils durent s'établir à l'ouest du Mississipi, ils devinrent plus belliqueux que jamais, et pendant le siècle actuel, ils ont été les plus renommés combattants des peuples indiens. En outre, ils se sont rendus célèbres par leurs dispositions entreprenantes et aventureuses. Leur nombre alla toujours en diminuant, grâce à leurs guerres incessantes et à la nature dangereuse de leurs longues expéditions (1).

ris (dans le Kentucky), un *Traité* sur le genre de guerre des Indiens, où se retrouvent, en grande partie, les mêmes indications.

(1) Voir PARKMAN, *La Piste de l'Orégon*. En 1884, je rencontrai moi-même deux Delawares chassant isolément, au nord des Collines Noires. Ils revenaient d'une excursion dans les Montagnes Rocheuses. Je ne pus m'empêcher d'admirer leurs formes vigoureuses, viriles, et la résolution dédaigneuse qu'ils avaient prouvée en chassant et voyageant pendant tant de milles, en dépit des blancs de

Il est impossible d'évaluer, même de la façon la plus grossière, le nombre de ces Indiens du Nord-Ouest. Il semble probable qu'ils étaient beaucoup plus de cinquante mille en tout, mais on ne saurait fixer aucun chiffre pour chaque tribu en particulier. Ainsi que pour les Indiens du Sud, les anciens écrivains ont certainement exagéré beaucoup leur nombre ; les écrivains modernes montrent quelque tendance à tomber dans l'excès contraire. La vérité est que l'on peut tirer des ouvrages des voyageurs et des statisticiens contemporains assez de données isolées pour soutenir n'importe laquelle des deux assertions (1). Il n'y a pas deux observateurs qui donnent, indépendamment l'un de l'autre, les mêmes chiffres. La raison principale de cette incertitude consiste sans aucun doute dans l'acception extrêmement vague où l'on employait le mot de tribu. Par exemple, lorsqu'un écrivain parle des Miamis et des Delawares, il faut, avant de le comprendre, savoir s'il range parmi eux les Weas et les Munceys, car l'un et l'autre cas sont possibles. Lorsqu'on cite les nombres attribués par les anciens écrivains aux diverses sous-tribus, et qu'on les compare avec les nombres qui sont donnés par des écrivains postérieurs qui emploient les mêmes dénominations, mais les appliquent à des confédérations entières, il est aisé d'en déduire un accroissement apparent, tandis que le procédé opposé aboutit à montrer une décroissance terrible. En outre, comme les bandes se scindaient pour errer chacune de son côté, qu'ensuite il leur arrivait de se réunir ou de ne point se réunir, selon la tournure que prenaient les événements, deux observateurs successifs pouvaient faire des évaluations grandement dif-

la frontière, ainsi que des tribus sauvages indigènes. Je crois qu'ils avaient plus à craindre de celles-ci que des premiers, mais ils paraissaient avoir une parfaite confiance dans leur habileté à tenir tête aux uns et aux autres.

(1) Voir Barton, les Papiers Madison, Schoolcraft, Thomas Hutchins (qui accompagna Bouquet), Smyth, Pike, les divers *Rapports* des commissaires des Affaires indiennes des États-Unis, etc., etc.

férentes. Beaucoup de tribus qui ont disparu, ont été réellement détruites, cela est certain, mais il en fut un bien plus grand nombre qui ont simplement changé de nom ou qui ont été absorbées par d'autres tribus. Pareillement, celles qui parurent avoir tenu bon, l'ont fait aux dépens de leurs voisins. Cela se produisit d'autant plus aisément que les Algonquins étaient alliés entre eux de très près par les mœurs et la langue ; en fait, il y avait continuellement des mariages de tribu à tribu. En somme, pourtant, il reste comme un fait incontestable que, par un contraste frappant avec les tribus du Sud ou Appalaches, celles du Nord ont éprouvé une décroissance de nombre.

Pendant bien des années après notre naissance comme nation, nous n'eûmes point de contact direct avec la plupart d'entre elles. Peut-être celles des tribus qui engagèrent tous leurs guerriers ou une partie d'entre eux dans des collisions avec nous, pendant quelques années de la guerre révolutionnaire et de l'époque suivante, purent s'élever à trente mille âmes (1). Mais bien qu'elles se reconnussent comme parentes, bien qu'elles eussent toutes la même haine à l'égard des Américains, bien qu'en outre, à certaines époques, elles se fussent réunies en grand conseil (2) pour fumer le calumet de paix, et faire briller la chaîne de l'amitié entre elles, ou pour prendre le tomahawk contre les ennemis blancs, néanmoins le lien qui les unissait était si lâche, elles étaient si inconstantes et si divisées par des intérêts contradictoires, par de petites rivalités, que jamais il n'y en eut plus de la moitié qui fissent la guerre en même temps, et même très fréquemment les

______

(1) Je base ce chiffre sur un examen attentif des tribus nommées plus haut, en écartant certaines des bandes septentrionales des Chippeways, par exemple, qui, à cette époque, ne durent, très probablement, point être entraînées dans les guerres contre nous.

(2) Ce sont les expressions employées généralement par les Indiens, en envoyant leurs propos de paix et leurs propos de guerre, soit entre eux, soit aux blancs. On conserve, à Washington, des centaines d'exemplaires de ces *Propos*.

membres d'une même tribu se refusaient à agir ensemble.

Il en résulta que pendant les 40 ans qui s'écoulèrent entre la défaite de Braddock et la victoire de Wayne, bien que ces tribus du Nord-Ouest fissent sur nos frontières une guerre incessante, sans trêve, sans merci, elles n'eurent jamais, à aucune époque, plus de 3.000 guerriers en campagne, souvent il n'y en eut pas même la moitié de ce nombre (1), et dans les batailles qu'ils engagèrent avec les troupes anglaises et américaines, il n'y en eut pas deux où ils aient dépassé le nombre de 1.100 (2).

Mais ils étaient de superbes combattants dans les luttes individuelles, parfaitement exercés dans la discipline qui leur était propre (3) et ils étaient favorisés au-delà de toute mesure par la nature du sol, dont leur manière de faire la guerre leur permettait de tirer tout l'avantage possible. On a beaucoup écrit en prose et en vers sur la supériorité que possède le montagnard quand il lutte dans son propre pays contre les envahisseurs venus des plaines, mais cette supériorité n'est rien à côté de celle qui rend le

(1) Smith, *Aventures remarquables*, p. 154. Smith donne une description très impartiale de la discipline indienne et des résultats qu'elle produit ; il est du petit nombre de ceux qui firent la guerre contre les Indiens sans exagérer déraisonnablement leur nombre et leurs pertes. Il savait faire cette guerre et il y eut du succès. En vrai coureur des bois, il avait le plus grand mépris pour les troupes régulières anglaises, bien qu'il reconnût leurs qualités en rase campagne, avec un bon sens qui manquait en général sur ce point aux coureurs des bois. Il avait vécu si longtemps au milieu des Indiens, et estimait si haut leurs travaux, qu'il faut accepter son opinion avec réserve quand il traite des questions de discipline et de commandement.

(2) En règle générale, le nombre des Indiens qui prirent part à une bataille livrée par les Anglais ou les Américains, tant soldats que particuliers, est exagéré jusqu'au ridicule. Même de nos jours, il semble que dans l'opinion commune des historiens, les blancs étaient généralement les moins nombreux, alors qu'en réalité, ils l'étaient presque toujours plus que leurs ennemis.

(3) Harrison (*loc. cit.*) les appelle « les plus belles troupes légères qu'il y ait au monde », et il a eu toutes les occasions d'en juger, pendant qu'il servait avec l'infanterie américaine et contre l'infanterie anglaise.

guerrier habitant des forêts invincible à ceux qui n'ont point son entraînement. Un soldat vigoureux, qui n'est habitué qu'à la guerre en rase campagne, deviendra un bon combattant en montagne en moins de semaines qu'il ne lui faudrait d'années pour devenir un soldat forestier d'égale valeur ; car il est incomparablement plus difficile d'acquérir de l'expérience dans la vie des bois que dans celle des montagnes (1).

Les Wyandots, et les Algonquins, qui les entouraient, habitaient une région boisée impénétrable aux rayons du soleil, inextricable, et toutes les guerres que nous engageâmes pour la possession du pays situé entre les Alléghanys et le Mississipi eurent lieu dans de sombres et interminables forêts. Ce n'était point une forêt accessible. Le sous-bois, épais, confus, qui croissait entre les troncs des grands arbres, faisait un couvert si dense, que dans beaucoup d'endroits, il était impossible d'y pénétrer, si épais qu'il était impossible à l'œil de l'homme d'y voir jusqu'à une portée de flèche. Un cheval n'y marchait qu'à la condition de suivre les pistes du gibier ou les sentiers pratiqués à la hache. Un étranger qui se risquait à une centaine de yards en dehors de la route battue était si complètement perdu, que le hasard seul pouvait le ramener au point d'où il

(1) Quiconque aime la chasse peut reconnaître par lui-même la vérité de cette proposition, en se rendant compte du temps qu'il lui faudra pour apprendre à tuer le bélier à grosses cornes sur les montagnes, et du temps qu'il lui faudra pour apprendre à tuer le daim à queue blanche dans une forêt épaisse, simplement en le suivant à la piste, et à égalité d'abondance des deux sortes de gibier. J'ai connu bon nombre de débutants qui arrivaient à égaler les vieux chasseurs les plus habiles, Indiens ou blancs, pour tuer le gibier de montagne. Je n'en ai jamais rencontré un qui, à son début, fût capable de rivaliser avec un Indien, à moins qu'il n'eût été élevé dans la forêt et, même dans ce cas, il y parvenait rarement. Cependant, quoique la pratique des bois soit d'une acquisition plus pénible, elle ne présuppose pas des qualités aussi précieuses que celle des montagnes, et quand l'homme expert dans les montagnes et celui qui connaît la forêt se rencontreut sur un terrain neutre, il est probable que le premier aura le dessus.

était parti. Çà et là, la forêt était interrompue par quelque clairière située à mi-côte, ou par une prairie, occupant la vallée d'un courant d'eau, mais partout ailleurs on pouvait voyager pendant des semaines sous un crépuscule perpétuel, sans jamais apercevoir le soleil à travers le lacis des branches qui formaient un dais sombre au-dessus de vous.

Cette forêt si épaisse était pour les Indiens le séjour où ils avaient vécu dès leur enfance, où ils étaient aussi à leur aise que le fermier au milieu de ses champs. Leurs yeux perçants, exercés depuis des générations, devenus plus fins que ceux des bêtes sauvages elles-mêmes, lisaient dans la forêt comme dans un livre ouvert. Aucun objet immobile ou au repos ne leur échappait. Ils avaient commencé à suivre la piste du gibier dès qu'ils étaient en état de marcher; une éraflure à un tronc d'arbre, une feuille froissée, un léger sillon sur le sol, détails invisibles pour l'œil d'un Européen, leur parlaient aussi clairement que si on eût crié la chose à leurs oreilles (1). Les pieds chaussés de mocassins, ils cheminaient à travers les ramilles cassantes, les feuilles sèches, les branches mortes, aussi silencieusement que le cougar, et ils égalaient ce grand félin des bois par leur habileté à se dérober, tout en le surpassant en ingéniosité et en férocité. Il leur était aussi impossible de s'égarer dans la solitude sans routes qu'à un homme civilisé de s'égarer sur un grand chemin. En outre, aucun chevalier du moyen-âge n'était plus sûrement protégé par son armure qu'ils ne l'étaient,

(1) De nos jours encore, l'Indien sauvage — non point le demi-sang, — est incomparable pour suivre une piste. Même parmi les vieux chasseurs, il n'y en a pas un sur cent qui s'en approche. D'après mon expérience, je n'ai connu qu'un petit nombre de blancs qui avaient passé toute leur vie dans le désert, et qui pussent égaler un Indien ordinaire, mais je n'en ai connu aucun qui pût rivaliser avec un Indien très bien doué. Toutefois, grâce à leur supériorité dans le tir, et à leurs nerfs plus fermes, ce sont souvent les blancs qui font les meilleurs chasseurs.

par leur habileté à se dissimuler. La forêt entière n'était pour les blancs qu'un vaste piège. Elle était pour eux un bouclier impénétrable et toujours présent. Chaque tronc d'arbre était un parapet tout près pour la bataille; tous les buissons, les éboulis de rochers moussus servaient de protection contre un assaut, et, dissimulés derrière ces abris, invisibles eux-mêmes, les Indiens observaient d'un air cruellement narquois les mouvements empêtrés de leur ennemi le blanc. Ils rampaient, se courbaient, avançaient rapidement, sans bruit, ils laissaient une piste que seul pouvait reconnaître un maître dans l'art forestier, et, d'autre part, ils étaient capables de suivre les pas de l'homme blanc aussi sûrement qu'un chien de chasse suit le renard. Leur silence, leur habileté, leur art de se dérober, leurs terribles prouesses et leur impitoyable cruauté font que ce n'est point une figure de langage que de les nommer des tigres à figure humaine.

A la différence des Indiens du Sud, les villages des tribus du Nord-Ouest étaient généralement situés loin de la frontière. Infatigables, insouciants de toutes privations, ils sortaient sans bruit de forêts inconnues, ils pillaient et massacraient, puis ils disparaissaient de nouveau dans les profondeurs insondables des bois. Une bonne moitié de la terreur qu'ils inspiraient venait de la difficulté extrême de les poursuivre, ou de l'impossibilité absolue de prévoir leurs attaques. A l'improviste, invisibles jusqu'au moment où ils donnaient le coup mortel, ils émergeaient de leurs citadelles boisées. L'épouvante qu'ils causaient s'augmentait autant du mystère qui les entourait que de la nature terrible de leurs ravages. Enveloppés du manteau de l'inconnu, horribles dans leur adresse, leur férocité, leur cruauté diabolique, ils apparaissaient aux blancs comme des démons et non comme des hommes. Nul ne pouvait dire exactement d'où ils venaient, à quelle tribu ils appartenaient. Quand ils avaient achevé leur terrible besogne, ils se retiraient dans une solitude qui se refermait sur leur trace comme les vagues de l'Océan, aussitôt après le passage d'un vaisseau.

Ils étaient exercés au maniement des armes dès leur enfance ; la guerre et la chasse étaient l'occupation aussi bien que le divertissement de leur existence. Il n'avaient point l'habileté du blanc dans le tir à la carabine (1), quoiqu'ils fussent plus adroits à ce tir que la moyenne des soldats. Ils n'étaient pas non plus capables d'égaler les hommes de la frontière dans les prouesses de force physique, telles que la boxe et la lutte, mais leur endurance supérieure, et leur don de résister à la fatigue et aux intempéries étaient une compensation. Un blanc pouvait les dépasser à la course pendant huit ou dix milles. Mais dans une longue marche, ils eussent laissé en arrière n'importe quel homme, n'importe quel animal, à l'exception du loup. Comme la plupart des barbares, ils étaient inconstants ; il ne fallait point compter sur eux pour mener jusqu'au bout une longue campagne, et après une grande victoire, ils se montraient désireux de revenir chez eux parce que chacun d'eux voulait mettre en sûreté son butin et faire à sa manière le récit de ses prouesses. On les a souvent représentés comme indisciplinés, mais en réalité, sur le champ de bataille, leur discipline était des plus strictes. Ils attaquaient, battaient en retraite, se ralliaient, repoussaient une charge au signal du commandement ; ils étaient capables de combattre en ligne sous un abri sans perdre contact les uns des autres, tour de force qu'aucun régiment européen n'était alors capable d'accomplir.

Sur leur propre terrain, ils étaient bien autrement re-

____

(1) Il est curieux de voir à quel point les Indiens sauvages ont gardé ces mêmes traits. J'ai assisté et pris part à bien des concours entre gens de la frontière et Sioux, Cheyennes, Gros-Ventres, Mandans ; les Indiens étaient presque toujours battus. D'autre part, les Indiens résistent mieux à la fatigue, à la faim et aux privations, mais ils paraissent plus sensibles au froid.

doutables que les meilleures troupes européennes. Pendant tout le xviiiᵉ siècle, les grenadiers anglais se montrèrent supérieurs, en bataille rangée, à toutes les infanteries de l'Europe continentale. S'ils avaient jamais rencontré des adversaires plus forts, ce fut quand ils eurent affaire aux highlanders écossais. Cependant, les grenadiers comme les highlanders, les héros de Minden, les héritiers de la gloire acquise dans les campagnes de Marlborough, aussi bien que les musculeux soldats qui avaient pris part aux charges de Prestonpans et de Culloden, perdirent toute valeur quand ils furent conduits contre les sombres tribus de la forêt. Dans les marches, il ne fallait pas leur permettre de s'écarter à plus de trente yards de la colonne, sans quoi ils se perdaient dans les bois (1). L'entraînement montagnard que possédaient les Highlanders semblait ne leur servir absolument à rien ; et ils n'étaient capables de quelque chose que quand ils étaient escortés de coureurs des bois. Dans la bataille, ils étaient pires encore. Les réguliers anglais à la bataille de Braddock, les Highlanders, sous la conduite de Grant, quelques années plus tard, furent également battus. Or, ce fut chaque fois un combat en règle et non point une surprise. Cependant la bravoure obstinée des grenadiers aux habits rouges, et le courage téméraire des Ecossais enjuponnés leur fut moins qu'inutile. Non seulement ils furent mis en pleine déroute et détruits dans les deux cas par un nombre inférieur d'Indiens (car les Français ne prirent guère de part à l'action) mais encore ils ne furent pas même en état d'opposer la moindre résistance. On se demande aujourd'hui encore si ces superbes soldats réguliers arrivèrent à tuer seulement un Indien par cent Anglais engagés dans les actions où ils furent massacrés. Les provinciaux qui se trouvaient avec les troupes régulières furent les seuls

(1) Voir les ouvrages de Parkman, *La conspiration de Pontiac* et *Montcalm et Wolfe*, dont nous préparons une traduction française. (*Note du traducteur*).

qui causèrent quelques pertes aux ennemis, et il en fut de même, mais à un degré moindre, lorsque Bouquet livra la bataille de Bushy Run. Là, Bouquet, par un habile stratagème, remporta la victoire sur un ennemi qui lui était inférieur en nombre, mais ce ne fut qu'après une lutte de deux jours, où il perdit quatre fois plus d'hommes qu'il n'en fit perdre (1).

Les Indiens, quand ils étaient cernés de façon à ce que toute issue leur fût fermée, se battaient jusqu'à la mort, mais pour peu qu'une retraite leur restât, ils ne s'obstinaient point à attendre qu'elle leur fût coupée, comme l'eussent fait des réguliers anglais, français ou américains. Aussi ils se retiraient, lors même qu'ils étaient en force à peu près égale, s'ils devaient avoir à souffrir de grandes pertes, même en en infligeant de plus grandes à leurs ennemis. Ce n'était point qu'ils manquaient de courage, c'était par système, car ils étaient très peu nombreux, et ils ne croyaient pas devoir perdre des hommes (2). Les Wyandots faisaient exception à cette règle, car chez eux on se faisait un point d'honneur de ne point céder. Aussi n'y avait-il pas de tribu plus redoutable en bataille rangée.

Mais ils étaient tous également terribles, par cela même

(1) Bouquet, de même que la plupart de ses prédécesseurs et de ses successeurs, exagéra beaucoup le nombre et les pertes des Indiens dans cette bataille. Smith, qui puisa ses informations chez les Indiens comme chez les coureurs des bois américains, dit qu'à Bushy Run, il n'y eut que dix-huit Indiens tués.

(2) La plupart des Indiens des plaines pensent encore ainsi. Un jour, je chassais avec un Sioux demi-sang, qui expose de la manière la plus claire la manière de voir des Indiens à ce sujet : « Si vous étiez une douzaine de chasseurs blancs, et que vous eussiez affaire à six ou huit ours réfugiés dans la brousse, si vous saviez que vous pouvez y pénétrer et les tuer tous, mais avec la chance de perdre trois ou quatre des vôtres, vous ne vous risqueriez pas, n'est-il pas vrai ? Vous attendriez jusqu'à ce qu'il se présente une chasse meilleure, et que vous puissiez les tuer sans tant de risques. Eh bien, les Indiens raisonnent sur la façon d'attaquer les blancs, comme vous raisonneriez sur la manière d'attaquer ces ours. »

qu'ils faisaient l'attaque avec l'assurance du succès, selon leur ordinaire. Si leurs ennemis étaient massés en un groupe compact, ils les attaquaient sans hésitation, quel qu'en fût le nombre, en tirant sur eux comme s'il se fût agi d'élans ou de bisons, sans courir eux-mêmes le moindre danger, et voltigeant d'abri en abri. Ce qui faisait leur grande supériorité, c'était leur art à se cacher comme à tirer parti de tout abri. C'est pour cela que les tribus forestières étaient des ennemis bien plus terribles que ne le furent plus tard les Indiens cavaliers des plaines. Dans un terrain extrêmement boisé, un corps de soldats réguliers est presque aussi inutile que s'il lui fallait combattre dans l'obscurité des ennemis qui verraient clair dans la nuit. Il faut un entraînement spécial et longtemps poursuivi pour les rendre capables de lutter avec quelque efficacité dans les bois avec de tels adversaires. En plein air, sur les plaines, l'habileté du chasseur blanc à manier la carabine, et sa froide résolution lui donnent un avantage immense. A découvert, quelques hommes déterminés peuvent tenir en respect une armée d'Indiens, alors qu'ils seraient perdus sans espoir s'ils les rencontraient sous un épais couvert. Nos défaites par les Sioux et autres tribus des plaines sont toutes ramenables à ce schéma : une petite troupe accablée par une grande supériorité du nombre.

Si les Indiens étaient sur le champ de bataille des adversaires terribles, ils se montraient, dans la victoire, d'une cruauté qui dépasse toute croyance. Les sombres annales de nos guerres des frontières sont pleines de hideux détails, tenant à ce que ces guerres exposaient des femmes et des enfants sans défense au sort affreux que subissaient leurs maris et leurs pères. C'était une lutte engagée par des sauvages contre des colons armés, accompagnés dans la solitude par leurs familles. Une guerre de ce genre est fatalement sanglante et cruelle, mais l'amour bestial de la cruauté en elle-même, qui est un trait caractéristique du Peau-Rouge (1), rendait ces guerres-là plus terribles qu'aucunes autres. Car les tortures infligées aux blancs captifs, à leurs femmes délicates, à leurs enfants inoffensifs, tortures si hideuses qu'on ne saurait les décrire ni même les imaginer, étaient de celles qu'on ne trouvera dans le récit d'aucune guerre, pas même dans les pages révoltantes qui nous disent les exploits de la Sainte Inquisition. Il était inévitable, et, dans bien des cas, il était juste, que des actions pareilles fissent naître chez les blancs l'esprit de vengeance le plus implacable, le plus farouche.

L'histoire des guerres de la frontière, tant par la façon dont elles furent engagées que par la manière dont elles furent conduites, est une longue liste de maux infligés et soufferts, puis vengés sans merci. Il ne pouvait guère en être autrement alors que la frontière était peuplée de gens brutaux, téméraires, ennemis des lois, pleins de mépris pour les hommes d'une couleur autre que la leur, et qu'ils étaient en contact avec des sauvages qui estimaient la cruauté et la perfidie comme les plus hautes vertus, la rapine et le massacre comme la plus noble des occupations. En outre, il était malheureusement inévitable que l'homme de la frontière respectueux des lois, l'Indien paisible, fussent tout comme le bandit à face blanche, tout comme le maraudeur en peinture de guerre entraînés dans la lutte et exposés à souffrir un châtiment qui eût dû tomber exclusivement sur les gens mal intentionnés.

(1) Tous ceux qui ont visité un campement d'Indiens sauvages, et qui ont eu la malechance de voir avec quel plaisir les enfants martyrisent de petits animaux, admettront que l'inclination des Indiens à la cruauté pour la cruauté ne saurait être peinte avec exagération. Les jeunes enfants sont élevés de telle sorte que quand ils seront plus avancés en âge, ils prendront le plus vif plaisir à faire souffrir, sous les formes les plus aiguës de la douleur. Parmi les blancs les plus brutaux de la frontière, un homme serait lynché sans délai, s'il faisait souffrir à un être vivant ces tortures diaboliques qui, dans un campement indien, n'attirent l'attention de personne, ou ne provoquent que des éclats de rire.

Quand on reporte les yeux en arrière, on croit aisément que beaucoup de malheurs auraient pu être prévenus, mais si nous examinons les faits, dans le but de découvrir la vérité, et non pour établir une théorie, nous sommes obligés de reconnaître que cette lutte était de nature telle qu'il était absolument impossible de l'éviter. Les historiens sentimentaux s'expriment comme si tous les torts avaient été de notre côté, comme si tout le mal qui s'est fait avait été fait à nos ennemis, comme s'il avait été possible à la sagesse humaine d'inventer un système pour concilier des réclamations qui, par leur nature même, étaient inconciliables. Mais leurs assertions sont aussi superficielles qu'ils sont eux-mêmes infidèles à la vérité (1). A moins d'admettre que nous pouvions nous résigner à laisser tout le continent à l'ouest des Alléghanys à l'état de désert inhabité, de terrain de chasse pour les sauvages, la guerre était inévitable. Et même quand nous aurions voulu cela, quand nous nous serions abstenus d'empiéter sur les terres des Indiens, la guerre n'en eut pas moins éclaté, car les Indiens auraient alors empiété sur nos terres. Il est indubitable que nous avons fait du tort à bien des tribus, il est tout aussi certain que nous devons d'avoir des connaissances précises sur bien d'autres tribus, à ce fait qu'elles ont commis des actes de violence sur nos gens sans avoir reçu aucune provocation. Les Chippeways, les Ottawas et les Pottawatamies fournirent des centaines de jeunes guerriers aux bandes qui dévastèrent nos frontières, et cela pendant des générations, avant l'époque où il nous arriva de leur faire du tort et d'empiéter sur eux.

De simples attaques eussent pu être l'objet d'une compensation ou d'un arrangement. La question qui se trouvait au fond de nos difficultés était celle de l'occupation même du sol, et cette question-là ne pouvait être résolue

____

(1) Voir appendice A.

que par la guerre. Les Indiens n'avaient point sur le sol
un droit de propriété dans le sens où nous l'entendons.
Les tribus habitaient fort loin les unes des autres. Chacune
d'elles avait pour territoire de chasse tout le pays dont
l'accès ne lui était pas interdit par des rivales. Chacune
regardait d'un mauvais œil les intrus, mais chacune était
toute prête à jouer le rôle de l'intrus à la première occasion. Tous les bons territoires de chasse étaient réclamés
par un grand nombre de nations. Il était réellement fort
rare qu'une tribu eût un titre de possession incontesté sur
une grande étendue de pays ; et quand ce titre existait,
il était fondé non point sur l'occupation effective, sur la
culture, mais sur le massacre récent de rivaux plus faibles.
Par exemple, il existait une douzaine de tribus qui, toutes,
chassaient dans le Kentucky, étaient en guerre les unes
avec les autres, avaient des titres d'égale valeur à la possession du sol, sans qu'aucune reconnût à un autre un
droit égal. En fait, elles n'avaient sur ce terrain aucune
force de droit, si ce n'est celui du plus fort. Le sol ne leur
appartenait pas plus qu'à Boon et aux premiers chasseurs blancs qui y vinrent.

Sur les frontières, c'est un concert perpétuel de plaintes
relatives aux empiétements des blancs sur les territoires indiens. Certes, le gouvernement central quand il
était à Washington, et avant qu'il y fût, s'est montré d'ordinaire enclin à partager le sentiment d'après lequel les
blancs sont les agresseurs, car le gouvernement ne désire
point une guerre, il n'éprouve pas lui-même l'appétit de
la terre, il ne connaît pas la dixième partie des maux
causés par les Indiens, et il sait par expérience que les
blancs des frontières ne sont pas aisés à gouverner. Il en
résulte que les rapports officiels faits par les personnes
qui ne sont point sur les lieux témoignent d'une disposition à faire voir les questions indiennes sous leur jour
le plus favorable, et que souvent ils ne méritent aucune
confiance. C'est particulièrement ce qui arrive quand

l'auteur du rapport est un homme de l'Est, qui ne connaît pas un mot de la situation réelle des affaires sur la frontière.

Lorsqu'un tel homme, si honnête, si intelligent qu'il soit en même temps, apprend que des blancs se sont établis sur des terres indiennes, il ne peut concevoir que cet acte n'a pas la moindre analogie avec l'occupation par la force de terres déjà cultivées. Le colon blanc n'a fait que s'avancer sur un désert inhabité. Il n'a pas la sensation de commettre une faute, car il sait parfaitement qu'en réalité le sol n'est possédé par personne. Ce sol n'est jamais visité, si ce n'est pendant une semaine ou deux chaque année, et alors les visiteurs sont à peu près certains d'en être chassés d'un instant à l'autre par une troupe rivale et plus forte de chasseurs. Le colon ne chasse personne de la terre. S'il n'abat point les arbres, s'il ne taille pas les poutres pour se construire un logis, s'il ne défriche pas le sol pour le mettre en culture, nul autre ne le fera. Néanmoins, il fait fuir le gibier, et, naturellement, les Indiens, qui en vivent, mettent de côté leurs discordes mutuelles et se tournent contre l'envahisseur. La vérité, la voici : les Indiens n'avaient aucun titre réel sur le sol ; ils n'avaient pas même un droit à moitié aussi clair que celui que les éleveurs de bétail, par exemple, n'en ont actuellement sur toute la partie orientale du Montana, et néanmoins personne n'oserait soutenir que les éleveurs ont le droit de fermer aux immigrants l'accès de ces vastes étendues non closes. Le colon et le pionnier avaient au fond le bon droit de leur côté : ce vaste continent ne pouvait être soumis éternellement à jouer le rôle de simple chasse réservée pour d'ignobles sauvages. En outre, les blancs ont souvent agi comme protecteurs à l'égard des nations indiennes les plus opprimées, ou du moins ils ont retardé plutôt qu'ils n'ont accéléré leur destinée. Sans l'intervention des blancs, les Iroquois eussent probablement exterminé toutes les tribus algonquines avant la fin du xviiie siècle, tout comme de nos jours les Corbeaux et les Pawnees eussent été détruits par les Sioux, dans les guerres que nous avons faites à ces derniers.

En outre, le peu de concentration du système gouvernemental des Indiens avait pour conséquence de rendre aussi difficile une paix durable, qu'une négociation pour l'achat des terres. Le sachem, ou chef héréditaire de la paix, et le chef électif pour la guerre, devant celui-ci à sa bravoure personnelle et celui-là à son tact toute l'influence dont ils disposaient, étaient l'un et l'autre hors d'état d'imposer leur volonté à tous les gens de leur tribu, et se trouvaient absolument impuissants à l'égard des nations confédérées avec eux. Si l'on faisait la paix avec les Shawnees, on continuait à se trouver en guerre avec les Mianis : si l'on traitait avec ceux-ci, il pouvait arriver qu'une petite bande d'entre eux fût mécontente et poursuivît les hostilités de son côté. Parvenait-on à s'entendre avec toutes les bandes reconnues, il fallait compter avec les bandes de déserteurs et d'outlaws. Enfin, en allant jusqu'au bout, il restait le droit de guerre individuelle que les Indiens admettaient dans toute son étendue, et duquel il résultait que tout guerrier possédant quelque influence pouvait se livrer à des attaques et à des meurtres, sans en être empêché. Il fallait donc s'entendre et traiter de la paix avec toute la tribu, toutes les sous-tribus, toutes les bandes d'une douzaine d'hommes commandées par de petits chefs et presque avec chaque guerrier isolé. Arrivait-on à déclarer la paix, les Indiens ne pouvaient pas vivre longtemps sans l'enfreindre. Ils n'éprouvaient nulle hésitation d'empiéter sur le domaine de l'homme blanc pour s'y établir ; chaque jeune brave était élevé dans l'idée que la plus haute preuve d'habileté et de courage, le moyen sûr d'arriver à la gloire et à l'honneur, de conquérir l'admiration des hommes et l'amour des femmes, c'était d'enlever des scalps et de dérober des chevaux. Les jeunes gens pensant ainsi, les chefs ayant si peu de pouvoir réel, il était inévitable qu'il y eût, sans aucune provocation, d'incessantes attaques, en vue d'avoir des scalps, des esclaves, des chevaux, enlevés aux blancs de la frontière (1).

Quant aux blancs, ils ont aussi à se reprocher bon nombre de fautes graves à l'égard de leurs voisins à peau rouge. On ne saurait les blâmer sévèrement pour avoir empiété sur ce qu'on appelait le sol indien. Que les gens sentimentaux en prennent leur parti : l'homme qui met le sol en culture a le droit de déposséder l'homme qui ne le fait pas. Sans cela la vie de l'univers sera suspendue. Mais il est bien d'autres actes qu'on ne saurait leur pardonner. Sur la frontière, chaque homme se faisait sa loi. Les honnêtes gens et les coquins étaient les uns et les autres parfaitement libres de satisfaire leurs désirs jusqu'à la dernière limite, car l'esprit d'individualisme, qui est un trait si tranché dans la vie américaine, atteignait son plus grand développement chez les gens des bois. Les blancs qui souhaitaient la paix, les magistrats et les chefs n'avaient guère plus d'influence sur ceux de leurs concitoyens qui étaient malhonnêtes et indociles que les sachems indiens n'en exerçaient sur les jeunes et turbulents guerriers. Chacun faisait tout ce qui lui semblait bon, sans permission et sans obstacle, à moins toutefois qu'il n'empiétât sur les droits de ses voisins, et ceux-ci étaient fort disposés à se liguer pour leur propre défense, malgré leur répugnance à se mêler des affaires d'autrui.

Ainsi les hommes de caractère insubordonné et brutal, qui se trouvent dans toute agglomération, et accourent en foule dans les pays où le règne de la loi est mal établi, pouvaient en toute liberté suivre leurs penchants. Ils avaient un mépris absolu pour le Peau-Rouge. Ils ne se

____

(1) C'est ainsi que les Corbeaux, qui ont toujours été bien traités par nous, ont, à ma connaissance personnelle, massacré et dépouillé un nombre infini de voyageurs paisibles et sans défense, pendant les trente dernières années.

faisaient pas le moindre scrupule de le tromper dans le commerce, de lui voler ses pelleteries ou ses chevaux, de le massacrer, si l'idée leur en venait. Des criminels qui vivaient comme des animaux de proie aux dépens de leurs voisins, trouvaient plus aisé, et peut-être moins dangereux, d'exercer leur profession au détriment des Peaux-Rouges, car ces derniers, s'ils venaient à s'apercevoir qu'ils avaient été trompés, pouvaient tout aussi bien passer leur colère sur le premier venu que sur le véritable auteur du dommage. S'il s'agissait d'un blanc, tous les blancs pouvaient faire cause commune contre eux, mais s'ils faisaient tort à un Peau-Rouge, bien qu'il se trouvât parmi les blancs un bon nombre de gens qui les désapprouvaient, il y en avait fort peu qui donnaient à leur désapprobation la forme d'un acte.

Chaque race soutenait ses membres ; chacune tenait l'autre pour responsable des méfaits commis par une minorité de brouillons. Cet esprit de clan entre ceux d'une couleur et ceux de la couleur différente, cette répugnance ou cette inaptitude à faire la part du bon et du mauvais dans l'autre race étaient les causes les plus fécondes des querelles de frontières (1).

Comme l'honnête homme, même lorsqu'il avait cherché

(1) Il en est exactement de même aujourd'hui. J'ai appris qu'une bande de Sioux ayant réussi à voler les chevaux d'une troupe qui s'était organisée pour la chasse au bison, les gens de cette troupe s'indemnisèrent en volant les chevaux d'une troupe inoffensive de Gros-Ventres. J'ai appris qu'une bande de Cheyennes, dont les chevaux avaient été volés par des blancs, s'en vengèrent en attaquant un campement de très honnêtes cowboys. La plupart des ranchmen qui étaient établis, vers 1884, le long du petit Missouri, étaient de fort braves gens, incapables de faire du tort aux Indiens. Néanmoins ils tolérèrent longtemps la présence de gens qui se vantaient sans scrupule des vols de chevaux commis par eux sur les Indiens ; d'autre part, nos paisibles voisins, les Gros-Ventres, permettaient à deux Peaux-Rouges, fort connus comme voleurs de chevaux, d'user de leur territoire réservé comme d'un asile, et d'en partir pour faire des incursions contre les éleveurs. — Voir sur les détails de ces deux anecdotes : *La Vie au Rancho* et *Chasses et Parties de chasse*. (*Note du traducteur*.).

à empêcher les méfaits des coupables, était certain d'en supporter les conséquences, à moins de se liguer avec ceux-ci pour la défense commune, il n'avait d'autre alternative que de prendre leur parti. En outre, dans un établissement composé de maisons éparses dans les bois, la présence d'un combattant vigoureux et énergique était une garantie de sécurité pour toute la population. Il ne fallait donc pas s'attendre à ce qu'il fût châtié sévèrement pour des torts que ses concitoyens ne pouvaient s'empêcher, du fond du cœur, de regarder en quelque sorte comme des représailles pour les dommages qu'ils avaient eux-mêmes subis. Tous les colons tranquilles et pacifiques avaient été victimes de grands maux, ou avaient été témoins oculaires de mauvais traitements infligés à leurs amis, et tant que ces choses étaient vivement présentes à leur esprit, les méfaits commis envers les Indiens ne pouvaient que leur être indifférents. Si leur fils avait scalpé, si leur bétail avait été enlevé, il ne fallait pas espérer qu'ils se diraient que les Indiens auteurs de ces crimes avaient été eux-mêmes trompés par un commerçant, avaient perdu un de leurs parents assassiné par quelqu'un des bandits de la frontière, ou se croyaient lésés parce qu'un colon avait bâti sa demeure à des centaines de milles de là, sur un terrain qu'ils regardaient comme leur appartenant. Quand un de ces hommes se joignait à d'autres hommes exaspérés et maltraités pour faire avec eux une expédition vengeresse, sa colère pouvait tomber sur la tête des vrais coupables ou sur d'autres. En tout cas, il n'était guère dans cet état d'esprit qu'il fallait pour arrêter les violences qui seraient certainement commises par ceux de ses alliés qui avaient le caractère brutal, alors même que ces hommes féroces n'étaient probablement qu'une minorité.

Les excès si souvent commis par les blancs, lorsque, après bien des échecs, bien des revers, ils remportèrent enfin la victoire, sont des causes de honte et de regret, mais il n'est que juste d'avoir présentes à l'esprit les terribles provocations qu'ils avaient endurées. De la miséricorde, de la pitié, de la magnanimité envers les vaincus, il ne fallait pas en attendre de la part des hommes de la frontière quand ils se réunissaient pour faire la guerre à une tribu indienne. Il n'était presque pas un seul homme de cette troupe qui n'eût quelques amers griefs personnels à venger. Il ne prenait point part à une guerre contre un ennemi civilisé, il se battait dans une lutte où les femmes et les enfants subissaient le même sort que les hommes. Chez lui l'enthousiasme pour le drapeau de son pays et la malveillance de toute la nation envers ses ennemis faisaient place à une colère furieuse, ardente, qu'attisaient des souvenirs dont la seule pensée le rendait enragé. Ses amis avaient été traîtreusement égorgés alors qu'ils se présentaient en messagers de paix, sa maison avait été brûlée, son bétail emmené, tout ce qu'il possédait au monde avait été détruit avant qu'il sût qu'on était en guerre, alors qu'il se sentait innocent de toute faute. Sa fiancée ou sa femme avait été ravie ; elle était peut-être à l'heure actuelle l'esclave ou la concubine de quelque dégoûtant et brutal guerrier indien ; son fils, le soutien de sa maison, avait été brûlé au poteau, avec des raffinements de cruauté trop horribles pour être racontés (1).

(1) L'expression de « trop horribles pour être racontés », doit être prise à la lettre et non pas dans le sens figuré. Elle s'applique également aux traitements subis par tous les blancs, hommes ou femmes, tombés au pouvoir des Indiens des plaines quand ils étaient hostiles, pendant les dix ou quinze dernières années. La nature de l'Indien sauvage n'a point changé. Sur cent blancs, il n'y a pas un homme, pas une femme qui échappe à des tourments tels qu'un homme civilisé ne serait pas capable de les raconter en regardant en face son auditeur. L'empalement sur un pieu ardent, les ongles des doigts renversés avant d'être arrachés, les articulations des doigts détachées à force d'être mâchées, les yeux crevés avec le feu, telles sont les tortures qu'on peut mentionner, mais il en est d'autres tout aussi usitées, tout aussi ordinaires qu'il est impossible de faire comprendre indirectement, surtout quand des femmes en sont les victimes.

Quand sa sœur revenait chez lui, après avoir été rachetée, elle pouvait lui conter son pénible voyage à travers les forêts, où elle marchait portant au cou un horrible collier fait avec les scalps sanglants de son mari et de ses enfants (1). Il portait empreinte pour toujours dans son œil et dans son cerveau même et visible dans son sommeil comme pendant ses veilles, l'image du corps écorché, mutilé, hideux, de ce bébé qui était à peine en âge de le reconnaître, de babiller et de rire quand il le prenait dans ses bras. Des faits de ce genre n'étaient point des exceptions ; l'un d'eux, ou plusieurs et souvent tous à la fois, se produisaient invariablement lors des incessantes attaques que les Indiens firent contre les établissements des colons pendant les longues suites de générations qui firent la guerre des forêts. Il n'était guère surprenant que des hommes qui avaient ainsi perdu tout ce qu'ils avaient fussent affolés par leur malheur. De temps à autre, nous entendons parler d'un homme de la frontière qui, après avoir été ainsi traité, consacre tout le reste de sa misérable existence à une tâche unique, celle de se venger sur toute la race des êtres qui ont assombri pour toujours sa vie. Trop souvent les squaws et les *pappooses* (petits enfants) tombaient sous la vengeance qui aurait dû châtier uniquement les guerriers, car les blancs regardaient leurs ennemis comme des animaux plutôt que comme des hommes. Ils savaient que les squaws étaient plus cruelles tortureuses des prisonniers, et que les enfants eux-mêmes y prenaient un grand rôle, car soutenus dans les bras de leurs pères, c'étaient eux qui avaient à porter le coup de tomahawk aux victimes qui expiraient attachées au poteau (2).

(1) Pour ce détail particulier voir Mac FERRUS, *Histoire du Méthodisme dans le Tennessee*, p. 145.

(2) Cela se passa ainsi pour le père de Simon Gorty. Il n'est pas une histoire des incursions indiennes qui ne contienne des exemples analogues à ceux que j'ai mentionnés. Voir les *Papiers Mac Afee*, le livre de John P. Hale intitulé : *Les Pionniers au-delà*

Voilà qui explique pourquoi il y a tant de pages sombres et sanglantes dans le livre de la guerre des frontières, ce livre fruste, à reliure de fer, où nous lisons comment nos frères conquirent les vastes régions qui forment notre patrimoine. Il contient maint épisode de sauvage héroïsme, d'ambition aventureuse, de courage audacieux et résolu chez les hommes, de patience et d'endurance chez les femmes. Il évoque devant nous une race austère d'hommes libres qui ont durement peiné, cruellement souffert, affronté bravement l'adversité, qui faisaient grand cas de la force, du courage et de la bonne foi, dont les femmes étaient chastes, et qui se montraient généreux, loyaux envers leurs amis. Mais il nous les montre aussi dédaigneux de toute crainte, rétifs à toute gêne, incapables de souffrir qu'on leur fît du tort, mais trop souvent disposés à violenter autrui. Leurs terribles et effrayants exploits sont entremêlés d'actes agressifs du caractère le plus odieux, le plus insolent, de noires trahisons, de cruautés révoltantes. A côté de traits innombrables de vertu rude, forte, grossière, nous n'y voyons guère d'exemples de qualités telles que la pitié envers le vaincu, envers le faible, l'être sans défense, ou la générosité à l'égard d'un ennemi qui a succombé vaillamment.

Parmi les Indiens du Nord-Ouest, si semblables entre eux que ce serait peine inutile de tenir compte des distinctions de tribus, il y avait un groupe qui mérite une mention toute particulière. Au milieu des éléments troublés et discordants qu'agitait dans un chaos confus le choc violent

des *Alléghanys* ; celui de Dehaas : *Les Guerres indiennes*, celui de Wither : *La Guerre des Frontières*, etc. Sur un point cependant, les Indiens habitant à l'est du Mississipi se montraient meilleurs que les tribus des plaines qui nous tourmentèrent pendant le siècle actuel ; leurs captives n'étaient pas invariablement *violées* par tous les gens de la bande qui les enlevait, ainsi que c'était l'usage chez les Indiens cavaliers. Néanmoins, elles devenaient souvent les concubines de leurs ravisseurs.

entre la sauvagerie et l'avant-garde grossière de la civilisation, ce groupe entouré et menacé par les guerriers peints qui habitaient les forêts, non moins que par les chasseurs insouciants de la loi qui vivaient dans les clairières parsemées de souches vaillantes, se composait de créatures pacifiques, destinées à subir un sort tragique dans l'événement le plus lamentable, le plus émouvant de tous ceux qui s'accomplirent aux profondeurs de cette vaste solitude. Il s'agit des Indiens-Moraves (1). C'étaient, pour la plupart, des Delawares. Ils avaient été convertis par les infatigables missionnaires allemands qui prêchaient la pacifique doctrine, presque quakérienne, du Comte Zuizendorf. Le zélé et le succès des missionnaires se prouvaient par le merveilleux changement qu'ils avaient opéré parmi ces convertis. En une génération, ils avaient fait d'un peuple turbulent, paresseux, sanguinaire, de chasseurs et de pêcheurs, une société bien réglée, industrieuse, croyant sincèrement à la religion chrétienne sous la forme où elle leur était enseignée, où elle était pratiquée par leurs instructeurs. Dans les premiers temps, les missionnaires, entourés de leurs convertis, habitaient la Pensylvanie ; mais, harcelés, opprimés par leurs voisins de race blanche, les Moraves, gens soumis et patients, quittèrent leur pays et tout ce qui leur était cher. En 1771, ils allèrent s'établir dans la région inhabitée qui était située au Nord-Ouest de l'Ohio. Rien n'est plus propre à montrer par un exemple terrible l'effet que produisent les doctrines de résignation passive quand elles sont mises en pratique, que les violences et les massacres dont furent victimes ces Indiens inoffensifs, violences plus nombreuses et plus révoltantes dans une colonie gou-

(1) Les missionnaires se donnaient à eux-mêmes le nom de Frères-Unis ; les étrangers les désignaient sous celui de Moraves. Loskiel., *Histoire de la mission des Frères-Unis*, Londres, 1794 ; Heckewelder, *Récit de la mission des Frères-Unis*, Philadelphie, 1820.

vernée par des Quakers que dans une autre. Leur fameuse politique de paix, qui leur interdisait de se conduire d'une façon vraiment virile, et de tenir en respect la violence, fut la cause des maux les plus terribles qui pussent fondre à la fois sur les blancs et sur les Peaux-Rouges. Un système hautement affiché de force et de fraude, poursuivi de la façon la plus cynique, n'eût guère causé de plus odieuses injustices. Leurs procédés aboutissaient à provoquer directement le crime et la mauvaise foi entre les races, car ils ne punissaient point les agressions, de quelque part qu'elles vinssent, et par suite ils laissaient les coups tomber toujours le plus lourdement sur ceux qui les méritaient le moins. Nulle autre colonie ne se montra aussi puérile, aussi méprisable dans sa façon de résoudre le problème indien ; nulle autre ne fit preuve d'une pareille indifférence, d'une égale impuissance à laisser ses citoyens de la frontière exposés à des insultes continuelles. Nulle autre ne laissa voir pareille incapacité à tenir en respect les Indiens hostiles, en même temps qu'elle échouait entièrement dans la tâche qui lui incombait de protéger ceux qui étaient paisibles et bien disposés.

Lorsque les Moraves s'établirent au-delà de l'Ohio, ils s'installèrent sur les bords du Muskingum, déboisèrent la forêt, et s'y bâtirent de petites villes auxquelles ils donnèrent des noms bizarres, tels que Salem et Gnadenhütten, noms qui symbolisaient d'une manière touchante la paix que ces fugitifs cherchaient si vainement pour leur vie inoffensive et tristement résignée. Établis au milieu de la forêt, ils travaillèrent, ils peinèrent, entourèrent de vergers, de champs de blé, leurs villages à l'aspect propret, coquet. Ils se livrèrent à l'élève des chevaux et du bétail. Ils s'efforcèrent de ne faire de tort à personne. Chaque jour, tous les membres de la communauté se réunissaient pour adorer et louer leur Créateur. Mais les missionnaires qui avaient tant fait pour eux, avaient fait une chose qui contrebalançait largement tout cela. Ils leur avaient enseigné à ne point se défendre. Ils avaient ainsi voué à une destruction certaine les pauvres êtres qui avaient mis leur confiance en eux. On ne saurait rien faire de pire que de mettre un honnête homme à la merci d'un scélérat, tout en lui recommandant de ne point se défendre, de ne point défendre ses semblables. Il n'y a pas de moyen plus sûr et plus prompt d'assurer le succès du mal. Mais le mal était d'une gravité particulière à une époque comme celle-là, et dans un pareil endroit, où les Indiens sans défense se trouvaient ainsi placés entre l'enclume et le marteau, entre leurs frères sauvages, les Peaux-Rouges, et les blancs de la frontière, gens sans loi, et d'un caractère brutal. La terrible moisson que recueillirent les pauvres convertis avait donc été semée par leurs propres amis et leurs prétendus bienfaiteurs.

Aussi les Moraves qui cherchaient à en user loyalement avec les Indiens comme avec les blancs, furent, en retour, un objet de défiance et de mépris pour les uns et les autres. Ils travaillèrent patiemment pendant des années, habitant leurs maisons lointaines, attendant avec douceur le coup terrible que la destinée tenait suspendu sur leur tête.

CHAPITRE V

LES PIONNIERS DES ALLÉGHANYS
(1769-1774.)

Le long de la frontière occidentale des colonies qui allaient bientôt devenir les Etats-Unis, parmi les petites collines qui se détachent des Alléghanys, sur les parties des montagnes boisées, et dans les longues vallées en forme d'auge qui s'étendent entre les deux chaînes, habitait une population américaine toute particulière et des plus caractérisées.

Ces gens de la frontière, les hommes du haut pays ou du pays de là-bas, qui habitaient aux environs ou au milieu des montagnes couvertes de forêts, bien loin des districts colonisés depuis longtemps dans le plat pays de la côte ou le long des fleuves au cours paresseux que remontent les marées, se donnaient et recevaient des autres le nom de Backwoodsmen, ou hommes des forêts de l'Ouest. Ils avaient entre eux une ressemblance très accentuée, dans leurs habitudes de pensée et leur façon de vivre ; et ils différaient nettement des gens qui formaient les agglomérations plus anciennes et plus civilisées de l'Est. La frontière occidentale de notre pays était alors formée par la grande chaîne, sorte de barrière, des Alléghanys, dirigée du Nord au Sud depuis la Pensylanie, à

travers le Maryland, la Virginie et les deux Carolines (1),
le thalweg des vallées étant parallèle à la côte, et les sommets les plus élevés se trouvant dans la partie méridionale
de la chaîne. Il était difficile de franchir les chaînes en
allant de l'Est à l'Ouest, mais il était en même temps aisé
et tout naturel de suivre les vallées qui les séparaient.
Depuis le fort Pitt jusqu'aux villes hautes des Chérokees,
cette vaste région boisée et montagneuse offrait un aspect
à peu près uniforme, les mêmes traits caractéristiques,
aspect différant totalement de celui des plaines alluviales
qui bordent l'Océan.

Tout de même, les montagnards des grands bois qui habitaient près de la grande ligne de partage entre les eaux
allant à l'Atlantique et les sources du Watauga, du Kanawka, du Monongahela, étaient tous jetés dans le même
moule, et se ressemblaient plus entre eux qu'ils ne ressemblaient à leurs voisins immédiats des plaines. Les gens
des bois de Pensylvanie n'avaient guère de traits communs avec la paisible population de Quakers et d'Allemands qui était établie entre la Delaware et la Susquehanna. Leurs proches parents de la Chaîne Bleue et des
Grandes Montagnes Fumeuses étaient séparés, par un abîme
de même largeur, des aristocratiques populations de
planteurs qui florissaient dans les régions côtières de la
Virginie et des Carolines. Au voisinage de la côte, les
lignes de séparation entre les colonies correspondaient fort
exactement aux différences entre les populations, mais
dès qu'on avait atteint le pied des collines, bien que les
limites politiques se prolongeassent vers l'Est et l'Ouest,
celles qui avaient un sens à la fois ethnique et physique
s'infléchissaient du Nord au Sud.

Les gens des bois étaient Américains de naissance et de
famille; et leur race était mêlée, mais l'élément qui do-

(1) La Géorgie était alors trop faible et trop petite pour fournir
un fort contingent de pionniers. Sa frontière était encore dans le
plat pays.

minait dans leur sang était celui du Presbytérien irlandais,
de l'Ecossais d'Irlande, ainsi qu'on le nommait souvent.
On a tenu largement compte du rôle prédominant qu'ont
joué dans notre histoire Têtes-Rondes et Cavaliers, nous
n'avons pas non plus fermé les yeux sur les exploits du
Hollandais et du Huguenot, mais on peut se demander si
nous avons apprécié à toute sa valeur le rôle joué par cette
austère et virile population, ces Irlandais dont les prédicateurs enseignaient la doctrine de Knox et de Calvin.
Ces représentants irlandais des Covenantaires firent dans
l'Ouest presque autant que les Puritains dans le Nord et
plus que les Cavaliers dans le Sud. Mêlés aux descendants d'autres races, ils formèrent le noyau de la population américaine proprement dite, population fortement
américaine qui fournit les pionniers de notre peuple dans
sa marche vers l'Ouest, l'avant-garde de l'armée de colons
guerriers qui, la hache et la carabine à la main, se
frayèrent une route depuis les Alléghanys jusqu'au Rio-
Grande et au Pacifique (1).

Les Presbytériens irlandais étaient eux-mêmes une race
mêlée. Bien que descendus principalement d'aïeux écossais,
originaires eux-mêmes soit des Highlands, soit des Basses—
Terres, tenant aux Celtes tant Saxons qu'Ecossais (2),

(1) Si l'on passe en revue les douze ou quinze hommes qui jouèrent le principal rôle comme pionniers dans l'Ouest et le Sud-
Ouest, ceux qui dirigèrent l'exploration et la colonisation du sol,
et la lutte contre les Indiens, les Anglais et les Mexicains, on verra
que la race presbytérienne irlandaise a fourni Andrew Jackson,
Samuel Houston, David Crockett, James Robertson ; Lewis, qui
conduisit les troupes des forestiers dans leur première grande victoire sur les Indiens du Nord-Ouest, et Campbell, qui les com-
manda dans leur première grande victoire sur les Anglais. Les autres pionniers qui viennent après eux étaient des gens comme Sevier, huguenot de la Shenandoah ; Shelby, de sang gallois ; Boon
et Clarke, tous deux de sang anglais, venus, le premier de la Pensylvanie ; le second de la Virginie.

(2) Il va de soi que plusieurs générations, avant leur arrivée en
Amérique, les Mac Afee, les Mac Clung, les Campbells, les Mac
Coshes, avaient cessé de pouvoir être distingués des Todd, des
Armstrong, des Elliot et autres.

parmi eux il y avait bon nombre d'Anglais, quelques Huguenots français (1) et un nombre très appréciable de vrais et de purs Irlandais Milésiens (2). Ils détestaient et méprisaient les Catholiques que leurs aïeux avaient vaincus et soumis ; ils éprouvaient à l'égard des Episcopaux, leurs oppresseurs, une haine plus sauvage mais à peine un peu moins intense (3). C'étaient des gens farouches et obstinés, qui se paraient de la gloire guerrière de leurs ancêtres, les hommes qui avaient suivi Cromwell et qui avaient pris part à la défense de Londonderry, ainsi qu'aux victoires de la Boyne et d'Aughrim (4).

Ils n'arrivèrent en Amérique en nombre un peu considérable que dans les premières années du XVIIIe siècle ; vers 1730, ce furent de véritables essaims qui franchirent l'Océan. Ils suivaient généralement deux courants ; le plus fort se dirigeait vers le port de Philadelphie ; le moindre, vers le

---

(1) Un exemple remarquable est fourni par la famille Lewis, si connue dans le grand Kanawka.

(2) Les *Papiers Blount* contiennent un grand nombre de feuilles de présence et de solde des troupes de la frontière de la Caroline du Nord. Là, comme dans les *Papiers d'Etat américains relatifs aux terres*, t. II, nous trouvons beaucoup de noms comme Shea, Drennan, O'Neil, O'Brien, Mahoney, Sullivan, O'Connell, Maguire, O'Donohue. En somme, il n'y a guère de nom irlandais qui ne se retrouve. Naturellement, beaucoup de ces gens-là descendaient de serviteurs irlandais importés par engagement, mais beaucoup étaient venus comme immigrants libres, appartenant à des congrégations presbytériennes ; plusieurs en étaient même les pasteurs. Sur les nombreux noms irlandais des principaux pionniers, voir Mac Clung (*Aventures dans l'Ouest*, Louisville, 1879, p. 52, etc.) et aussi De Haas (p. 236, 289, etc.), Doddridge (p. 16, etc.).

(3) Voir WILLIAM HENRY FOOTE (*Esquisses de la Caroline du Nord*, New-York, 1846), Livre excellent, écrit après de consciencieuses recherches.

(4) Citons quelques noms pris dans un grand nombre : Houston. (voir *Vie de Houston*, par LANE) avait des ancêtres à Derry et à Aughrim ; les Mac Afee (voir *Papiers Mac Afee*) et Irvine, un des chefs dans l'expédition Crawford, descendait de gens qui avaient combattu à la Boyne (voir la *Campagne de Crawford*, par G.-W. BUTTERFIELD, Cincinnati, 1873, p. 26). Il en était de même pour Lewis, pour Campbell, etc.

port de Charleston (1). Poussant au delà des contrées depuis longtemps colonisées de la basse région côtière, ils établirent leur séjour au pied même des montagnes, et formèrent les avant-postes de la civilisation. De la Pensylvanie, où ils étaient arrivés en plus grand nombre, ils glissèrent au Sud le long des hauteurs, en descendant les longues vallées, jusqu'à ce qu'ils eussent rejoint leurs frères de Charleston, qui avaient poussé vers le Nord, jusque dans la région frontière de la Caroline. Dans cette contrée de collines, couverte d'une sorte de forêt vierge, ils s'enracinèrent et prospérèrent, s'épandirent en une large zone allant du Nord au Sud, formant ainsi un écran d'hommes robustes entre les populations de la côte et les guerriers rouges du pays sauvage. Dans toute cette région ils étaient les mêmes ; ils tenaient aussi peu du Cavalier que du Quaker. L'Ouest fut conquis par ceux qu'on nomma avec justesse les Têtes-Rondes du Sud, par les mêmes hommes qui furent les premiers de tous à proclamer l'indépendance de l'Amérique (2).

Les deux faits les plus importants à retenir quand on étudie l'histoire de nos pionniers sont d'abord celui-ci, que les régions occidentales de la Virginie et des Carolines furent peuplées par une race absolument distincte de celle qui avait longtemps vécu sur les régions côtières de ces colonies ; et, en second lieu, qu'à part les gens qui vinrent de Charleston dans les Carolines, les immigrants de cette sorte arrivaient principalement du Nord, que leur principal foyer où ils avaient vu le jour et grandi était la Pensylvanie occidentale (3).

(1) Voir Foote, p. 78.
(2) Témoin la déclaration de Mecklenburg.
(3) Voir *Papiers Mac Afee*, et les *Pionniers trans alléghaniens*, par J.-P. Hale, p. 17 ; Foote, p. 188. Voir aussi *Columbian Magazine*, 1, p. 122, et Schöpf, p. 406. Boon, Crockett, Houston, Campbell, Lewis, figuraient parmi les pionniers du Sud-Ouest dont les familles étaient originaires de la Pensylvanie. Voir *Annales du comté d'Augusta, dans la Virginie*, par Joseph-A. Waddell, Rich-

Ces presbytériens irlandais étaient une race hardie et robuste, ainsi que le prouve ce fait qu'ils dépassèrent immédiatement les régions colonisées, et s'enfoncèrent dans le pays sauvage en avant de la marche des blancs. Ils furent les premiers et les derniers des immigrants qui agirent ainsi ; tous les autres ne firent que suivre le sillage de leurs prédécesseurs. Il faut reconnaître toutefois que, dès la première heure, ils se montrèrent vraiment Américains. Ils étaient apparentés aux Covenantaires ; ils regardaient comme un devoir religieux d'interpréter leur propre Bible, et comme de droit divin l'élection de leurs ministres. Pendant des générations, leur système ecclésiastique et scholastique avait été foncièrement démocratique. Dans la vie pénible qu'ils menaient sur la frontière, ils avaient perdu beaucoup de leur religion et ils n'avaient guère que de rares occasions à donner à leurs enfants l'éducation qu'ils jugeaient efficace, mais tout ce qu'il y avait de lieux de réunion et de maisons d'écoles sur la frontière leur était dû (1). Les nombreuses familles d'Anglais coloniaux qui vinrent parmi eux, et qui eurent besoin d'une religion, adoptèrent la leur. Ceux d'entre les pionniers qui avaient une croyance quelconque étaient presbytériens ; car l'Episcopat des régions côtières n'arriva point à prendre pied dans les montagnes, les Méthodistes et les Baptistes avaient à peine paru dans l'Ouest quand la Révolution éclata (2).

Ces Presbytériens Irlandais ne furent pas, cependant, à beaucoup près, les seuls colons qui s'établirent à la frontière, bien qu'ils aient empreint, bien plus profondément

mond, 1888, pp. 4, 276, 278, excellent livre, qui démontre clairement l'origine presbytérienne-irlandaise des Virginiens de l'Ouest, et la présence d'une forte proportion d'Allemands.

(1) Le maître d'école irlandais formait partout, dans la société primitive de l'Ouest, un trait caractéristique.

(2) Voir *Papiers Mac Afee ; Autobiographie manuscrite* du révérend William Hickman, né en Virginie, en 1747 (dans la Bibliothèque du colonel R.-T. Durrett). Voir *Les Pionniers trans alléghaniens*, p. 147. Voir l'*Histoire des Baptistes du Kentucky*, par J.-H. Spencer, Cincinnati, 1885.

6*

que tous les autres, la marque de leur caractère à la civilisation des pionniers de l'Ouest et du Sud-Ouest. Un grand nombre d'immigrants anglais d'origine arrivèrent avec eux des districts colonisés de l'Est, et bien que ces nouveaux venus se fondissent bientôt dans la population à laquelle ils se mêlaient, de façon qu'on ne pût les en distinguer, il est certain qu'ils donnèrent parfois quelque chose de leur caractère à la société de la frontière. Ils y jetèrent une légère nuance de ce que nous sommes accoutumés à regarder comme l'esprit foncièrement méridional ou cavalier (1). Il y avait pareillement une forte proportion d'Allemands, non seulement des Allemands de la Pensylvanie, mais encore de ceux des Carolines (2). Il

(1) Boon, bien que d'origine anglaise, n'avait point de sang virginien dans les veines. C'était un type complet du vrai pionnier ; mais chez Clarke, et plus encore chez Blount, nous voyons des indices fort marqués de l'*Esprit cavalier*. Naturellement les cavaliers ne formèrent pas plus la majorité de la population virginienne qu'ils n'avaient formé la masse des troupes du Prince Rupert, mais les Squires et les Yeomen qui s'y enrôlèrent pour former cette masse adoptaient le ton de leurs chefs.

(2) Un bon nombre des plus renommés chasseurs et combattants dans la guerre indienne étaient d'origine allemande. Voir *Les premiers temps dans le Tennessee du Centre*, par John CARR, Nashville, 1859, p. 54 et 56, pour Steiner et Mansker, ou Stoner et Mansco). Tels étaient les Wetzel, fameux dans les *Annales de la frontière*, qui habitaient près de Wheeling, — Michel Steiner ; les Steiner furent les ancêtres des nombreux Stoner du Kentucky contemporain, — et Kasper Mansker, le « M'r Mansco » des écrivains du Tennessee. Tous les anciens récits de l'Ouest contiennent beaucoup d'allusions aux *Dutchmen*, désignation fort juste que les Américains appliquaient aux Allemands. Leurs noms abondent dans les feuilles d'appel, les feuilles de solde, les listes de colons, etc., de l'époque (*Papiers Blount, Papiers du département d'Etat, Papiers Mac Afee, Papiers d'Etat américains*, etc.), mais il faut se rappeler qu'ils sont souvent anglicisés, et qu'alors rien ne reste pour indiquer l'origine de ceux qui les portaient. Il nous serait impossible de reconnaître dans les noms de Custer et de Herkomer, ceux de Küster et de Herckheimer, si nous ne connaissions d'avance la généalogie de ces deux généraux : dans la vie des bois, il suffit souvent de deux générations pour faire perdre à un pionnier tout souvenir de ses ancêtres. Dans les Carolines, les Allemands semblent avoir été presque aussi nombreux sur la frontière que les Irlandais. (Voir

arriva également un certain nombre de Huguenots (1), quelques Hollandais (2) et même des Suédois (3), venus des rives du Delaware et peut-être de plus loin encore.

Une seule génération, dont la vie s'était écoulée dans les dures conditions d'existence du pays sauvage, suffit pour fondre en une masse homogène les représentants de ces races si nombreuses et si profondément diverses ; les enfants de la génération suivante ne se purent distinguer les uns des autres. Longtemps avant que le premier Congrès continental se réunît, les pionniers, quelle que fût leur origine, étaient devenus Américains par l'unité de langue, de pensée, de caractère, et ils se tenaient fermement cramponnés à la terre où avaient vécu avant eux leurs pères et leurs grands-pères. Ils avaient perdu tout souvenir de l'Europe, toute affection pour les choses d'Europe. Ils

ADAIR, p. 245 et SMITH, *Voyage*, etc., t. I, p. 236). En Pensylvanie, ils habitaient plus près de la région civilisée (SCHOOLCRAFT, III, 335 ; LEWIS BRANTZ, *Voyage dans l'Ouest*, en 1785), bien qu'ils se mêlassent aussi avec les gens de la frontière ; les plus aventureux d'entre eux tendaient naturellement de ce côté-là.

(1) Les Huguenots fournirent aux Pionniers des familles comme les Sevier, les Lenoir. Les Huguenots, comme les Allemands, eurent fréquemment leurs noms anglicisés. L'exemple le plus connu et le plus souvent cité est celui de la famille Blaucpied ; certains de cette famille sont devenus les Whitefoot, tandis que les autres, vivant près de la côte, ont subi, par l'effet de la mer, un changement extraordinaire, leur nom ayant reparu sous la forme de *Blumpy*.

(2) Pour les Américains de l'Ouest, qui n'avaient point le goût fort délicat en fait de distinctions ethniques, les Allemands et les Hollandais étaient également des *Dutchmen* ; mais nous rencontrons çà et là des noms comme Van Meter, Van Buskirk, Van Swearingen, dont la forme suffit pour indiquer l'origine. (DE HAAS, pp. 301, 319 ; DODDRIDGE, p. 307.)

(3) Dans une population peu lettrée, les noms scandinaves, tels que *Jansen*, *Petersen*, étant facilement américanisés, ne tardent pas à devenir méconnaissables ; il est donc rare qu'on en retrouve l'origine ; néanmoins il est des cas où l'on ne saurait s'y méprendre, comme pour *Erickson* (voir l'admirable ouvrage du colonel Reuben T. DURRETT, sur *La Vie et les écrits de John Filson* Louisville et Cincinnati, 1884).

étaient devenus des produits aussi naturels du sol que les durs et souples noyers dont ils fabriquaient les manches de leurs haches longues et légères. Leur existence farouche, âpre, bornée, avait néanmoins un charme étrange, elle était pleine des incidents amenés par le labeur et le péril. Il fallait absolument des natures aussi fortes, aussi éprises de liberté, aussi prêtes à tout braver, pour endurer une existence que ces hommes-là trouvaient agréable. Le milieu, âpre comme le fer, qui les entourait, constituait un moule dans lequel ils prirent tous la même forme. Ils se ressemblaient entre eux, et ils différaient du reste de l'humanité, — et même du monde américain, — et ils différaient infiniment plus du monde européen — par le costume, par les mœurs et par le genre de vie.

Dans les localités qui confinaient aux régions plus colonisées de l'est, la population était naturellement plus dense, et l'originalité moins marquée. En ces endroits, çà et là, ils construisaient de petits *burgs* forestiers ou cités grossières, villages tortueux et mal tenus, avec un ou deux magasins, une taverne, — parfois bonne — parfois « ressemblant scandaleusement à une étable à porcs », où les voyageurs étaient dévorés par les puces, où tout le monde mangeait et dormait dans une seule chambre (1) ; il y avait une petite maison d'école construite en troncs d'arbre et une petite église, où présidait un ministre presbytérien à figure résolue, au caractère sombre, austère, plein de zèle, à l'esprit probablement fanatique et borné, mais qui n'en exerçait pas moins une grande influence à l'avantage de la population (2).

Néanmoins les pionniers, pris dans leur ensemble, ne

(1) *Journal manuscrit* de Matthieu CLARKSON, 1766. Voir aussi, *Voyage dans les Etats-Unis*, par LA ROCHEFOUCAULT-LIANCOURT, Paris l'an VIII, t. I, p. 104.

(2) Les gens de la frontière entendaient des prêches inspirés du calvinisme le plus pur. Clarkson, dans le *Journal de son excursion dans l'Ouest*, mentionne avec approbation un sermon qu'il entendit, en le qualifiant de « discours très judicieux et très alarmant ».

construisaient point de villes, et n'en aimaient pas davan
tage le séjour. Ils se montraient avec tous leurs avan
tages dans les vastes, les interminables forêts où ils établissaient de préférence leur séjour. Ils y conquéraient et
gardaient leur terre par la force, et ils vivaient perpétuellement en état de guerre, ou dans l'attente de la
guerre. Aussi formaient-ils, pour s'installer, des groupes
de plusieurs familles où l'on se réunissait pour se soutenir
mutuellement. Les Peaux-Rouges, leurs ennemis, étaient
forts et terribles, habiles à se concerter dans leurs conseils, redoutables dans la bataille, impitoyables au-delà
de toute idée dans la victoire. Les hommes que les pionniers soumirent et dépossédèrent n'étaient ni des lâches
ni des avortons. Les pionniers eurent à marcher contre
des gens résolus, pour les dépouiller, et arracher comme
une proie des terres qui appartenaient à des gens vigoureux. Chaque arpent, chaque toise du sol qu'ils revendiquaient devait être déboisé à la hache et défendu avec le
rifle. L'abattage de la forêt n'était pas seulement la première de toutes les tâches préparatoires à la culture ;
c'était aussi la méthode la plus efficace pour soumettre
les Indiens, pour qui les espaces infinis de sous-bois
inextricable formaient un rideau opaque derrière lequel
ils se mouvaient sans qu'on pût les voir, un bouclier qui
leur permettait l'offensive, une forteresse où ils étaient
en mesure de se défendre et de repousser à leur tour les
attaques. Dans la conquête de l'Ouest, la hache du pionnier, instrument élégant, bien équilibré, à manche long,
à fer léger, joua un rôle d'une utilité qui ne le cédait
guère qu'au rifle. Ils furent l'un et l'autre les armes nationales des pionniers américains, et ils les manièrent avec
une habileté sans rivale.

Lorsqu'un groupe de familles allait s'établir dans le pays
sauvage, elles se bâtissaient une *station*, ou forteresse en
pieux, consistant en une enceinte carrée de troncs d'arbres
plantés debout, percée de meurtrières, dont chaque angle

était formé par un blockhaus en guise de bastion. Il y avait un côté au moins du carré qui était formé par le derrière des habitations, alignées sur un rang ; l'enceinte avait une grande porte qui pouvait être barrée solidement en cas de besoin. Il arrivait parfois qu'il n'entrât pas un atome de fer dans la construction de tous les édifices. L'intérieur du carré contenait les abris pour les provisions, et très fréquemment un blockhaus central très fort. Naturellement ces défenses n'eussent point tenu contre le canon, et elles étaient toujours en danger quand elles étaient attaquées par le feu, mais en dehors de ce risque d'incendie, elles constituaient une protection des plus efficaces contre des ennemis dépourvus d'artillerie, et elles étaient rarement prises soit par les blancs, soit par les Indiens, si ce n'est par surprise. Bien peu d'autres édifices ont joué dans notre histoire un rôle aussi important que le grossier fort palissadé des forestiers.

Les familles n'habitaient le fort que quand on était en guerre avec les Indiens, et même alors, on n'y restait point pendant l'hiver. En tout autre temps, elles se séparaient pour aller sur leurs fermes respectives, qui portaient partout le nom de *clearings* (1), car elles débutaient toujours par l'abattage des arbres. On laissait en place les souches qui formaient comme un pointillé dans les champs de blé et de maïs. Le blé était la ressource essentielle, immanquable du colon de l'Ouest ; c'était la récolte sur laquelle il comptait pour la nourriture de sa famille. Lorsqu'il partait sur la piste de guerre, il n'avait souvent d'autre aliment que sa provision de grains grillés qu'il emportait dans une gibecière de cuir. Mais il plantait des jardins potagers, il cultivait les melons, les pommes de terre, ainsi que beaucoup d'autres fruits ou légumes ; il avait ordinairement un ou deux chevaux, des vaches, parfois des porcs et des moutons, si les loups et les ours le lui

(1) Clairière, espace déboisé (*note du traducteur*).

permettaient. Quand il était pauvre, sa cabane était faite de troncs d'arbres bruts et ne contenait qu'une chambre. S'il était aisé, les troncs d'arbres étaient nettement appareillés ; et outre la grande pièce où l'on habitait, où l'on mangeait, et qui était pourvue d'un âtre immense, il y avait une petite chambre à coucher et une cuisine ; un grenier auquel on accédait par une échelle et où couchaient les enfants. Le sol était formé de *puncheons*, c'est-à-dire de grosses planches soigneusement ajustées. Le toit était en bardeaux ; des crochets de bois étaient plantés dans les murs et tenaient lieu de garde-robe. Des andouillers de cerf, fixés dans les solives, supportaient les rifles toujours chargés. La table était une longue et forte planche portée sur quatre pieds de bois ; il y avait des sièges à trois pieds. Les maisons les mieux pourvues possédaient des rocking-chairs ou balancines de formes antiques (1). Le lit ou la couche étaient pourvus de chaudes couvertures, de peaux d'ours ou de daim (2).

Ces *clearings* étaient situés à de grandes distances les uns des autres dans le pays sauvage. La solennelle et mystérieuse forêt se déployait jusque sur le seuil des huttes en troncs d'arbres. Il n'y avait point d'espaces libres entamant cette continuité, rien que la forêt, et toujours la forêt ombreuse, hantée par les loups, se prolongeant pendant des lieues. Les grands arbres s'élevaient jusqu'à ce que leurs branches terminales fussent perdues sous la voûte massive de feuillage. L'intervalle des troncs était comblé par un inextricable sous-bois. Sur les cimes plus élevées et sur les arêtes montagneuses, croissaient péniblement des

(1) *Papiers Mac Afee.*

(2) Dans les *Papiers Mac Afee*, il y a d'amusants détails sur la peau d'un énorme élan tué par le père, et qui a été baptisé *le gros Ellick* par les bambins qui s'en disputaient l'usage dans les nuits froides, car elle tenait bien chaud. Par malheur, elle avait le poil tourné en dedans, de sorte qu'elle glissait facilement, et tombait du lit.

bouleaux et des pins, des yeuses, des sapins-baumiers (1).
Partout ailleurs c'étaient les chênes, les châtaigniers, les
noyers, les érables, les hêtres, les noisetiers, et les grands
tulipiers, poussant côte à côte avec un grand nombre
d'autres essences. Le soleil était impuissant à percer la
voûte de feuillage bruissant ; sous les espaces gris de la forêt l'on marchait toujours dans une sorte de crépuscule
diurne. Ceux qui avaient vécu sur les plaines découvertes
éprouvaient la sensation d'avoir la tête dans un capuchon
quand ils pénétraient pour la première fois dans la grande
forêt. A moins de se trouver sur le bord d'un lac, sur la
crête d'un escarpement, ou sur une éminence dénudée, c'est-
à-dire sur le contrefort tranchant d'une hauteur, on ne
voyait jamais à quelque distance devant soi.

Tout le pays était enveloppé dans ce linceul continu de
la forêt. Elle couvrait les montagnes depuis leurs cimes
jusqu'aux lits des rivières, remplissait les plaines, s'étendait en déserts sombres et mélancoliques dans la direction du Mississipi. Nul n'eut pu dire ce qu'elle contenait, ce qu'elle recélait, ce qui se trouvait loin d'elle.
Les gens savaient simplement que leurs plus hardis
chasseurs, si profondément qu'ils eussent pénétré, ne
l'avaient jamais traversée jusqu'au bout, qu'elle était le
pays du gibier qu'ils chassaient, des bêtes sauvages qui
décimaient leurs troupeaux, et que dans les profondeurs
de ses retraites compliquées se cachaient les Peaux-Rouges,
leurs ennemis, aux yeux de faucons, aux cœurs de loups.

La société chez les forestiers était simple. Chaque
membre de la famille avait ses droits et ses devoirs
simples et bien définis. La tâche de l'homme était de pro-

(1) Sur les montagnes, le climat, la flore et la faune étaient entièrement septentrionaux, et ne ressemblaient en rien à ceux des
plaines basses adjacentes du Sud. Le grouse à collerette, l'écureuil
roux, l'oiseau des neiges (fringilla hiémalis), divers oiseaux chan-
teurs du Canada, et une espèce particulière du genre boréal de
campagnol, l'évotomys, tous ces animaux se trouvent jusque dans
le Sud, sur les Grandes Montagnes Fumeuses.

téger à main armée et de pourvoir à la nourriture ; il avait à gagner le pain de tous. La femme était chargée de faire le ménage et de mettre au monde des enfants. On se mariait jeune. Les familles étaient nombreuses, car ces gens-là étaient sains et robustes, et leurs chances dans la vie étaient subordonnées à la force de leurs bras et à la fermeté de leurs cœurs. Il y avait partout une grande égalité dans les conditions. On avait de la terre autant qu'on en voulait ; tout le reste était rare. Aussi le courage, l'économie et l'initiative trouvaient toujours leur récompense. Tous avaient de petites fermes, avec les quelques animaux nécessaires pour les cultiver. Les fermes étant généralement situées dans les fonds, les lignes de séparation qui les bornaient lorsqu'elles étaient adjacentes, étaient constituées par les arêtes des hauteurs et par les cours d'eaux, surtout par les premières. Les constructions de chaque ferme étaient généralement situées au point le plus bas, comme si elles formaient le centre d'un amphithéâtre (1). Chacune avait d'ordinaire 400 acres d'étendue (2), parfois davantage (3). Des espaces de sol bas, marécageux, situés

(1) DODDRIDGE, *Colonisation et procédés des Indiens*, p. 133. Livre écrit par un témoin oculaire. C'est le livre le plus précieux que nous ayons sur les procédés et usages de la frontière au temps passé.

(2) Les lois relatives à la propriété foncière présentèrent des différences selon les temps et d'une colonie à l'autre ; mais le chiffre indiqué était le plus fréquent à l'époque où éclata la Révolution, pour les fermes de la frontière occidentale, qui se trouvaient ainsi sous le régime de la Virginie. Ce régime était en vigueur de l'Hudson aux Alléghanys. L'étendue en question était celle de la concession accordée à tout colon qui bâtissait une demeure ou semait du grain.

(3) Outre le droit aux 400 acres, il existait un droit de préemption sur 1.000 acres de plus de sol adjacent, qu'on s'assurait par un warrant du bureau des terres. Entre eux, les colons pratiquaient le « droit de Tomahawk » qui consistait simplement à frapper à mort un certain nombre d'arbres avec la hachette. Ce droit avait de l'analogie avec celui que confère aujourd'hui, dans l'Ouest, un *claim-shack*, c'est-à-dire le fait de construire une hutte, pour s'assurer un terrain favorable. En d'autres termes, ces formalités ne créaient aucun titre légal, sinon que parfois on préférait payer le

parfois à quelques milles de la maisonnette, étaient déblayés pour servir de prairies, où l'on fauchait l'herbe et la mettait en meules pour la rentrer à la maison en hiver.

Chaque forestier était non seulement un cultivateur, mais encore un chasseur ; car sa femme et ses enfants ne pouvaient compter sur d'autre viande que sur la venaison et la viande d'ours que lui procurait son rifle. Ces gens étaient infatigables et toujours en mouvement. Lorsqu'ils avaient séjourné quelque temps dans un endroit, plusieurs d'entre eux faisaient une installation définitive, mais d'autres se remettaient en marche, se livrant alternativement à la culture et à la chasse pour nourrir leur famille (1). Le costume du forestier était en grande partie imité de celui de ses ennemis indiens. Il portait un bonnet de fourrure ou un chapeau de feutre, des moccassins et des culottes larges et légères, ou simplement des jambières en basane ou en peau d'élan, ainsi que les braies à franges des Indiens. Il portait comme vêtement usuel la blouse de chasse à franges, en gros drap ou en basane, costume le plus pittoresque, le plus fortement national qui ait jamais été employé en Amérique. C'était une sorte de sarrau flottant ou de tunique descendant presqu'aux genoux, serrée à la taille par une large ceinture, à laquelle étaient suspendus le tomahawk et le couteau à scalper (2). Son arme était le rifle long, de petit calibre, grossier, mal équilibré mais extrêmement juste. Cette arme était très lourde, et, posée droite, elle allait jusqu'au menton d'un homme de grande taille ; car le canon, de fer doux, épais, avait quatre pieds de long, tandis que la crosse était courte et le bout échancré. Elle était tantôt simple, tantôt ornée. Elle était généralement *forée* ou, comme on disait alors, *sciée* de fa-

sol à celui qui l'occupait ainsi plutôt que d'avoir des difficultés avec lui.

(1) *Papiers Mac Afee* ; voir particulièrement l'*Autobiographie* de Robert Mac Afee.

(2) Ce vêtement se porte encore dans certaines parties des Montagnes Rocheuses, et même, de temps à autre, dans les Alléghanys.

çon à recevoir une balle de soixante-dix, plus rarement de trente ou quarante à la livre ; généralement cette arme se fabriquait chez les pionniers (1). Le tireur s'en servait toujours au repos, et rarement à longue portée ; le coup était d'une justesse étonnante (2).

Dans les bois, il y avait très peu d'argent. Le troc était la forme la plus commune de l'échange. Les pelleteries étaient souvent employées comme monnaie courante : une peau de castor, de loutre, de pékan, une peau de daim préparée en basane, une grande peau d'ours équivalait à deux peaux de renard ou de chat sauvage, à quatre peaux de raton, ou huit peaux de putois (3). Un jeune homme n'héritait de son père que sa forte constitution et son âme hardie ; mais il avait devant lui tout un continent pour s'y créer une ferme. Il se sentait disposé à se marier dès qu'il était en âge de le faire, alors même qu'il ne possédait rien au monde que des habits, des chevaux, une hache et son rifle (4). Lorsqu'une jeune fille était de famille aisée, qu'elle avait été soigneuse et active, elle pouvait apporter de son côté une dot formée d'une vache, d'une jument poulinière, d'un lit bien pourvu de couvertures, et d'une malle contenant ses effets (5) qui n'étaient pas fort compliqués, car la toilette d'une femme se composait d'un chapeau à bord relevé, d'une « robe de lit », parfois d'une jaquette et d'un jupon en tiretaine. Elle n'avait d'autre

---

(1) La description ci-dessus est celle du rifle de Boon, que possède aujourd'hui le colonel Durrett. D'après l'inscription qui s'y lit, il fut fabriqué à Louisville (Kentucky) en 1782, par M. Humble. Il est d'une simplicité absolue, tandis qu'un des rifles de Floyd, que j'ai vu, est beaucoup plus soigné, et présente quelques ornements.

(2) Si l'on veut connaître l'opinion d'un militaire et d'un observateur étranger, sur la précision extraordinaire du tir des pionniers. on consultera le livre du général Victor Collor intitulé *Voyages en Amérique*, p. 242.

(3) *Copie manuscrite du Journal de Matthieu Clarkson*, 1766.

(4) *Papiers Mac Afee* (Autobiographie de Robert R. Mac Afee).

(5) *Papiers Mac Afee* (Autobiographie de Robert R. Mac Afee).

chaussure pour ses pieds nus que de grossiers souliers, ou des mocassins. Les beaux habits étaient rares ; un costume complet de ceux-ci ne coûtait pas moins de deux cents acres en bonne terre (1).

La première leçon qu'avait à apprendre le pionnier consistait à savoir se tirer tout seul d'affaire ; la seconde enseignait qu'une réunion ainsi composée ne pouvait prospérer qu'à la condition de s'aider les uns les autres. Traîner les troncs d'arbres, bâtir les maisons, pendre la crémaillère, rentrer les blés, coudre les couvertures, et faire d'autres travaux du même genre, c'étaient autant de circonstances où les voisins se rassemblaient afin de faire en commun ce que la famille eût eu grand'peine à faire seule. Chaque réunion de ce genre était une occasion de divertissements et de danses pour les jeunes gens. Le rhum et le whiskey n'étaient pas ménagés. L'hôte s'évertuait à charger sa table de toutes les excellentes choses que fournissait la forêt ; — viande d'ours et venaison, légumes cueillis dans le carré réservé (truck-patch) où l'on cultivait des courges, des melons, des pois et d'autres végétaux de même genre, avec des fruits sauvages, des bols de lait, des pâtés aux pommes, qui étaient le dernier mot du luxe. Dans les maisons plus riches, il y avait du méthéglin ou petite bière, du cidre, du fromage et des biscuits (2). Le thé était si peu connu des gens de la forêt qu'ils ignoraient qu'on en fît une boisson, et qu'ils essayèrent d'en manger les feuilles avec du sel ou du beurre (3).

Les jeunes gens étaient fiers de leur force physique et

(1) *Mémoires de la Société historique de Pensylvanie* 1826. (Description des premiers établissements, etc., par John Watson, 1804).

(2) *Mémoires de la Société historique de Pensylvanie*, année 1826 (Description des premiers établissements, etc., faite par John Watson en 1804). Une admirable description d'une fête de ce genre, telle qu'elle eut lieu il y a trente-cinq ans, se lit dans le « Circuit Rider » d'Edward Eggleston.

(3) Des détails de ce genre se rencontrent en grand nombre dans les écrits de Watson, Milfort, Doddridge, Carr et autres auteurs.

toujours prêts à rivaliser l'un contre l'autre dans des sports athlétiques, tels que la lutte, la course à pied, le saut, le soulèvement de barils de farine. Ils cherchaient aussi à se distinguer, en se défiant l'un l'autre à la besogne. Tantôt ils concouraient l'un contre l'autre, tantôt ils se divisaient en groupes, où chacun déployait tout ce qu'il avait d'énergie pour qu'on fût les premiers à rentrer une meule de blé désignée, ou à moissonner à la faucille une étendue fixée de froment sur pied. Parmi les hommes, les dandys ou les fanfarons l'étaient souvent à la mode forestière. Ils portaient les cheveux longs. Ils se paraient de grossiers ornements, tels que des blouses de chasse brodées de piquants de porc-épic. Ils étaient bruyants, vantards, tenaient des propos impies, ils se plaisaient à échanger de grosses railleries. Il y avait très fréquemment des batailles brutalement sauvages. Les combattants étaient entourés d'un cercle de spectateurs qui s'intéressaient vivement aux coups de poing, aux coups de pied, aux coups de dents, aux coups de pouce dans l'œil. La chute de l'un des adversaires n'interrompait pas le combat, car l'homme tombé était malmené sans pitié jusqu'à ce qu'il eût crié « Assez ». Le vainqueur allait fièrement faire parade de ses prouesses, se percher sur une souche d'arbre, où il croassait, se battait les flancs. Ce dernier trait était d'un caractère bien américain ; mais en général une de ces batailles était moins une lutte de boxe qu'une sorte de *pancration* forestier, non moins révoltant que son ancien modèle des fameux jeux olympiques. Néanmoins, si les rudes lutteurs de la frontière étaient aussi brutaux que ces Grecs si bien policés, ils étaient en même temps plus civils. La défaite n'était point regardée inévitablement comme un déshonneur. Un homme se battait souvent alors qu'il était sûr d'avoir le dessous, et les spectateurs s'abstenaient de siffler et de lapider le vaincu. C'est à propos du célèbre scout et combattant des Indiens, Simon Kenton, que nous entendons raconter pour la première fois qu'il laissa mort sur le champ de battaille son adversaire après un de ces duels sauvages, et il s'enfuit chez lui tout épouvanté du châtiment qui pouvait être la conséquence de son exploit (1). Les batailles de ce genre se produisaient souvent quand les pionniers se rendaient aux petites villes de la frontière pour voir des courses ou des marchés de chevaux.

Un mariage donnait toujours lieu à une fête. S'il y avait quelque part dans le voisinage une église, la fiancée s'y rendait en croupe derrière son père, et, après l'office, son coussin était transféré sur le cheval du fiancé (2). S'il n'y avait pas d'église, cas assez fréquent, le fiancé et ses amis, tous armés, se rendaient à cheval chez le père de la fiancée. On y trouvait force rhum ou whiskey ; on s'y livrait à des galopades folles sur les étroits sentiers, car il y avait fort peu de routes ou chemins assez larges pour les voitures, dans ces bois. La cérémonie s'accomplissait dans la maison de la fiancée, et alors on mangeait un dîner monstre ; puis commençaient les violons et les danses, qui continuaient pendant tout l'après-midi et même

---

(1) MAC CLUNG, *Aventures dans l'Ouest*. Toutes les gens de l'Est et les Européens parlent avec horreur de ces batailles de la frontière, et particulièrement de l'arrachement de l'œil par un coup de pouce. Les Anglais, en particulier, avec esprit véritablement, les comparent avec complaisance avec leurs parties de boxe, les Français, dans le même esprit, furent plus frappés des ressemblances que des différences entre les deux sortes de combat. Milfort fait un récit fort amusant au sujet des « Anglo-Américains d'une espèce particulière » qu'il nomme « crakeurs ou gaugeurs ». (Il fait remarquer que tous ceux qu'il vit étaient borgnes (résultat de leur agréable manière de faire sauter un œil. Un fanfaron des bois qui parlait d'un de ses pareils le menaçait souvent de mesurer la longueur des cordes qui tenaient ses yeux). Il doute qu'il existe, de par le monde, « des êtres plus méchants que ces habitants ».

Ces combats étaient un des nombreux usages qui, parmi les pionniers, révélaient une origine plutôt écossaise qu'anglaise : « Je fis de mon mieux pour le maintenir à terre, afin de compléter ma victoire, comme c'est l'usage dans mon pays ». (Roderick Random).

(2) WATSON.

une bonne partie de la nuit. Une troupe de jeunes filles
enlevaient furtivement la mariée et la mettaient au lit
dans le grenier. Une troupe de jeunes gens en faisaient
autant pour le marié. On s'amusait franchement, grossièrement. Parmi les toasts, il y en avait toujours un pour
le jeune couple. On lui souhaitait d'avoir beaucoup de
gros garçons ; car si loin que remontassent leurs souvenirs,
les pionniers avaient toujours vécu sur le pied de guerre.
S'ils songeaient à l'avenir, ils ne voyaient aucune probabilité que cela changeât. Aussi chaque garçon était regardé
comme un futur guerrier, comme un auxiliaire pour toute
la communauté (1). Les voisins arrivaient pour abattre et
amener les troncs d'arbres destinés à bâtir la maison du
jeune couple, ils aidaient à la construction même, et ils
prenaient part à la fête, repas et danse qui avait lieu lorsqu'on pendait la crémaillère.

Les funérailles étaient simples. Le corps était porté à
la sépulture dans un cercueil suspendu à des perches, et
par quatre hommes.

On ne fréquentait guère l'école. Peu de garçons ou de
filles apprenaient un peu plus que la lecture, l'écriture et
le calcul jusqu'à la règle de trois (Mac Afee). Quand il
existait une école, elle se réduisait à une hutte en troncs
d'arbres, sombre, simple. S'il s'agissait des colonies du Sud,
les écoles étaient généralement situées dans ce qu'on nommait les « vieux champs » ou fermes abandonnées qui
avaient été envahies de nouveau par les pins. Le maître
d'école était nourri et logé chez les familles ; son instruction n'était pas fort étendue ; sa méthode peu efficace,
malgré la fréquence et la sévérité des coups de bâton. Le
prix d'une éducation pareille était de vingt shillings par
an, d'après le tarif courant de la Pensylvanie (2).

Chaque famille fabriquait elle-même tout ce qu'elle pou-

(1) Doddridge.
(2) Watson.

vait fabriquer. Le père et les fils travaillaient de la hache, de la houe, de la faucille. Il n'était guère de maison qui n'eût son métier à tisser, guère de femme qui ne sût tisser. La tiretaine, faite avec le lin qu'on avait semé près de la cabane, et la laine qu'on avait tondue sur le dos de quelques moutons était l'étoffe la plus chaude et la plus solide. Quand la récolte de lin avait manqué, et que le troupeau avait été détruit par les loups, les enfants n'avaient que des lambeaux d'étoffe pour couvrir leur nudité. L'homme tannait la basane, la femme faisait les habits et les chaussures, ainsi que les tamis de peau de daim qui devaient servir à bluter la farine. On ne faisait guère usage de cuillers d'étain. La table était pourvue de couteaux, d'assiettes, de brocs en bois et de bols. Le berceau était fait d'écorce de noyer (1). Il fallait faire venir les socs, mais les herses et les traîneaux étaient construits sans difficulté. La tonnellerie se faisait fort bien. Des matelas de paille étaient jetés sur le plancher du grenier, si le possesseur de la maison avait de l'aisance. Chaque cabane avait son moulin mû à la main et son bloc à bouillie. Ce dernier article était un emprunt fait aux Indiens ; il consistait simplement en un gros bloc de bois, percé d'une cavité à sa partie supérieure, pour servir de mortier, où on manœuvrait le pilon. S'il y avait des érables à sucre dans le voisinage, on les exploitait chaque année par des incisions.

Il y avait certains articles, en particulier le sel et le fer, qu'on ne pouvait obtenir dans les bois. Pour se les procurer, chaque famille amassait pendant l'année le plus de fourrures possible, car elles avaient de la valeur et pouvaient être aisément chargées sur des chevaux de bât, le seul moyen de transport. Alors, après les semailles d'automne, les gens d'une certaine région avaient coutume d'envoyer à frais communs un chargement de fourrures,

_____

(1) *Papiers Mac Affée*. Voir aussi DODDRIDGE et WATSON.

à quelque grande ville côtière ou riveraine, où leurs pelleteries étaient troquées contre le fer et le sel dont ils avaient
besoin. Les chevaux n'étaient pas ferrés ; ils avaient tous
une sonnette suspendue au cou ; le battant en était arrêté
pendant le jour, mais de nuit, quand on entravait les chevaux pour les laisser en liberté, pendant l'arrêt de la
troupe, les battants des clochettes étaient déliés (1). Plusieurs hommes accompagnaient chaque petite caravane.
Parfois ils poussaient devant eux des taureaux et des porcs
pour les vendre sur la côte. Un boisseau de sel d'alun valait une bonne vache avec son veau, et comme chacun
des chevaux de bât, maigrement nourris et de petite taille,
ne pouvait porter que deux boisseaux, les montagnards
faisaient grand cas de cette denrée. Au lieu de saler ou de
mettre en conserve leur venaison, ils la séchaient au
soleil, ou la fumaient sur un feu.

La vie du pionnier était une lutte perpétuelle. Il
fallait déboiser, tenir tête à des sécheresses, de grandes
chutes de neige, des averses, des pluies, des incendies
dans les bois, et tous les autres dangers de l'existence
dans un pays sauvage. Des essaims de taons à daim, de
moustiques, de cousins faisaient de la vie un enfer pendant les chaleurs. Les serpents à sonnettes et les *têtes
cuivrées* (2) fourmillaient, et les premiers surtout étaient
une cause constante de dangers et de mort. Les loups et

----

(1) DODDRIDGE, p. 156. — Il cite une anecdote intéressante, relative à un homme qu'on avait engagé comme aide dans un voyage
avec un cheval de bât, dont la clochette fut volée. Le voleur fut
pris, et reçut le fouet comme punition. Le possesseur, tout en
s'escrimant avec vigueur de son fouet, s'écriait : « Voyez-vous
quelle figure de coquin j'aurais faite dans les rues de Baltimore,
avec mon cheval sans clochette ! » Jusqu'alors il n'était jamais
sorti des bois. Il voulait naturellement avoir tous ses avantages,
pour faire son entrée dans le monde civilisé, et il lui semblait
impossible qu'un bon cheval n'eût point, en tous pays, sa clochette.

(2) Serpent venimeux qui mord sans avertissement (*note du traducteur*).

7·

les ours rôdaient incessamment ; c'étaient les ennemis acharnés du bétail ; Le cougar et la panthère attaquaient même l'homme à l'occasion (1). Chose plus terrible encore : les loups contractaient parfois la rage. Alors ils ne manquaient jamais de mordre tous les hommes qu'ils rencontraient, et ceux-ci étaient presque fatalement condamnés à mourir enragés (2).

Tout vrai pionnier était chasseur. Les dindons sauvages pullulaient. A certaines époques, les pigeons sauvages formaient dans les bois un nuage qui obscurcissait le soleil, et en se posant sur les branches à l'endroit où ils s'arrêtaient, ils en cassaient autant sous leur poids que si un cyclone avait passé. Les écureuils noirs et gris abondaient, dévastant les champs de blé. Parfois ils se rassemblaient en troupes immenses pour émigrer en franchissant les montagnes et les cours d'eau. Le gibier ordinaire du chasseur était le daim. Au second rang venait l'ours ; l'élan commençait déjà à diminuer. Il n'y a pas de forme de travail qui soit plus pénible que la chasse ; il n'en a point qui ait autant d'attrait, ou qui soit une aussi excellente école de guerre. L'homme exercé à la chasse sur piste possédait nécessairement l'art de se cacher et de s'avancer sans bruit jusque près de la bête méfiante, aussi bien que celui d'imiter les voix et les appels des différents animaux et oiseaux. L'art de manier le rifle et de lancer le tomahawk lui était déjà familier. Il lui fallait

----

(1) Un exemple de ce fait arrivé dans la *famille* de ma mère a été rapporté quelque part (*Chasses et parties de chasse*, p. 33 et 34). Les loups eux-mêmes peuvent attaquer l'homme. Audubon en cite un cas.

(2) DODDRIDGE, p. 104. DODGE, dans son livre *Terrains de chasse du Grand-Ouest*, en donne quelques preuves récentes. Les ours étaient quelquefois dangereux pour la vie humaine (DODDRIDGE, p. 64). Un esclave de la plantation que possédait mon arrière-grand-père en Géorgie, fut un jour parfaitement scalpé par une ourse à laquelle il avait tenté de prendre ses oursons ; depuis, il reçut des autres nègres, ainsi que des enfants de la plantation, le nom de « l'Ours Bob ».

forcément acquérir une vue perçante, une parfaite connaissance de la pratique des bois, la force de résister aux
crises les plus prolongées de la fatigue, des privations et
du plein air. Il passait plusieurs mois de suite dans les
bois, sans autre nourriture que de la viande, sans aucune
espèce d'abri, à moins qu'il ne se fît un creux dans la
brousse, ou ne se glissât dans un sycomore creux.

Un entraînement de cette sorte mit la population des
frontières en état de faire bonne figure quand il fallut
tenir tête aux Indiens. Sans cela, elle n'aurait pas même
réussi à garder son terrain, et la marche en avant des
blancs eût été arrêtée tout net. Notre frontière fut reculée
vers l'Ouest par l'habileté guerrière et les prouesses individuelles si pleines de danger des colons. A elles seules des
armées régulières n'eussent fait que peu de chose. Pour
chaque mille carré que les armées régulières ajoutèrent à
notre domaine, les colons en ajoutèrent dix ; — le nombre
de cent serait probablement plus prêt de la vérité. Une
race de fermiers pacifiques, peu belliqueux, aurait été
sans doute incapable de se défendre contre des ennemis
tels que les Indiens Peaux-Rouges, et nulle force militaire
auxiliaire n'eût été en mesure de les protéger, de leur
permettre de progresser vers l'Ouest. Des colons tout
fraîchement débarqués de l'ancien monde, si économes,
si persévérants qu'ils eussent été, n'auraient pu tenir bon
sur la frontière. Ils durent s'établir là où ils étaient protégés contre les Indiens par une barrière vivante de pionniers américains pleins de hardiesse et d'initiative (1).
L'Ouest n'aurait jamais été colonisé sans le courage indomptable et l'ardent désir de braver le danger qui sont
les traits si caractéristiques des énergiques pionniers.

Ces chasseurs, déboiseurs et cultivateurs armés, furent
eux-mêmes leurs propres soldats. Ils se construisirent des
forts dont ils constituèrent la garnison. Ils livrèrent leurs

(1) Voir Schöpf, t. I, p. 404.

batailles sous les ordres de leurs propres chefs. Il n'y avait pas un régiment de troupes régulières tout le long de la frontière (1). En cas d'attaque par les Indiens, chaque homme de cette région devait se défendre lui-même jusqu'au moment où tous avaient le temps de se réunir pour la repousser ou en tirer vengeance. Chacun était habitué dès l'enfance à se servir des armes. A peine âgé de douze ans, il avait reçu son rifle, et sa place dans la garnison de la citadelle, et l'indication de la meurtrière où il devait se poster si la station était attaquée. On était perpétuellement sur le pied de guerre, car les époques même de prétendue paix étaient troublées par des pillages et des assassinats. Un homme n'avait pu vivre sur la frontière, depuis l'âge du berceau jusqu'à la virilité, sans avoir le souvenir d'une seule année qui se fût passée sans qu'un de ses voisins tombât victime des Indiens.

Il y avait partout une sorte d'organisation militaire, qui s'étendait à tous les hommes faits de la région. Chaque colonie avait ses colonels et ses capitaines, mais ces officiers, tant par leur genre d'entraînement que par l'influence qu'ils exerçaient, correspondaient bien plus aux chefs indiens, qu'aux officiers de l'armée régulière dont ils avaient les titres. Ils ne possédaient pas le moindre moyen pour forcer l'obéissance. Leurs tumultueuses et bruyantes levées de solides riflemen n'étaient guère plus disciplinées que celles des Indiens eux-mêmes (2) L'officier supé-

(1) Il n'y a point à tenir compte des garnisons insignifiantes qui se trouvaient dans un ou deux endroits : elles ne servirent jamais à rien.

(2) Brantz MAYER dans son livre (*Tah-Gah-Jute, ou Logan et Cresap*; Albany, 1867, IX), parle des pionniers comme étant comparativement en petit nombre, et des Indiens comme en grand nombre, et redoutant non seulement la supériorité des armes de leur adversaire, mais encore son organisation et sa discipline, qui, réunies, rétablissaient l'équilibre entre les petites troupes et les plus nombreuses ». Cette phrase résume toute une série d'erreurs populaires. Les pionniers étaient plus nombreux que les Indiens ; les Indiens, en général, au moins dans le Nord-Ouest, étaient aussi bien armés que les blancs, et dans les affaires militaires, comme en

rieur pouvait conseiller, prier, diriger, influencer ses hommes, mais non les commander, où s'il le faisait les hommes ne lui obéissaient qu'autant que cela leur convenait (1). La pure raison qui obligeât les hommes à accomplir leurs devoirs de soldats était la crainte d'être perdus dans l'estime de leurs voisins ; et il n'y avait aucune récompense pécuniaire pour les accomplir. Néanmoins, le sentiment moral qui animait une communauté forestière était trop énergique pour tolérer l'habitude de la négligence dans les affaires militaires. Le lâche et le traînard étaient traités avec le dernier mépris, et se voyaient finalement chassés de la contrée par les railleries ou les vexations, à moins qu'on ne se défît d'eux d'une façon plus sommaire. Parmi une population naturellement brave jusqu'à la témérité, cette opinion publique agissait d'une manière fort efficace et généralement on ne se faisait pas trop prier pour faire son devoir de soldat (2).

Une levée de forestiers était formidable à raison du grand courage et des prouesses personnelles de ceux qui la composaient. Sur son propre terrain, elle agissait bien plus utilement que des soldats réguliers à nombre égal, mais naturellement, il ne fallait guère compter sur elle pour une longue campagne. Les pionniers maniaient le rifle mieux que les Indiens, mais ils ne les égalèrent jamais dans l'art des surprises, dans l'habileté à se mettre à

témoignent les récits de Smith et de presque tous les auteurs compétents, ils étaient supérieurs en organisation et en discipline aux pionniers leurs ennemis. La plupart des batailles que nous avons livrées aux Indiens des bois, ont été livrées avec des troupes plus nombreuses de notre côté, que nous ayons été vainqueurs ou vaincus. Individuellement, ou en petits groupes, les pionniers arrivèrent peu à peu à égaler les Indiens, homme contre homme, au moins dans bien des cas, mais cela ne s'appliquait avec justesse à des troupes nombreuses que quand elles avaient pour chef un homme capable de s'imposer à leur esprit turbulent.

(1) Comme exemples, on peut voir dans Clarke le récit de sa dernière campagne indienne et de la bataille des Blue Licks.

(2) DODDRIDGE, pp. 161, 185.

couvert. Très rarement ils les égalèrent en discipline pendant la bataille même. Après tout, le pionnier était principalement un cultivateur. Pendant qu'il s'occupait à abattre des arbres et à labourer la terre, son ennemi passait son temps à préparer la guerre des forêts, à s'y exercer ; de sorte que le premier, grâce à l'exercice des mêmes qualités qui finirent par le rendre maître du sol, était incapable, en règle générale, de rivaliser avec son ennemi dans le détail de la lutte. Quand de fortes troupes de peaux-rouges et de blancs de la frontière se trouvaient en présence l'une contre l'autre, toutes les probabilités tendaient à faire prévoir que les premiers auraient le dessus (1). Mais les blancs ne tardèrent pas à copier le système de guerre individuelle et isolée des Indiens, et ils causèrent probablement, de cette manière, bien plus de dommages et de pertes à leurs ennemis que par de grandes expéditions. La plupart de ceux qui se rendirent fameux sur la frontière comme scouts et comme tueurs d'Indiens, — les hommes comme Boon, Kenton, Wetzel, Brady, Mac Culloch, Mansker (2) arrivèrent par degrés à l'emporter sur leur adversaire dans sa propre tactique, et à se placer au-dessus des guerriers les plus renommés. Mais ces

(1) Dans une levée de pionniers, l'élite des hommes se composait en somme de gens analogues à un Bas-de-Cuir, à un Ishmael Brisson, Harry March, Bill Kirby, Aaron Mille-acres. Animé d'une passion commune et indomptable, une pareille troupe serait presque invincible, mais elle ne saurait durer longtemps ; et il s'y trouvait toujours une très forte proportion d'hommes moins entraînés dans l'existence forestière, et par conséquent moins utiles dans le combat sous bois. En outre, s'il y avait dans les rangs quelques lâches, ce qui arrive forcément quand des hommes sont réunis en nombre, le défaut absolu de discipline leur permettait non seulement de se soustraire impunément à leur devoir, mais encore d'exercer, par la contagion de leur exemple, une action démoralisante sur leurs compagnons plus braves.

(2) Haywood, de Haas, Wilhers, Mac Clung, et les autres annalistes des frontières, rapportent un nombre infini d'anecdotes relatives à ces hommes et à d'autres et qui sont bien propres à montrer leur sauvage bravoure, et trop souvent aussi leur brutale férocité.

hommes poussaient l'esprit de méfiante initiative à un tel point que leur tâche n'était jamais mieux exécutée que quand ils s'en occupaient seuls, ou par petits groupes de quatre ou cinq. Ils faisaient de longues courses en quête des scalps et de chevaux, allaient à des distances étonnantes, enduraient des privations extrêmes, s'exposaient à la mort la plus terrible, et tenaient les tribus hostiles dans un état de terreur qui conduisait à la folie, et à la haine la plus avide de vengeance.

Les choses se passaient en matière de justice, chez les hommes de la frontière, comme quand il s'agissait de la guerre. Ils avaient peu de tribunaux, et connaissaient très peu la loi. Ils n'en arrivèrent pas moins à assurer l'ordre et les bonnes mœurs par des moyens grossiers mais assez efficaces, en combinant le mépris des méfaits brutaux et les châtiments des malfaiteurs brutaux. Rien ne semble plus propre à faire comprendre dans quel esprit ils agissaient, que le récit d'un fait qui marqua la vie d'un des trois frères Mac Afee, qui se trouvaient parmi les pionniers chasseurs du Kentucky (1). Avant de se décider à faire partir leurs familles pour le nouveau pays, ils firent une cache pour des vêtements, des outils et des provisions ; cache qui, en leur absence, fut découverte et pillée. Ils prirent le voleur, « un petit homme de race blanche, à tête rousse », domestique condamné qui s'était évadé d'un des comtés côtiers de la Virginie. Dans son premier accès de colère en découvrant que c'était le coupable, un des Mac Afee s'élança pour le tuer d'un coup de tomahawk, mais l'arme ayant dévié, l'homme ne fut qu'étourdi. La bouffée de colère qui avait saisi ses assaillants s'évapora aussi vite qu'elle s'était formée, et fit place au désir de rendre un arrêt sévère, mais juste. En conséquence, les trois auteurs de l'arrestation se

(1) L'histoire en question est racontée dans les *Papiers Mac Afee* (autobiographie de Robert Mac Afee) ainsi que dans l'*Histoire des premiers établissements sur la Rivière Salée.*

réunirent au tribunal, examinèrent le cas, écoutèrent ce que l'homme avait à dire pour sa défense et, après des débats en règle, ils décidèrent que « selon ce qu'ils savaient de la loi, il devait perdre la vie, et méritait d'être pendu ». Mais aucun d'eux ne put prendre sur lui d'exécuter la sentence de sang-froid, et ils finirent par ramener leur prisonnier à son ancien maître.

Cet incident était caractéristique à maints égards. Le désir soudain qu'éprouve le pionnier de venger le tort qu'on lui a fait, sa colère subite, furieuse, mais bientôt calmée, et qui ne tarde pas à faire place à la résolution obstinée de rendre une justice loyale et exacte, le fait d'agir d'un bout à l'autre sans avoir recours à des formes légales ni à des représentants officiels de la loi, et cela néanmoins avec des intentions fort honorables, qui prouvent que les auteurs de l'acte sont résolus à observer des principes essentiels, en vertu desquels les honnêtes gens obéissent aux lois. Ajoutons à tout cela la bonne foi qui règne d'un bout à l'autre de l'incident, l'ignorance amusante où ils se trouvent, ne sachant pas qu'il eût été pour le moins illégal d'exécuter eux-mêmes la sentence assez sévère qu'ils ont prononcée, — tout cela forme un ensemble de traits bien typiques de la frontière. D'autres détails identiques se montrent dans le système appliqué d'ordinaire par les pionniers lorsque survenait un certain événement — malheureusement trop fréquent pendant les guerres indiennes — c'est-à-dire lorsqu'un homme fait prisonnier par les sauvages, et qu'on avait cru assassiné par eux, revenait après deux ou trois ans de captivité, et trouvait sa femme remariée. Dans le pays sauvage, une femme avait absolument besoin d'un mari. Le milieu où elle vivait faisait de la perte de l'homme qui la protégeait et pourvoyait à ses besoins un malheur épouvantable. La veuve, quel que fût son chagrin, ne tardait pas à se remarier. Les prétendants ne manquaient jamais là où les femmes n'étaient pas trop nombreuses. Il semble que, dans ce cas, les voisins et les

intéressés se soient fréquemment constitués en une sorte
de tribunal improvisé, et aient décidé que la femme serait
libre de choisir celui des deux hommes qu'elle voulait
avoir pour mari, et que l'autre dût prendre l'engagement
de se soumettre à cette sentence, et de quitter l'établissement. Evidemment, personne ne pensait qu'il y eût la
moindre irrégularité légale dans de tels arrangements (1).

Quant aux Mac Afee, et au domestique-convict
échappé qu'ils captivèrent, ils représentent les deux
classes qui prédominaient parmi la population des forêts.
La frontière, malgré toute l'uniformité extérieure des ressources et des mœurs, est par excellence le pays des con-
trastes tranchés. Les deux extrêmes de la société, les
hommes les plus énergiques, les plus honnêtes, les plus
aventureux, et les plus faibles, les plus incapables de se
tirer d'affaire, les plus vicieux, tels sont ceux qui semblent dériver naturellement vers la frontière. La plupart
de ceux qui vinrent dans la forêt lointaine pour y bâtir
leurs maisons de bois et élever des familles étaient des
gens sérieux, virils, honnêtes, mais il y eut aussi un fort
courant de gens qui faisaient partie de la pire espèce d'immigrants qui ait peut-être abordé en Amérique, la masse
des *domestiques convicts*, des *engagés* (2) et autres de même
sorte qui formaient le *substratum* fort peu estimable de la
population d'ailleurs excellente des régions côtières de la
Virginie et des Carolines (3). Bon nombre des crackers ou
des blancs pauvres du Sud sortent de cette classe, qui,
dans la forêt, donna naissance à des générations de crimi-

(1) Des incidents de cette sorte sont fréquemment racontés. En
général, la femme reprenait son premier mari. Voir *les Premiers
Temps de la colonisation dans le Tennessee*, par John CARR, Nashville, 1859, p. 231.

(2) Voir *New-York*, par ROOSEVELT, pp. 39 et 132, pour l'explica-
tion du mot « engagés » (*Note du traducteur*).

(3) Voir *Courte histoire des Colonies Anglaises en Amérique*, par
Henry CABOT LODGE, New-York, 1886, où l'on trouve une description
de cette classe.

nels brutaux et endurcis, ou à un nombre plus grand encore d'individus incapables, paresseux, qui encombraient de leur fainéantise la surface de la terre. Dans maints endroits, leur présence produisit un mauvais résultat durable sur l'ensemble de la population.

En outre, l'influence de l'hérédité n'était guère plus nettement reconnaissable que ne l'était l'étendue des variations individuelles? Lorsqu'un homme appartenant à une famille malhonnête voulait se corriger, il avait toutes les occasions de le faire. Lorsqu'un membre d'une famille honnête avait des penchants vicieux, il n'y avait rien qui pût s'y opposer. Toutes les qualités, bonnes ou mauvaises, sont développées et accentuées dans la vie du pays sauvage. L'homme qui, dans un milieu civilisé, n'est que sauvage et d'humeur difficile devient un bandit meurtrier et perfide, quand il est transplanté dans les forêts, alors que son voisin, homme de caractère gai et tranquille, y devient un héros, prêt à donner sa vie sans murmure pour son ami. Tel qui, dans une ville de l'Est, est simplement une mauvaise langue, un calomniateur, guettera son ennemi, le rifle à la main, s'il habite les bois de l'Ouest. La filouterie de l'Est se transforme en brigandage sur les grands chemins de l'Ouest. Mais, d'autre part, le bon naturel d'essence négative devient une active abnégation ; celui qui croit, en général, à la vertu se fait l'ennemi entreprenant et déterminé du vice. Le propre à rien d'une famille qui là-bas lui a deux fois payé ses dettes lorsqu'il a dû à la fin se retirer des clubs, et mener une existence vague mais inoffensive à l'aide d'une petite pension, verrait ici sa carrière brusquement arrêtée par sa pendaison, comme voleur de chevaux.

Dans la forêt, les gens sans aveu menaient une existence de crime sans frein ; ils haïssaient les honnêtes gens par haine de l'honnêteté, et faisaient de leur mieux pour les exterminer. Là où l'élément mauvais était assez fort, des bandes de voleurs de chevaux, de brigands e

d'autres scélérats, se réunissaient souvent avec les jeunes
gens ingouvernables de dispositions mauvaises qui étaient
adonnés aux jeux de hasard, aux rixes et autres excès de
ce genre. Ils formaient alors des associations à demi-se-
crètes, souvent très étendues, avec des ramifications multiples, et lorsqu'ils arrivaient à établir leur domination sur
un district, ils y faisaient régner la terreur, chassant ministres et magistrats, tuant sans scrupule quiconque se
mêlait de leurs affaires. En pareil cas, les honnêtes gens
s'unissaient en une troupe de *regulators*, et en finissaient
d'une façon brutalement sommaire avec les perturba-
teurs, par l'exercice de la loi de Lynch, en fusillant ou
pendant les pires de ceux qui leur tombaient sous la
main (1).

Dans le pays sauvage, il y avait fort peu de prisons;
elles faisaient parfois défaut dans un district entier, ou
d'ailleurs il ne se trouvait aucun représentant de la loi.
Lorsqu'on se décidait à infliger un châtiment, on infli-
geait un châtiment sévère, qui prenait la forme de la
mort ou de la flagellation. Un jury improvisé de gens du
pays déterminait, avec un rude et prompt instinct de
loyauté et de justice, la peine que commandait le crime,
et assistait à l'exécution de son arrêt. La flagellation était
le châtiment généralement infligé pour le vol. Parfois,
mais rarement, on avait recours à la torture, et, disons-le
à leur honneur, les forestiers étaient épouvantés du traitement qu'on faisait subir dans le plat pays tant aux

(1) Les *regulators* de la population forestière correspondaient
exactement aux *vigilants* de la frontière de l'ouest à notre époque.
Dans beaucoup de cas d'application de la loi de Lynch qui sont
venus à ma connaissance, l'effet a été salutaire pour l'ensemble de
la population, mais parfois on a agi avec une grande injustice. En
général, les vigilants font réellement bonne besogne par une série
d'exécutions sommaires, mais j'ai presque toujours vu que parmi
les hommes exécutés par eux, il se trouvait, outre ceux qui, pour
des raisons connues, méritaient ce traitement, d'autres qui furent
exécutés par suite d'une méprise, ou d'une vengeance individuelle.

esclaves noirs qu'aux domestiques convicts de race blanche (1).

Naturellement les forestiers étaient superstitieux. Ils croyaient à la sorcellerie, aux présages, aux avertissements mystérieux. Chose remarquable : cette superstition présentait un singulier amalgame de croyances venues de l'ancien monde et de pratiques empruntées aux sauvages, ou produites par l'influence même du milieu étrange qui les entourait. Au fond, les forestiers étaient profondément religieux dans leurs tendances. Bien que les ministres et les maisons de réunion fussent en fort petit nombre, les cabanes des forestiers contenaient souvent une Bible. Les mères s'efforçaient d'inspirer à leurs enfants le respect du dimanche (2). Bon nombre de chasseurs s'abstenaient même de chasser ce jour-là (3). Ceux d'entre eux, qui connaissaient le bon chemin, s'efforçaient sincèrement de s'y maintenir, en dépit des multiples tentations de s'en écarter qui leur étaient offertes par leurs existences de luttes et d'âpres efforts (4). Mais le Calvinisme, bien qu'il fût plus en faveur auprès d'eux que l'Episcopalisme, qu'il le fût infiniment plus que le catholicisme, était trop froid pour les cœurs ardents des forestiers. Ils n'en étaient point remués jusqu'au fond de leur nature, et ne le furent que quand d'autres doctrines, et particulièrement le méthodisme se furent frayé passage jusque dans leurs solitudes.

Ainsi vivaient les pionniers, dans les clairières qu'ils avaient pratiquées à travers la forêt vierge, en peuple farouche, fort et simple, puissant pour le bien et pour le

(1) Doddridge.
(2) Mac Afee.
(3) Doddridge.
(4) Ainsi que le disait avec vérité sous une forme bizarre un vieux tueur d'Indiens au colonel Joseph Brown, du Tennessee : « Moi aussi j'ai essayé d'être un homme religieux, mais je ne suis pas toujours arrivé à me conduire en conséquence, dans une vie aussi pleine de hasards et de luttes ».

mal, emporté par des flots de passion orageuse, et avec
l'amour de la liberté enraciné au plus profond de leur
cœur. Leur existence était pénible et bornée ; ils ga-
gnaient leur pain avec leur sang et leur sueur dans une
lutte sans fin avec contre nature sauvage. Ils eurent terriblement à souffrir des Peaux-Rouges, et ils leur firent une
terrible guerre de représailles. Ils étaient impitoyables,
vindicatifs, soupçonneux ; ils ne connaissaient ni pardon,
ni pitié. Ils étaient d'autre part pleins, de probité, de résolution, de courage, loyaux envers leurs amis et dé-
voués à leur pays. En dépit de nombreux défauts, il n'y
eut pas d'hommes mieux faits pour conquérir le désert et
le défendre contre tout venant.

CHAPITRE VI

BOON ET LES LOINTAINS CHASSEURS ; LEURS CHASSES DANS
LE PAYS QUI N'EST A PERSONNE
(1769-1774).

Les pionniers américains arrivèrent par vagues successives, jusqu'à ce que leur masse tremblotante emplit les
bassins des Alléghanys, et fut sur le point de déborder
sur le reste du continent. Les peuples qu'ils menaçaient
avaient confusément conscience du danger qui n'était jusqu'alors qu'entrevu dans l'éloignement. A grande distance
de là, dans leurs tranquilles villages en adobe, aux pays
que brûle le soleil sur les bords du Rio Grande, les lourds
péons Indo-ibériens et les moines, leurs maîtres, suivaient
sans souci les traces de leurs pères, sans rien savoir de la
puissance qui se développait pour subjuguer leurs fils et
successeurs ; mais plus près, l'Espagnol et le créole français, l'Algonquin et l'Appalache, éprouvèrent de l'inquiétude dès qu'ils sentirent les premiers contacts et la légère
pression qu'exerçait sur eux la marche en avant des Américains.

Jusqu'alors, ils avaient été protégés par la forêt qui
s'étendait sur le pays en un vêtement sans déchirure. Elle
couvrait toutes les montagnes, s'étalait bien au-delà, inin-
terrompue, mais vers l'embouchure de la Kentucky et du

Cumberland, le paysage prenait un aspect varié par des régions où les arbres étaient clairsemés sur un sol libre, où s'ouvraient des clairières fleuries, où s'étendaient de grandes plaines stériles, des prairies à l'herbe longue. Cette contrée, une des plus belles du monde, était le pays que se disputaient les Indiens du Nord et ceux du Sud. Ni les uns ni les autres n'osaient y fixer leur séjour (1), mais c'était pour tous un terrain de chasse ; il était traversé d'un bout à l'autre par les pistes de guerre (2) bien marquées qu'ils suivaient, quand ils envahissaient le territoire de leur ennemi respectif. Les blancs, dans leurs efforts pour franchir la barrière qui les séparait des régions de l'Ouest, devaient naturellement y arriver d'une manière plus aisée en dirigeant leur pression sur la ligne de moindre résistance. Aussi leur première grande marche les amena-t-elle sur la région disputée où les territoires de chasse vaguement délimités des Chérokees, des Creeks et des Chickasaws, s'entremêlaient avec ceux des Algonquins et des Wyandots du Nord.

Des chasseurs et des commerçants *indiens* (3) qui sont restés inconnus et dont les noms se sont perdus, avaient de temps à autre poussé quelques pointes dans le pays sauvage. Ils avaient été suivis par d'autres, dont nous avons appris les noms, mais guère autre chose. Un explorateur avait découvert la rivière et les montagnes de Cumberland, auxquelles il avait donné ce nom, ainsi que la passe appelée le Défilé de Cumberland (4). D'autres étaient

(1) Cela est vrai dans l'ensemble, mais le long du Mississipi, dans l'extrême Ouest des États actuels de Kentucky et de Tennessee, il y avait des Chickasaws établis. Il y avait aussi une ville des Chérokees au sud de l'Ohio, et des villages Chérokees dans le sud-est du Tennessee.

(2) Les pionniers appelaient généralement ces pistes des *traces*, tandis que les gens de la frontière de l'Ouest diraient plutôt aujourd'hui des *trails*.

(3) Il s'agit bien entendu de blancs commerçant avec les Indiens (*note du traducteur*).

(4) Cet explorateur était le Dr Thomas Walkes, de la Virginie. Le

allés, bien au delà des limites que cet homme avait atteintes ;
ils avaient chassé dans la grande courbe du Cumberland
et dans la région boisée du Kentucky, fameuse chez les
Indiens par son abondance en gibier (1). Mais leurs rap-

nom qu'il donna était tiré du titre du duc de Cumberland. Walker
était un vrai explorateur et géographe, un homme remarquable
parmi les pionniers. Le journal de son excursion à travers le Cumberland jusqu'aux sources de la Kentucky en 1750 a été conservé ; il
a été publié de nos jours par William Cabell Rives (Boston, chez
Little Brown et Cie). Il est fort intéressant, et M. Rives a rendu un
réel service par cette publication. Walker et ses cinq compagnons
furent en route pendant six mois. Il découvrit des traces d'autres
voyageurs plus anciens, — probablement des chasseurs. Un de ses
compagnons fut mordu par un ours ; trois de ses chiens furent
blessés par des ours, un autre fut tué par un élan. Les chevaux
furent souvent mordus par les serpents à sonnette. Une fois un
bison fit la chasse à toute la troupe. Ils tuèrent treize bisons, huit
élans, cinquante-trois ours, vingt daims, cent cinquante dindons,
et quelque peu d'autre gibier.

(1) Les chasseurs et les commerçants indiens visitèrent des parties du Kentucky et du Tennessee, bien des années avant que la
région fut généralement connue, même sur la frontière (sans parler
des Français, qui avaient depuis longtemps eu des notions sur le
pays ; ils y avaient même établi des postes de commerce, et bâti
des fourneaux, ainsi qu'on le voit dans Haywood et d'autres). Nous
connaissons les noms de quelques-uns. Il est inutile de mentionner
ceux qui se bornèrent à descendre l'Ohio pour atterrir sur la rive
de la Kentucky ; pendant un siècle les Français en avaient fait tout
autant. Des blancs furent pris par les Indiens, et emmenés par
delà la Tennessee et la Kentucky, comme John Salling en 1750 ; et
Miss Mary Inglis en 1756 (voir les *Pionniers Transalléghaniens*,
COLLINS, etc.). En 1654, un certain colonel Wood se trouvait dans
le Kentucky. Le premier explorateur proprement dit ne parut
qu'un siècle plus tard, bien que Doherty en 1690, et Adair, en 1730,
aient commercé avec les Cherokees dans la région qui forme aujourd'hui le Tennessee. Walter découvrit en 1751 la source de
la Tennessee. En 1756 et en 1758 les forts Loudon et Chissel furent
bâtis à la source de la Tennesse, mais les Chérokees ne tardèrent pas
à les détruire. De 1761 à 1763, et pendant un an ou deux de plus,
une troupe de chasseurs conduite par un certain Wallen, suivit les
cours d'eaux de l'Ouest en s'avançant toujours plus loin. En 1765,
Croghan fit le relevé du cours de l'Ohio. En 1766, James Smith et
d'autres, explorèrent le Tennessee. Stoner, Harrod, Lindsay et une
troupe venue de la Caroline du Sud se trouvaient sur l'emplacement actuel de Nashville en 1767. La même année, John Finly et
d'autres étaient au Kentucky. Ce fut Finly qui en parla le premier
à Boon et qui l'y amena.

ports n'excitèrent qu'un intérêt passager. Ils allaient et venaient sans qu'on y prît garde, comme des voyageurs solitaires l'avaient fait pendant près d'un siècle. La civilisation des forestiers gagna lentement du terrain dans la direction de l'ouest sans que sa marche fût influencée par les explorations (1).

Pourtant à la fin, parmi ces chasseurs, il en parut un dont les excursions devaient produire un résultat, un qui était destiné à conduire à travers la région sauvage le premier corps de colons qui établit dans le Far West une communauté complètement séparée de toutes les colonies de la côte. Cet homme fut Daniel Boon. Il était né en Pensylvanie, l'année 1734 (2), mais encore tout enfant, il était parti avec le reste de sa famille pour les bords du Yadkin, dans la Caroline du Nord. Là il grandit, et dès qu'il fût en âge de le faire, il se maria, bâtit une cabane en troncs d'arbres, et déboisa une clairière pour s'y livrer à l'agriculture comme les autres forestiers du voisinage. Tous cultivaient leurs propres clairières, conduisant la charrue dans les intervalles des souches carbonisées qui restaient quand on avait abattu l'arbre et allumé un feu autour de ce qui en restait ; naturellement tous étaient chasseurs. Chez Boon,

(1) Il n'y aurait pas grand profit d'essayer de découvrir les noms de ceux qui furent les premiers à voir les différentes parties de la région de l'Ouest. Les premiers qui y vinrent étaient des chasseurs qui allaient en divers sens à la poursuite du gibier, et n'avaient aucun but défini d'exploration. On a généralement oublié les noms des premiers individus qui arrivèrent. Il est tout au plus possible d'indiquer le nom d'un individu sur plusieurs de ceux qui vinrent dans une localité déterminée. Les chasseurs circulaient dans toutes les directions. Le hasard les amena parfois sur des points qui ont de l'importance à nos yeux. Le hasard nous a fait connaître les noms de quelques-uns d'entre eux. En somme, l'honneur revient à la race des pionniers dans son ensemble, et non à tel ou tel pionnier.

(2) Le 22 août 1734, (selon James PARTON, dans son *Esquisse biographique de Boon*). Son grand-père était un immigrant anglais ; son père avait épousé une Quakeresse. Quand il habitait sur les rives du Delaware, le pays était encore désert. Le village où il naquit est dans le comté de Berks.

la chasse et l'exploration étaient une passion. La vie solitaire du désert avec sa liberté, sa hardiesse sauvage était la seule qui eût quelque attrait pour lui. Il était grand, mince, nerveux, avec des yeux d'aigle, des muscles infatigables. Le travail et les intempéries n'avaient aucune prise sur sa constitution de fer que n'affaiblit aucun genre d'excès. Il vécut jusqu'à l'âge de quatre-vingt-six ans, et resta un chasseur des bois jusqu'à la fin de ses jours. Il avait une physionomie réfléchie, tranquille, agréable, qui a été souvent reproduite et qui est devenue familière à tous. C'était la figure d'un homme incapable de violence et de fanfaronnade, qui ne pouvait ni causer ni supporter une injustice, qui avait un fond inépuisable de courage, d'endurance, de résolution indomptable où puiser dans les jours d'épreuve. Son empire sur lui-même, et dans les moments de danger, sa confiance absolue dans ses facultés et ses ressources, tout s'unissait pour le rendre particulièrement apte à suivre la carrière qu'il préférait.

Boon chassa de très bonne heure sur les rivières de l'Ouest. Dans la vallée de la Crique de Boon, affluent du Watanga, il existe encore un hêtre sur lequel on peut déchiffrer tant bien que mal l'inscription suivante : « *D. Boon a taillé une barre sur [cet] arbre, en l'an* 1760 » (1). Dans les expéditions dont cette inscription est la trace la plus ancienne, il était à la fois chasseur pour son propre compte et explorateur pour le compte d'un autre, qui était Richard Henderson. Ce dernier, personnage considérable de la Caroline du Nord (2), était spéculateur très ambitieux

(1) Cette inscription est mentionnée pour la première fois par RAMSEY, p. 67. Voir Appendice B, où l'on trouvera une lettre de l'hon. John Allison, actuellement secrétaire d'Etat du Tennessee [1888] prouvant que cette inscription se trouvait sur l'arbre en question dès les premiers temps de la colonisation du district. Naturellement, il est impossible de prouver qu'elle a été gravée par Boon lui-même, mais il y a bien des raisons pour le croire, et bien peu pour en douter.

(2) Il était natif de la Virginie, descendant à la fois d'Ecossais et

et très énergique. Il jouissait d'une grande influence dans la colonie. Il était fort original, très porté à l'ostentation, et comme sa fortune était compromise, il espérait surtout la rétablir par des spéculations sur les terres de l'Ouest en des proportions inconnues jusqu'alors. Son intention était d'arriver à fonder au delà des montagnes une grande colonie dont il serait le propriétaire. Il avait grande confiance en Boon, et ce fut grâce à l'appui qu'il lui donna que celui-ci fut en état de mener à bonne fin ses explorations.

La place distinguée, qui est due à Boon, est justifiée moins par l'étendue de ses voyages, — car il ne dépassa guère, à ce point de vue, les centaines de forestiers chasseurs de sa génération, — que par le fait de son expérience des forêts et son audace, qu'il sut faire servir à l'avantage de ses citoyens. Ainsi qu'il le disait lui-même, c'était un instrument « choisi par Dieu pour peupler le désert ». Il inspirait confiance à tous ceux qui entraient en relation avec lui (1), de sorte que les hommes riches et influents s'empressaient de confier à ses soins des entreprises hasardeuses. Son succès comme explorateur, son habileté de chasseur, ses prouesses de guerre contre les Indiens, le mirent en état de mener à bonne fin ces entreprises et aussi d'exercer une certaine autorité sur les hommes peu maniables qui lui étaient associés.

Les expéditions que fit Boon sur la lisière du pays sauvage aiguisèrent son appétit pour l'inconnu. Il avait entendu parler de grands territoires de chasse situés au loin dans l'intérieur par un chasseur et commerçant indien

---

dè Gallois (Voir COLLINS, II, p. 336 et RAMSEY. Pour les premières relations de Boon avec Henderson, en 1764, voir HAYWOOD, p. 35).

(1) Et même à quelques-uns de ses ennemis, il est par exemple presque le seul Américain qui ait été loué par le Lieutenant-Gouverneur Henry Hamilton, de Détroit (*Gazette Royale* du 15 juillet 1780).

(John Finly) qui les avait vus lui-même. Le 1ᵉʳ mai 1769, il quitta sa terre sur le Yadkin « pour errer à travers le désert d'Amérique à la recherche du pays de Kentucky (1) ». Il avait cinq compagnons, y compris celui qui l'avait renseigné. Il se mit en marche dans la direction du Nord-Ouest, à travers la région inextricable des montagnes et des sombres forêts. Pendant cinq semaines d'un trajet pénible, la petite troupe voyagea dans de vastes solitudes dont l'aspect désolé ne saurait être que malaisément conçu par quiconque ne les a point habitées et n'a point chassé dans les forêts préhistoriques des montagnes. Puis, dans les premiers jours de juin, les aventuriers pénétrèrent dans la forêt proprement dite, interminable, ténébreuse, et parvinrent au seuil de la belle région Kentukienne des prairies à gazon bleu, pays aux eaux courantes, avec des bosquets et des bouquets d'arbres, des étangs bordés de joncs, et des parties de forêts majestueuses. Le gibier y fourmillait. Les hordes de lourds buffalos aux crinières emmêlées — de bisons, comme il faudrait les appeler — avaient tracé à travers la forêt de larges routes, et sillonné la prairie d'ornières dans lesquelles elles avaient cheminé pendant des générations sans nombre. L'élan aux cornes infléchies, aux andouillers élargis et massifs, le plus imposant de tous les animaux qui forment la tribu des daims, était en abondance. De même que le buffalo, il voyageait par bandes non seulement dans les bois, mais encore sur les plaines de gazon ondulant. Les daims étaient en nombre

(1) Voir *Les aventures du Colonel Daniel Boon, ancien chasseur*, qui sont censées écrites par Boon lui-même, en 1784, mais ont pour véritable auteur le premier historien du Kentucky, John Wilson. Cet écrivain a rendu de grands services à l'histoire, bien qu'il tînt beaucoup du pédant magister de village. Le langage même du vieux pionnier aurait été bien préférable que celui dont Filson se servait, car l'ouvrage composé par lui a l'air d'une contrefaçon du style Johnsonien, sous sa forme la plus désagréable. Pour FILSON, voir son admirable *Biographie* par le Club des Publications de Filson.

infini, de même que les ours. Les loups et les panthères étaient également fort nombreux. Partout où existait une source salée, le pays était littéralement bondé d'animaux sauvages de toutes sortes. Pendant six mois, Boon et ses compagnons eurent le plaisir de faire des chasses telles que n'en avaient guère connu les hommes de leur race depuis que les Germains avaient quitté la forêt hercynienne (1).

Toutefois, en décembre, ils furent attaqués par les Indiens. Boon et un de ses compagnons furent faits prisonniers, et quand ils se furent évadés, ils trouvèrent le camp levé. Le reste de la troupe s'était dispersé et était retourné au pays. Vers cette époque, ils furent rejoints par le Squire Boon, frère du grand chasseur, et forestier d'une expérience presque égale, ainsi que par un autre aventurier. Tous deux avaient parcouru un trajet immense à travers le désert, tant pour l'explorer, que dans l'espoir de retrouver les premiers voyageurs, ce à quoi ils réussirent finalement, par un hasard heureux plutôt que par calcul. Bientôt après, l'homme qui avait partagé la première et courte captivité de Boon fut tué (2). Il fut le

---

(1) Le Niebelung-Lied nous parle des exploits de Siegfried contre l'ours, le buffle, l'élan, le loup et le daim.

Ensuite, il abattit un buffle et un élan,
Et aussi beaucoup de forts aurochs, et un terrible cerf barbu.
Si vite l'emportait la jument, que rien ne lui échappait ;
Biches et Cerfs en grand nombre tombèrent sous ses coups,
    ... ainsi qu'une formidable bête des forêts,
Un ours sauvage...

L'élan de Siegfried était ce que nous nommons le *Moose*. De même que les gens de la frontière américaine, le vieux poète allemand qualifie le bison ou Wisent de buffle. Les sportsmen européens commettent une erreur tout aussi grossière en lui donnant le nom de l'auroch, espèce disparue. On remarquera aussi que le fameux héros du *Niebelungen Lied*, intrépide à la bataille, intrépide buveur, et personnage si vantard, employait un *spür hund*, un chien qui suit à la piste, tout comme le fit mille ans plus tard son représentant dans le Kentucky ou le Tennessee, avec son *track hound*.

(2) Il se nommait John Stewart.

premier de ceux qui payèrent de leur vie la conquête du Kentucky. L'attaque ne fut provoquée en aucune façon. Les Indiens avaient versé le sang humain par simple cruauté. Le sol n'appartenait à aucune tribu. Il n'était qu'un terrain de chasse accessible à tous. Chacun d'eux regardait d'un œil jaloux tout autre arrivant, comme un intrus. Ils attaquèrent les blancs parce qu'ils avaient pour système invariable de tuer tout étranger venu sur les terrains où ils avaient eux-mêmes toujours chassé, quel que fût l'homme qui y avait un droit tout aussi fondé. Les chasseurs du Kentucky ne tardèrent pas à apprendre que sur cette terre sans possesseur, où fourmillait le gibier, où il ne se trouvait pas une seule habitation humaine, tout Indien devait être regardé comme un ennemi.

L'homme qui avait accompagné le Squire Boon fut épouvanté par la présence des Indiens et retourna alors aux établissements. Les deux frères restèrent seuls sur leur terrain de chasse pendant l'hiver qu'ils passèrent dans une petite cabane. Vers le 1er mai, le Squire se dirigea vers les établissements pour se procurer des chevaux et des munitions. Pendant trois mois, Daniel Boon resta absolument seul dans le pays sauvage, sans sel, sans sucre, sans farine, n'ayant pas même un cheval ou un chien pour lui tenir compagnie (1). Mais en chasseur aimant la

(1) On parle souvent avec étonnement du séjour aussi prolongé qu'il fit dans le pays sauvage, et dans une solitude aussi absolue, mais sur ce point-là Boon se trouvait dans le cas des coureurs des bois ordinaire, et non dans une situation exceptionnelle. Jusqu'à l'époque actuelle, nombre de chasseurs des Montagnes Rocheuses en font autant. En 1880, deux hommes que j'ai connus hivernèrent à l'ouest des montagnes de la Grosse Corne, à 150 milles de toute créature humaine. Néanmoins ils avaient du sel et de la farine, mais ils furent neuf mois sans avoir une figure d'homme blanc. Ils tuèrent des élans, des bisons, et un moose (renne) et faillirent être pris par une petite troupe d'Indiens en marche guerrière. L'hiver dernier (1887-1888), un de mes amis, vieux trappeur, au temps où il chassait le bison, passa cinq mois entièrement seul dans les montagnes au nord du pays des Têtes-Plates.

solitude, de caractère indomptable, plein de ressource, il prit le plus grand plaisir à cette existence sauvage et solitaire ; il passait ses jours à chasser et à explorer le pays, allait et venait en tous sens, dormait la nuit parmi les roseaux ou dans les fourrés, sans feu, pour ne pas donner l'éveil aux Indiens. Il vit de nombreuses traces de ces derniers et ils vinrent parfois jusqu'à son camp ; mais sa vigilance infatigable lui évita d'être pris.

Vers la fin de juillet, son frère revint, et le retrouva au lieu où ils s'étaient donné rendez-vous, à leur ancien campement. Alors d'autres chasseurs pénétrèrent à leur tour dans la région sauvage du Kentucky, et Boon se joignit quelque temps à une petite troupe de ceux-ci. Une troupe de chasseurs comme ceux-là est toujours heureuse de posséder quelque objet qui lui permette d'occuper les loisirs monotones, assommants de longues soirées qu'on passe autour du bivouac. Un livre, un paquet de cartes graisseuses étaient accueillis avec autant d'empressement dans un camp de riflemen Kentuckiens en 1770, que par une troupe de chasseurs des Montagnes Rocheuses en 1888. Boon a rapporté, dans son langage plein d'originalité, un incident de sa vie pendant cet été où l'on voit avec quelle ardeur une petite troupe de ces coureurs des bois lisaient un livre, et combien les personnages de l'auteur devenaient des réalités pour leur esprit. Il était campé avec cinq autres hommes sur la Rivière Rouge ; ils avaient pour distraction *l'Histoire des voyages de Samuel Gulliver* « dans laquelle il racontait comme quoi son jeune maître, Glumdelick, l'avait transporté un jour de foire à une ville nommée Lulbegrud, afin de l'y exhiber ». Il y avait dans la troupe qui, en ce milieu étrange, lisait et écoutait les histoires du doyen Swift, un jeune homme nommé Alexandre Neely. Un soir, il revint au camp avec deux scalps d'Indiens. Il les avait pris dans un village de Shawnees qu'il avait trouvé le long d'un cours d'eau qui se jetait dans la rivière. Il annonça au groupe de farouches vétérans forestiers, qu'il était allé, ce jour-là, à Lulbegrud, et qu'il avait tué deux Brobdignags dans leur capitale. Et aujourd'hui, le cours d'eau près duquel les deux malencontreux Shawnees perdirent la vie se nomme la crique de Lulbegrud (1).

Peu de temps après cette rencontre, les Indiens devenant de plus en plus dangereux, Boon revint en arrière jusqu'à la vallée de la Rivière Cumberland, et au printemps de 1771, il revint à sa maison de Yadkin.

Environ deux ans avant l'arrivée de Boon au Kentucky, Steiner ou Stoner, et Harrod, tous deux des chasseurs venus de Pittsburg, qui avaient traversé l'Illinois, descendirent pour chasser dans la courbe de Cumberland, à l'endroit où se trouve aujourd'hui Nashville. Ils y trouvèrent un très grand nombre de bisons, et en tuèrent beaucoup, surtout aux environs des lêches (2) où ces bêtes énormes et massives avaient réussi à détruire une bonne partie de la forêt, en foulant aux pieds les jeunes

(1) *Déposition de Daniel Boon*, 15 septembre 1796. Copie certifiée tirée du Registre des Dépositions, n° 1, p. 156. Comté de Clarke (Kentucky), publiée pour la première fois par le colonel John MASON BROWN, dans son livre *La bataille des Blue Licks*, p. 40, Francfort, 1882. — L'ouvrage que ces chasseurs d'autrefois lisaient autour de leur bivouac dans la forêt vierge hantée par les Indiens, il y a un siècle et quart, a eu la bonne chance d'être conservé, et se trouve dans la bibliothèque du Colonel Durrett, à Louisville. Il a pour titre *Les Œuvres du Dr Jonathan Swift*, Londres, MDCCLXV, et se compose de deux petits volumes. Sur la page de garde il y a cette indication « A. Neely, 1770. »

Les gens de la frontière se contentent souvent des premiers ouvrages venus, mais il en est parmi eux de plus délicats, qui apprécient la littérature de vrai mérite, autant que le feraient d'autres personnes. Dans les longues soirées, ils étudient avec profit les ouvrages les plus variés, tels que Dante, Josèphe, Maccaulay, Longfellow, *la Vie de Jackson*, par PARTON, et les histoires de la série Rollo. — pour ne citer que les ouvrages préférés de mes cowboys et chasseurs.

(2) Dépôts de sel formé par des sources salées que les animaux sauvages viennent lécher; d'où le nom de lêches donné par les trappeurs canadiens (*note du traducteur*).

arbres et les buissons jusqu'à ce que le sol fût enfin mis à nu ou couvert d'un superbe tapis de trèfle. Les fonds et les creux entre les collines étaient encombrés de joncs ; le sycomore poussait dans les régions inférieures ; et aux environs du Mississipi, on rencontrait le diospyros virginiana (persimmon) et le peuplier. En certains endroits, la forêt était d'un accès facile, et composée d'arbres immenses ; partout ailleurs elle était très dense, et formée d'essences plus petites (1). Partout le gibier abondait, et nulle part il ne se montrait méfiant.

D'autres chasseurs, qui ne nous sont connus que par quelques noms, avaient précédé Boon en bien des parties de la région sauvage. Plus anciennement encore, les Français avaient construit des forts et des fonderies sur le Cumberland, la Tennessee et les affluents de la haute Kentucky (2). Boon est intéressant comme chef et explorateur, mais il est plus intéressant encore comme type. L'Ouest ne fut ni découvert, ni conquis, ni colonisé par un individu isolé. Il n'y a point eu d'homme d'Etat aux vues pénétrantes pour en combiner le mouvement. Ce ne fut point un grand chef militaire qui l'exécuta ; ce fut l'œuvre de tout un peuple, où chaque individu était poussé en avant par le simple amour des aventures. Ce fut le résultat auquel aboutirent les efforts incessants de tous les pionniers indomptables, infatigables, qui voulaient se créer des foyers pour leurs descendants, dont chacun s'évertuait à pénétrer plus profondément que ses voisins dans la direction des lointains territoires forestiers de chasse et de guerre, et y trouver plus d'emploi à son activité. Nous devons la conquête de l'Ouest à tous les pionniers et non point à tel ou tel individu pris dans leur nombre. Là où tous étaient également vigoureux et hardis, il n'y avait guère

______

(1) *Journal manuscrit de Benj. Hawkins* en 1796, conservé par la Société historique de Nashville. En 1796, ces bisons étaient rares, mais on en trouvait quelques traces fraîches près des Licks.
(2) HAYWOOD, p. 75, etc.

de chance pour un homme de s'élever à une supériorité incontestée.

Dans l'été de 1769, une nombreuse troupe de chasseurs (1) franchit les montagnes pour faire une longue chasse dans le désert de l'Ouest. Les hommes étaient vêtus de blouses de chasse, avec des mocassins et des jambières, munis de pièges, de rifles, et emmenaient des chiens. Chacun avait deux ou trois chevaux. Ils cheminèrent à travers les montagnes, passèrent à gué ou à la nage les cours d'eau rapides, encombrés d'arbres morts, et suivirent le cours du Cumberland jusqu'à ce qu'enfin, sortis de la forêt, ils arrivassent dans une région qui ne produisait que de hautes herbes, et qui était fort étendue. L'un d'eux fut tué par une petite troupe d'Indiens, mais on n'aperçut aucune trace d'habitations humaines. Néanmoins ils rencontraient des tertres et des sépultures et autres restes d'un peuple ancien qui avait jadis vécu dans ce pays, mais qui en avait disparu bien des siècles avant l'arrivée des blancs (2).

Les chasseurs établirent un campement permanent dans un certain endroit, et ils revenaient de temps à autre y déposer leurs peaux et fourrures. Entre temps, ils se dispersaient pour marcher isolément ou en petites bandes. Ils passèrent toute l'année à chasser et tuèrent des quantités immenses de toute sorte de gibier. La plupart d'entre eux se livraient à la chasse sur piste proprement dite, mais d'autres employèrent des procédés que nous regarderions aujourd'hui comme condamnables, par exemple celui d'appeler une biche en imitant le bêlement d'un faon, ou

(1) De vingt à quarante. Comparer Haywood et Marshall, qui parlent l'un et l'autre du même groupe d'hommes. Ramsay commet l'erreur de supposer qu'ils parlent de deux groupes différents. Haywood s'étend sur les exploits de ceux qui descendirent le Cumberland ; Marshall parle de ceux qui allèrent au Kentucky.

(2) Il s'agit du peuple dit les Mound-Builders (ou constructeurs de tertres). Aujourd'hui on les regarde généralement comme les ancêtres des races indiennes d'aujourd'hui.

à tirer les daims du haut d'un échafaudage, lorsque ces animaux venaient le soir aux lèches. Néanmoins, la plupart des chasseurs n'approuvaient pas le système dit de *crusting* employé contre le gibier, et qui consistait à le forcer en le pourchassant avec des souliers à neige à travers les neiges épaisses du milieu de l'hiver.

A la fin de l'année, quelques-uns des chasseurs rentrèrent chez eux ; d'autres (comme un certain John Knox) allèrent au nord dans la région de la Kentucky, où ils chassèrent plusieurs mois avant de franchir de nouveau les montagnes, tandis que les autres, sous la conduite d'un vieux chasseur, nommé Kasper Mansker (1), construisirent deux bateaux en creusant des troncs d'arbres. Ils eurent ainsi deux *dugouts* ou pirogues, d'une exécution plus grossière mais plus solide que les légers canots en écorce de bouleau ; et ils descendirent le Cumberland. A la Lèche Française, lieu où s'élève aujourd'hui Bashville, ils virent un nombre immense de bisons, d'élans et d'autres gibiers, plus qu'ils n'en avaient jamais rencontrés. Certaines de leurs provisions leur furent enlevées par une troupe d'Indiens qu'ils rencontrèrent, mais quelques commerçants français les traitèrent bien, et leur donnèrent du sel, de la farine, du tabac et du tafia. Ce dernier article fut fort apprécié, car ils n'avaient pas goûté de liqueurs alcooliques depuis un an. Ils descendirent jusqu'à Natchez, vendirent leurs fourrures, leurs peaux, leur huile et leur suif, quelques-uns revinrent par mer, tandis que d'autres, y compris Mansker, rentrèrent en escortant une troupe de chevaux qu'on conduisit à travers les nations indiennes en Géorgie. En raison de la longue durée du temps que ces hommes, ainsi que Boon et ses compagnons, avaient passé en expédition, ils furent désignés sous le nom de Longs Chasseurs. La renommée de leur chasse et de leur explo-

____

(1) Son vrai nom était Kasper Mansker, comme en fait foi sa signature, mais on lui donnait souvent celui de Mansco.

ration se répandit tout le long de la frontière et agita vivement les jeunes gens (1).

En 1771, de nombreux chasseurs franchirent les montagnes et pénétrèrent fort avant dans la région sauvage, en décimant fortement les troupes d'animaux. Les uns formèrent des bandes, les autres partirent isolément. Un grand nombre des montagnes, des lacs, des rivières et des criques de la Tennessee reçurent les noms des chefs qui conduisirent ces troupes de vieux chasseurs ou explorateurs, ou bien les désignations qu'on leur imposa perpétuèrent le souvenir de quelques accidents qui leur arrivèrent au cours de leurs excursions de chasse (2).

Puis ce fut Mansker qui revint, avec le titre de chef de ses camarades, pour chasser pendant bien des années, soit seul, soit avec d'autres de sa trempe. Ils virent et firent bien des choses extraordinaires. Pendant un mois, lui et ses compagnons se bâtirent une maison avec les peaux des animaux qu'ils avaient tués. Lorsque leurs munitions furent épuisées, ils laissèrent trois d'entre eux avec les chiens dans la maison de peaux, puis ils se dirigèrent vers les établissements pour aller chercher de la poudre et du plomb. Quand ils revinrent, ils virent que deux des hommes laissés en arrière avaient été tués et le troisième poursuivi par les Indiens qui néanmoins n'avaient point découvert le camp. Les chiens, n'ayant pas vu de figure humaine pendant trois mois, étaient devenus très féroces, mais en quelques jours ils furent aussi dociles et aussi bien dressés qu'auparavant. On tua des bisons, des élans, et surtout des daims en quantité si prodigieuse qu'on ne put transporter au camp toutes les peaux. Un homme de

---

(1) *Papiers Mac Afee* (Autobiographie de Robert Mac Afee). Parfois l'expression de *Longs Chasseurs* s'applique en même temps à Boon, à Finley et à leurs compagnons, parfois il n'y sont pas compris. Dans les *Papiers Mac Afec*, elle est formellement employée dans le premier sens.

(2) Voir Haywood pour la rivière de Clinch, l'étang de Drake, la lèche de Mansco, la Roche graisseuse et autres.

la troupe, dans un accès de mauvaise humeur, et comme pour protester contre cette malechance, grava sur le tronc écorcé d'un peuplier abattu qui subsista longtemps ces quelques mots : « 2300 peaux de daims perdues. Par Dieu, c'est la ruine (1) ». L'âme de ce chasseur économe dut bien davantage souffrir lorsqu'une bande de Chrécrokées visita leur campement, leur enleva tous les ustensiles de campement et cinq cents peaux. Les blancs découvrirent la large piste qu'ils avaient tracée pour arriver, mais ne purent savoir où ils avaient disparu, car chacun de ces méfiants Peaux-Rouges effaçait avec soin la trace de ses pas, et il est probable que toute la bande s'était divisée en petits groupes.

Parfois les Indiens ne se bornaient pas à piller les campements de chasse : ils tuaient aussi les chasseurs qui leur rendaient la pareille. Souvent blancs et rouges se livraient bataille lorsqu'ils se rencontraient, déployant dans leurs conflits toute l'habileté, ainsi que la férocité impitoyable qui rendait si dangereuse la guerre dans la forêt. Les hommes forts de chaque côté accomplirent de terribles prouesses. C'était une guerre sournoise et cruelle, qui exigeait une vigilance incessante de jour et de nuit. Les combattants avaient des constitutions nerveuses, des volontés de fer, les yeux perçants, la main ferme, les cœurs aussi hardis qu'inflexibles. Leurs pieds, chaussés de moccasins, ne faisaient aucun bruit sur le sol, pendant qu'ils s'avançaient doucement vers un campement de l'ennemi, ou rampaient pour le prendre en embuscade pendant qu'il était occupé à suivre à la piste ou à attendre à l'affût un daim. Leur stratagème favori consistait à imiter l'appel des animaux sauvages, et en particulier le gloussement du dindon, de manière à attirer le chasseur confiant à la portée du coup mortel. Si le stratagème était deviné,

(1) Ce chasseur était un nommé Bledsoe. Voir COLLINS, II, p. 418.

c'était celui qui s'en servait qui devenait l'objet de la poursuite. Les hommes devinrent d'une habileté étonnante à discerner les imitations. Un vieux chasseur, nommé Castleman, se plaisait plus tard à raconter comment un jour un Indien faillit le tromper et l'attirer dans un piège fatal. C'était à la tombée de la nuit : il entendit les cris de deux grandes chouettes des bois près de lui. Il prêta l'oreille avec attention et se dit que le cri n'était pas tout à fait authentique. L'appel woo-woo et la réponse woo-woo ne s'accordaient pas et n'étaient pas dans le ton. Ce babillage babélique était complètement manqué et, chose plus étrange encore, on eût dit que cela partait de terre. Il s'avança avec précaution, regarda par dessus les broussailles, et vit un objet de la hauteur d'une souche entre deux arbres fourchus. Cela ne lui parut pas naturel. Il visa, appuya sur la détente et tua un Indien.

Chaque troupe de blancs et de peaux-rouges était sans cesse sur ses gardes pour parer au danger ou pour saisir toute chance de se venger des périls courus. Les profondeurs sombres des bois furent témoins de milliers de combats solitaires, où tombèrent des guerriers rouges ou blancs, sans que nul ami de l'un ou de l'autre connût sa destinée. La seule chose qui en conservât le souvenir était le scalp suspendu dans la cabane enfumée ou dans le sordide wigwam du vainqueur.

Les annales simples et fragmentaires de la frontière sont pleines d'exploits accomplis par des hommes dont Mansker peut être donné comme le type. Il était d'une adresse merveilleuse comme tireur, comme forestier, et il devint plus tard colonel de la milice de la frontière, bien qu'il ne parlât qu'un peu d'anglais, à cause de son origine allemande (1). Comme la plupart des chasseurs, il était particulièrement fier de son rifle, auquel il avait

(1) Voir PARN, *Les premiers temps dans le centre du Tennessce*, p. 52, 54 et 56.

donné le nom de Nancy ; ces hommes aimaient à donner à leur arme préférée un sobriquet familier ou amical. La forêt n'avait aucun bruit, aucun détail visible qui lui fût inconnu. Il savait les cris des oiseaux et des autres animaux à tel point qu'aucune imitation ne pouvait le tromper. Un jour, il faillit être déçu par une imitation à peu près parfaite du gloussement d'un dindon mâle, mais il finit par concevoir des soupçons et découvrit que son adversaire était derrière un gros arbre. Ayant une confiance absolue dans son arme, et sachant que les Indiens ne tiraient presque jamais que de très près, — soit parce qu'ils tiraient fort mal, soit parce qu'ils mettaient une charge trop légère dans leur arme, — il n'essaya nullement de se cacher. Feignant de passer à droite de l'Indien, il fut suivi par celui-ci, comme il s'y attendait, et gagna ainsi une partie découverte, où il fit soudain volte-face et tua son ennemi. Lorsqu'il chassait, il élisait souvent domicile dans un arbre creux, ou se faisait une hutte avec des peaux de bison, car le bison était si nombreux qu'un jour Mansker et son compagnon ayant découvert une lèche, ce dernier faillit être écrasé, bien qu'il fût à cheval, par la charge affolée d'un troupeau qui avait été surpris et frappé de panique (1).

Mansker fut un tueur d'Indiens fameux. Un des premiers exploits qui aient été rapportés de lui peut figurer comme récit d'une aventure indienne. Lui et trois autres chassaient au piège sur la Fourche au Soufre et la Rivière rouge, dans la grande courbe du Cumberland. Comme ils avaient levé leur camp, ils rencontrèrent de récentes traces d'Indiens, des carcasses de daims et des cadres en osier pour tendre les peaux. Ils ne voulurent pas perdre une minute à moins qu'ils en sussent davantage sur leurs ennemis. Mansker partit en avant pour explorer le ter-

---

(1) Ce compagnon était le chasseur Bledsoe, dont il a été question dans une note précédente.

rain, et se dirigea vers la Rivière Rouge, où les signes remarqués lui indiquaient qu'il trouverait le campement. Il fit une vingtaine de milles et aperçut quelques sycomores, ce qui lui montra qu'il était proche de la rivière. Il fit quelques pas de plus, et soudain se vit à quatre-vingt ou quatre-vingt-dix yards du campement. Aussitôt il se cacha derrière un arbre pour guetter. Il n'y avait là que deux Indiens ; il supposa que les autres chassaient à quelque distance. Comme il allait s'éloigner, un des Indiens prit un tomahawk, et partit dans la direction opposée, tandis que l'autre ramassait son fusil, le mettait sur son épaule et marchait droit vers la cachette de Mansker. Celui-ci resta immobile, espérant n'être pas aperçu, mais l'Indien continua à s'avancer tout droit vers lui, jusqu'à une distance de moins de quinze pas. Comme il n'y avait pas d'autre parti à prendre, Mansker épaula son arme, et traversa le corps de l'Indien. Celui-ci poussa un hurlement, jeta son fusil et courut vers le campement, mais il le dépassa, et alla tomber mort par dessus la berge escarpée, dans la rivière. Au bruit de la détonation, l'autre Indien accourut à son tour au campement, mais Mansker le dépassa à la course, arriva le premier, ramassa à terre un vieux fusil, mais le coup ne partit point, l'Indien fit demi-tour et s'échappa. Mansker cassa le vieux fusil et se hâta d'aller rejoindre ses camarades. Le lendemain, ils revinrent ensemble à cet endroit, où ils trouvèrent l'Indien mort, et emportèrent son tomahawk, son couteau et son sac à balles ; le fusil n'était plus là ; l'autre Indien revenu avait chargé les fourrures sur ses chevaux et avait disparu. Ils le poursuivirent pendant tout le jour, puis pendant la nuit avec une torche faite de roseaux secs, mais ne purent l'atteindre. S'apercevant qu'il y avait d'autres bandes d'Indiens, ils quittèrent leur territoire de chasse.

Vers la fin de sa vie, le vieux Mansker, ainsi que bon nombre d'autres intrépides et ignorants chasseurs des bois, fut si vivement impressionné par l'ardeur, l'activité, le zèle des Méthodistes, qu'il se joignit à eux et devint un ferme et utile soutien de la communauté qu'il avait aidée à se former.

Parfois les chasseurs rencontraient des trappeurs créoles qui transportaient par pirogues et par bateaux leur suif, leurs cuirs et leurs fourrures jusqu'à Natchez ou la Nouvelle-Orléans, en descendant le Mississipi, pour n'avoir point à faire ce transport sur des chevaux de bât en suivant les dangereux sentiers de la forêt et franchissant les montagnes. On y avait affaire à des bêtes sauvages aussi dangereuses que l'homme. Nous lisons bien des fois que tel chasseur surpris dans les joncs ou dans la brousse, avait péri criblé de coups de cornes et de coups de sabots par un bison blessé (1). Les animaux sauvages étaient, pour ainsi dire, absolument inaccoutumés au voisinage de chasseurs armés du rifle. Aussi étaient-ils bien plus féroces, bien plus agressifs qu'ils ne le sont aujourd'hui. Après les daims, les ours étaient les plus nombreux. Leur chasse était le sport favori : il comportait juste assez de danger pour le rendre excitant, car bien que les chasseurs fussent souvent mordus ou griffés, ils étaient très rarement tués. Les loups étaient généralement très défiants. Il arriva rarement qu'ils fussent dangereux. La panthère était un adversaire beaucoup plus redouté. Sa chasse coûta la vie à quelques-uns, mais même lorsqu'il s'agissait de la panthère, les cas de mort étaient de rares exceptions.

Les chasseurs menaient une vie parfois décente et honnête, parfois immorale, et alors leurs vices étaient grossiers et bruyants. Nous voyons dans une relation l'histoire de six hommes et d'une femme qui furent rencontrés sur la rivière Cumberland. La femme passait pour celle d'un homme qui se nommait le gros John ; mais elle l'avait abandonné pour un des compagnons de celui-ci, et lors-

(1) Voir par exemple HAYWOOD, p. 81.

qu'il tomba malade, elle persuada au reste de la troupe de le laisser dans le désert mourir de maladie et de faim. Mais ceux qui le laissèrent ainsi ne s'en trouvèrent pas mieux ; ils tombèrent dans une embuscade où ils périrent, probablement sous les coups des Indiens, quand ils descendirent vers Natchez.

Tout d'abord, les chasseurs, avec leurs rifles de petit calibre, ne furent pas très heureux dans la chasse au bison. Un jour, Georges Roger Clarke, après un long séjour dans le Kentucky, partit avec deux compagnons et rencontra un campement de quarante nouveau-venus, mourant littéralement de faim, malgré l'abondance de bisons. Clarke et ses amis se hâtèrent de les secourir en tuant quatorze de ces gros animaux, mais quand les chasseurs se furent fait là main, ils tuèrent des bisons plus aisément que tout autre gibier (1).

Les chasseurs étaient en même temps les pionniers, mais en arrière d'eux vinrent des explorateurs d'une autre sorte, presque aussi hardis, aussi résolus. Il s'agit des arpenteurs. Les hommes de la chaîne et de la boussole jouèrent dans l'exploration de l'ouest un rôle qui ne le cède guère à celui des héros de la hache et du rifle. Souvent, il est vrai, les deux professions étaient réunies ; Boon était lui-même un arpenteur. De vastes étendues des terres de l'ouest étaient sans cesse attribuées soit à des colons proprement dits, soit comme récompenses à des soldats qui avaient servi contre les Français et les Indiens. Il fallait les explorer et en faire le plan, et comme cela comportait de grands dangers et aussi de

(1) Il en fut ainsi jusqu'à la complète destruction du bison. En 1882, lorsque mes bestiaux arrivèrent au Petit Missouri, les bisons abondaient. Mes hommes en tirèrent, cet hiver-là, une centaine, tout en s'occupant des bestiaux. Néanmoins, non loin de nous, un chasseur inexpérimenté, qui était pourtant un robuste homme des plaines, n'en tua que trois dans le même temps. Voir aussi PARKMAN (*La Piste de l'Orégon*), au sujet d'une troupe de pionniers du Missouri qui échoua de la manière la plus caractérisée dans une attaque contre un troupeau de bisons.

grands profits, cette progression attirait tous les jeunes gens aventureux qui avaient quelque éducation, une forte dose d'ambition et fort peu de fortune. Bon nombre de jeunes gens de bonne famille, comme Washington et Clarke, se livrèrent à cette occupation. Bientôt après le retour de Boon et des Longs Chasseurs, des groupes d'arpenteurs descendirent l'Ohio (1), en faisant la carte de son cours et explorant la région du Kentucky qui s'étendait aux environs (2).

Au nombre des chasseurs, explorateurs et géomètres qui arrivèrent dans la région sauvage en 1773 se trouvait un groupe dirigé par trois jeunes gens nommés Mac-Afee. C'étaient des pionniers typiques, hardis, aventureux, en qui la témérité et la licence de la frontière étaient tempérées par le calvinisme qui les avait façonnés dans leur grossière cabane de poutres. Ils aimaient la chasse, mais ils venaient étudier le pays et voir s'ils pourraient y créer un foyer pour leurs enfants, et il y avait parmi eux plusieurs arpenteurs. Ils descendirent l'Ohio dans des canots en troncs d'arbres creusés, où ils avaient chargé leurs rifles, leurs couvertures, leurs tomahawks et leur attirail de pêche. Ils rencontrèrent quelques Shawnees et eurent avec eux des relations amicales, mais pendant que le chef des blancs rendait visite au chef des rouges, Brin-de-Blé, et écoutait ses beaux discours dans sa ville de Vieux Chilicothe, le reste de la troupe fut stupéfait de voir une bande de jeunes braves Shawnees qui revenaient d'une excursion heureuse sur les établissements européens, et poussaient devant eux des chevaux chargés de leur butin (3).

(1) En 1765, Croghan avait fait un levé topographique très sommaire de l'Ohio.

(2) En 1770 et 1772, Washington leva le plan de plusieurs petits districts dans la région qui forme aujourd'hui le nord du Kentucky.

(3) Tous ces détails sont puisés dans les *Papiers Mac Afee* qui se trouvent dans la bibliothèque du colonel Durrett.

Ils explorèrent une partie du Kentucky, et visitèrent les diverses lèches. L'une d'elles nommée la Lèche du Gros Os, était fameuse, à cause de la quantité innombrable de gigantesques ossements appartenant à l'espèce éteinte du mastodonte, qui étaient épars aux environs. Les Mac Afee se firent une tente en déployant leurs couvertures sur les côtes énormes de ces fossiles, et des sièges avec les vertèbres. Du gibier de bien des sortes peuplait en grand nombre les intervalles des lèches. Il y avait des troupeaux de bisons, d'élans, de daims. On voyait en même temps des ours et des loups autour de certaines lèches ; le sol avait été piétiné au point qu'il n'y restait pas assez d'herbe pour nourrir un seul mouton. Les pistes du gibier ressemblaient aux rues, ou aux chemins battus autour d'une ville. Aujourd'hui un petit village rappelle par son nom le fait qu'il fut construit sur ce qui était autrefois l'endroit où les bisons frappaient du pied. Près d'une lèche, les aventuriers furent témoins d'un fait qui eût pû tourner assez mal pour eux. Un Mac-Afee et un de leurs compagnons passaient dans les environs, au moment où d'autres hommes de la troupe tiraient sur une bande de bisons qui fut saisie de panique et se précipita dans la direction des deux autres. Pendant que son compagnon grimpait sur un mûrier qui était un peu penché, Mac-Afee, moins agile, sautait derrière un arbre, et s'y tint de profil, jusqu'à ce que les bisons furent passés, chacun d'eux éraflant de ses cornes l'écorce à gauche et à droite. Cela fait, il regarda autour de lui, et aperçut son compagnon accroché aux branches du mûrier comme un raton (1).

Lorsque la troupe quitta les lèches, elle suivit une piste de bisons qui avait été tracée à même la forêt, « et aussi large que la route charretière qui part de Williamsburg » alors capitale de la Virginie. Elle traversait le Kentucky

(1) *Papiers Mac Afee.* Une aventure semblable arriva à mon frère Elliott et à mon cousin John Roosevelt pendant qu'ils chassaient le bison dans les plaines plantées de pieux au Texas.

en une suite de degrés où fut bâtie depuis la ville de
Frankfort. De là ils reprirent le chemin de leur pays en
traversant les montagnes du Cumberland, et éprouvèrent
des souffrances terribles dans leur marche « en ces solitudes désolées et silencieuses », véritable chaos d'escarpements, de prés, de cavernes, de côtes presque à pic, ta-
pissées de pins, de lauriers et de broussailles. Deux fois, ils
faillirent mourir de faim et n'y échappèrent que juste à
temps, la première fois grâce à un gros élan mâle qu'ils
purent tuer ; et la seconde fois grâce à une petite anti-
lope mâle. A la fin, brûlés par le soleil, battus par la pluie,
les pieds en sang, les jambes lasses, les cuisses déchirées
par les grosses ronces (1), les pieds et les mains couverts
d'ampoules et de brûlures, ils arrivèrent dans la vallée de
Powell, et suivirent la piste de chasse fréquemment parcourue qui la traversait. De là ils n'eurent pas de peine à
rentrer chez eux, où le récit de leurs aventures ne fit
qu'exciter davantage les jeunes gens de la frontière.

Leurs ennuis étaient finis pour le moment, mais dans la
vallée de Powell, ils rencontrèrent une autre troupe de
voyageurs pour qui les fatigues ne faisaient que commencer. Cette rencontre fut celle de la troupe que Daniel
Boon (2) conduisait de l'autre côté des montagnes avec espoir de former un établissement dans les profondeurs du
Kentucky (3). Boon avait vendu sa ferme sur le Yadkin,
ainsi que toutes les choses qu'il lui était impossible d'emporter. En septembre 1773, il se mit en route pour le Kentucky avec sa femme et ses enfants ; cinq familles et en
outre quarante hommes partirent avec lui, emmenant
leurs chevaux et leurs bestiaux. C'était la première tentative faite pour coloniser une région séparée des autres
endroits déjà peuplés par de longues étendues de désert :

(1) Il est évident qu'ils portaient des braies ouvertes, et des jambières, mais non des culottes.
(2) *Papiers Mac Afee.*
(3) *Vie de Boon,* par FILSON.

elle était condamnée à échouer. A l'approche des sombres et terribles défilés des montagnes du Cumberland, la troupe fut attaquée par les Indiens (1). Six des hommes, et parmi eux le fils aîné de Boon furent massacrés, et le bétail dispersé. Bien que les premiers se fussent groupés et eussent repoussé leurs assaillants, ils avaient souffert de telles pertes qu'ils battirent en retraite et s'installèrent provisoirement sur la rivière de Clinch.

Dans la même année, Simon Kenton, fameux plus tard comme éclaireur et tueur d'Indiens, parcourut le Kentucky en compagnie d'autres chasseurs. Kenton fut émerveillé, comme tout autre l'eût été, de la beauté et de la fertilité du pays, des innombrables troupes de bisons, d'élans, et d'autres animaux qui fourmillaient sur le terrain piétiné autour des lèches. Un de ses compagnons fut capturé par les Indiens, qui le brûlèrent vif.

L'année d'après, de nombreuses troupes d'arpenteurs visitèrent le pays. L'une d'elles avait pour chef John lloyd, qui fut un des plus habiles parmi les pionniers du Kentucky, et qui, plus tard, joua un rôle fort en vue dans la jeune communauté jusqu'au jour où il périt de la main des sauvages. Floyd était à cette époque aide-arpenteur du Comté de Fincastle ; sa troupe vint faire des levés, « en vertu du warrant du gouverneur, pour le compte des officiers et des soldats, sur l'Ohio et ses affluents » (2).

Ils se mirent en route le 9 avril 1774. Ils étaient huit en tout, lorsqu'ils quittèrent leur séjour dans le comté de

______

(1) Le 10 octobre 1773 (Voir FILSON, *Vie de Boon*). Dans les *Papiers Mac Afee*, il est dit qu'ils rencontrèrent Boon dans la vallée de Powell, alors qu'ils rentraient chez eux, en septembre. S'il en est ainsi, ce devait être tout à fait à la fin de ce mois.

(2) Le récit de ce voyage de Floyd et de ses compagnons est tiré d'un journal manuscrit fort intéressant tenu par un des membres de l'expédition, Thomas Hanson. Il fut mis à ma disposition, ainsi que d'autres documents de valeur, grâce aux bons offices de M. Daniel Trigg, d'Abingdon (Virginie) et de M. le Dr Ben. Johnston, de Richmond, et je saisis cette occasion de leur exprimer ma plus vive reconnaissance.

Fincastle (1). Ils descendirent le Kanawha en canot, tuant des ours et des daims, prenant de gros brochets et poissons-chats. Le premier levé qu'ils firent fut celui d'une surface de mille acres pour le « colo Washington » ; puis ils en firent un autre pour Patrick Henry. Chemin faisant, ils rencontrèrent d'autres groupes d'arpenteurs, et apprirent qu'on était menacé d'une guerre avec les Indiens, car une troupe de prétendus colons sur l'Ohio supérieur avait été attaquée, avait repoussé l'ennemi, et en conséquence les Shawnees avaient décidé la guerre, et ensuite parlé de tuer les Virginiens et de piller les Pensylvaniens partout où ils les rencontreraient (2). La raison de cette distinction en faveur des citoyens de l'État Quaker consistait à ce que les Virginiens, avec lesquels les Indiens étaient en rapports ordinaires, étaient des colons, tandis que les Pensylvaniens étaient des commerçants. La différence marquée avec laquelle les sauvages envisageaient ces deux classes fut soulignée plus fortement encore dans les opérations militaires de Lord Dunmore.

A l'embouchure du Kanawha (3), les aventuriers trouvèrent une réunion de vingt ou trente hommes. Quelques-uns étaient venus pour s'établir, mais la plupart avaient le désir de faire des explorations ou de faire de l'arpentage. Tous étaient pleins d'ardeur et résolus à aller au Kentucky, malgré les dispositions hostiles des Indiens. Plusieurs se

(1) De la maison du colonel William Preston, à une heure du soir et pleins d'entrain. Ils montèrent en canot à l'embouchure de la Rivière de l'Élan. Naturellement, une grande partie du journal est consacrée à des notes sur l'aspect et la fertilité du pays et sur les opérations du levé. On y fait une mention particulière d'une source bouillante qui existe près du Kanawha, et qui est élevée au rang « d'une des merveilles du monde ».

(2) Ils reçurent ces nouvelles le 17 avril, et elles leur furent confirmées le 19. Il est bon d'avoir ces dates présentes à l'esprit, car elles montrent que les Shawnees avaient commencé les hostilités environ quinze jours ou un mois avant l'attaque de Cresap et le massacre de la famille Logan, dont il sera question plus tard.

(3) Ils y arrivèrent le 20.

joignirent à Floyd, ce qui porta sa troupe à dix-huit hommes, qui partirent en quatre canots pour descendre l'Ohio, le 22 avril. Ils trouvèrent un *battoé* (*sic*) chargé de blé, qui semblait abandonné, et y prirent trois boisseaux de grain pour eux. De temps à autres, de nouveaux groupes s'adjoignirent à la troupe, à mesure qu'on descendait la rivière à l'aviron, tandis qu'un ou deux d'entre eux, alarmés par d'autres nouvelles de guerre indienne, retournaient en arrière. Une fois, ils rencontrèrent une bande de Delawares, qui ne les inquiétèrent point. Une autre fois, deux d'entre eux se trouvèrent en présence de deux sauvages hostiles, et bien qu'aucun n'eut été atteint, la troupe ne cessa plus de se tenir sur ses gardes. On admira fort la grandeur des arbres, entre autres un sycomore qui avait trente-sept pieds de diamètre. Un dimanche, jour où l'on observait le repos, on examina avec curiosité les terrassements couverts de végétation d'un fort situé à l'embouchure du Scioto, souvenir des Mound Builders qui avaient disparu depuis des siècles.

Quand ils arrivèrent (13 mai) à l'embouchure du Kentucky, ils trouvèrent deux Delawares et une squaw, auxquels ils donnèrent du grain et du sel. Là, ils se séparèrent. Floyd et sa première troupe passèrent une semaine, en cet endroit, à lever des plans ; ils remontèrent le Kentucky sur une certaine longueur jusqu'à une lèche de sel, et y virent un troupeau de trois cents bisons (1). Alors ils s'embarquèrent de nouveau, et se laissèrent aller au fil de l'eau sur l'Ohio. Le 26 mai, ils rencontrèrent deux Delawares sur

(1) Il y avait des querelles entre les arpenteurs. Voici la note relative au 13 mai : « Notre troupe se divisa : onze hommes allèrent rejoindre la troupe de Harrad à une centaine de milles en amont sur le Kentucky ou la rivière Louisa (N. B. un certain capitaine Harrad se trouvait là depuis plusieurs mois, à bâtir une espèce de ville, etc.) afin de faire des améliorations. Ce jour-là, il y eut une querelle entre M. Lee et M. Hyte ; Lee coupa un bâton et en fustigea Hyte, sur quoi M. Floyd s'interposa au nom du Roi, ce qui mit fin à la chose plus vite que s'il n'avait pas été là. »

un canot qui portait un pavillon rouge. Ils avaient été
envoyés sur la rivière avec un sauf-conduit de l'officier qui
commandait le fort Pitt, afin de réunir les chasseurs et de
les faire rentrer chez eux, à raison des hostilités qui menaçaient d'éclater entre les Shawnees et les Virginiens (1).
Les allures des deux Indiens étaient si défiantes et les
nouvelles qu'ils apportaient étaient si alarmantes, que
plusieurs des compagnons de Floyd s'épouvantèrent, et
demandèrent à descendre tout droit le Mississipi. Mais
Floyd jura qu'il acheverait son travail, à moins qu'il ne fût
absolument forcé d'y renoncer. Trois jours après, on
atteignit les chutes.

Floyd passa quinze jours dans cette région, faisant des
levés dans tous les sens ; puis il partit pour explorer le
pays entre la Rivière Salée et le Kentucky. Comme les
autres, il portait son paquet, qui ne consistait guère qu'en
sa couverture et ses instruments. Il eut parfois des dificultés
avec ses hommes. Un jour, l'un d'eux refusa de porter la
chaîne, partit à la chasse, s'égara, et ne fut retrouvé qu'au
bout de trente-six heures. Une autre fois, il remarqua que
deux des chasseurs boudaient et paraissaient désireux de
quitter le campement. Le lendemain matin, pendant la
marche, la troupe tua un élan et fit halte pour déjeuner,
mais les deux chasseurs continuèrent à marcher, et, dit le
journal, « nous ne les revîmes jamais plus », mais nul ne
put dire s'ils avaient regagné les établissements ou s'ils
avaient péri dans le désert.

La troupe eut beaucoup à souffrir. Floyd tomba malade,
et fut pendant trois jours incapable de marcher. On lui
donna un bain de sueur à l'indienne, sans doute en cons-
truisant une petite hutte à suer exactement semblable à

(1) Ils dirent que les blancs avaient tué dans une escarmouche
treize Shawnees, deux Mingos et un Delaware. Cela peut s'appliquer ou ne pas s'appliquer aux massacres accomplis par Crésap et
Greathouse. Voir plus loin le chapitre sur les opérations militaires de Lord Dunmore.

celle dont se servent encore aujourd'hui les Indiens. D'autres hommes tombèrent aussi malades à différentes époques, et on se tenait toujours en garde contre les Indiens. Dans ces immenses forêts, tout ce qui décelait la présence d'un homme indiquait celle d'un ennemi. Une fois, on entendit un coup de feu ; une autre fois, ce fut le cri d'un homme qui en appelait un autre. Cette fois comme l'autre, on redoubla de vigilance, on mit des sentinelles pendant les heures de repos, on ne dormit la nuit qu'après avoir éteint le feu du campement et s'en être éloigné d'un mille ou deux.

Ils construisirent un canot d'écorce pour passer le Kentucky. Le 1er juillet, ils rencontrèrent une autre troupe d'arpenteurs sur les bords de cette rivière (1). Deux ou trois jours plus tard, Floyd et trois de ses compagnons convinrent de quitter les autres, et leur donnant rendez-vous, pour le 1er août, à une cabane bâtie par un certain Harwood, sur la rive sud du Kentucky, à quelques milles de l'embouchure de la rivière Corne d'élan. Pendant trois semaines, ils arpentèrent et chassèrent, enchantés de la beauté du pays (2). Alors ils se rendirent à la cabane, plusieurs jours avant la date convenue, mais à leur grande surprise ils trouvèrent tous les objets éparpillés sur le sol, deux feux allumés, et sur un arbre près de l'endroit où l'on débarquait étaient écrits ces mots : « Alarmés d'avoir trouvé plusieurs morts, par suite nous sommes partis en descendant la rivière ». Cela mettait les quatre aventuriers dans une fâcheuse situation, car il ne leur restait que quinze

(1) A cette date, le journal dit que le pays « est un vrai paradis », tant il est fertile et beau.

(2) Au 8 juillet, on trouve dans le journal : « Le pays est si bon que je ne saurais le louer comme il convient. La basse végétation est formée de trèfle, de pois grimpants, de roseaux et d'orties, le tout entremêlé de riche gazon. Les grands arbres sont le Honey Locust (gleditschia triacanthus), le noyer noir, l'érable à sucre, le noyer ordinaire, le bois de fer, le bois à cerceaux, le mûrier, le frêne, l'orme, et çà et là des chênes ». Plus loin, il décrit longuement les hautes falaises calcaires qui bordent la rive des deux côtés.

charges de poudre, et aucun d'eux ne connaissait là route à suivre pour le retour. Néanmoins il fallait en prendre son parti, et on se remit en route le 25 juillet. Lorsqu'on fut arrivé aux montagnes, on en trouva l'ascension si pénible qu'on fut forcé de jeter les couvertures et tous les autres objets, à l'exception des rifles, des blouses de chasse, des jambières et des moccasins.

Ainsi que dans la plupart des autres expéditions d'explorateurs, le retour fut le plus fatigant. Ils eurent beaucoup à souffrir des blessures aux pieds, ainsi que du manque de nourriture, jusqu'à ce qu'ils eussent aperçu une bande de bisons dont ils tuèrent deux bêtes. A la fin, ils atteignirent la passe de Cumberland, suivirent une piste tracée à l'aide du feu qui les conduisit dans la vallée de Powell. Le 10 août, ils atteignirent enfin les établissements de la lisière sur la rivière de Clinch, où ils trouvèrent tous les colons enfermés dans leurs forts de bois, à cause de la guerre avec les Shawnees (1).

La même année, plusieurs troupes distinctes de chasseurs et d'arpenteurs se rendirent dans le pays et descendirent l'Ohio sur des pirogues. Environ quarante hommes, conduits par Harrod et Sowdowsky (2), fondèrent Harrods-

(1) J'ai donné une certaine place au récit du voyage de Floyd parce qu'il montre bien quelles étaient les aventures d'une troupe typique d'arpenteurs. Nulle part il n'existait d'allusion à ce journal. C'est à un simple hasard que je dois de l'avoir connu.

Il y eut trois sortes d'explorateurs ; Boon représente le chasseur, les Mac Afees représentent ceux qui visaient à former des établissements; Floyd et sa troupe sont les types de ceux qui firent la carte du sol pour les possesseurs de concessions foncières. En 1774, ces trois sortes de gens se trouvaient au Kentucky; L'histoire de Floyd montre que ces groupes ne cessaient de se rencontrer, de se dissocier. Il se mit en route avec huit hommes. A un certain moment, il en eut trente-sept groupés autour de lui. Il en avait quatre quand il revint.

Le journal est écrit d'une écriture extrêmement nette et lisible, qui décèle un homme de bonne éducation.

(2) Ce dernier, probablement d'origine slave, à en juger par son nom, était venu d'abord de New-York, centre où ne cessèrent de se mélanger les nationalités. Il fonda une famille des plus respec-

burg, où ils bâtirent des cabanes et semèrent du blé ; mais les Indiens tuèrent l'un d'eux et ils se dispersèrent. Plusieurs revinrent en franchissant les montagnes, mais Sowdowsky et d'autres traversèrent les forêts qui bordent la rivière de Cumberland. Ils y construisirent un canot et descendirent à l'aviron les flots boueux du Mississipi entre des plaines interminables couvertes de marécages et de forêts solitaires ; puis à la Nouvelle-Orléans, ils s'embarquèrent pour la Virginie.

A cette époque, entre autres troupes d'arpenteurs, il y eut celle que lord Dunmore envoya aux sources de l'Ohio. Lorsqu'éclata la guerre entre les Shawnees et les Virginiens, lord Dunmore, inquiet sur le sort de ces arpenteurs, envoya Boon et Stoner pour les ramener, ce que firent les deux vétérans de la forêt, en un voyage d'environ huit cents milles exécuté en soixante-quatre jours. L'explosion de la guerre indienne obligea tous les chasseurs et les arpenteurs à quitter le Kentucky. Vers la fin de 1774, il n'en restait plus dans cette région, ni dans celle qui forme le Tennessee central. Mais sur la frontière tout le monde avait les yeux tournés vers ces nouvelles et fertiles régions.

La part du chasseur dans l'œuvre des pionniers était achevée, et celle du colon porteur de la hache allait commencer.

tables, dont quelques membres changèrent leur nom en celui de Sandusky, mais ils n'ont aucune raison à faire valoir pour soutenir qu'ils ont donné leur nom à Sandusky. Il est établi que ce nom-là est dérivé par corruption de l'ancien nom algonquin (*American Pioneer*, Cincinnatti, 1843, t. II, p. 325.

CHAPITRE VII

Peu après l'heureuse conclusion de la dernière guerre
coloniale avec la France et la conquête du Canada, le roi
d'Angleterre publia une proclamation par laquelle il interdisait aux colons anglais d'empiéter sur le territoire
indïen ou de se déplacer dans la direction de l'Ouest. Mais,
en 1768, par le traité de Stanwix, les Six Nations convinrent
de céder aux Anglais tout le pays situé entre l'Ohio et le
Tennessee (qui s'appelait alors le Cherokee). Ce traité servit
aussitôt de prétexte aux forestiers pour excuser leurs établissements au-delà des montagnes. Cependant, les Iroquois avaient cédé des terres sur lesquelles ils avaient des
droits égaux à ceux d'une vingtaine d'autres tribus indiennes, et celles-ci, n'ayant pas été consultées, étaient parfaitement en droit de faire la guerre aux intrus. En fait,
aucune tribu, aucun groupe de tribus, ne pouvait céder le
Kentucky ou le Tennessee, parce qu'aucune tribu, aucun
groupe de tribus n'avait la possession de l'un ou de l'autre
pays. Les grands pays de chasse entre l'Ohio et le Tennessee
formaient une région ouverte aux discussions, que chaque
tribu s'attribuait lorsqu'elle pouvait s'y maintenir contre
les tribus rivales (1).

(1) On pourrait remplir des volumes — et ce n'est pas exagérer

La partie orientale du pays, qui forme aujourd'hui le Tennessee, consiste en une vallée vaste, parsemée de collines, couverte de forêts, qui s'allonge du nord-est au sud-ouest, bornée d'un côté par le Cumberland, de l'autre par les grandes montagnes de la Fumée et de l'Unaka, ces dernières la séparent de la Caroline du nord. Dans cette vallée commencent et finissent les rivières de Clinch, de Holston, de Watauga, le Nolichucky, la large Rivière Française (French Broad) et les autres cours d'eau qui, réunis, forment la Rivière du Tennessee. L'extrémité supérieure de la vallée se trouve dans la Virginie du sud-ouest, les sources de plusieurs des rivières étant indiscutablement dans les limites de cet État. Bien que la province fît réellement partie de la Caroline du nord, elle en était séparée par de hautes chaînes de montagnes, tandis qu'en partant de la Virginie, il était aisé de suivre des cours d'eau coulant dans la vallée. Ainsi, comme partout ailleurs dans les montagnes qui formaient la frontière occidentale, les premiers courants de population se dirigèrent en un sens parallèle plutôt qu'en un sens perpendiculaire aux chaînes. Comme dans la Virginie occidentale, les premiers colons vinrent pour la plupart de la Pensylvanie, de même dans la région qui formait l'occident de la Caroline du nord et le Tennessee oriental, les premiers colons vinrent en majorité de la Virginie, et en somme pour la plus grande partie, de ce même tronc pensylvanien (1). Il

que de dire qu'on a rempli des volumes — de preuves sans valeur de la légitime propriété des Iroquois, des Shawnees, ou des Cherokees, suivant la circonstance. La vérité, c'est qu'il eût été difficile de trouver dans une seule tribu deux hommes qui fussent d'accord pour fixer avec précision les limites de la tribu. Le territoire de chaque tribu était élastique, car il comprenait tout le pays d'où l'on jugeait possible de chasser les possesseurs. En 1773, les différentes troupes des Longs Chasseurs avaient tout juste autant de droit que les Indiens à la totalité du territoire en question.

(1) « Les premiers colons qui s'établirent sur la rivière d'Holston étaient une race de gens remarquables par leur intelligence, leur initiative, leur esprit hardiment aventureux. Le plus grand nombre d'entre eux avaient émigré des comtés de Botecourt, d'Augusta,

est à peine besoin de dire qu'il y eut en même temps un
courant très considérable dans la direction de l'Ouest (1).
C'étaient des hommes résolus, entreprenants, intelligents,
épris des émotions violentes que comporte la vie aventureuse de la frontière. Leurs passions indomptées et turbu-
lentes, la liberté absolue de leur existence fit d'eux une
population très féconde en caractères ardents et téméraires.
Néanmoins, à tout prendre, c'était une race craignant Dieu,
ainsi que cela était naturel pour des hommes qui descen-

de Fréderick et d'autres, situés dans la même vallée, ainsi que des
comtés du haut Maryland et de la Pensylvanie. Ils étaient presque
tous de race irlandaise et partout où ils avaient gardé des croyances religieuses quelconques, ils étaient presbytériens. Il y avait
parmi eux une forte majorité de gens croyants, et beaucoup
faisaient partie de l'Eglise. Néanmoins, il y avait aussi des familles,
même du nombre des familles aisées, qui avaient des habitudes
fort violentes et fort dissipées.

« Le premier clergyman qui vint au milieu d'eux fut le Rev.
Charles Cummings, irlandais de naissance, mais élevé en Pensylvanie. Ce gentleman fut un des premiers colons. Il défendit sa demeure pendant des années le rifle à la main, et bâtit la première
maison de réunion à l'endroit même où lui, deux ou trois de ses
voisins et un de ses serviteurs avaient eu une escarmouche très vive
avec les Indiens, dans laquelle les blancs avaient eu un mort et
un blessé. Il y prêcha à une congrégation fort nombreuse et dés
plus respectables, pendant vingt ou trente ans. C'était un whig
zélé et il contribua beaucoup à allumer le feu patriotique qui brilla
chez ces hommes dans la guerre révolutionnaire ».

Ce qui précède est extrait d'une *Esquisse manuscrite des Pionniers de Holston*, par l'Honorable David Campbell, fils d'un des
premiers colons. La famille Campbell, d'origine presbytérienne
écossaise, vint d'abord en Pensylvanie, et se déplaça vers le Sud.
Dans la guerre de la Révolution, elle fournit de bons soldats et de
bons chefs comme William et Arthur Campbell. Les Campbell s'uni-
rent par des mariages avec les Preston, les Breckenridge et autres
familles historiques. Leur sang coule aujourd'hui dans les veines
de bien des hommes en vue dans les Etats du Sud du Potomac et
de l'Ohio.

(1) Les premiers colons qui s'établirent sur le Watauga comprenaient à la fois des Virginiens (comme le « Capitaine » William
Boon, dont le fils fut le premier enfant qui naquit dans le pays
qu'on nomme aujourd'hui le Tenuessee, voir Ramsey, p. 94), et des
Caroliniens (Haywood, p. 37). Mais beaucoup de ces hommes des
hauteurs de la Caroline étaient, comme Boon et Henderson, de
familles qui s'étaient déplacées vers le Sud en partant du Nord. La

daient des calvinistes irlandais. Leurs ministres, tous presbytériens, suivaient de fort près les premiers colons, dont ils partageaient les labeurs et les dangers ; ils cultivaient leurs champs le rifle à la main, et se battaient vaillamment contre les Indiens. Ils étaient persuadés qu'ils dépossédaient les gens de Chanaan, et qu'ils accomplissaient ainsi la volonté du Seigneur en préparant le pays pour une race qui, selon eux, était bien plus véritablement son peuple élu, que ne l'était la nation conduite par Josué au-delà du Jourdain. Ils ne prêchaient pas avec moins de ferveur dans les pauvres maisons de réunion, parce que leurs mains étaient endurcies par le maniement de la charrue, par la manœuvre de la hache pendant la semaine, car ils ne pensaient pas qu'être appelés à prêcher la parole de Dieu les dispensât de gagner leur vie à la sueur de leur front. Les femmes, les filles des colons étaient douées de ce même caractère de fer. Elles affrontaient sans peur les dangers auxquels s'exposaient les hommes, elles travaillaient tout aussi dur. Elles attachaient du prix aux connaissances et à l'instruction dont elles avaient été obligées de se passer. Bien des femmes de la frontière, à force d'économie et d'activité, en vendant leur beurre et leur fromage, et les veaux de leurs vaches, mirent leurs maris

situation des églises presbytériennes dans toute cette région occidentale des collines indique d'où venait la partie de la population qui donnait le ton à l'autre. Comme nous l'avons déjà vu, alors que quelques-uns des Presbytériens partaient de Charleston pour pénétrer jusqu'aux collines, les autres en grande majorité venaient du Nord. Le sang presbytérien était naturellement d'origine irlandaise ou écossaise ; les nombreux Anglais de la région côtière se mêlèrent aussi avec les deux anciennes races apparentées, et adoptèrent leur doctrine. Les Huguenots, les Hollandais et un grand nombre d'Allemands, appartenant au calvinisme, s'assimilèrent promptement aux Presbytériens. L'absence d'épiscopat sur la frontière de l'Ouest, tout en indiquant simplement, d'une part, l'absence de religion chez les forestiers, ainsi que le développement naturel des différences de religion dans une telle société, montre en même temps que ce peuple ne descendait pas uniquement d'Anglais, et appartenait à une branche différente de ceux qui se trouvaient à l'est par rapport à lui.

en état de donner à leurs enfants une bonne éducation scolaire et parfois même de procurer à un membre favorisé de la famille l'occasion de s'assurer une instruction de premier ordre (1).

La vallée, où s'établit cette superbe race de notre peuple, était située précisément sur la route que suivaient les bandes d'Indiens dans leurs expéditions de maraude, car la grande piste de guerre, que prenaient les Chérokees et leurs ennemis du Nord, la parcourait dans toute sa longueur. Cette piste ou route de guerre, comme on l'appelait, était, en certains endroits, fort nettement indiquée, quoique, sans doute, elle ne fût nulle part aussi visible que l'étaient certaines pistes de bisons. Il s'en détachait une route secondaire, allant vers la Passe de Cumberland, d'où elle remontait droit au nord depuis le Kentucky jusqu'à l'Ohio, et on la désignait dans cette région sous le nom de sentier du guerrier. C'était sur ces pistes que passaient et repassaient Indiens du Sud et Indiens du Nord, quand ils partaient en guerre les uns contre les autres. Naturellement ils étaient toujours prêts, toujours empressés à attaquer tout blanc qui s'établirait à portée de leur route.

En 1769, l'année où Boon se rendit au Kentucky, les premiers colons à demeure fixe arrivèrent sur les rives du Watauga (2). Cet établissement ne fut qu'un agrandissement de la colonisation virginienne qui avait existé pendant peu de temps près de la source de la rivière Holston, et surtout près des collines du Loup (3). Tout d'abord les

---

(1) *Papiers Campbell.*

(2) Pour ce premier établissement, voir *Histoire civile et politique de l'Etat de Tennessee*, par John HAYWOOD (Knoxville, 1823), p. 37. — *Annales du Tennessee*, par J. G. M. RAMSEY (Charleston, 1853), p. 92. — *Histoire du Tennessee central*, par A. W. PUTMANN (Nashville, 1859). — *Conférence de l'Hon. John Allison à l'association de la Presse du Tennessee* (Nashville, 1887). — *Histoire du Tennessee*, par James PHELAN (Boston, 1888).

(3) Aujourd'hui Abington.

colons se crurent encore sur le territoire de la Virginie, car, à cette époque, la ligne qui en marquait la frontière sud n'avait pas encore été prolongée aussi loin dans le Far-West. En réalité, s'ils n'avaient pas regardé le pays comme appartenant à la Virginie, ils n'eussent pas alors eu la hardiesse de s'avancer en intrus sur un territoire réclamé par les Indiens. Mais pendant que se concluait (5 novembre 1768) le traité du fort Stanwix entre la Couronne et les Iroquois, duquel résultait la cession des droits, quels qu'ils fussent que prétendaient les Six Nations sur le territoire du Sud-Ouest, un autre traité était conclu (1) à peu près à la même époque avec les Chérokees, par lequel ces derniers convenaient de renoncer à leurs revendications sur une petite partie de cette contrée, bien qu'en fait, avant la signature du traité, la contrée eût été peuplée au-delà des limites assignées aux colons. Ces deux traités, le premier comportant la cession faite par un groupe de tribus d'une petite étendue de terres, tandis que par le second une confédération toute différente cédait un territoire plus grand, comprenant en partie la première cession, suffisent pour montrer le désordre absolu des titres de possession territoriale des Indiens.

Mais en 1771, un des nouveaux venus, Anthony Bledsoe, qui était un arpenteur de profession, sortit de la limite virginienne à quelque distance vers le sud et découvrit que l'établissement sur le Watauga se trouvait dans les limites de la Caroline du Sud. Jusqu'alors les colons s'étaient crus soumis à la loi de la Virginie et pensaient que leurs droits à la protection contre les Indiens étaient garantis par le gouvernement virginien. Cette découverte les laissait livrés à leurs propres ressources. Ils se virent

(1) Le 14 octobre 1768, à Hard Labor, Caroline du Sud ; ce traité fut confirmé par celui du 18 octobre 1770, conclu à Lockabar (Caroline du Sud), mais les deux traités reconnaissaient les droits des Chérokees à la majeure partie de ces territoires de chasse du Nord-Ouest.

soudain dans la nécessité d'organiser un gouvernement civil, et en même temps de conclure pour leur propre compte un traité avec les Indiens du voisinage auxquels semblait appartenir la terre qu'ils occupaient.

La première de ces nécessités était plus urgente encore que la seconde. La Caroline du Nord fut toujours une colonie turbulente et désordonnée, incapable de faire régner la loi et la justice, même dans les districts les plus anciennement peuplés : il était donc absolument superflu de s'adresser à elle pour lui demander son concours dans le gouvernement d'une contrée lointaine et écartée. En outre, à l'époque où fut fondé l'établissement du Watauga, les troubles atteignaient leur apogée dans la Caroline du Nord. Il y eut guerre ouverte entre les partisans du gouverneur royal Tryon d'un côté, et de l'autre les *Régulateurs*, nom que s'étaient donné les insurgés. La lutte finit par la défaite des *Régulateurs* à la bataille de l'Alamance (16 mai 1771).

Par suite de ces troubles, beaucoup de gens des comtés occidentaux de la Caroline du Nord franchirent les montagnes et vinrent se fixer parmi les pionniers de Watauga et de l'Holston supérieur (1). La belle vallée du Nolichucky reçut bientôt sa part du courant immigrant. Parmi les nouveaux venus se trouvaient en grand nombre les représentants de cette catégorie d'aventuriers prêts à tout que l'on rencontre toujours sur la lisière de toute civilisation. Des voleurs de chevaux, des assassins, des condamnés qui s'étaient évadés, des débiteurs en fuite, — tous ces gens-

(1) On dit que la plus grande partie des anciens colons venaient du comté de Wake (Caroline du Nord), comme le fit Robertson ; mais beaucoup d'entre eux, comme Robertson, étaient des Virginiens de naissance et la grande majorité étaient de la même souche que les montagnards de la Virginie et de la Pensylvanie. Parmi les cinq membres de la « Cour » ou comité de gouvernement du Watauga, trois étaient de naissance virginienne ; un autre était venu de la Caroline du Sud ; l'origine du dernier n'est point spécifiée. Voir RAMSEY, p. 107.

là, cherchant à échapper à l'atteinte de la loi, venaient dans la région sauvage comme dans un sûr asile. La scélératesse bestiale et incorrigible de ces hommes, dont la sauvagerie grossière et primitive était plus répugnante encore que celle des criminels des villes, obligea les citoyens honnêtes de la communauté à s'unir pour la défense commune. Ces désespérés étaient souvent des bêtes féroces à figure humaine; ils pillaient impartialement blancs et Indiens. Tantôt leurs vols et leurs assassinats poussèrent les Indiens exaspérés à des représailles contre des blancs qui ne leur avaient rien fait, tantôt ils renonçaient à vivre parmi les gens de leur couleur et allaient partager l'existence des Peaux-Rouges qu'ils dirigeaient dans les actes les plus cruels (1).

Toutefois la grande masse des colons se composait d'hommes de la plus haute probité, bien dignes d'être les prédécesseurs et les ancêtres d'un état florissant et puissant. Ils possédaient le courage qu'il fallait pour braver les ennemis du dehors, ainsi que le rude et utile sens commun, grâce auquel ils établirent un gouvernement d'une forme simple mais efficace, afin de maintenir l'ordre chez eux. Pour réussir dans la région sauvage, il fallait être doué non seulement de hardiesse, mais encore de patience et d'endurance à supporter un labeur accablant. Les pionniers étaient chasseurs et gens de ménage. Chacun d'eux,

(1) Dans COLLINS (t. II, p. 345), figure une famille qu'on peut regarder comme un type de ces barbares des frontières. Ces gens portaient le nom de Harpe. Il y a quelque chose de révoltant et de bestial dans les crimes racontés. On voit qu'ils parcouraient le pays, l'aîné, Micajah Harpe, avec deux femmes, le cadet avec une seule. On indique le nombre effrayant d'assassinats qu'ils commirent, parfois pour des sommes minimes. La proposition cruelle qu'ils firent de tuer tous leurs enfants pour n'en être point embarrassés dans leur fuite, la vie de bêtes sauvages qu'ils menaient dans les bois, et l'ignoble férocité avec laquelle ils moururent. Des détails presque aussi terribles sont donnés sur la chasse acharnée qu'on leur fit, et sur la rage de loups que mirent les gens de la frontière à massacrer les femmes et les enfants, aussi bien que les hommes.

armé de la hache et de la torche, déboisait sa pièce de
terre à blé dans la forêt, au bord d'un clair et rapide cours
d'eau et, grâce à son habileté dans le maniement du rifle,
abattait dans les oseraies et la brousse le gibier, dont vivait sa famille, en attendant la première récolte.

Parmi les plus téméraires, les plus aventureux, et surtout ceux qui se livraient exclusivement à la chasse, sans
s'occuper jamais de culture, ou qui avaient une réputation
suspecte, vivaient isolément ; mais, en règle générale,
chaque groupe de colons était concentré dans l'intérieur
d'un petit village palissadé qu'on appelait un fort ou une
station. Ce système de villages fortifiés était le trait caractéristique de la vie des pionniers des forêts. Sans lui, le
peuplement de l'est et du sud-ouest eût été indéfiniment
retardé. Les colons n'eussent pu arriver d'aucune autre
manière à s'unir pour la défense, tout en conservant leurs
droits individuels à la possession du sol. Les forts du
Watauga ou villages fermés ressemblaient aux autres ; les
cabanes et les blockhaus étaient réunis les uns aux autres
par une enceinte de gros poteaux percée de meurtrières.
Ils étaient admirablement conçus pour permettre de s'y
défendre à l'aide du rifle. Comme il n'y avait pas de fossé
plein d'eau, on risquait d'y être attaqué par le feu, à moins
qu'on n'eût de l'eau en réserve dans l'intérieur, et il fallait naturellement s'y tenir en garde vigilante contre les
surprises. Mais on y était parfaitement à l'abri d'un assaut
de vive force. Aussi les colons y trouvaient-ils un asile
sûr en cas d'attaque des Indiens. En temps de paix, les
habitants les quittaient pour aller vivre dans leurs cabanes isolées, construites en troncs d'arbres, et labourer
le sol parsemé de souches des endroits déboisés. Des pistes
conduisaient d'une station à l'autre, à travers la forêt,
ainsi qu'aux districts peuplés en deçà des montagnes. A de
longs intervalles, les hommes y conduisaient des bandes
de chevaux de bât chargés des quelques objets indispensables que les colons ne pouvaient pas produire par leur

propre travail. Le cheval de bât fut le premier, et pendant longtemps le seul moyen de faire du commerce dans la forêt, et la profession de colporteur fut une des industries qui prospérèrent le plus sur la frontière.

Les colons travaillaient et chassaient beaucoup. Leur genre de vie était simple et grossier. Leurs demeures avaient une toiture faite de bardeaux et de grosses planches détachées du tronc avec le maillet et le coin, et maintenues en place par de grosses pierres ou par des perches ; le plancher était formé de grandes et épaisses planches rivées, dont un côté avait été raboté. La cheminée était placée en dehors de la cabane. On la bâtissait en pierre quand on le pouvait ; sinon on la faisait avec des troncs d'arbres revêtus d'une couche épaisse d'argile battue avec des poils de porc ou de daims pour la rendre plus consistante. Dans l'âtre vaste était placé un croc servant à suspendre les chaudières et les marmites. La fenêtre dépourvue de vitres se fermait avec un volet de bois, et la porte était formée de grandes planches (1). Les hommes fabriquaient eux-mêmes leurs harnais, leurs instruments de culture, leurs ustensiles domestiques, et de même que, dans toute autre communauté qui conserve le genre de vie de l'époque héroïque, le forgeron était un personnage d'une importance capitale. La seule chose que l'on eût à discrétion, c'était le terrain. Chacun en avait autant qu'il lui convenait d'en prendre, ou bien quand on savait que ce terrain appartenait aux Indiens, on s'en assurait l'usage par le don de quelques bibelots ou d'une bouteille d'eau-de-vie. Un petit nombre de colons restaient assujettis jusqu'à un certain point à l'austérité presbytérienne en ce qui concernait les divertissements, mais, en général, on aimait les courses de chevaux et on se livrait aux danses au son du violon. Les occupations diverses, comme de

(1) Dans *Les Pionniers Américains*, t. II, p. 445, se trouve la description détaillée d'une maison en troncs d'arbres, comme l'étaient les plus soignées.

mettre le blé en meule, de rouler les arbres abattus (c'est-à-dire de les transporter en dehors de l'endroit déboisé) de construire les maisons, de faire bouillir le sucre d'érable et autres du même genre, étaient des occasions de gaîté bruyante et cordiale, auxquelles toute la localité prenait part et c'eût été faire un affront à un homme que de ne point lui demander son aide en pareil cas, de même qu'un butor sans cœur était seul capable de la refuser. Les forestiers avaient à affronter le péril et les difficultés sans se plaindre. Ils aimaient à faire de temps à autre un saut en dehors de leur existence étroite, à goûter les plaisirs grossiers qui sont toujours si chers à une race forte, simple, primitive. Et pourtant cette humeur, tantôt sauvage, tantôt légère et capricieuse à l'excès, cachait un caractère qui, une fois réveillé, était terrible dans sa violence et sa ténacité à marcher vers son but.

Tels étaient les colons du Watauga, les fondateurs de la communauté qui devint l'état de Tennessee, qui, en 1772, décida d'organiser une forme de gouvernement capable de tenir en respect la violence et d'établir l'équité d'homme à homme. Il y avait déjà parmi eux deux hommes qui les dominaient de la tête et des épaules, au point de vue du mérite, et qui sont dignes d'une mention spéciale, car ils étaient destinés à jouer, pendant les trente années qui suivirent, le rôle principal dans l'histoire de cette partie du Sud-Ouest qui devint l'Etat de Tennessee et le dut largement à leurs efforts. Ces deux hommes qui n'avaient ni l'un ni l'autre atteint trente ans, étaient John Sevier et James Robertson (1).

Robertson arriva le premier au Watauga, au commencement de 1770 (2). Il était marié depuis deux ans, à une

----

(1) Tous deux étaient nés en Virginie, Sevier dans le comté de Rockingham, le 23 septembre 1745, et Robertson dans le comté de Brunswick, le 28 juin 1742.

(2) PUTNAM, p. 21. Cependant, il se trompe évidemment en disant qu'il était accompagné de Boon, attendu que celui-ci était alors dans le Kentucky. Un écrivain récent a réédité cette erreur sous

femme bien élevée qui lui avait « appris ses lettres et à épeler », car il appartenait à une famille de forestiers, et à une famille plus pauvre que la moyenne, et il n'avait pas même acquis l'instruction rudimentaire que donnait une école des « vieux champs ». Mais cet homme tenait de la nature des qualités remarquables. Il était de taille au-dessus de la moyenne (1) avec un corps nerveux robuste, des yeux bleu-clair, un teint blanc, des cheveux de couleur foncée. Sa figure quelque peu sombre avait un air de force contenue qui la rendait impressionnante. Sa façon silencieuse, tranquille, impérative de traiter les hommes et les choses, ainsi que la manière singulière dont se combinaient en lui la froide prudence et l'audace la plus aventureuse, lui valurent une influence immédiate sur tous et même sur des caractères indociles comme ceux de la frontière. Il était grand chasseur, mais, différent de Boon en ce point que la chasse et l'exploration étaient pour lui des affaires secondaires, et qu'il venait se rendre compte du pays avec l'œil du pionnier qui veut faire un établissement. Il se proposait d'avoir un foyer pour élever sa famille. Il voulait, si cela était possible, découvrir des terres riches, avec de bonnes sources, pour y amener ceux de ses voisins qui désiraient vivement, comme lui, s'élever dans le monde, et assurer le bien-être à leurs enfants.

Robertson, qui habitait alors la Caroline du Nord, résolut de franchir les montagnes pour découvrir un pays tel que celui-là. Il partit seul pour cette exploration,

une autre forme, en disant que Robertson accompagna Boon, au Watauga, en 1769. Cependant Boon se mit en route le 1ᵉʳ mai 1769, et en juin il était au Kentucky. Putnam ne se borne pas à nous dire en termes très nets que Robertson alla au Watauga pour la première fois en 1770 : il dit en outre que quand Robertson y alla, il avait déjà un fils. Or, ce fait se passa en juin 1769, de sorte qu'il est certain que Boon et Robertson n'étaient pas ensemble.

(1) Cette description est faite d'après les renseignements fournis par ses descendants, et par les arrière-petits-fils de ses contemporains.

armé du rifle, et monté sur un bon cheval. Il traversa les chaînes qui forment au nord le prolongement des Grandes Montagnes de la Fumée, et passa l'été dans la belle contrée semée de collines où sourdaient du sol les sources des eaux de l'Ouest. Il n'avait jamais vu pays aussi charmant. Les hautes vallées que parcouraient les cours d'eau, étaient bornées par des murailles de montagnes élevées, que dépassaient des pics coiffés de nuages. Le limon fertile, qui formait les fonds, était couvert par la luxuriante végétation de la forêt primordiale, interrompue çà et là d'ouvertures semblables à des clairières où des bandes d'animaux sauvages broutaient un gazon haut et épais.

Robertson fut bien accueilli des rares colons, et fit un séjour assez long pour avoir le temps de récolter le blé, qui est la ressource fondamentale de tout pionnier, ainsi que de tout chasseur, explorateur, tueur d'Indiens, ou coureur du désert ; il vécut du gibier qu'il tirait et de la petite provision de maïs qu'il pouvait porter sur lui (1). Vers la fin de l'automne néanmoins, quand il repassa la montagne pour revenir chez lui à travers les forêts dépourvues de sentiers, il manqua à la fois de gibier et de maïs. Il s'égara, dut abandonner son cheval parmi d'infranchissables abîmes et finalement, sa poudre étant mouillée, son rifle lui devint inutile. Pendant quatorze jours, il ne vécut que de noix et de baies sauvages, et il était sur le point de mourir de faim quand il rencontra deux chasseurs à cheval, qui lui donnèrent à manger, lui permirent de monter à cheval alternativement sur leurs deux bêtes, et le ramenèrent sain et sauf chez lui.

Des privations de ce genre étaient pour ainsi dire les incidents journaliers d'une existence comme la sienne. Il se prépara aussitôt à partir pour la nouvelle terre avec sa famille. Ses descriptions firent beaucoup d'effet sur

____

(1) L'importance du maïs pour le colon de l'Ouest peut être appréciée par ce fait que, dans notre langue, il a accaparé à lui seul la désignation *grain*.

ses voisins, et seize familles se disposèrent à le suivre. La petite caravane se mit en route, sous la conduite de Robertson, au printemps de 1771 (1) dès que le sol se fut desséché après les pluies d'hiver. Ils voyagèrent d'après la méthode ordinaire des émigrants de la forêt, les hommes à pied, le rifle sur l'épaule, les aînés des enfants poussant les maigres vaches, tandis que les femmes, les petits enfants, les quelques meubles de la famille, les ustensiles de ménage étaient placés à dos de cheval. En effet, dans la colonisation des forêts pendant le siècle dernier, le cheval de bât joua le même rôle que dans le siècle actuel remplit le char couvert de toile de l'émigrant, le schooner de la prairie, à la coiffe blanche.

Aussitôt après l'arrivée sur le Watauga, les nouveau-venus de la Caroline se mêlèrent sans peine aux quelques Virginiens déjà établis. Robertson ne tarda pas à devenir un des hommes influents du nouveau cantonnement. Il construisit sur une île de la rivière une maison en troncs d'arbres qui avaient conservé leur écorce à la partie extérieure, mais qui avaient été égalisés du côté intérieur. La tradition dit que c'était la plus grande de l'établissement. Sans aucun doute, elle appartenait à la catégorie des plus belles parmi les demeures forestières ; elle avait un grenier, plusieurs pieds, un toit formé de petits arbres refendus et maintenus en place par de lourdes perches ; une vérandah entourée d'arbres sur sa façade, un âtre immense, en branchages ou pierres unies par de l'argile, où grondait bruyamment en hiver l'amas de bûches flambantes. Le mobilier était tout à fait pareil à celui des autres demeures de la même sorte : un lit grossier, une table, une grande caisse servant de siège, une commode, un rouet, des tabourets à trois pieds, peut-être des chaises dont les sièges et les dossiers étaient formés de peau de daim non

(1) PUTNAM, p. 24, dit que ce fut après la bataille de l'Alamance qui eut lieu le 16 mai 1771. Une tradition qui ne mérite pas foi dit que ce fut au mois de mars.

préparée. L'énergie et l'habileté naturelle de Robertson le placèrent bientôt au premier rang sous tous les rapports, bien que, comme on l'a déjà dit, il ne possédât pas même la moyenne d'instruction des forestiers, et qu'il ne sut pas lire lors de son mariage, alors que la plupart d'entre eux savaient non seulement lire, mais encore écrire, ou tout au moins signer en toutes lettres (1).

Sevier, qui vint au Watauga dès le commencement de 1772, environ un an après l'arrivée de Robertson et de sa petite colonie, différait immensément de son ami à tous les points de vue, excepté en largeur d'esprit, en courage indomptable et invincible. C'était un gentleman par la naissance et par l'éducation, fils d'un Huguenot qui s'était établi dans la vallée de la Shenandoah. Il avait reçu une bonne instruction, et bien qu'il n'eut jamais eu l'amour des livres, il resta jusqu'à la fin de la vie observateur attentif, par goût, des hommes et des choses tant en Amérique qu'en Europe. Il correspondait en termes d'intimité et d'égalité avec Madison, Franklin et d'autres hommes d'État instruits de notre pays, tandis que les lettres de Robertson, lors même qu'il fut parvenu à les écrire de sa main, étaient presque aussi remarquables par leur orthographe outrageusement fantaisiste, que par leur honnêteté simple et leur droiture. Sevier était un fort bel homme. De son vivant, il était regardé comme le plus bel homme du Tennessee. Il était grand, de teint clair, avec des yeux bleus, le corps élancé, l'attitude droite, militaire, impérieuse. Sa nature élégante et bien proportionnée était bien mise en relief par la blouse de chasse qu'il portait presque continuellement. De ses ancêtres français, il tenait un caractère gai, ami du plaisir qui faisait de lui un com-

---

(1) En examinant les originaux d'un grand nombre de pétitions, d'autres documents analogues, signés par des centaines d'anciens colons du Tennessee et du Kentucky, j'ai été frappé du très petit nombre relatif — guère plus de 3 ou 4 0/0 — de ceux qui tracent leur marque en place de signature.

pagnon charmant. Ses manières étaient polies et aisées, et il avait une grande dignité naturelle. Il exerçait une influence sans bornes sur les hommes de la forêt, et il la devait autant à son tact, à sa présence d'esprit, à sa courtoisie constante, à son hospitalité prodigue et généreuse, qu'à l'habileté et à l'audace qui avaient fait de lui le plus renommé chasseur d'Indiens qu'il y eût dans le Sud-Ouest. Il avait un tempérament ardent et impétueux, et était fort ambitieux, recherchait autant la popularité que les occasions de combattre contre les Indiens (1). Il était déjà marié, et père de deux enfants, quand il arriva au Watauga et, comme Robertson, il était venu dans l'Ouest se créer un nouveau, un meilleur foyer pour sa famille. Jusque-là, sa vie avait été aussi dépourvue d'événements que celle de tout autre jeune et ardent colon. Ses occupations avaient été celles d'un commerçant indien de la frontière. Il avait pris part à une ou deux escarmouches sans importance avec les Indiens (2). Plus tard, il reçut de Lord

(1) Voir dans la Collection de la Société historique du Tennessee, à Nashville, les notes manuscrites qui contiennent des détails sur Sevier, donnés par un des vieux colons nommé Hillsman. Il insiste surtout sur l'habileté avec laquelle Sevier réussissait à persuader aux forestiers d'adopter sa propre manière de voir, tout en leur faisant croire qu'ils n'agissaient que d'après leurs idées personnelles, et il ajoute : « Tout ce qu'il possédait était au service de ses amis et servait à encourager le parti de Sevier, qui comprenait presque toute la population ».

(2) M. James Gilmore (Edmond Kirke) dans son livre sur Sevier, émet quelques assertions totalement dépourvues de preuves, sur les prétendus exploits que son héros, alors tout jeune, aurait accomplis dans les guerres entre les Virginiens et les Indiens. Il ne donne pas de dates et ne peut faire allusion qu'à la guerre de Pontiac. Sevier avait alors 18 ans. Néanmoins il est représenté, entre autres traits, comme à la tête de cent hardis coureurs de la frontière, qu'il conduit « dans le pays indien, où il brûle des villages, et met en déroute des troupes souvent cinq fois plus nombreuses que la sienne ». Ces assertions n'ont d'autre base que des traditions recueillies cent-vingt-cinq ans après les événements, et il faut les regarder comme de pures fables. Elles montrent une ignorance absolue et assez amusante non seulement en ce qui concerne la manière de faire la guerre des Indiens, mais encore dans l'histoire

Dunmore une commission de capitaine dans l'infanterie virginienne.

Tels étaient Sevier et Robertson, les chefs du petit avant-poste sur la frontière de la civilisation, qui luttait pour se maintenir sur le Watauga, et ces deux hommes se montrèrent les plus capables, après Georges Roger Clarke, de tous les pionniers de la première génération au-delà de l'Alléghany.

Leurs successeurs furent dignes d'eux. Tous sentirent aussi vivement les inconvénients qu'offrait l'existence dans une communauté où il n'y avait ni loi ni personne pour en assurer l'exécution. En conséquence, les colons, avec cette faculté caractéristique d'organisation qui les distinguait tous, autant que leur faculté de se tirer d'affaire par eux-mêmes, se déterminèrent à se donner un gouvernement. Ils se hâtèrent de mettre leur projet à exécution dès les premiers jours du printemps de 1772. Robertson fut probablement le chef de ce mouvement.

Ils décidèrent de se mettre d'accord et d'écrire les ar-

spéciale du pays dont il est question. M. Gilmore oublie que nous avons de nombreuses histoires de la guerre où Sevier est censé s'être distingué, et que pas une d'elles ne contient un mot qui puisse indiquer ce qu'il dit. Ni Sevier, ni aucun autre ne fut jamais à la tête de cent hommes dans une bataille qui aurait eu pour résultat la défaite « d'une troupe cinq fois plus nombreuse » d'Indiens du Nord-Ouest dans les bois ; et pendant tout le temps que Sevier passa en Virginie, la seule défaite subie par une troupe d'Indiens montant à ce nombre, fut celle de Bushy-Run, où Bouquet remporta la victoire après un rude combat. Après la fin de la guerre de Pontiac, il n'y eut aucune expédition importante, entreprise par les Virginiens contre les Indiens, jusqu'en 1774, et nous savons très bien les détails de la guerre de Pontiac elle-même. Sevier ne prit part ni comme chef, ni comme combattant à aucun des merveilleux faits d'armes que décrit M. Gilmore ; loin de là, les quelques escarmouches où il put figurer étaient si peu importantes, qu'on n'en a gardé aucune trace. Si Sevier avait accompli de tels exploits, son nom aurait été fameux dans toutes les colonies, au lieu d'y être resté absolument inconnu pendant cent vingt ans. Il est extraordinaire qu'un écrivain consente à signer de son nom des assertions aussi hasardées, dans un livre qui se donne pour une histoire et non pour une œuvre d'imagination.

ticles de la loi d'après laquelle ils dirigeraient leur conduite et qui sont connus sous le nom d'articles de l'Association de Watauga. Il en résulta une Constitution, la première qui ait été adoptée à l'ouest des montagnes et par une communauté d'Américains nés libres. C'est ce fait de leur indépendance primordiale et de leur self-gouvernement qui donne à l'histoire des colons des sources de Tennessee son importance particulière. Ils furent les premiers des Américains de naissance, qui établirent sur le continent une communauté libre et indépendante. Même avant cette date, il y avait eu des chaînes d'établissements le long des bords de l'Ohio supérieur, composés de Pensylvaniens et de Virginiens, mais ces établissements avaient continué à n'être que des parties des colonies qui se trouvaient en arrière, et ils ne s'étaient point constitués en communautés distinctes, et n'avaient pas joué un rôle particulier dans le développement de l'Ouest.

La première mesure que prirent les colons du Watauga (1) quand ils eurent décidé de s'organiser, fut de se réunir en assemblée générale, de tenir une sorte de *folke-thing*, analogue au town-meeting de la Nouvelle-Angleterre. Alors ils élurent une assemblée représentative, un petit parlement ou *wittenagemot* qui tint séance à la station de Robertson. Il est probable que les hommes libres de chaque petit fort ou village clos de palissades qui formait un centre à chaque groupe de cabanes isolées ou défrichements, envoya un homme à cette première assemblée législative (2). Elle se composait de treize personnes qui élurent cinq d'entre elles — Sevier et Robertson furent de ce nombre — pour former un comité ou tribunal, chargé de tous les détails du gouvernement et des fonctions judiciaires et exécutives. Ce tribunal avait un secrétaire et un shériff, et chacun d'eux avait pour

(1) Les colons de Watauga et ceux de la vallée de Carter furent les premiers à s'organiser, puis vinrent ceux de Nolichucky.
(2) Putnam, p. 30.

office respectif d'enregistrer et de faire exécuter les réso-
lutions.

Les cinq membres de cette cour, qui sont tantôt mentionnés sous le nom d'arbitres, et tantôt sous celui de
commissaires, étaient chargés de veiller à tous les intérêts
de la communauté ; et toutes les affaires mises en discussion
étaient décidées à la majorité des voix. Ils se donnèrent un
président pris parmi eux, qui devait être en même temps
le président né du comité des treize. Toutes leurs décisions
furent marquées d'un caractère de prudence et de modération tel qu'il le fallait dans leur situation quelque peu
anormale. Ils évitaient soigneusement de mêler leurs
affaires à celles des Législatures coloniales des environs ;
quand ils traitaient avec des non résidents, ils leur demandaient de fournir caution en s'engageant à se conformer à
leurs décisions. Ils évitaient ainsi de se trouver dans la
nécessité de procéder contre leurs personnes. Comme
représentants de la communauté elle-même, ils étaient
autorisés non seulement à en contrôler les affaires inté-
rieures, mais encore à acquérir des terres en faisant des
traités avec une puissance étrangère, il s'agissait des
Indiens ; c'était là un exercice direct du droit souverain.
Ils entendaient et décidaient toutes les affaires litigieuses
entre les colons eux-mêmes, et prenaient des mesures pour
la sûreté commune. En fait, les habitants de cette petite
communauté située en dehors de la frontière, exerça
pendant des années les fonctions d'un état complet. Elle
établit dans un sens vraiment américain un gouvernement
qui était une pure démocratie, avec des institutions repré-
sentatives, dans lequel, sauf certaines restrictions, la
volonté de la majorité était la volonté suprême, tout en
laissant la plus grande place à la liberté individuelle, en
conservant à l'initiative personnelle toute son indépendance.
Les auteurs de ce système montrèrent la prédilection américaine pour une constitution écrite, pour un contrat écrit,
et, chose plus importante encore, ils firent preuve du sens

commun américain en adoptant le genre de gouvernement que répondait le plus simplement à leurs besoins, sans se mettre la cervelle à l'envers à propos de prétentieuses abstractions (1).

La cour et le comité tenaient leurs séances à des intervalles fixes et réguliers. Ils adoptèrent la loi de la Virginie comme guide dans leurs décisions. Ils prirent des mesures pour l'enregistrement des contrats et des testaments, tranchèrent toutes les questions de dettes, délivrèrent les permis de mariage et firent une guerre énergique aux violateurs de la loi, et particulièrement aux voleurs de chevaux (2). Leur gouvernement fut en pleine vigueur pendant six ans. Puis en février 1778, la Caroline du Nord, ayant organisé le comté de Washington, qui comprenait tout le Tennessee actuel, le gouverneur de cet État nomma des juges de paix et des officiers de la milice pour le nouveau comté, et l'ancien système prit fin, mais Sevier, Robertson et leurs collègues du comité furent tous membres de la cour récemment instituée et continuèrent presque sans modification leur ancien et simple système de procédure, d'administration directe et expéditive de la justice. Comme juges de paix, il firent ce qu'ils avaient fait comme arbitres, dans l'Association de Watauga, et dans leur façon sommaire d'agir avec les criminels, ils tinrent bien plus compte de l'esprit que des formes de la loi. Un extrait du registre apprend qu'un voleur de chevaux fut arrêté le lundi, jugé le mercredi, et pendu le vendredi de la même semaine. Dans un autre, il s'agit

(1) Les originaux des articles de l'association de Watauga se sont perdus, et il n'en existe pas de copies. Tout ce que nous savons à leur sujet est tiré de Haywood, Ramsey et Putnam, trois historiens auxquels le Tennessee doit autant pour leurs recherches ingénieuses que le Kentucky à Marshall, Butler et Collins. Disons, en passant, que Ramsey se sert d'épithètes impropres quand il qualifie le gouvernement de « fraternel et de patriarcal ».

(2) On trouve une très bonne description de ce gouvernement dans la Conférence d'ALLISON, p. 5-8, où ont été pris les exemples cités dans le texte.

d'un homme qui demanda, par l'office de son attorney, à être assermenté comme secrétaire, mais la Cour déféra le serment à James Sevier, sachant fort bien que le dit « Sevier avait été élu » et ne voulant évidemment pas perdre son temps à écouter les détails d'une élection contestée, alors qu'elle était convaincue d'après les principes de l'équité. Elle exerçait le droit de forcer les individus suspects à quitter le comté (1). Parfois aussi, on s'y faisait le censeur des mœurs et l'on intervenait par des mesures fort efficaces pour redresser des torts auxquels un système plus raffiné et plus compliqué de jurisprudence n'eût pu apporter remède que par des formalités encombrantes et insuffisantes. Ainsi dans le registre on trouve qu'un certain personnage a reçu l'ordre « de rentrer dans sa famille et de s'y conduire comme un bon citoyen, attendu qu'il a été reconnu en audience publique qu'il avait abandonné sa femme pour vivre avec une autre ». A en juger par le caractère des juges qui rendirent cet arrêt, on peut présumer avec sûreté que l'individu en question prit le parti ou d'obéir, ou d'aller se mettre en sûreté sans retard, chez les Indiens (2). Cette fuite chez les Indiens, disons-le en passant, était un exploit souvent accompli par les pires criminels, car le renégat, « l'homme qui avait peint sa figure » et abandonné ceux de sa propre couleur, devenait un être aussi connu qu'abhorré et méprisé sur la frontière, où un tel acte était regardé comme un crime que rien ne pouvait faire pardonner.

Voilà de quelle manière les blancs faisaient régner l'ordre entre eux. La seconde partie de leur tâche, la direction de leurs rapports avec leurs voisins à peau rouge,

_____

(1) Un droit de ce genre, dont l'exercice est évidemment sujet à de grands abus, est pourtant souvent d'une absolue nécessité pour le bien-être d'une communauté de la frontière. Dans presque tous les cas où j'ai connu par moi-même que cette mesure avait été appliquée, le caractère de l'individu obligé de partir justifiait son application.

(2) ALLISON.

n'était guère moins essentielle. Dès le commencement de 1772, la Virginie fit un traité avec la nation des Cherokees, traité qui établissait comme frontière entre eux une ligne allant vers l'ouest à partir de la Montagne à cime blanche, à la latitude de 36°,30′ (1). Immédiatement après, l'agent du gouverneur anglais auprès des Chérokees, Alexandre Cameron, ordonna aux colons de Watauga de quitter sans délai le pays. Ils le bravèrent et refusèrent d'obéir; mais sentant combien leur situation était peu sûre, ils envoyèrent une députation de deux commissaires, dont l'un était Robertson, pour faire un traité avec les Chérokees. Ils remplirent leur mission avec succès. Les Indiens louèrent aux colons associés toutes les terres qui bordaient le Watauga pour une durée de huit ans, moyennant le paiement d'une valeur d'environ six mille dollars en couvertures, couleurs, mousquets et autres objets de ce genre (2). La somme avancée fut payée à ceux qui en firent l'avance, grâce à la vente par petites parcelles de terre à des nouveaux colons, pour la durée du bail (3).

Quand le bail eut été signé (4), on convint d'un jour pour organiser une grande course, ainsi que des concours de lutte et autres divertissements, au Watauga. Il y vint non seulement des blancs de divers établissements, et en grand

(1) V. RAMSEY, p. 109 ; Putnam dit 36°35.
(2) HAYWOOD, p. 43.
(3) Pendant ce temps, la vallée de Carter, qu'ils croyaient dépendante de la Virginie, avait été colonisée par des Virginiens. Les Indiens pillèrent le magasin d'un commerçant, et indemnisèrent les propriétaires en leur donnant des terres, par le traité de Sycamore's Shoal. Cette terre fut louée en lots et par la voie du sort aux colons qui néanmoins la gardèrent sans rien payer, quand ils s'aperçurent qu'elle dépendait de la Caroline du Nord.
(4) Un bail analogue, mais distinct, fut conclu par les colons du Nolichucky, ils acquirent ainsi une belle et fertile vallée pour laquelle ils donnèrent simplement la charge de marchandises d'un seul cheval de bât. Parmi les blancs eux-mêmes, le transfert de la propriété s'opérait en des formes très simples, et comprenait non point le droit de propriété absolue, mais le droit de l'occupant, tel qu'il le cédait.

nombre, mais encore beaucoup de Peaux-Rouges, curieux
d'assister à ces sports ou d'y prendre part. Tout alla bien
jusqu'au jour où certains individus insoumis aux lois, et
qui s'étaient dissimulés dans les bois aux environs des
collines du Loup, tuèrent un Indien ; ce qui fit que ses
compagnons partirent pleins de colère (1).

Les colons se voyaient dès lors menacés d'une guerre
sanglante avec les vindicatifs Indiens. Ils étaient plongés
dans la terreur et le désespoir, mais ils furent sauvés par
l'habileté et le courage de Robertson. Laissant ses concitoyens bâtir une formidable enceinte de pieux sous la
direction de Sevier, il partit seul à travers bois et suivit la
grande piste de guerre jusqu'aux villes des Chérokees. Sa
mission l'exposait aux plus grands dangers, car il s'exposait à perdre la vie sous les coups des sauvages justement
irrités. Mais s'il était homme à ne jamais se jeter témé-
rairement dans un danger inutile, il ne reculait jamais
devant ce danger quand il avait quelque objet en vue. Son
attitude calme, résolue, intrépide, fit sans doute impression
sur les sauvages qu'il alla trouver, et contribua à lui
sauver la vie. En outre, les Chérokees le connaissaient,
faisaient grand cas de sa parole, et ils furent peut-être
domptés par un certain air de commandement qui lui a
été attribué par tous ceux qui furent en rapport avec lui.
Son tact, sa présence d'esprit, sa connaissance du caractère indien firent le reste. Il persuada aux chefs et aux
guerriers de l'entendre en conseil, leur assura que tout le
peuple du Watauga avait été irrité et désolé de ce meurtre,
que le crime avait été certainement commis par un bandit,
et il termina en s'engageant solennellement à faire tout
son possible pour arriver à l'arrestation et à la punition

---

(1) Haywood dit qu'ils se nommaient les Crabtree, Putnam donne
à entendre qu'ils avaient perdu un frère quand la troupe de Boon
fut attaquée et qu'il eut son fils tué, mais l'attaque contre Boon
n'eut lieu que plus d'un an après l'incident rapporté dans le
texte.

du coupable dans la mesure de son crime. Les Indiens, déjà charmés de son ambassade, consentirent enfin à oublier l'affaire et à n'en point punir les innocents. Alors l'audacieux diplomate de la forêt, tout fier du succès de sa mission, revint à la petite communauté qui l'attendait dans l'angoisse.

Cet incident, auquel on peut joindre le pillage d'un magasin tenu par deux blancs dans la vallée de Holston, et l'attaque faite sans provocation sur Boon et sa troupe dans la vallée de Powell, qui eut lieu un an plus tard, tout cela montre combien il était difficile d'empêcher les scélérats de chacune des deux races d'attaquer au hasard les gens paisibles. Il y avait à peine un seul Peau-Rouge ou un seul blanc honnête qui ne put raconter les dommages que lui avaient fait souffrir des gens de l'autre race. Le ressentiment des torts qu'il avait subis aussi bien que l'indifférence commune sur la frontière à l'égard des crimes commis contre autrui, ralentissaient son empressement à punir les crimes des gens de sa race. Les colons du Watauga désapprouvèrent les torts faits aux Indiens, et firent de leur mieux pour apaiser ceux-ci, mais ils ne firent point aux coupables la chasse impitoyable qui eût été nécessaire pour prévenir le retour de semblables offenses. Et pareillement, mais d'une manière bien plus générale, les Indiens paisibles servirent de protection aux Indiens criminels (1).

Pendant plusieurs années qui suivirent ce bail consenti par les Chérokees aux hommes de Watauga, ceux-ci ne furent point inquiétés par leurs voisins indiens. Ils n'avaient d'autres causes de craintes qu'une sécheresse, une inon-

---

(1) Voir La Rochefoucauld-Liancourt, pp. 8 et 95. Il éprouvait de la répulsion à l'égard des forestiers, — d'ailleurs très peu d'Européens de bonne éducation surent voir les forestiers sous un autre aspect que dans ce que leur nature de gens des frontières avait de répugnant, et ce côté-là était certes fort en relief. — Néanmoins, cet auteur reconnaît la tendance des pires Indiens à marcher vers la frontière pour piller et massacrer.

dation soudaine, un incendie dans la forêt, ou une chute de neige d'une épaisseur inaccoutumée lors de leurs chasses au milieu de l'hiver dans les montagnes. Ils vivaient en paix se livrant à la chasse, à la culture, se mariant, vivant dans leur ménage, et élevant de nombreux et robustes enfants. Par degrés, ils se créèrent aux dépens de la forêt toujours opiniâtre à repousser, de confortables demeures, où régnait l'abondance. Les souches qui parsemaient les déboisements furent arrachées, et on sema d'autres plantes que le blé. Du bœuf, du porc, du mouton paraissaient quelquefois sur les tables, à côté des viandes ordinaires provenant de la chasse, l'ours, le dindon sauvage. Les femmes tissaient une étoffe de bonne qualité ; les hommes amélioraient la nourriture ; les maisons en troncs d'arbres, quoique simples et rudes, donnaient toujours un abri largement chauffé et des plus confortables. Les familles prospéraient. L'on vivait heureux, bien que l'existence eût ses incidents et ses phases de peine, de danger, de privations. Les livres étaient rares, et ce ne fut que quelques années plus tard que s'éleva une église — elle était, cela va sans dire, presbytérienne (1). Les forestiers presbytériens menèrent leurs affaires ecclésiastiques à peu près de la même façon que leurs affaires civiles. Chaque congrégation nommait un comité pour faire choix d'un emplacement, bâtir une maison de réunion, réunir la somme nécessaire au salaire du ministre et payer toutes les dépenses par une taxe proportionnelle imposée aux membres. Le comité devait de son côté rendre compte de tout en détail, et recevoir des instructions à une séance générale ou meeting qui avait lieu deux fois par an (2).

---

(1) L'Eglise de Salem fut fondée (ALLISON, p. 8) en 1777 par Samuel Doak, gradué de Princeton, homme d'une saine érudition, qui, à peu près vers la même époque, créa le collège Washington, la première institution vraiment savante qui ait existé au sud des Alléghanys.

(2) *Annales d'Augusta*, p. 21.

Ainsi les gens de Watauga furent les premiers Américains qui, formés en corps distinct, s'avancèrent dans la région sauvage pour s'y tailler des demeures, pour eux et leurs enfants. Ils n'avaient à compter que sur leur intelligence lucide, leurs cœurs fermes, leurs bras robustes, ils n'étaient ni aidés, ni entravés par le pouvoir dont ils dépendaient nominalement (1). Ils organisèrent une communauté à laquelle bien d'autres ont succédé. Ils prouvèrent que les hommes de la frontière pouvaient faire leur besogne à eux seuls, car ils montrèrent non seulement qu'ils étaient d'une matière capable de résister à toute pression extérieure, mais encore qu'après avoir conquis le sol, ils étaient en mesure de le gouverner et de se gouverner eux-mêmes. Ils furent les premiers à faire ce que depuis la nation tout entière a fait. On a dit souvent que nous sommes redevables de notre succès à notre milieu ; que toute autre race placée dans les mêmes conditions eût réussi aussi bien que nous. Sans aucun doute, nos avantages ont été grands ; sans aucun doute, nous avons parfois échoué d'une manière lamentable à en tirer parti. Mais quelle nation a jamais tiré le meilleur parti possible des avantages qui se trouvaient à sa portée ? Les Espagnols, les Portugais, et les Français, sans parler des Russes en Sibérie, ont tout eu pour eux et cependant ils n'ont point réussi à faire bon usage des conditions favorables que nous avons fait tourner à notre profit. La vérité, c'est que quand il se crée une nation neuve dans un pays neuf, comme nous l'avons fait, il y a d'une part des chances exceptionnellement favorables, qu'il faut utiliser, et d'autre part il se révèle des dangers et des difficultés exceptionnellement graves qu'il faut surmonter. Il n'y a que des héros qui puissent mener jusqu'au bout une telle tâche. Il nous est fort utile de comparer de temps à autre ce que nous avons fait avec ce que nous aurions pu faire, si nous avions été plus honnêtes et

(1) Voir Appendice E.

plus sages. Cela peut nous porter un jour à faire tous nos efforts pour élever nos qualités au niveau de nos chances favorables. En nous plaçant au point de vue de l'absolu, nous devons reconnaître avec franchise que nous sommes restés bien au-dessous de l'idéal grandiose que nous aurions atteint. Au point de vue relatif, nous devons dire aussi que nous avons fait mieux qu'aucune autre nation ou race agissant dans les mêmes conditions que nous.

Les colons du Watauga tracèrent à l'avance l'esquisse de l'œuvre nationale. Ils domptèrent le désert abrupte et hérissé, ils bravèrent les ennemis du dehors et ils réussirent à résoudre le difficile problème du self-government.

CHAPITRE VIII

LA GUERRE DE LORD DUNMORE
(1774)

En 1774, à la veille de la Révolution, les hommes de la frontière avaient pris solidement pied au milieu des Alléghanys. Immédiatement à l'ouest s'étendait le désert inhabité que parcouraient seulement les troupes des guerriers peaux-rouges et les troupes de chasseurs soit de race rouge soit de race blanche. Aucun colon ne s'y était encore établi et, jusqu'au jour où ils le firent, il ne pouvait y avoir place dans ses limites pour une guerre de race, à moins que nous n'appelions ainsi la lutte incessante, mais inconnue à l'histoire dans laquelle, de temps à autre, un solitaire chasseur blanc tuait son ennemi au visage peint ou était tué par lui. Mais au sud-ouest comme au nord-ouest, l'aire de colonisation confinait déjà au séjour proprement dit des tribus, et de ce côté-là l'horizon n'était jamais tout-à-fait libre des nuages menaçants d'une guerre indienne. Cependant, à ce moment, le sud-ouest était en paix, car les Chérokees montraient encore des dispositions amicales.

C'était au nord-ouest que le danger d'une collision était le plus imminent, car là les blancs et les Indiens s'étaient fait un mal réciproque pendant une génération, et alors leurs intérêts se heurtaient plus violemment que jamais. Une très grande partie de la frontière occidentale était occupée ou revendiquée par la Virginie, qui avait pour gouverneur royal Lord Dunmore. C'était un homme ambitieux, énergique, qui, tout en se reconnaissant vassal de la couronne, n'en était pas moins empressé à soutenir la cause de la Virginie, soit contre les Indiens, soit contre les colonies ses sœurs. La lutte courte, mais vive et pleine d'événements, qui éclata alors, fut soutenue uniquement par les Virginiens. Elle est généralement connue sous le nom de guerre de Lord Dunmore.

La Virginie revendiquait, d'après sa charte, des frontières allant à travers les mers du sud jusqu'à l'Océan pacifique. Le roi d'Angleterre avait bien voulu lui accorder le droit de s'agrandir dans ce continent et ces limites autant qu'elle le pourrait aux dépens des Indiens, des Français et des Espagnols, et qu'elle pourrait, d'autre part, se maintenir sans en être chassée par la couronne ou par les autres colonies. Nombre de concessions avaient été faites avec autant de libéralité, et on découvrit dans la suite que parfois elles s'annulaient réciproquement. Il en résulta que si, d'un côté, les frontières étaient nettement délimitées près de la côte, où elles séparaient la Virginie des régions, depuis longtemps peuplées, du Maryland et de la Caroline du Nord, elles devenaient extrêmement vagues et incertaines à partir de l'endroit où elles atteignaient les montagnes. Même au sud, il en résultait de la confusion, par suite de laquelle les colons de l'Holston supérieur se regardaient comme Virginiens et non comme Pensylvaniens, mais au nord le chaos était plus complet encore et il faillit en résulter une guerre intercoloniale entre la Pensylvanie et la Virginie.

Les Virginiens revendiquaient tout ce qui se trouvait à l'extrême ouest de la Pensylvanie, particulièrement Fort Pitt et la vallée de Monongahela. En 1774, ils se mirent hardiment à y exercer leur juridiction (1). A la vérité, il

(1) *Archives Américaines*, IVe Série, t. I, p. 154. Rapport des commissaires pour la Pensylvanie, du 27 juin 1774.

11*

y avait parmi les colons un parti fort nombreux qui favo-
risait les réclamations de la Virginie, et, d'autre part, il
eût été absolument impossible de faire naître en aucun
point de la Virginie le moindre sentiment en faveur d'une
revendication pareille de la part des Pensylvaniens. Les
gens de la frontière avaient un grand mépris à l'égard du
gouvernement torpide et peureux de la province des Quakers, qui se montrait fort tiède dans la défense de leurs
droits, et aussi quand il s'agissait de les châtier du tort
qu'ils faisaient à autrui. En fait, il semble probable qu'ils
se seraient déclarés plus fortement encore pour la Virginie, s'ils avaient pu énoncer leur véritable raison, savoir : que leur instinct d'indépendance était si soupçonneux, qu'ils regardaient avec méfiance toute espèce de
contrôle. Aussi avaient-ils autant d'antipathie pour le gouvernement virginien que pour celui de la Pensylvanie, et
attendaient-ils le résultat de la querelle avec une certaine
indifférence (1).

Au commencement de 1774, on put croire quelque
temps que les Virginiens allaient se mesurer sur le terrain
avec les Pensylvaniens comme avec les Shawnees. Pendant que les commissaires pensylvaniens s'efforçaient
d'aboutir à un règlement de frontières avec Lord Dunmore, les représentants des deux parties en litige étaient
près d'en venir aux mains à Fort Pitt. L'agent du comté
dans le territoire contesté était un certain capitaine John
Conolly (2), homme de tempérament violent, de réputation fâcheuse. Il enrôla les hommes favorables à sa cause
en une sorte de milice virginienne, avec laquelle il mena-

---

(1) Le Maryland était aussi engagé dans des difficultés de frontières avec ses voisins en ce qui concernait sa limite de l'ouest. La
première fois que nous entendons parler de la famille des Cresap,
nous les voyons aux prises, dans une véritable escarmouche, avec
les autorités de la Pensylvanie. Voir *Archives Américaines*, IV⁰ Série, t. I, p. 547.

(2) *Archives américaines*, IV⁰ Série, t. I, p, 394, 449, 469, etc. On
le nommait généralement le Dʳ Conolly.

çait non seulement les Indiens tant ennemis que pacifiques, mais encore les adhérents du gouvernement pensylvanien. Il détruisait leurs maisons, tuait leur bétail et leurs chiens, réquisitionnait leurs chevaux. Finalement il les mit dans une telle fureur qu'ils parlèrent de se réfugier dans l'enceinte palissadée de Fort Pitt et de l'y attendre sur le pied de guerre déclarée, quoique, même au milieu de ces querelles avec Conolly, leur attachement au gouvernement des Quakers fut assez douteux (1).

Les Virginiens étaient les seuls ennemis que craignissent réellement les Indiens de l'Ouest, car leurs forestiers étaient de tempérament guerrier et avaient appris à faire efficacement la guerre dans les bois. Les Indiens les appelaient les Longs Couteaux, ou, pour parler plus exactement, ils leur donnaient le nom collectif de Gros Couteaux (2). On a expliqué ce nom-là de bien des manières. Les uns l'attribuent aux longs couteaux que portaient presque toujours les chasseurs et les forestiers ; les autres à ce que certains tueurs d'Indiens, parmi les Virginiens de réputation, portaient l'épée. En tout cas, cette désignation fut appliquée par les Indiens à ceux des colons qui étaient leurs adversaires les plus résolus. Enfin, quand nous fûmes devenus une nation, ils l'étendirent à tous les Américains dans leur ensemble.

La guerre qui s'ensuivit alors ne fut pas générale. Les six nations prises dans leur totalité ne s'y engagèrent point, non plus que la Pensylvanie qui se tint à l'écart ; et, même à un certain moment, il fut question d'une médiation commune des Pensylvaniens et des Iroquois entre les combattants (3). La lutte était circonscrite

(1) *Archives américaines*, IVᵉ Série, t. I, p. 463, 471 et surtout les lettres de Saint-Clair.

(2) Dans la plupart des originaux de traités, et autres pièces conservées aux Archives du Département d'Etat, où la traduction est exacte, le terme employé est celui de *Gros Couteau*.

(3) Lettre de John Penn, 28 juin 1774. *Archives Américaines*, Vᵉ Série, t. IV.

entre les Virginiens et les Indiens du Nord-Ouest.

Les intérêts des Virginiens et des Pensylvaniens n'étaient pas en conflit seulement au sujet du droit de possession des terres ; ils l'étaient encore au point de vue du système à suivre dans les relations avec les Indiens. Les premiers étaient des colons armés, dont l'intérêt était de prendre effectivement possession du sol, tandis que pour les Pensylvaniens (1) le commerce avec les Indiens était très important et très lucratif. Les nombreux commerçants en rapport avec les villes indiennes désiraient vivement que les Indiens conservassent la jouissance tranquille de leurs forêts et qu'aucun blanc ne fût autorisé à pénétrer parmi eux. En outre, tant qu'ils furent en mesure de faire de grands profits, ils se montrèrent parfaitement indifférents au bien-être des blancs de la frontière, ce qui leur valut les soupçons et la haine de ces derniers. Les Virginiens accusaient les commerçants d'être la cause principale de la discussion (2). Ils affirmaient que ceux-ci avaient parfois poussé les Indiens à des violences, et que les Peaux-Rouges avaient toujours été approvisionnés de fusils et de munitions par eux, au plus fort des hostilités, et avaient trouvé à vendre chez eux les chevaux volés dans leurs expéditions de pillage sur la frontière virginienne (3). Il est incontestable que ces dernières accusations étaient en grande partie fondées sur des faits. Les intérêts du commerçant blanc de Pensylvanie et du colon blanc de Virginie, bien loin d'être identiques, étaient tout au contraire diamétralement opposés.

Les Indiens du Nord-Ouest étaient restés en état de paix officielle avec les blancs pendant dix ans depuis la fin de la campagne faite par Bouquet. Mais Bouquet leur avait infligé un châtiment très léger et, en concluant une paix peu satisfaisante, il n'avait abouti qu'à obtenir d'eux une

(1) *Archives américaines*, IVᵉ Série, t. IV, p. 465.
(2) *Archives américaines*, IVᵉ Série, t. IV, p. 722.
(3) *Archives américaines*, IVᵉ Série, t. IV, p. 872.

réparation partielle des dommages qu'ils avaient causés (1). Ils étaient restés hautains et insolents, irrités plutôt que domptés par un châtiment peu efficace, et leurs jeunes gens faisaient de fréquentes incursions sur la frontière. Chacune des dix années de paix nominale avait été marquée par de nombreux meurtres. Récemment ils avaient été alarmés sérieusement par la tendance des blancs à empiéter sur les grands territoires de chasse au sud de l'Ohio (2), car çà et là chasseurs ou colons commençaient déjà à construire des cabanes le long de cours d'eau. La cession par les Iroquois de ce même territoire de chasse au traité du Fort Stanvix, tout en donnant aux blancs un titre spécieux, n'en irritait que davantage les Indiens du nord-ouest. Un demi-siècle plus tôt, ils eussent à peine osé mettre en question le droit des Six Nations à disposer comme elles l'entendaient de toute terre sur laquelle pouvaient se rendre leurs bandes guerrières, mais en 1774 ils se sentaient parfaitement en état de tenir tête à leurs anciens oppresseurs et n'entendaient nullement sanctionner un arrangement que ces derniers avaient fait, à moins d'y voir leur propre avantage.

Dans les dix ans qui avaient précédé la guerre de Lord Dunmore, il y avait eu beaucoup de dommages mutuels entre les Indiens du nord-ouest et les Virginiens de la frontière, mais, en somme, ces derniers avaient pu prendre l'attitude d'offensés et non d'offenseurs. Le principal grief contre les blancs, c'était qu'ils empiétaient sur des régions inhabitées qu'ils se hâtaient de mettre en culture, au lieu de se borner à y errer en tuant le gibier et se massacrant les uns les autres. Sans aucun doute, tel ou tel blanc pouvait tuer un Indien si l'occasion le lui permettait, et les

(1) *Archives américaines*, IVe Série, t. I, p. 1015.
(2) *Papiers Mac Afee*. C'est le point sur lequel insiste tout particulièrement Brin-de-Blé dans son discours aux aventuriers en 1773. Il livrerait plutôt bataille que de voir les blancs mettre en fuite le gibier.

commerçants ne manquaient jamais de tromper les hommes des tribus. Mais, à tout prendre, les commerçants gardaient leur faveur pour les Indiens plutôt que pour les blancs et les blancs faisaient rarement des excursions contre leurs ennemis dans le but avoué de voler des chevaux et de piller, tandis que les Indiens pratiquaient continuellement ce maraudage. Chaque année, des bandes de jeunes guerriers passaient l'Ohio pour piller les fermes écartées, brûler les constructions, scalper les habitants et emmener les chevaux (1). Chaque année augmentait l'exaspération des gens de la frontière, ainsi que la somme des dommages dont ils avaient à tirer vengeance (2). De temps à autre, ils prenaient une revanche féroce et mal combinée, qui tombait d'ordinaire sur des Indiens innocents et créait aux blancs de nouveaux ennemis (3). Les sauvages devenaient de plus en plus hostiles. Dans l'automne de 1773, leurs attaques se multiplièrent tellement qu'il était évident qu'une agression générale allait se produire. Onze personnes furent tuées dans le seul comté de Fincastle (4). Les Shawnees jouaient le rôle de meneurs dans toutes ces violences, mais les bandes d'outlaws, telles que les Mingos et les Chérokees, étaient aussi dangereuses. Des troupes de Wyandots et de Delawares, sans compter les différentes tribus des Miamis et des Wabash, leur fournissaient des hommes (5).

(1) Dans les *Papiers Mac Afee* déjà cités, on trouve le récit d'une expédition de guerre des Shawnees, que les Mac Afee rencontrèrent en 1773, revenant d'une campagne heureuse en vue de voler des chevaux.

(2) *Archives américaines*, IV° Série, t. I⁰ʳ, p. 872. Dans son discours, Dunmore énumère 19 hommes, femmes et enfants qui ont été tués par les Indiens en 1771, 72 et 73 et ce n'était là qu'une faible partie des meurtres. « Ils avaient été commis avant qu'une goutte de sang shawnee eût été répandue. »

(3) Voir *Les Pionniers transalléghaniens*, p. 262, pour un fait de ce genre arrivé en 1772.

(4) *Archives américaines*, IV° Série, t. I⁰ʳ. Lettre du Colonel William Preston, du 13 août 1774.

(5) Beaucoup d'historiens locaux, y compris Brantz Mayer (*Logan*

Aussi quand commença le printemps de 1774, tout était prêt pour une explosion. Les forestiers virginiens étaient terriblement exaspérés et avaient hâte de reprendre leur revanche sur tous les Indiens ennemis ou non. De leur côté, les Shawnees et les Mingos se montraient arrogants, provoquants. Néanmoins la marche des blancs en avant leur causait de l'inquiétude. La folle témérité de Conolly, qui agissait en qualité de lieutenant de Lord Dunmore sur la frontière et qui ne demandait qu'à engager la Virginie dans une double guerre contre les Pensylvaniens et les Shawnees, fut le tison enflammé qui alluma cette masse de matériaux combustibles. Les gens de la frontière étaient impatients de partir en guerre, et Lord Dunmore n'était pas homme à frustrer leur attente. Il était avide de gloire et pensait sans doute qu'au milieu des difficultés croissantes entre la mère-patrie et les colonies, il serait de bonne politique d'occuper les Virginiens par une guerre indienne. Sans doute, s'il la dirigeait et la terminait

et *Cresap*, p. 85) attribuent au comte des motifs perfides. Brantz Mayer s'exprima en ces termes : « C'était probablement le désir de Lord Dunmore de faire naître une guerre qui soulèverait et réunirait les sauvages de l'Ouest, de telle sorte que dans la prévision d'une guerre entre les Colonies unies et la Grande-Bretagne, l'on pût utiliser au profit de l'Angleterre, au moment décisif, en les jetant sur les Américains, ces enfants de la forêt, auxiliaires féroces et formidables ». C'est une manière de voir trop futile pour qu'on s'arrête à la discuter. La guerre fut des plus avantageuse à la cause américaine, car elle nous débarrassa des Indiens du Nord-Ouest pendant les deux premières années de la lutte révolutionnaire. Si Lord Dunmore avait été l'homme à longues vues et à méchants desseins que suppose cette théorie, il eût été impossible qu'il ne prévît pas aussi qu'un tel résultat était absolument inévitable. Il n'y a aucune raison de douter qu'il ait agi pour le plus grand bien des Virginiens. Il méritait leur reconnaissance et il l'obtint en cette occasion. Les accusations de perfidie qu'on porte contre lui vinrent après coup et doivent être écartées comme les produits d'une simple rancune, à moins qu'on ne les soutienne d'une ombre de preuve. Néanmoins, il est certain que quand éclata la guerre de la Révolution, le comte, comme le plus grand nombre des fonctionnaires anglais, conseilla les mesures les plus excessives pour tenir en échec les colons insurgés.

avec succès, sa propre situation en serait affermie (1).

Il y avait à cette époque sur la frontière trois ou quatre hommes dont les noms sont si intimement mêlés à l'histoire de cette guerre qu'ils méritent une courte mention. L'un d'eux était Michael Cresap, homme de la frontière du Maryland, venu aux bords de l'Ohio dans l'intention de s'y créer une demeure pour sa famille. C'était un vrai représentant du type des pionniers, bon forestier, solide et brave, combattant intrépide, dévoué à ses amis et à son pays ; mais en même temps, lorsque son sang était échauffé, ses instincts sauvages surexcités, il était prêt à voir dans tout Peau-Rouge, hostile ou paisible, un être qu'il fallait faire périr sans délai, et il ne désapprouvait point les actes de violence commis par d'autres sur des Indiens innocents.

Il y avait aussi Greathouse, dont il suffira de dire que de concert avec d'autres dont les noms, par un hasard compatissant, ont été pour la plupart oubliés, il commit un acte qui ne pouvait être que l'œuvre de bandits aussi inhumains que lâches (2).

Les deux autres acteurs dans cette tragédie étaient l'un et l'autre des Indiens, et tous deux aussi des hommes d'une nature bien plus noble. L'un d'eux était Brin-de-Blé, le chef Shawnee, homme à vues lointaines, qui prévoyait avec tristesse la ruine prochaine de sa race, grand orateur, puissant guerrier, qui connaissait le prix de sa pa-

(1) Voir dans Brantz Mayer une critique fort opportune contre certains historiens qui traitent des colons parfaitement honnêtes en courtiers de terrains, en spéculateurs, dont les empiétements sur les terres de chasse des Indiens auraient été si cruellement punis par les sauvages. De telles attaques ne sont que des tirades d'injustice sentimentale. Les colons avaient parfaitement raison quand ils se sentaient le droit de prendre des terres dans une vaste étendue déserte, quels que soient les torts imputables à certains d'entre eux individuellement. Mais Mayer, sous l'impression de la *Vie de Crésap* écrite par Jacob, a évidemment peint son héros avec des couleurs trop brillantes.

(2) Trois de ses complices se nommaient Sappington, Tomlinson et Baker. Voir les *Papiers Jefferson*.

role et faisait grand cas de son honneur. Il affronta la mort avec un héroïsme tranquille et dédaigneux. Il n'en était pas moins un cruel et féroce sauvage, plein de perfidie, envers ceux dont il était l'ennemi, un tueur de femmes et d'enfants. Nous entendons parler de lui pour la première fois dans la guerre de Pontiac, où il prend part au massacre de colons sans armes et paisibles qui ne lui avaient fait aucun mal, et qui le croyaient bienveillant (1).

Le second était Logan, guerrier iroquois qui, à cette époque, vivait loin du gros de son peuple, mais qui était un personnage d'importance, — un chef ou homme de tête, selon la vague phraséologie de la frontière — parmi les groupes détachés de Sénékas, de Mingos et les débris de tribus désorganisées qui habitaient le long de l'Ohio supérieur. C'était un homme d'une structure superbe, haut de plus de six pieds, droit comme une lance, avec une physionomie qui exprimait à la fois la franchise, la bravoure, la virilité (2), jusqu'au jour où les injustices subies lui donnèrent un air de sombre férocité. Il avait toujours été l'ami de l'homme blanc, et s'était fait remarquer partout par sa douceur et sa bonté envers les enfants. Jusqu'à cette époque, il avait vécu en paix avec les gens de la frontière, bien que plusieurs de sa famille eussent été massacrés par eux quelques années auparavant. Il avait pardonné. Sans doute il comprenait que d'autres de sa troupe avaient participé à des carnages plus terribles encore de blancs. Tireur expert, grand chasseur, l'air imposant, il traitait tout le monde avec une grave courtoisie et exigeait qu'on le traitât de même. Il était très respecté et très aimé de tous les chasseurs et gens de la frontière dont l'amitié et le respect avaient quelque valeur. Ils l'admiraient pour sa dextérité et ses exploits ; ils

(1) A Greenbriar (*l'Eglantier vert*) ; voir le *Récit du capitaine John Stewart*, qui joua un rôle dans la guerre, dans le *Magazine of American History* t. I, p. 671.

(2) Voir LOUDON, *Récits Indiens*, t. III, p. 223.

l'aimaient pour son honnêteté absolue, sa noble loyauté envers ses amis. Un de ces vieux chasseurs des bois a témoigné par écrit (1) que selon lui « Logan était le plus beau spécimen de l'espèce humaine qu'il eût jamais vu, soit parmi les blancs, soit parmi les Rouges ». Tel était Logan, avant que l'adversité fût venue fondre sur lui.

Dès les premiers jours du printemps, les colons eurent à souffrir de nouveaux dommages de la part d'Indiens solitaires. Des chevaux furent volés. Un ou deux assassinats furent commis, les habitants des cabanes les plus isolées s'enfuirent dans les forts et les forestiers commencèrent à proférer des menaces de terrible vengeance. Le 16 avril, trois commerçants au service d'un certain Butler furent attaqués par plusieurs exilés Chérokees. Un d'eux fut tué, un autre blessé, et leurs marchandises furent pillées. Aussitôt après l'événement, Conolly lança une circulaire par laquelle il donnait aux forestiers l'ordre de se tenir prêts à repousser toute attaque des Indiens, attendu que les Shawnees étaient hostiles. De la part du Lieutenant de Lord Dunmore, une lettre de ce genre équivalait à une déclaration de guerre, et il dut y avoir un très grand nombre de forestiers qui interprétèrent de la manière la plus large l'ordre qui leur était donné de repousser une attaque. Il produisit un effet instantané. Tous les hommes de la frontière firent leurs préparatifs de guerre. Cresap se trouvait à cette époque aux environs de Wheeling, avec une bande de chasseurs et d'éclaireurs (ou *scouts*) gens intrépides, qui avaient adopté sur bien des points l'existence des Peaux-Rouges, sans compter leur manière de combattre. Aussitôt qu'ils reçurent la lettre de Conolly, ils se mirent à déclarer la guerre d'après les formes rigoureusement indiennes, en convoquant un conseil, en plantant le poteau de la guerre, en accomplissant maintes autres cérémonies

(1) Voir le *Pionnier Américain*, t. I, p. 189.

sauvages (1) et ils guettèrent avec impatience l'occasion de tomber sur l'ennemi.

Malheureusement le premier coup s'abattit sur des Indiens amis. Butler, le commerçant dont il a été question plus haut, voulant recouvrer une partie des pelleteries qui lui avaient été volées par les Chérokees, avait envoyé un canot avec deux Shawnees pacifiques sur le lieu du massacre. Le 29, Cresap et ses hommes tendirent une embuscade à ces Indiens près de Captina, les tuèrent et les scalpèrent. Quelques-uns des plus honnêtes forestiers protestèrent vivement contre cette violence (2) ; mais la très grande majorité d'entre eux étaient excités, affolés par le bruit des hostilités indiennes. Les instincts brutaux et désordonnés qui faisaient le fond du caractère des gens de la frontière avaient momentanément le dessus. Ils menaçaient de tuer quiconque se mêlerait de leurs affaires. Ils maudirent les « damnés trafiquants », selon eux pires que les Indiens (3), tandis que Cresap se vantait hautement de son crime, et ils n'eurent jamais un mot de blâme pour les actes, plus sauvages encore, qui suivirent celui-là (4). Le lendemain, Cresap repartit avec ses hommes et attaqua une autre troupe de Shawnees qui étaient allés trafiquer près de Pittsburg, en tua un, en blessa deux et eut lui-même un blessé (5).

(1) Voir la lettre de Georges Roger Clarke, 17 juin 1798, dans les *Papiers Jefferson*, 5e série, t. I (papiers conservés dans les Archives du département d'Etat à Washington.)

(2) Ainsi qu'on peut le voir par le témoignage d'un des plus braves combattants d'Indiens qu'il y ait eu à cette époque, il se trouvait alors à Wheeling. Lettre du colonel Ebenezer Zane, 14 février 1800, dans les *Papiers Jefferson*.

(3) Voir les *Papiers Jefferson*, déposition de John Gibson, le 4 avril 1800.

(4) *Papiers Jefferson*, déposition de William Huston, 19 avril 1798, ainsi que celles de Samuel Mackée et d'autres.

(5) *Archives américaines*, IVe Série, t. I, p. 468, lettre de Devereux Smith, du 10 juin 1774 ; Lettre de Gibson. Voir aussi les *Papiers Jefferson*.

Parmi les hommes qui accompagnaient alors Cresap, se trouvait un jeune Virginien qui, plus tard, joua un rôle brillant dans l'histoire de l'Ouest, qui fut pendant dix ans le chef de tous les gens hardis du Kentucky, et qui rendit à toute la confédération des Etats-Unis les services les plus utiles et les plus efficaces pendant la guerre de la Révolution. Il s'agit de Georges Rogers Clarke, alors âgé de vingt-un ans (1). Il appartenait à une bonne famille, et avait reçu ce qu'on appelait à l'époque coloniale une bonne éducation, mais dès son enfance, il avait manifesté le goût le plus vif pour la vie vagabonde dans les bois. Il était grand chasseur, et comme un très grand nombre d'autres jeunes gentlemen des colonies, qui étaient de bonne famille et bien élevés, avec un tempérament aventureux, il avait adopté la hasardeuse profession d'arpenteur dans la région forestière. Maniant la chaîne et la boussole, aussi bien que la hache et le rifle, il pénétra dans des régions très lointaines, dans ces contrées inhabitées, pleines de dangers où tout homme faible devait fatalement succomber, mais où les forts et les gens prévoyants étaient en état de fonder une réputation et une fortune. Il était doué d'une audace peu commune, d'un courage à toute épreuve, de passions qu'il ne pouvait tenir en bride, enfin d'une constitution faite pour résister à n'importe quel degré de fatigue ou de privation. C'était un homme de structure massive, trapue, avec un front large et haut, des cheveux d'un blond cendré, des yeux bleus qui ne s'abaissaient devant rien, sous d'épais sourcils en broussailles (2).

Clarke avait pris part à l'attaque de Cresap contre la seconde troupe de Shawnees. Le lendemain, toute la bande

(1) Voir *Historical Magazine*, 1, p. 168. Il était né dans le comté d'Albemarle en Virginie, le 19 novembre 1752.

(2) *Journal militaire* du major Ebenezer Denny, avec un mémoire servant d'introduction, par William H. DENNY (*Publication de la Société historique de Pensylvanie*) Philadelphie, 1860, p. 216.

des blancs se mit en route pour aller attaquer le camp de
Logan à la Brique-jaune, située à une cinquantaine de
milles. Mais les blancs n'avaient pas fait quelques milles
qu'ils eurent honte de leur entreprise. La halte fut commandée et on se mit à discuter sur cette attaque d'un
campement qui se composait uniquement d'Indiens amis,
et surtout de femmes et d'enfants. L'on renonça sur l'heure
à l'entreprise, et on retourna à la maison. Ces gens-là
étaient de vrais hommes de la frontière, braves, pleins de
confiance en eux-mêmes, loyaux envers leurs amis, et très bons
cœurs quand leurs pires instincts n'étaient point soudain réveillés, mais la vue du sang versé les rendait fous
et en faisait autant de loups. Les offenses agitaient jusqu'en leur profondeur, leur caractère sauvage, et les rem-
plissaient d'une impatience bestiale de revanche tombant
au hasard. Quand ils étaient excités par de mauvais souvenirs, ou emportés par un subit et capricieux accès de
furie, la violence ingouvernable de leur passion les en-
traînait à commettre des actes dont la barbarie inhumaine
égalait presque, si elle n'arrivait jamais à la surpasser,
celle dont faisaient preuve les Indiens eux-mêmes (1).

Toutefois la troupe de Logan ne fut point sauvée par
le revirement de Cresap. Le dernier jour d'avril, un petit
groupe d'hommes, de femmes et d'enfants, formant presque toute la famille de Logan, quittèrent son camp et

(1) Les apologistes de Cresap, y compris Krantz Mayer lui-même,
s'étendent sur la magnanimité dont il fit preuve, *en ne massacrant
point la famille de Logan !* S'il ne le fit point, c'est sans doute honorable pour lui, mais le seul fait d'y avoir songé ne donne guère
une idée favorable de sa nature. Sans doute, il était, à tout prendre,
un homme brave, un bon cœur, — tout aussi bon que la moyenne
des gens de la frontière. Néanmoins il était sujet à se laisser entraîner à des actes qui n'étaient rien moins que dignes d'éloge. Le
livre de Mayer a du mérite, mais certainement, il peint Logan trop
noir et Cresap trop blanc, et, comme on le verra dans l'appendice, il rapporte d'une manière tout à fait erronée le discours de
Logan. Il a raison de reconnaître ce fait que dans la guerre,
tout bien considéré, la justice était du côté des gens de la frontière.

passèrent la rivière pour aller rendre visite à Greathouse, selon leur coutume, car il avait adopté comme profession la vente du rhum aux sauvages, malgré l'injonction que lui avait faite Cresap d'interrompre cette pratique. Toute la bande se gorgea de boisson, tomba dans un état d'ivresse qui lui ôtait toute possibilité de se défendre. Greathouse, et les bandits qui s'étaient associés à lui, se jetèrent sur eux et les massacrèrent, au nombre de neuf personnes (1). C'était là un acte d'inhumanité révoltante qui devrait livrer à une éternelle infamie les noms de ses auteurs.

Aussitôt tout prit feu sur la frontière, et les Indiens se ceignirent les reins pour prendre leur revanche. Les Mingos envoyèrent des coureurs aux autres tribus, pour leur raconter cette scène de boucherie, et appeler tous les hommes rouges à se réunir pour en tirer une vengeance immédiate et sanglante (2). Ils confondirent les deux massacres, qu'ils attribuèrent l'un et l'autre à Cresap, bien connu d'eux comme guerrier (3). Bien longtemps après, leurs femmes faisaient taire leurs enfants en les menaçant de Cresap comme d'un monstre (4). A vrai dire, ils avaient été victimes d'un traitement brutal, mais il faut se rappeler qu'ils avaient pris l'offensive. Ils avaient, sans aucune cause, assassiné et pillé bien des blancs. Aujourd'hui leurs péchés étaient retombés sur la tête des innocents de

(1) Lettre de Devereux Smith. Certains des criminels voulurent plus tard publier leur acte en soutenant que le frère de Logan avait, dans son ivresse, insulté un blanc, et qu'à ce moment-là les autres Indiens se préparaient à les attaquer. La féconde assertion porte avec soi la preuve de sa fausseté, car s'il en eût été ainsi, les Indiens se seraient bien gardés de laisser leurs femmes et leurs enfants en quelque sorte aux mains des blancs, de boire au point d'être ivre-morts : en tout cas les allégations d'assassins aussi lâches, aussi féroces, ne méritent aucune créance, à moins qu'on ne les confirme par des témoignages indépendants d'eux.

(2) *Papiers Jefferson*, Vᵉ Série, t. I, lettre de Heckewelder.

(3) *Papiers Jefferson*, déposition du colonel James Smith, 25 mai 1798.

(4) *Papiers Jefferson*. Lettre de Heckewelder.

leur propre race. Quoi qu'il fut arrivé, le conflit ne pouvait être retardé plus longtemps, les gens de la frontière étaient trop profondément, trop justement irrités. Ces massacres isolés, si déshonorants pour ceux qui y prenaient part, étaient les incidents et non les causes de la guerre, et bien qu'ils jettent une ombre noire sur la conduite des colons, ils ne lavent point les Peaux-Rouges de l'accusation d'avoir les premiers commis des violences plus cruelles et plus inattendues encore.

Conolly, homme irascible, mais irrésolu, fut terrifié de l'orage qu'il avait déchaîné. Il rejeta bassement la responsabilité de ce qu'avait fait Cresap (1) et lui retira le commandement de ses coureurs des bois, titre qui néanmoins lui fut bientôt rendu par lord Dunmore. Mais le comte et son lieutenant furent d'accord pour blâmer sévèrement l'acte commis par Greathouse (2). Conolly employa le mois de mai à tenir des réunions avec les Delawares et les Iroquois, devant lesquels il exprima son désaveu et son regret des violences, et demanda la paix (3). A l'un de ces conseils, on reçut du chef delaware Tueur de Daims (Killbuck) et d'autres guerriers un *propos*, ou *discours par écrit* dans lequel ils disaient désavouer les actes d'une de leurs troupes de jeunes braves, qui était partie sur le sentier de la guerre. Un autre chef delaware fit un discours fort sensé, dans lequel il déclara qu'il était malheureusement inévitable que les bandits des deux côtés commissent des violences, et que les têtes plus froides ne devaient pas se laisser entraîner par des actes dus à la folie et à la témérité de quelques-uns en petit nombre. Mais les Shawnees montrèrent des dispositions toutes différentes. Ils déclarèrent franchement la guerre, envoyèrent un défi hardi aux Virginiens, et dirent nettement à Conolly qu'il mentait. Leur message mérite d'être remarqué, car, après

(1) *Archives amér.*, IVe Série, t. Ier, p. 475.
(2) *Archives amér.*, IVe Série, t. Ier, p. 1055.
(3) *Archives amér.*, IVe Série, t. Ier, p. 475.

avoir marqué une ferme conviction que le commandant virginien n'était pas capable de maîtriser ses soldats et de mettre un terme aux violences, lors même qu'il le voulait, on y affirmait que les chefs Shawnees avaient assez d'autorité sur leurs hommes pour les contenir quand ils l'exigeaient. Cette dernière allégation ôtait toute excuse aux Shawnees pour n'avoir pas arrêté les excès dont leurs jeunes braves s'étaient rendus coupables pendant les dernières années.

Bien que Conolly montrât de la faiblesse, le comte, son maître, n'avait évidemment aucune intention de céder le terrain. Il commença aussitôt ses préparatifs pour attaquer l'ennemi, et les Virginiens l'aidèrent avec empressement, bien que le gouvernement royal, au lieu de le soutenir, le blâmât en termes sévères, et accusât les blancs d'être les vrais agresseurs et les auteurs de la guerre (1).

En tout cas, il ne pouvait plus être question d'éviter la lutte, alors que les choses étaient si avancées. Immédiatement après les meurtres de la fin d'avril, les sauvages franchirent la frontière par petites bandes. Bientôt toute cette région fut en proie aux horreurs indicibles d'une sanglante guerre indienne avec tous ses incidents ordinaires, maisons incendiées, prisonniers mis à la torture, familles détruites, les hommes tués, les femmes et les enfants emmenés en une affreuse captivité (2). Les Indiens déclarèrent qu'ils n'étaient pas en guerre avec les Pensylvaniens (3), et ceux-ci adoptèrent une attitude de neutra-

____

(1) *Archives américaines*, IV° Série, t. I⁰ʳ, p. 774. Lettre du comte de Dartmouth du 10 septembre 1774. C'est une réponse suffisante à l'absurde hypothèse d'après laquelle lord Dunmore aurait fait éclater cette guerre, conformément à un plan mystérieux du gouvernement anglais, d'occuper les Américains par une guerre contre les sauvages. Il n'est certes pas improbable que les conseillers de la Couronne n'étaient pas du tout fâchés de voir l'attention des Américains distraite par une guerre avec les Indiens, mais on ne saurait porter plus loin l'hypothèse.

(2) Détails tirés des *Archives américaines*, IV° Série, t. I, *passim*.

(3) *Ibid.*

lité, attestèrent qu'ils n'avaient pris aucune part aux violences qui avaient été commises, et assurèrent aux Indiens
que toute la responsabilité incombait aux Virginiens (1).
Et en effet, les Shawnees protégèrent les trafiquants pensylvaniens contre des Mingos hostiles, pendant que la
milice de Pensylvanie défendait une bande de Shawnees
contre quelques-uns des hommes de Conolly (2). Les Virginiens, irrités de ce qu'ils regardaient comme un abandon
de la cause des blancs, furent sur le point d'anéantir le
commerce de fourrures que les Pensylvaniens faisaient
avec les Indiens (3). Néanmoins, quelques bandes de jeunes
braves qui avaient pris le sentier de la guerre, négligèrent
de faire la distinction entre les amis et les ennemis, et un
bon nombre de Pensylvaniens furent victimes du désir
qu'avaient ceux-ci de rapporter des scalps, ainsi que de
leur ignorance ou de leur indifférence à s'informer avec
qui ils étaient en guerre (4).

La panique fut terrible le long de la frontière de la
Pensylvanie. Les colons les plus éloignés s'enfuirent dans
l'intérieur en deçà des montagnes ou se réunirent en grand
nombre pour se défendre (5). Sur la frontière de Virginie,
qui était le véritable objectif de l'attaque, la panique
était plus justifiée ; car il fut commis d'affreux ravages.
Les habitants furent obligés de s'enfermer dans leurs
villages fortifiés, et il leur fut impossible de cultiver leurs
champs autrement qu'en cachette (6). Néanmoins, au lieu
de perdre la tête, les forestiers n'en crièrent que plus fort
pour qu'on les conduisît contre leurs ennemis, demandèrent
avec les plus vives instances des envois de poudre et de
plomb, qui étaient sur le point de leur manquer (7).

(1) *Archives américaines*, IVe Série, t. Ier, *passim*.
(2) *Ibid.*
(3) *Ibid.*
(4) *Ibid.*
(5) *Ibid.*
(6) *Ibid.*
(7) *Ibid.*

La confusion fut portée à son comble par le désordre où avait été jeté le gouvernement de la région du nord-ouest, par suite de la dispute sur la juridiction. Les habitants ne savaient pas au juste quelle colonie avait réellement droit à leur obéissance. Beaucoup des fonctionnaires de la frontière étaient connus comme des gens à double face, qui professaient l'attachement aux deux gouvernements (1). Quand les Pensylvaniens levèrent un corps de cent coureurs des bois, il y eut presque une guerre civile entre les blancs, car les Virginiens craignirent que ce mouvement ne fût réellement dirigé contre eux (2). Naturellement la tournure que les faits prirent peu à peu obligea même les Indiens restés neutres à se joindre à leurs frères sur le sentier de la guerre, et un détail qui prouve combien grande était la confusion qui régnait alors, c'est que les mêmes Indiens qui étaient en guerre avec une colonie anglaise, la Virginie, recevaient des approvisionnements du poste anglais de Détroit (3).

La rage de Logan avait été terrible. Il avait changé, mais en pis. En vieillissant, il était devenu sombre, sauvage et, pour comble de malheur, il avait cédé aux séductions de l'eau-de-feu, la malédiction de sa race. L'horrible perfidie, la férocité de l'attaque où avait péri sa famille l'avaient rendu affolé de colère vengeresse, et avait fait reparaître à la surface tous les instincts du loup. Il médita une terrible revanche pour ses pertes, mais en véritable Indien, il la fit tomber sur des gens qui en étaient absolument innocents, et non sur ceux qui en étaient les auteurs. A vrai dire, il ne savait point qui étaient les coupables. Les massacres de Captina et de la Crique jaune s'étaient suivis de si près qu'ils avaient été confondus l'un avec l'autre. Non seulement les Indiens, mais encore beaucoup

(1) *Archives américaines*, IVe Série, t. Ier, *passim*.
(2) *Ibid.*
(3) *Ibid.*

de blancs en attribuaient la responsabilité à Cresap (1) et
à Greathouse comme s'ils avaient agi ensemble, et comme
Cresap était le plus connu des deux, il était désigné tout
particulièrement à la haine.

Logan tomba aussitôt sur l'établissement avec une petite bande de guerriers Mingos. Dans sa première incur-
sion, il prit treize scalps, dont six appartenaient à des enfants (2). Une troupe de Virginiens, dirigée par un nommé
Mac-Clure, le poursuivit, mais il leur tendit une embuscade, les défit et tua leur chef (3). Il recommença ses incursions au moins trois fois. Et pourtant, en dépit de son
ardeur de vengeance, il laissa voir plusieurs traits de ce
caractère qui l'avait rendu si cher aux blancs ses amis.
Ayant fait un prisonnier, il refusa de le laisser torturer,
et lui sauva la vie au péril de la sienne. Quelques jours
après, il parut soudain devant ce prisonnier, apportant de
l'encre préparée avec de la poudre et lui dicta un billet.
Dans son expédition suivante, ce billet fut trouvé, attaché
à une massue de guerre, dans la maison d'un colon dont
il avait massacré toute la famille. C'était un document fort
court, rédigé en un style qui allait droit au but, dans sa férocité, et qui consistait en une sorte de défi ou de raillerie
à l'adresse de l'homme auquel il imputait à tort tous ses
malheurs. En voici les termes :

« Capitaine Cresap,

« Pourquoi avez-vous tué mes gens sur la Crique Jaune ?
Les blancs ont tué de mes parents à Conestoga, il y a
longtemps de cela, et je n'ai rien dit. Mais vous avez tué
mes parents à la Crique jaune et emmené prisonnier mon
cousin. Alors j'ai pensé que je devais tuer aussi, et j'ai été
à la guerre trois fois depuis ce temps, mais les Indiens ne

(1) *Archives américaines*, IV⁰ Série, t. 1ᵉʳ, *passim*.
(2) *Ibid.*
(3) *Ibid.*

sont pas en colère, il n'y a que moi. 21 juillet 1774. —
Capitaine Logan. »

Il y a dans cette lettre un ton délibéré et sérieux en ses
phrases cruelles qui dut montrer aux blancs, si la chose
était encore nécessaire, combien ils auraient à expier le mal
qui avait été fait à Logan (1).

Aux Shawnees et aux Mingos se joignirent bientôt beaucoup de Delawares et d'Iroquois indépendants et particulièrement des Senekas, ainsi que des Wyandots, enfin de
nombreuses bandes d'ardents et jeunes guerriers, qui appartenaient aux tribus algonquines des bords du Miami,
du Wabash et des Lacs. Leurs attaques contre les établissements furent, comme à l'ordinaire, caractérisées par
leur soudaineté et leur férocité sans merci. Ils sortaient
des bois furtivement, avec l'adresse et la ruse silencieuses
des bêtes savages, et ravageaient tout avec une cruauté
dix fois plus grande. Ils brûlaient jusqu'au ras du sol les
huttes isolées en troncs d'arbres, tendaient des embuscades aux blancs en marche, tiraient sur les hommes occupés à la chasse ou aux champs, ou éventraient les
femmes enceintes et brûlaient la plupart de leurs prisonniers au poteau de guerre. Leur approche ayant lieu sans
bruit leur permettait de tomber sur les colons avant que
ceux-ci s'aperçussent de leur présence. Ils disparaissaient
aussi brusquement qu'ils étaient venus, sans laisser de
trace qui facilitât leur poursuite. Les cendres des cabanes, les cadavres scalpés et mutilés de leurs victimes restaient seuls comme affreux témoignages de leur visite.
Cette vue suscita chez les forestiers un affolement, une
frénésie de rage d'autant plus terrible par la suite, que
sur le moment même elle était impuissante. Généralement

(1) *Papiers Jefferson*. Déposition de William Robinson, en date
du 28 février 1800 ; lettre de Harry Innes, en date du 2 mars 1799 ;
avec la lettre de Logan, telle qu'il la copia dans son carnet de
notes, à l'époque même.

les sauvages réussissaient à s'échapper. De temps à autre ils étaient repoussés, ou surpris; alors ils étaient massacrés ou dispersés.

Quand ils rencontraient des forestiers armés, la lutte était toujours acharnée. En mai, une troupe de chasseurs et d'arpenteurs, attaquée soudainement dans la forêt, repoussa les assaillants et leur prit huit scalps, mais elle perdit neuf hommes (1). En outre, les colons commencèrent à se grouper pour faire des incursions de représailles. Lord Dunmore, tout en faisant ses préparatifs pour frapper un coup vraiment efficace, engagea les forestiers du nord-ouest à faire une invasion pour occuper les Indiens. En conséquence, ils se réunirent au nombre de quatre cents (2), traversèrent l'Ohio, et marchèrent contre une ville des Shawnees située sur le Muskingum. Ils eurent une vive escarmouche avec les Shawnees, les repoussèrent, et rapportèrent cinq scalps; ils eurent deux tués et cinq blessés. Alors les Shawnees essayèrent de leur tendre une embuscade, mais le piège fut découvert, et ils se hâtèrent de prendre la fuite, après un court engagement, où il n'y eut de tué qu'un Indien. Cresap, homme très alerte et très vigoureux, l'atteignit à la course et l'abattit d'un coup de tomahawk (3). Le village Shawnee fut brûlé. Soixante-dix ares de blé furent coupés et les colons revinrent en triomphe. Dans leur marche pour rentrer chez eux, ils passèrent par les villes des pacifiques Delawares Moraves, auxquels ils ne firent aucun mal.

(1) *Archives américaines*, IVᵉ Série, t. Iᵉʳ, p. 373.
(2) Sous la conduite d'un certain Angus Macdonald (*Arch. Am.*, IVᵉ Série, t. Iᵉʳ, p. 722). Ils passèrent l'Ohio à la Crique du Poisson (Fish Creek) à 120 milles au-dessous de Pittsburg.
(3) *Archives américaines*, IVᵉ Série, t. Iᵉʳ, pp. 682, 684.

CHAPITRE IX

LA BATAILLE DU GRAND KANAWHA ; L'ALLOCUTION DE LOGAN
(1774)

Pendant ce temps, Lord Dunmore avait mis des garnisons dans les forts de la frontière, et confié à Daniel Boon le commandement de trois d'entre eux. Il mettait sur pied une armée formidable pour écraser les Indiens. Elle devait être levée et mise en marche en deux ailes ou divisions, chacune forte de quinze cents hommes, qui prendraient comme point de jonction l'embouchure de la rivière le Grand Kanawha. Une aile, celle de droite ou du nord, devait être commandée par le comte en personne ; l'autre, composée exclusivement de gens de la frontière habitant les montagnes à l'ouest et au sud-ouest de la Chaîne Bleue, était confiée au général Andrew Lewis. Lewis était un rude soldat de la frontière, appartenant à une famille fameuse par ses exploits contre les Indiens ; mais bien que ce fût un homme d'une âpre justice et d'une austère bravoure, il ne semble pas qu'il ait montré plus que les qualités ordinaires pour exercer un commandement en chef devant les Indiens (1).

Les forestiers des Alléghanys regardaient cette guerre

(1) Récit de Stewart.

comme leur propre affaire. En leurs cœurs brûlait sans éclat l'ardeur de la vengeance. Les gens âgés avaient passé leur maturité dans un état de tension nerveuse, de vigilance constante, sans trêve. Leurs âmes étaient exaspérées par des malheurs terribles et répétés. Les jeunes gens avaient été bercés dans des forts de palissades, autour desquelles rôdait un ennemi invisible dans ses allées et venues, invisible jusqu'au moment où on sentait le poids de sa main. Ils avaient été impuissants à venger leurs souffrances, et maintenant que s'offrait cette chance de revanche, ils accouraient en foule sous le drapeau de Lewis. La division ou armée de gauche se rassembla aux Grands Niveaux de l'Eglantier Vert (*Great Levels of Greenbriar*) où se rendirent les héros du long riflé, du tomahawk et de la blouse de chasse accourant de tous les hameaux fortifiés, de toutes les clairières solitaires, de toutes les huttes enfumées, haltes de chasse qui se trouvaient le long des chaînes dont les ravins versaient leurs eaux dans les grands fleuves de l'Est et de l'Ouest. Ils n'avaient point d'uniforme : leur costume de chasseurs des frontières, identique partout, leur en tenait lieu, mais la plupart d'entre eux étaient armés de bons rifles et étaient d'experts forestiers. Bien qu'absolument ignorants de toute discipline, ils étaient superbes dans un combat individuel (1). Les officiers étaient vêtus et armés exactement comme les simples soldats, à cela près que quelques-uns avaient de longues épées suspendues à la ceinture. Ils portaient la carabine, car dans cette guerre où le succès dépendait en général des prouesses accomplies par chaque individu, on s'attendait absolument à ce que le chef fût au premier rang dans le combat, et à ce qu'il animât les combattants par son exemple autant que par sa parole.

Parmi ces troupes se trouvait une compagnie de cou-

(1) *Archives américaines*, Lettre du colonel William Preston, du 28 septembre 1774.

reurs des bois venus des forts de palissades éparpillés sur le Watauga et le Nolichucky. Sevier et Robertson prirent égale part à cette guerre, bien que le premier n'ait assisté à aucun combat ; le second, qui avait le grade de sergent, fut plus heureux.

Pendant que le général des forestiers passait en revue son indocile et turbulente armée d'habiles riflemen, le comte anglais conduisait les levées qu'il avait faites, et qui se montaient à environ quinze cents hommes, à Fort Pitt (1). Là, il modifia son plan, et prit le parti de ne pas chercher à rejoindre l'autre division, comme cela avait été convenu. Ce soudain abandon d'un projet, déjà concerté avec son collègue et sur lequel celui-ci avait commencé à régler sa marche, était certainement inopportun. D'ailleurs, les manœuvres du comte n'indiquèrent jamais qu'il fût doué d'un grand talent militaire. Cependant, il descendit l'Ohio avec une flottille de cent canots, sans compter des bateaux à quille et des pirogues (2), jusqu'à l'embouchure du Hockchocking, où il bâtit un petit fort en palissades, qu'il pourvut d'une garnison. De là il remonta le Hockchocking jusqu'aux chutes, d'où il marcha vers le Scioto. Arrivé là, il s'enferma dans un camp retranché, protégé par des parapets formés d'arbres abattus, sur la lisière des plaines de Pickaway, non loin de la ville indienne dite le Vieux Chilicothe. Il lança de ce fort des détachements qui détruisirent plusieurs villes ennemies. Il avait avec lui comme éclaireurs plusieurs hommes fameux dans l'histoire de la frontière, entre autres Georges Rogers Clarke, Cresap et Simon Kenton, qui fut plus tard la terreur de toutes les tribus indiennes du pays, et qui était renommé sur toute la frontière par ses exploits d'une bravoure folle, ses aventures extraordinaires, et les circonstances où il avait contre tout espoir échappé à la

(1) *Archives amér.*, Lettre de Preston, p. 872.
(2) DODDRIDGE, p. 235.

mort. Un autre homme, d'un type bien différent, était Simon Girty, personnage de fâcheuse réputation que toute la population de l'Ouest devait finir par avoir en horreur, en haine intense, comme le « renégat blanc ». Il était fils d'un malhonnête trafiquant, qui avait été tué par les Indiens. Il fut adopté par ceux-ci. Il grandit parmi eux, et son audace, sa férocité, son habileté sans scrupule fit bientôt de lui un de leurs chefs (1). Pour le moment, il était au service de Lord Dunmore et des blancs, mais il était Peau-Rouge par les goûts, les habitudes, l'éducation, et il se sentait dépaysé parmi les hommes de sa couleur. Il retourna bientôt chez les Indiens, fixa plus tard son séjour parmi eux, et fut l'ennemi le plus acharné qu'eussent jamais eu les blancs dans toutes les tribus. Il vécut très vieux, et on dit qu'il périt en combattant contre ses anciens ennemis, les hommes de sa race, les Américains, dans notre seconde guerre contre les Anglais.

Mais ce n'était pas l'armée de Lord Dunmore qui était destinée à frapper le coup décisif dans la lutte. Le grand chef Shawnee, Brin-de-Blé, était aussi prudent, aussi habile que brave. Tout d'abord il s'était opposé à ce qu'on déclarât la guerre aux blancs (2), mais n'ayant pu l'empêcher, il était désormais résolu à faire tout son possible pour qu'elle tournât avantageusement. Il était très inférieur en forces, mais il avait sous ses ordres un millier de guerriers peints et emplumés, élite des jeunes gens des tribus de l'Ouest, les braves les plus audacieux qui se trouvassent entre l'Ohio et les Grands Lacs. Ses ennemis étaient séparés. Il résolut de porter le premier coup à la troupe qui s'y attendait le moins, mais dont la destruction

____

(1) Voir *Magazine of American History*, t. XV, p. 256.

(2) Voir De Haas, p. 161. C'est un écrivain très consciencieux et très digne de foi, particulièrement en ce qui regarde la conduite et le discours de Logan. Il est regrettable que Brantz Mayer, en traitant ces deux derniers sujets, ne les ait pas abordés avec la même préoccupation d'impartialité absolue et qu'il ait cru devoir prendre le rôle d'avocat.

n'en aurait pas moins pour résultat la perte de l'autre. Si l'armée de Lewis pouvait être surprise et accablée, le destin de celle de Lord Dunmore ne serait plus qu'une affaire de quelques jours. Aussi, sans perdre de temps, Brin-de-Blé, sage dans le conseil, puissant dans la bataille et prompt à exécuter ses plans, conduisit ses longues files de guerriers, d'un pas rapide et silencieux, à travers des lieues de pays boisé jusque sur les bords de l'Ohio.

Les forestiers qui devaient former l'armée de Lewis, avaient commencé à s'assembler aux Niveaux de l'Eglantier vert avant le 1er septembre, et vers le 7 ils étaient presque au complet. D'ailleurs l'armée de Lewis était partagée entre quatre chefs : un corps de troupes venues d'Augusta, sous les ordres du colonel Charles Lewis, frère du général (1) ; un corps de troupes de Botetourt, sous le colonel William Fleming (2) ; une petite compagnie indépendante commandée par le colonel John Field ; enfin les hommes de Fincastle, venus de Holston, Clinch, Watanga et de la Nouvelle Rivière (3) sous le colonel William Christian (4). L'un des capitaines de Christian était un robuste et vieux colon du Maryland d'origine galloise, nommé Evan Shelby. Le fils de Shelby, vigoureux jeune homme à la physionomie sévère, qui plus tard joua un rôle considérable sur la frontière, avait un grade subalterne dans sa compagnie, où servait également Robertson comme sergent. Bien que cette troupe ignorât complètement l'exercice, il est douteux qu'il y ait jamais eu sur ce

(1) Ses huit capitaines étaient Georges Matthews, Alexandre Mac Clannahan, John Dickinson, John Lewis (fils de William), Benjamin Harrison, William Paul, Joseph Haynes et Samuel Wilson (voir HALE, *Les Pionniers Transalléghaniens*, p. 181).
(2) Ses sept capitaines étaient Matthew Arbuckle, John Murray, John Lewis (fils d'Andrew), James Robertson, Robert Mac Clannahan, James Ward, et John Stewart, l'auteur du récit de l'expédition.
(3) Autre nom qu'on donnait à la rivière de Watauga.
(4) Ses cinq capitaines étaient Evan Shelby, Russell, Herbert, Draper et Buford.

continent une levée d'hommes aussi braves, d'un physique aussi beau (1).

Parmi des troupes aussi indisciplinées, il devait y avoir naturellement du retard et de l'insubordination. Néanmoins elles se conduisirent beaucoup mieux que leur commandant ne s'y attendait. Il fut enchanté de leurs bonnes dispositions et de leur hâte d'agir. Les hommes de Fincastle, venant d'établissements éloignés, ne furent pas réunis assez tôt pour partir avec les autres. Le colonel Field devint jaloux de son commandant et résolut de diriger seul la petite troupe. Les Indiens rôdaient autour du camp, tiraillant de temps à autre sur les traînards, en blessant quelques-uns, et faisant parfois des tentatives pour enlever les chevaux de bât.

L'armée partit en trois divisions. Le gros de la troupe, c'est-à-dire les hommes d'Augusta, commandés par le colonel Charles Lewis, partirent le 8 septembre, suivis de près par ceux de Botetourt sous les ordres d'Andrew Lewis en personne (2). Field, avec sa petite compagnie

(1) Lettre du colonel W. Preston, datée du 28 septembre 1774, dans *Archives américaines*.

(2) Lettre d'un des officiers de Lord Dunmore, datée du 21 novembre 1774 ; dans *Archives américaines*, 4ᵉ série, t. I, p. 107, Hale donne des indications détaillées sur la route suivie. Stewart dit qu'on partit le 11.

En même temps que je recevais le journal de l'expédition de Floyd, mentionné dans une des pages précédentes, on m'envoyait des copies manuscrites de deux lettres du colonel William Preston, toutes deux datées de Camp-Union, aux Grands-Niveaux, une du 8 septembre, écrite par le colonel Andrew Lewis, et une du 7 (ou 9) septembre du colonel William Christian. La lettre du colonel Lewis est ainsi conçue : « D'Augusta, nous avons 600 hommes ; de ce comté (Botetourt) nous en avons 400 environ ; le major Field est arrivé avec 40... J'ai eu moins d'ennuis avec les troupes que je ne m'y attendais... J'ai reçu, le dimanche matin, une lettre de Sa Seigneurie, datée du 30 août, aux Vieilles-Villes, que je suppose être de Chresop. A ce moment, d'après ce qu'on m'a dit, il avait tout près de lui le colonel Stephen et le major Conolly, autant qu'on peut le juger d'après le contenu de sa lettre, qui exprimait le plus vif désir que je me trouvasse avec mes troupes pour le rejoindre d'ici à l'embouchure de la Petite Kanaway. J'écrivis à Sa Seigneu-

partit de son côté, mais quand il eut marché un ou deux jours, ses éclaireurs rencontrèrent deux Indiens. Le résultat fut qu'un homme fut tué de chaque côté. Aussi, profitant de cet avis coûteux, il mit de côté son amour-propre, et se hâta de rejoindre la première division. Les troupes de Fincastle furent retardées si longtemps, que la plupart des hommes, y compris leur commandant, étaient à quinze milles du gros de l'armée le jour de la bataille, mais les capitaines Shelby et Russell, avec une partie de leurs compagnies, marchèrent en avant des autres et, comme on le verra, ils arrivèrent assez tôt pour prendre une part active au combat. Le colonel Christian lui-même

rie qu'il n'était pas en mon pouvoir de modifier notre route. Les Indiens ont blessé un blanc à moins de deux milles de nous. Ils en ont blessé un autre. D'après cela, nous pouvons nous attendre à être harcelés par eux pendant toute notre marche. » Il dit avoir plus d'hommes qu'il n'espérait et que dès lors il lui faudra plus de provisions, qu'il laissera quelques-unes de ses plus mauvaises troupes pour tenir garnison dans le petit fort.

Le colonel Christian dit que les hommes d'Augusta ont amené avec eux 400 chevaux de charge, portant 54.000 livres de farine, et 108 bœufs ; ils sont partis « hier ». Field s'est mis en route « ce soir ». Fleming et ses 450 hommes de Botetourt, avec 260 chevaux de charge, « arriveront lundi prochain ». Field a apporté la nouvelle que Lord Dunmore comptait se trouver à l'embouchure de la Grande Kanaway « peu de jours après le 20 ». Quelques Indiens ont essayé de voler des chevaux de charge, mais ils ont été découverts et mis en fuite.

Christian était fort mécontent de l'ordre qu'il avait reçu de rester en arrière jusqu'à ce qu'il eût réuni 400 hommes, avec lesquels il formerait l'arrière-garde. Il exprime sa crainte que ses hommes ne soient furieux quand ils sauront qu'ils doivent être à l'arrière-garde, et il répète : « Je ne voudrais pas pour tout ce que je vaux, être le dernier à traverser l'Ohio, et que nous manquions l'occasion d'apporter notre aide ». Field a donné les détails du combat de Mac-Donald (voir plus haut, fin du chapitre VIII). Il dit que les blancs étaient 400 et les Indiens seulement 30 ; que les premiers ont eu 4 hommes tués et 6 blessés, les Indiens seulement trois ou quatre morts et un prisonnier, et que leur ville a été brûlée. Le nombre des Shawnees et de leurs alliés est évalué à 1.200 guerriers en état de paraître à la fois sur le champ de bataille. Les 400 chevaux venus avec les hommes d'Augusta devaient être ramenés en arrière le plus tôt possible (après avoir atteint le lieu d'embarquement, d'où la farine devait être transportée en canots).

n'arriva aux Niveaux que dans l'après-midi du jour où étaient partis les hommes d'Augusta. Il brûlait du désir de se distinguer, et ses hommes n'étaient pas moins impatients de se battre. Il supplia Lewis de le laisser marcher avec les troupes qu'il avait sous la main, mais il se vit refuser cette permission, ce qui le mit hors de lui.

Lewis, se voyant à la tête de plus de monde qu'il n'en attendait, laissa ce qu'il avait de plus faible dans ses troupes pour servir de garnison au petit fort. Au moment même où il partait, il reçut une lettre du comte qui lui donnait non pas le conseil mais l'ordre de modifier leurs plans. Il refusa d'y consentir et fut assez vexé de cette proposition. Il l'attribua à Conolly, que les chefs des forestiers commençaient à prendre en défiance. Il n'y a cependant pas l'ombre d'un motif pour croire qu'à ce moment, ou à tout autre moment pendant cette campagne, il ait soupçonné le comte de perfidie. D'ailleurs, la conduite de ce dernier ne donna aucune prise à une telle croyance. Néanmoins cette opinion gagna du terrain parmi les Virginiens, dans les années qui suivirent, quand leur exaspération eut été portée au comble par les mesures folles et cruelles que prit Lord Dunmore au début de la guerre révolutionnaire, de sorte qu'ils ne virent ses actes passés qu'à travers leurs dispositions présentes (1).

Les troupes de Lewis formaient un corps typique de

(1) Quand éclata la guerre de la Révolution, le comte ne se borna pas à combattre les colons révoltés avec les armes permises. Il essaya de faire naître une insurrection des noirs, et envoya des agents à ses anciens ennemis, les Peaux-Rouges, pour les exciter contre ses anciens amis, les blancs. Il encouragea les expéditions de pillages et de piraterie ; mais, en même temps, il ne fit point preuve de ce courage et de cette ardeur qui font parfois pardonner la cruauté. Toutefois, dans cette guerre de 1774, il mena avec une grande énergie les préparatifs, et il montra une grande habileté de diplomate lorsqu'il fut question de faire la paix. Il semble s'être donné tout entier et de très bonne foi à cette affaire. Il est évident qu'il subit fortement l'influence de Conolly, qui était un très mauvais conseiller ; toute sa conduite trahit bien de l'indécision, et pas le moindre talent de général.

forestiers, tant pour les officiers que pour les soldats. Les hommes portaient la blouse de chasse à franges, teinte en jaune, brun, blanc et même rouge ; à leur large ceinture couverte d'ornements étaient suspendues les boîtes et les cornes curieusement sculptées où ils portaient leurs balles et leur poudre. Ils étaient coiffés de bonnets en fourrures ou de chapeaux mous, chaussés de moccasins, et portaient des jambières en laine grossière qui montaient jusqu'à la moitié de la cuisse (1). Chacun était muni d'un briquet, d'un tomahawk et du couteau à scalper. Ils marchaient en longue file, avec des éclaireurs lancés en avant et sur les flancs pour pratiquer une piste par laquelle ils pussent faire passer les bœufs, les chevaux de bât chargés de provisions, de couvertures et de munitions. Ils s'enfoncèrent tout droit dans la région sauvage sans route, se la faisant en avançant, de sorte que le 21 de ce mois ils arrivèrent à la Kanawha, à l'embouchure de la Crique de l'Élan (2). Là ils s'arrêtèrent pour creuser des canots dans des troncs d'arbres. A peu près vers ce moment, ils furent rejoints par les compagnies de Russell et de Shelby. Le 1er octobre (3), ils se mirent en route pour descendre la rivière avec vingt-sept canots, une partie de l'armée restant à terre pour suivre la piste indienne qui longeait la base des collines, au lieu de suivre la rive même, car il était ainsi plus facile de franchir les parties supérieures des criques et des ravins (4).

(1) Voir Smith, *Excursion*, t. II, p. 179.

(2) D'après Stewart, ils arrivèrent le 1er octobre à l'embouchure de la Kanawha ; un autre récit date l'arrivée du 30 septembre, mais c'est une erreur, ainsi que cela résulte tant des *Archives américaines* que des *Papiers Campbell*.

(3) Voir Hale, p. 182.

(4) *Papiers Campbell* ; lettre d'Isaac Shelby à John Shelby, du 16 octobre 1774 ; une partie de cette lettre, non signée, a été imprimée dans les *Archives américaines*, p. 1016, et dans divers journaux (et même à Belfast, voir Hale, p. 187, qui la croit écrite par le capitaine Arbuckle). Comme elle mérite d'être conservée, et qu'elle n'a jamais été imprimée en entier, je la donne dans l'Appendice.

On arriva le 6 à l'embouchure de la rivière et on campa sur Point Pleasant, éminence qui surgissait entre l'Ohio et la Kanawha. Une conséquence du sanglant combat qui eut lieu a été de faire donner à cette bataille tantôt le nom de bataille de Point Pleasant, tantôt celui de la Grande Kanawha. Jusqu'alors les Indiens n'avaient point harcelé sérieusement Lewis, bien qu'ils eussent tué un colon précisément sur la ligne de marche et qu'ils eussent réussi à enlever quelques bœufs et chevaux de bât (1).

Les troupes, malgré la fatigue du voyage, étaient pleines d'ardeur et pressées d'en venir aux mains. Mais les hommes supportaient avec impatience de recevoir des ordres et grommelaient avec colère contre des signes de favoritisme dans la distribution du bœuf. Lewis, l'apprenant, ordonna de tuer toutes les bêtes de mauvaise qualité, mais il n'obtint d'autre résultat qu'une explosion de mécontentement, et de nombreux groupes, bravant insolemment les ordres de leurs officiers, se mirent à battre les bois pour tuer du gibier. Il régnait peu d'ordre dans le camp (2) et on ne se préoccupait guère d'y assurer le service de faction et de grand'garde ; l'armée, pareille à une troupe de guerriers indiens, se reposait de sa sûreté principalement sur la vigilance et la vue perçante de chacun de ceux qui la composaient, ainsi que sur l'activité des groupes de chasseurs.

Le 3, Simon Girty (3) arriva au camp, porteur d'un

(1) Stewart.
(2) Smyth, t. II, p. 158. Il revendique un rôle important dans la bataille. Il ne le joua certainement point. Peut-être n'y fut-il pas même présent. Du moins, le colonel Stewart, qui s'y trouvait et qui connaissait tous les hommes de quelque importance de l'armée, assure positivement qu'il ne s'y trouvait pas le moindre Smyth, et aucun autre récit américain n'a fait mention de lui. Ses connaissances militaires se réduisaient à zéro, ainsi qu'il le prouve en assurant, alors que les défaites de Braddock et de Grant étaient encore toutes récentes, que les meilleures troupes à opposer aux Indiens étaient l'infanterie régulière anglaise armée de la baïonnette.
(3) D'après certains récits, il était accompagné de Kenton et de

message de Lord Dunmore, qui invitait Lewis à venir le rejoindre aux villes indiennes des environs de la plaine de Pickaway. Ce message ne plut aucunement à Lewis, qui, néanmoins, fit ses préparatifs de départ pour le lendemain. Il avait, à ce moment-là, environ onze cents hommes avec lui (1). Mais ses projets devaient être rudement bouleversés, car Brin-de-Blé avait rapidement parcouru la forêt et avait atteint l'Ohio. Cette même nuit, le chef indien fit passer la rivière à ses hommes sur des radeaux, à six ou huit milles en amont des fourches (2) et, dès l'aube, il était prêt à jeter toute sa troupe, d'environ mille guerriers (3), sur le camp de ses ennemis encore ensommeillés.

Avant le lever du jour, (10 octobre), de petits groupes de chasseurs avaient, comme à l'ordinaire, quitté le camp de Lewis. Deux de ces hommes, appartenant à la compagnie de Russell, s'étant éloignés à environ un mille,

Mac Culloch. D'autres disent qu'il n'arriva de messagers qu'après la bataille. Mais c'est là une erreur certaine. La lettre de Shelby prouve que les troupes apprirent avant la bataille le changement de plan du gouverneur.

(1) *Archives américaines*, 4e série, t. Ier, p. 1017. Il fut rejoint par les 300 hommes du colonel Christian, le lendemain de la bataille.

(2) *Papiers Campbell*. Lettre du colonel Preston (adressée probablement à Patrick Henry et datée du 31 octobre 1774. Comme elle est intéressante et n'a jamais été publiée, je la donne dans l'Appendice. — On appelle *fourche*, dans le Far West, le point de jonction de deux cours d'eau.

(3) Beaucoup de récits des blancs indiquent un nombre beaucoup plus grand, sans preuves. Shelby l'estime à environ 800 ou 1.000. Smith, qui donne généralement les détails d'après les Indiens, dit que, lors de cette affaire, ils étaient presque aussi nombreux que les blancs. Smyth, qui hait vivement les Américains, et diminue toujours leurs exploits, fixe le nombre des Indiens à 900. Il était évidemment enclin à le faire le plus petit possible. Aussi l'évaluation, donnée ci-dessus, est-elle probablement rapprochée de la vérité, bien que naturellement il soit impossible de donner le vrai nombre. En tout cas, ce fut le seul engagement important entre les Anglo-Américains et les Indiens du Nord-Ouest, où les deux côtés aient mis en ligne des forces aussi près d'être égales.

tombèrent sur une nombreuse bande d'Indiens qui en tuèrent un. L'autre courut à toutes jambes pour donner l'alarme et dit à ceux du camp qu'il avait aperçu plus de cinq acres de terrain couvert d'une masse d'Indiens aussi serrés qu'il pouvait en tenir debout (1). Presque aussitôt après, deux hommes de la compagnie de Shelby, dont l'un n'était ni plus ni moins que Robertson en personne, et dont l'autre était Valentin, frère de John Sevier, rencontrèrent également les Indiens en marche. Tous deux, étant fort prudents et agiles, leur échappèrent et arrivèrent au camp presque en même temps que les autres.

Aussitôt les tambours battirent le rappel (2) et les forestiers, qui étaient couchés en plein air, roulés dans leurs couvertures, se levèrent en sursaut, cherchèrent leurs fusils, les apprêtèrent et furent sur pied en un instant. Le général, croyant n'avoir affaire qu'à une bande d'éclaireurs, fit partir en avant le colonel Charles Lewis et le colonel Fleming, avec cent cinquante hommes chacun. Fleming formait la gauche, il longea l'Ohio en le remontant, pendant que Lewis, formant la droite, se tenait à une petite distance dans l'intérieur des terres. Ils firent ainsi un demi-mille (3). Alors, au moment même où le soleil allait se lever, mais où le crépuscule régnait encore, les hommes, restés au camp, prêtant une oreille attentive, entendirent trois coups de feu, suivis immédiatement d'un roulement aigu comme un petit coup de tonnerre. On eut dit que plusieurs centaines de rifles étaient partis à la même minute. Il était évident que l'attaque était sérieuse.

---

(1) *Papiers de Campbell*. Lettre de Shelby. Ces hommes se nommaient Mooney et Hickman ; ce fut ce dernier qui fut tué. Beaucoup d'historiens ont confondu ces deux hommes avec les deux autres qui découvrirent les Indiens presque au même moment.

(2) *Archives américaines*, 4e série, t. Ier, p. 1107.

(3) *Archives américaines*, 4e série, t. Ier, p. 1017. Lettre de Stanton (Virginie), du 4 novembre 1774, qui dit trois quarts de mille ; Shelby dit un quart.

Aussitôt le colonel Field fut envoyé en avant avec deux cents hommes (1).

Il n'était que temps qu'il arrivât. Au premier feu, deux éclaireurs qui se trouvaient en avant des blancs avaient été tués. L'attaque se concentra avec une vigueur particulière sur la division de Charles Lewis, qui fut lui-même mortellement blessé dès le début. Au lieu de « prendre un arbre » (2) il était resté sur un terrain découvert, encourageant ses hommes, quand il fut atteint. Il resta avec eux jusqu'à ce que la ligne de bataille fut formée, puis il retourna au camp sans aide, après avoir donné son fusil à un homme qui était près de lui. Ses soldats, qui étaient réunis sur un point élevé qui bordait le Crooked Run (3) commençaient à lâcher pied, mais ils furent ramenés en avant par Fleming dont la division avait été attaquée en même temps, jusqu'à ce qu'il fut, lui aussi, atteint d'une balle. La ligne fléchit alors, à part quelques hommes de Fleming qui tinrent bon à l'aile gauche sur un espace de terrain très accidenté qui se trouvait près de l'Ohio. Pourtant, à ce moment, le colonel Field arriva et rétablit le combat, pendant que les forestiers, laissés au camp, accouraient de leur côté pour prendre part à la lutte. Enfin le général Lewis, comprenant tout le danger, se mit à fortifier le camp par des abattis d'arbres, de manière à former un parapet fermant le triangle de l'Ohio et du Kanawha. Ce travail eut dû être exécuté tout d'abord, et Lewis, étant obligé de s'en occuper, ne put prendre personnellement aucune part au combat.

Pendant ce temps-là, les forestiers commençaient à gagner du terrain sur leurs ennemis, sous le commandement du colonel Field. Cependant celui-ci fut atteint à son tour.

______

(1) *Archives américaines*, 4ᵉ série, t. Iᵉʳ. Lettre du 17 novembre.

(2) Expression de la frontière, qui signifie s'abriter derrière un tronc d'arbre.

(3) Petit ruisseau qui se jette dans le Kanawha, près de son embouchure. DE HAAS, p. 151.

Il était, à ce moment-là, derrière un grand arbre ; il y fut blessé du côté droit par deux Indiens, pendant qu'il se préparait à tirer sur un troisième qui était posté à sa gauche et s'évertuait à distraire son attention par des moqueries et des gestes ironiques (1). Le commandement revint alors au capitaine Evan Shelby, qui transmit la direction de sa propre compagnie à son fils Isaac. Les troupes combattirent avec fermeté, sans se laisser décourager par la perte de leurs chefs, tandis que les Indiens continuaient l'attaque en déployant toute leur habileté, toute leur prudence, toute leur bravoure. La bataille fut une série de duels ; chaque homme s'abritait derrière une souche, un rocher, un tronc d'arbre ; la supériorité des forestiers dans le tir à la carabine était compensée par l'adresse de leurs ennemis à se cacher, à se faire une protection contre les coups de feu. Les lignes ennemies, bien qu'elles eussent un mille et quart de longueur, étaient néanmoins fort serrées, chaque homme n'étant pas à plus de vingt yards de ses voisins, de sorte que beaucoup de combattants en vinrent au corps à corps, et se tuèrent l'un l'autre à coup de couteau ou de tomahawk (2). Les détonations des rifles se succédaient, dominées par les cris et les plaintes des blessés, par les clameurs des combattants qui encourageaient ceux de leur nation ou lançaient à leurs adversaires de grossières bravades. Les hourras des blancs se mêlaient aux affreux hurlements de guerre des Indiens. Ceux-ci lançaient aux Américains des interpellations en mauvais anglais, pour les railler, leur demandant pourquoi ils ne jouaient plus de leurs fifres, la lutte était engagée de trop près pour permettre pareille musique. Leurs chefs allaient et venaient en arrière des guerriers, les exhortant à en venir aux mains, à tirer juste, à se bien conduire dans le combat (3). Et pendant toute l'affaire, les blancs qui se

(1) *Papiers Campbell*. Lettre de Preston.
(2) *Archives américaines*. Lettre du 4 novembre 1774.
(3) *Papiers Campbell*. Lettre de Preston.

trouvaient engagés contre Brin-de-Blé purent entendre sa voix grave et sonore, pendant qu'il encourageait ses braves et leur commandait : « Soyez forts ! soyez forts ! »

Vers midi, les Indiens tentèrent de tourner le flanc des blancs pour atteindre leur camp, mais cette manœuvre fut repoussée et une troupe d'Américains (1), profitant de leur avantage, coururent le long des bords du Kanawha et débordèrent à leur tour les flancs de l'ennemi. Les Indiens, poussés avec énergie, commencèrent à reculer, les meilleurs combattants couvrant la retraite pour permettre d'emporter les blessés, mais, chose rare dans les batailles indiennes, ils ne purent enlever tous les morts, tant ils furent serrés de près. Les blancs étaient forcés de mettre la plus grande prudence dans cette poursuite, car ceux d'entre eux qui s'avançaient trop étourdîment étaient certains de tomber dans une embuscade et de payer cher leur témérité. A la fin, vers une heure, les Indiens battant en retraite atteignirent une position très forte, où le sous-bois était fort dense avec de nombreux arbres tombés et des pentes très raides. Là ils firent tête avec résolution et les blancs n'osèrent les attaquer dans une citadelle aussi forte. Alors l'action fut à peu près terminée ; bien qu'il y eut des coups de feu échangés de temps à autre jusqu'à une heure avant le coucher du soleil. Parfois les Indiens raillaient leurs ennemis, leur criaient qu'ils étaient onze cents, en nombre égal aux blancs et que le lendemain ils seraient deux mille (3). Mais c'était là une pure bravade. Ils avaient subi trop de pertes pour renouveler l'attaque. A la faveur de l'obscurité, ils s'échappèrent et firent retraite avec une habileté consommée, emportant tous leurs blessés, sans en perdre un seul, au-delà de l'Ohio. Les Américains épuisés et ayant pris un bon nombre de scalps, quarante

(1) *Relation de Stewart.*
(2) Conduits par Isaac Shelby, James Stewart, et Georges Matthews.
(3) *Papiers Campbell.* Lettre de Preston.

fusils, beaucoup de tomahawks (1), et quelque butin (2), revinrent à leur camp..

La bataille avait été aussi sanglante qu'acharnée. Les blancs, quoique victorieux, avaient plus souffert que leurs ennemis, et, en somme, s'ils avaient la victoire, c'était plutôt parce que les Indiens eussent agi contrairement à toutes les règles de leur stratégie, en s'exposant à subir de trop grandes pertes, même pour acheter celle-ci. Du côté des blancs, environ soixante-quinze hommes avaient été tués ou mortellement atteints ; cent quarante avaient reçu des blessures graves ou légères (3), de sorte que leur perte se montait à un cinquième de leur effectif. Celle des Indiens n'arrivait pas même à la moitié de ce chiffre : environ quarante guerriers furent tués sur le coup ou moururent de leurs blessures (4). Parmi les Indiens,

(1) *Archives américaines*. Lettre du 4 novembre 1774. Il est douteux que Logan ait pris part à l'action ; l'incident de Brin-de-Blé tuant un de ses hommes qui montrait de la faiblesse peut être vrai ou faux.

(2) Hale, p. 199. Le butin fut ensuite vendu à l'encan, au prix de 74 livres, 4 sh., 6 pence.

(3) Ce sont là les chiffres donnés par Stewart, mais les évaluations diffèrent beaucoup. Monette (*La vallée du Mississipi*) parle de 87 tués et de 141 blessés. Les lettres écrites à cette époque ne tiennent évidemment compte que de ceux qui furent gravement atteints. Ainsi Shelby évalue le nombre des tués à 55, et celui des blessés (en y comprenant les blessures mortelles) à 68. Une autre estimation (*Archives américaines*, p. 1017) parle de 40 tués et de 96 blessés, dont une vingtaine moururent depuis ; tandis qu'une note au bas de la lettre indique 53 hommes morts sur l'heure, et 87 blessés, « dont plusieurs sont morts depuis ». Il est évidemment impossible que les blessures légères soient comprises dans ces listes, et il est très probable que le chiffre de Stewart est exact, d'autant plus qu'il fut témoin oculaire.

(4) Vingt-un furent scalpés sur le champ de bataille, douze autres furent ensuite trouvés morts derrière des troncs d'arbres ou dans des trous, où les Indiens les avaient cachés ; huit moururent des suites de leurs blessures (voir *Archives américaines*, Smith, Hale, De Haas, etc.). Smith, qui écrit au point de vue indien, réduit leur perte à 28 hommes, mais apparemment il n'y comprend pas les pertes des Indiens de l'Ouest, alliés des Shawnees, les Mingos et les Delawares.

aucun grand chef ne fut tué, tandis que les Américains eurent dix-sept officiers tués ou blessés et perdirent successivement leur second, leur troisième et leur quatrième commandant. Les vainqueurs ensevelirent leurs morts et abandonnèrent les corps des vaincus aux loups et aux corbeaux. A minuit, après la bataille, le colonel Christian et ses hommes de Fincastle arrivèrent sur le terrain.

La bataille du Grand Kanawha fut une victoire exclusivement américaine, car elle fut livrée par les seuls forestiers. Leur immense supériorité sur les troupes régulières dans ce genre de lutte se montre de la manière la plus évidente quand on compare la victoire, qu'ils remportèrent alors, aux défaites qu'infligèrent les mêmes ennemis aux grenadiers de Braddock et aux Highlanders de Grant. Ce fut uniquement une bataille de soldats, gagnée par un âpre combat d'individu à individu, et le seul chef qui fit preuve de talent stratégique, ce fut Brin-de-Blé (1). Il n'y eut pas de combat livré de plus près aux Indiens du Nord-Ouest, et ce fut le seul qui aboutit à une victoire remportée sur un grand nombre d'entre eux par une troupe très peu supérieure en nombre (2). Tant à cause du caractère particulier du combat qu'à cause des résultats qu'il produisit, il mérite qu'on en garde un souvenir tout à fait à part.

Lewis laissa ses malades et ses blessés au camp de la

(1) L'anglais Smyth accuse Lewis de lâcheté. Cette accusation ne mérite pas plus de créance que les accusations analogues de perfidie formulées contre Lord Dunmore. Brantz Mayer parle en termes des plus hyperboliques de l'« impitoyable Lewis » et du « grand carnage » d'Indiens.

(2) Wayne remporta une victoire également décisive, mais il avait trois fois plus d'hommes que l'ennemi. Bouquet, qui faillit être battu, et fut sauvé par les coureurs des bois provinciaux, avait des forces bien supérieures, et subit quatre fois plus de pertes qu'il n'en infligea. Dans les deux cas, et particulièrement en ce qui concerne Bouquet, le récit du vainqueur doit être accueilli avec réserve, toutes les fois qu'il y parle du nombre et des pertes des vaincus. C'est aussi de la même façon que Shelby et les autres narrateurs de la bataille du Kanawha affirment que les Indiens subirent de plus grandes pertes que les blancs.

Pointe, sous la protection d'un parapet improvisé, et d'une garde suffisante. Avec le reste de ses forces, — plus d'un millier d'hommes, — il traversa l'Ohio, et marcha vers les plaines de Pickaway. Lorsqu'il ne fut plus qu'à quelques milles du camp du comte, il vit venir un messager qui lui annonça qu'on était en train de négocier un traité de paix avec les Indiens (1). Les forestiers, enivrés de leur succès, exaspérés de leurs pertes, ne demandaient qu'à verser encore du sang. Ce ne fut pas sans dificulté qu'on parvint à les arrêter, à les décider enfin à reprendre le chemin de la maison, et le comte dut descendre la rivière à cheval pour leur en donner l'ordre lui-même. Ils grommelèrent avec colère contre lui de se voir congédier ainsi, et par la suite, ils l'accusèrent de perfidie pour avoir agi de la sorte; mais sa décision était certainement judicieuse. Il eût été extrêmement malaisé de conclure la paix en présence d'auxiliaires aussi indociles.

L'élan des Indiens avait été brisé par leur défaite. Leur vieux et sévère chef, Brin-de-Blé, gardait seul sa fermeté, résolu à braver ses ennemis et à mener la guerre jusqu'à son issue fatale. Mais quand on eut convoqué en conseil les chefs de second ordre et les chefs de guerre, il fut évident que les gens de sa tribu ne voulaient plus combattre, et même son ardente éloquence ne put pousser les guerriers à tenter de nouveau les hasards de la guerre. Ils écoutèrent en une silencieuse impassibilité les paroles vi-

(1) Les histoires, d'après lesquelles Lewis aurait soupçonné le comte de perfidie et les forestiers auraient été si exaspérés qu'ils voulaient tuer ce dernier, peuvent avoir quelque fondement, mais elles peuvent tout aussi bien être de pures inventions, fabriquées après la guerre révolutionnaire. Dans le livre de De Haas, *Le Pionnier américain*, on trouve des histoires de toute sorte, dont quelques-unes ont été racontées par les membres des familles Clark et Lewis, histoires qui ont pour but de faire tort à Dunmore, mais sont pleines d'anachronismes, où l'on place la bataille de Lexington dans l'année de la bataille de Kanawha, où l'on dit que la paix ne fut conclue qu'au printemps suivant, etc. De sorte qu'il faut les laisser absolument de côté comme indignes de créance.

brantes et passionnées, où il les adjurait de marcher une fois encore contre les Longs Couteaux, de tuer, si la chose était nécessaire, leurs femmes et leurs enfants, et de mourir jusqu'au dernier, en combattant. Voyant enfin qu'il ne pouvait émouvoir les cœurs de ses auditeurs, il planta son tomahawk dans le poteau de guerre, et déclara qu'il partirait lui-même pour faire la paix. A ces mots, les guerriers rompirent le silence, et poussèrent leurs *ough ! ough ! ough !* avec un grognement d'approbation. Aussitôt ils envoyèrent à l'armée du comte des coureurs chargés de demander une trève (1).

En conséquence, accompagné de tous ses chefs subalternes, il se rendit au camp de Lord Dunmore et y négocia un traité. Les Indiens humiliés acceptèrent toutes les conditions que dicta le vainqueur. Ils consentirent à rendre tous les prisonniers blancs et tous les chevaux volés qu'ils avaient en leur possession, renoncèrent à toutes leurs revendications sur les terres au sud de l'Ohio, et ils donnèrent des ôtages en garantie de leur bonne foi (2). Mais leur porte-parole, Brin de Blé, tout en se voyant forcé à accepter ces conditions, garda pendant toute la durée des débats une attitude orgueilleusement provocante, qui montrait combien ses actions étaient peu influencées par la crainte de conséquences personnelles. Pendant les pourparlers, il s'adressait au chef blanc en un langage véhément et plein de reproches, sur un ton qui semblait être plutôt celui d'un vainqueur que celui d'un vaincu. A vrai dire, il n'était point un vaincu ; il sentait que ses compatriotes s'humiliaient, mais il savait qu'en son âme il ne craignait rien. Les Virginiens qui, comme leurs adversaires Indiens, faisaient presque aussi grand cas de l'éloquence que de l'habileté à la guerre furent très profondément impres-

(1) *Relation de Stewart.*

(2) *Archives américaines*, 4ᵉ série, t. I. Lettre de Saint-Clair du 4 décembre 1774 ; voir aussi *Papiers de Jefferson*. Déposition de William Robinson, etc.

sionnés par la parole du chef, par son art de choisir les mots, sa voix claire et distincte, sa façon d'accentuer ce qu'il disait, par son attitude singulièrement grandiose et majestueuse, qui cependant ne manquait point de grâce, ils dirent plus tard qu'il s'était montré l'égal en éloquence de Patrick Henry en personne (1).

Tous les chefs considérables étaient venus au conseil à l'exception d'un seul. Celui-là, c'était Logan, qui se tenait enfermé dans le village des Mingos, où il ruminait les injustices qu'il avait souffertes, et la vengeance qu'il en avait tirée. Ses compagnons, auxquels on demanda le motif de son absence, répondirent qu'il était comme un chien enragé, dont le poil est encore hérissé, mais ne tardera pas à reprendre sa direction. Lorsqu'on le pria de venir à la réunion, il répliqua qu'il était un guerrier et non un donneur de conseils, et qu'il ne viendrait pas. Les Mingos ayant refusé de prendre part aux débats, leur camp fut détruit, et ils durent donner des otages, comme l'avaient fait les Delawares et les Shawnees (2). Logan lui-même finit par consentir, de très mauvaise grâce, à la paix, ou du moins il cessa de s'y opposer.

Mais il ne voulut pas aller en personne trouver Lord Dunmore, de sorte que le comte fut obligé d'entrer en relation avec lui par l'intermédiaire d'un messager, un vétéran de la frontière nommé John Gibson (3), qui avait longtemps vécu au milieu des Indiens et connaissait à fond leur langue et leur caractère (4). Logan était tout disposé à s'entretenir avec ce messager. Il le prit à part et lui adressa à l'improviste un discours qui restera toujours comme un des plus beaux monuments d'éloquence sau-

(1) Voir DE HAAS, p. 162.
(2) *Archives américaines*, 4ᵉ série, t. I, p. 1013 et 1226.
(3) John Gibson fut plus tard général dans l'armée des Etats-Unis (voir l'appendice).
(4) *Papiers Jefferson*. Récit de John Gibson, etc. On ne sait pas au juste si Logan ne vint point à l'Assemblée et emmena Gibson à part, ou si ce dernier alla trouver Logan dans son wigwam.

vage dont nous ayons gardé un souvenir authentique. Le messager l'écrivit, en fit une traduction littérale (1), et revint au camp pour le remettre à Lord Dunmore. Le comte le lut, en plein conseil, à toute l'armée des forestiers, y compris Cresap, Clarke, et autres éclaireurs. La lecture de ce discours montra que ce n'était point un message de paix, non plus qu'un aveu de défaite ; ce n'était rien moins qu'un rappel étrangement pathétique des dommages qu'il avait subis, et une farouche et triomphante justification de la revanche qu'il avait prise. Voici comment il s'exprimait :

« J'en appelle à tous les blancs : En est-il un seul qui
« puisse dire qu'il est entré affamé dans la hutte de Logan,
« et que celui-ci ne lui a point donné de la viande ? Si ja-
« mais il y est entré transi de froid et nu, Logan ne l'a-t-il
« point vêtu ? Pendant le cours de la dernière guerre si
« longue, si sanglante, Logan est resté oisif dans son
« camp, en avocat de la paix. Telle était mon affection
« pour les blancs, que mes compatriotes me montraient
« du doigt quand je passais, et disaient : « Voilà l'ami de
« l'homme blanc. » J'avais même songé à m'établir pour
« vivre au milieu de vous, sans la cruauté d'un seul
« homme. Au printemps dernier, le colonel Cresap a
« massacré de sang-froid et sans aucune provocation tous
« les parents de Logan, sans même épargner mes femmes
« et mes enfants. Il ne coule plus une goutte de mon sang
« dans les veines d'aucun être vivant. Cela exigeait une
« vengeance de ma part : je l'ai cherchée ; j'ai tué beau-
« coup de gens ; je me suis gorgé de vengeance. Pour
« mon pays, je me réjouis de voir luire les rayons de la
« paix, mais n'entretenez pas la pensée que ce soit la joie
« de la crainte qui m'anime. Logan n'a jamais éprouvé la

(1) *Papiers Jefferson* (département d'Etat, 5, 1, 4). Récit fait par le colonel John Gibson à John Anderson, trafiquant indien de Pittsburg, en 1774. Anderson lui ayant demandé s'il n'avait rien ajouté au discours de Logan, il lui répondit qu'il n'avait rien ajouté, qu'il s'était borné à transcrire mot à mot les paroles de Logan.

« crainte. Il ne tournera point sur ses talons pour sauver
« sa vie. Qui reste-t-il pour pleurer un Logan ? Per-
« sonne. »

Les géants de la forêt, réunis en cercle autour du conseil, écoutèrent avec la plus vive attention la lecture de
ce discours. Si grossière que fût leur haine des Indiens,
ils furent si profondément impressionnés que dans les
soirées, ce discours devint leur sujet préféré de conver-
sation autour de leur bivouac, et qu'ils s'efforcèrent de
se l'apprendre par cœur les uns aux autres (1). Mais ils
savaient que l'auteur principal du massacre de la famille
de Logan était Greathouse et non Cresap. Quand la lecture
fut terminée, Clark, s'adressant à Cresap le félicita ironi-
quement, d'un ton moqueur, d'être un si grand homme,
que les Indiens mettaient tout sur son compte. Sur quoi
Cresap, fort en colère, jura qu'il avait bonne envie de dé-
pêcher Greathouse d'un coup de tomahawk pour cet
assassinat (2).

Ce discours n'était pas de nature à satisfaire entièrement
le comte, mais du moins il en résultait avec évidence que
Logan n'avait point l'intention de rester sur le sentier de
la guerre. Aussi Lord Dunmore jugea-t-il à propos de se
retirer avec ses otages. Dans la marche du retour, près
de l'embouchure de la rivière Hockhocking, les officiers de
l'armée tinrent une réunion importante. Ils avaient suivi
le comte anglais à la bataille, mais ils étaient Américains,
animés d'une ardente sympathie pour le Congrès National,
qui était alors en session. Craignant que leurs compatriotes ignorassent qu'ils étaient avec eux de cœur et
d'âme dans la lutte dont l'ombre planait et s'élargissait
comme un nuage toujours plus noir, ils votèrent des réso-
lutions qui furent plus tard publiées. Leurs orateurs dirent
qu'ils avaient passé trois mois dans les bois sans rien

(1) *Papiers Jefferson*, Affidavits d'Andrew Rogers, William Russell
et autres qui étaient présents.
    (2) Lettre de Clark.

savoir du Congrès de Philadelphie, ni même de Boston, où les troubles paraissaient le plus probablement devoir atteindre leur apogée. Ils dirent combien ils craignaient que leurs compatriotes ne fussent égarés au point de croire que cette nombreuse troupe en armes était hostile ou indifférente à la cause de l'Amérique. Ils rappelèrent fièrement qu'ils avaient passé tout ce long intervalle sans pain, sans sel, sans abri pour la nuit, que les troupes qu'ils conduisaient étaient en état de marcher et de combattre aussi bien qu'aucune du monde. Dans leur déclaration, ils affirmaient leur dévouement à leur roi, à l'honneur de sa couronne, à la dignité de l'empire britannique, mais ils ajoutaient que ce dévouement ne durerait qu'autant que le roi aurait dessein de régner sur un peuple libre, car leur amour pour la liberté de l'Amérique l'emportait sur toutes autres considérations ; ils feraient tout ce qui leur serait possible pour la défendre, non point par des émeutes, mais quand ils y seraient régulièrement appelés par la voix de leurs concitoyens.

Ils concluaient en adressant à Lord Dunmore des remerciements pour sa conduite. Il reçut d'autres remerciements chaleureux de la Législature virginienne, et des gens de la frontière de Fincastle (1), et il méritait pleinement leur gratitude.

La guerre avait été terminée en moins de six mois, et les résultats en étaient de la plus grande importance. Elle avait fort bien réussi. Dans la campagne de Braddock, les forestiers avaient, dit-on, perdu cinquante personnes pour chaque Indien tué. Dans la guerre de Pontiac, ils avaient appris à se défendre mieux, et pourtant la proportion avait été encore de dix pour un (2) ; tandis que dans cette guerre-ci, en tenant compte uniquement des hommes en

(1) Voir DE HAAS, p. 167.
(2) Ce sont les chiffres donnés par Smith, et puisés à des sources indiennes. Ils sont probablement exagérés, mais ils ne le sont pas beaucoup.

état de combattre, il est probable qu'il avait succombé un nombre d'Indiens fort supérieur à celui de la moitié des blancs, et lors même qu'on eût fait entrer en compte les femmes et les enfants, la proportion n'eût pas été au-dessus de trois blancs pour un. Certainement, dans toutes les guerres entreprises contre les Indiens du Nord-Ouest pendant la seconde moitié du xviii° siècle, il n'y en eut aucune où les blancs infligèrent une aussi grande perte relative à leurs ennemis. Les résultats en furent très importants. Elle tint les tribus du Nord-Ouest en repos pendant les deux premières années de la guerre révolutionnaire. Chose essentielle, elle rendit possible la colonisation du Kentucky, et par suite la conquête de l'Ouest. Sans la guerre de Lord Dunmore, il est plus que possible que les colons, quand ils auraient conquis leur liberté, auraient vu leur expansion limitée vers l'Ouest par les monts Alléghanys (1).

Il ne faut pas non plus que notre sympathie, au sujet des dommages honteux causés aux deux grands héros indiens de cette lutte, nous ferme les yeux sur ce fait que d'abord l'explosion de la querelle avait été précipitée par les violences des Peaux-Rouges et non par celles des blancs, que la guerre était non seulement inévitable, mais juste en elle-même, et que les hommes de la frontière étaient dans leur droit en la déclarant. Si impardonnable, si affreusement atroce qu'eût été le massacre de la famille de Logan, il le cédait en horreur à bien d'autres massacres commis par les Indiens à peu près vers cette époque. Les annales de la frontière sont sombres et terribles.

Un petit nombre des hommes typiques qui jouèrent le rôle de chefs dans ce drame court et tragique des forêts arrivèrent à s'élever un peu dans la suite. Crésap mourut en brave soldat de la Révolution. Nous ne savons rien de Greathouse ; nous pouvons seulement espérer que les In-

---

(1) Il est difficile de s'expliquer pourquoi certains historiens de second ordre regardent cette guerre comme sans résultats.

diens arrivèrent à le scalper. Conolly devint un tory virulent, à qui toutefois fit défaut le pouvoir d'être aussi nuisible qu'il l'eût voulu. Lewis servit honorablement dans la Révolution, tandis que, dès son début, Lord Dunmore fut chassé de la Virginie et disparut de notre cercle d'action. Le fier et sombre Logan ne se remit jamais du coup qui lui avait été porté ; il se livra de plus en plus à la boisson, devint chaque jour plus implacable, plus grognon, plus sauvagement sanguinaire, bien que de temps à autre ses nobles qualités reprissent le dessus. Bien des fois, il porta le ravage parmi les colons de la frontière. Pourtant nous apprenons à maintes reprises qu'il sauva la vie à ses captifs. Une fois il fit échapper Simon Kenton à la torture et à la mort, alors que Girty, ému, par un hasard des plus rares, de quelque pitié pour son ancien compagnon, l'avait essayé sans succès. A la fin, Logan périt de la main d'un autre Indien dans une rixe d'ivrognes.

Brin-de-Blé mourut d'une mort grandiose, mais par suite d'un acte de lâche trahison de la part des Américains ses ennemis. C'est là une des taches les plus sombres de l'histoire de cette région, histoire si diverse en sa moralité. Au commencement de 1777, il vint à la garnison de Point Pleasant, expliquer que s'il était tout disposé à rester en paix, sa tribu se montrait fort encline à faire la guerre, et il ajouta franchement que si elle en décidait ainsi, il serait obligé de la suivre. Lui et trois autres Indiens, parmi lesquels se trouvaient son fils et le chef Faucon-Rouge, qui avait pris part aussi à la bataille de Kanawha, furent gardés comme otages. Pendant qu'ils étaient prisonniers dans le fort, un homme de la compagnie des coureurs des bois fut tué dans les environs par les Indiens. Alors ses camarades, sous la conduite de leur capitaine (1), se précipitèrent avec fureur dans le fort pour tuer les otages. Brin-de-Blé les entendit venir en tumulte, et

(1) Il se nommait John Hall. Il est bon de noter le nom du me-

comprit que sa dernière heure était arrivée. Le visage impassible, il exhorta son fils à ne rien craindre, car le Grand Esprit avait voulu qu'ils mourussent ensemble. Lorsque les assassins entrèrent dans la pièce, il se leva tranquillement pour aller à leur rencontre, et tomba percé de sept ou huit balles. Son fils et ses compagnons furent pareillement massacrés, et nous n'avons souvenir d'aucune action plus infâme.

Bien que dans le nombre des blancs, les hommes qui prirent une part importante à la guerre, n'aient jamais rien fait de remarquable dans la suite, il faut noter que tous ceux qui dirigèrent les affaires dans les temps d'après, avaient presque tous été engagés dans la guerre de Lord Dunmore. Leurs destins furent divers. Boon conduisit l'avant-garde des blancs au delà des montagnes, et passa sa vie à errer dans le pays sauvage. Il finit ses jours extrêmement vieux, au delà du Mississipi, chasseur forestier jusqu'au dernier moment. Shelby conquit des lauriers à la bataille de King's Mountain, devint le premier gouverneur du Kentucky, et devenu vieux, il revécut sa jeunesse en conduisant les hommes de l'Ouest à la lutte contre les Anglais et les Indiens. Sevier et Robertson furent, pendant une génération, les chefs honorés du peuple du Sud-Ouest. Clark, le plus habile de tous, suivit une brillante et courte carrière, qui le fit bien mériter de toute la nation. Alors, comme Logan, il tomba dans l'ivrognerie, — vice souvent à peine moins dangereux pour les gens de la frontière que leur ennemi le Peau-Rouge. Il passa les dernières années de sa vie dans une retraite ignoble et dégoûtante.

neur qui dirigea cette boucherie aussi lâche que bestiale. Voir le récit de Stewart.

CHAPITRE X

La guerre de Lord Dunmore, engagée par les Américains pour le bien de l'Amérique, fut le premier acte qui commença le drame dont la dernière scène fut jouée à Yorktown. Grâce à elle, la guerre révolutionnaire put avoir un double caractère, en ce que d'une part les Américains acquirent par la conquête et la colonisation de nouvelles terres pour leurs enfants, et que d'autre part ils arrachèrent leur indépendance nationale au roi d'Angleterre. Sans la guerre de Lord Dunmore, nous n'eussions pu nous établir au delà des montagnes avant d'avoir réglé notre querelle avec notre parente d'outre-mer. Elle terrifia si profondément les Indiens du Nord-Ouest pendant deux ou trois ans, qu'ils cessèrent de faire aucun effort régulièrement organisé pour arrêter la marche des blancs. Par suite, les pionniers du Kentucky n'eurent à lutter que contre de petites bandes ennemies jusqu'au jour où ils eurent pris si solidement racine dans le sol que tout effort fut inutile pour les en arracher. Si Brin-de-Blé et ses autres chefs avaient gardé leur armée intacte, ils eussent indubitablement balayé tous les pionniers du Kentucky en 1775, ainsi que cela se réalisa au seul bruit de leurs dispositions hostiles pendant le printemps précédent. Leur défaite donna toute latitude à Boon pour coloniser le Kentucky ; par suite Robertson put coloniser le Tennessee Central et Clarke conquérir l'Illinois et le Nord-Ouest. Ce fut le premier anneau dans la chaîne de causes qui nous donna pour frontière de l'Ouest en 1783 le Mississipi au lieu des Alléghanys.

Comme on l'a déjà dit, Henderson, le spéculateur de la Caroline du Nord, avait depuis quelque temps projeté l'établissement d'une colonie propriétaire au delà des montagnes, entreprise hardie par laquelle il espérait réparer la ruine de sa fortune. Dès le commencement de 1775, le moment lui parut favorable et il se mit à l'œuvre pour exécuter son plan avantureux. Depuis quelques années, il était en intimes relations d'affaires avec Boon. Celui-ci avait tenté de conduire une troupe de colons proprement dits dans le Kentucky en 1773. Naturellement, quand Henderson voulut faire choix d'un endroit pour y installer sa colonie, il se fixa sur le beau pays que le bruit de la découverte de Boon avait rendu fameux sur toute la frontière. Non moins naturellement il songea au pionnier chasseur pour le représenter et être le véritable chef de l'expédition. Le résultat des efforts réunis de ces deux hommes fut d'établir dans le Kentucky une colonie d'immigrants choisis, soutenue par tout l'appui moral et matériel qu'il fallait pour les mettre en état de se maintenir d'une manière permanente dans le pays. Boon n'avait pas été le premier à découvrir le Kentucky ; il ne fut pas même le premier à y fonder un établissement (1), mais ce fut seulement son exploration du pays qui produisit un résultat durable, et l'établissement qu'il fonda fut le pre-

____

(1) Le premier établissement permanent fut Harrodsburg, alors appelé Harrodstown, fondé en 1774, mais bientôt abandonné ; il ne fut occupé définitivement que le 18 mars 1775, une quinzaine avant que Boon commençât la construction de son fort.

mier qui contint en soi des éléments de permanence et de développement.

Naturellement, ici, comme dans tout autre établissement dans l'intérieur de l'Amérique, le point essentiel à remarquer, c'est l'esprit d'initiative individuelle des différents colons. Ni le gouvernement royal, ni les gouvernements provinciaux n'intervinrent à l'égard des diverses colonies qui furent établies presque simultanément sur le sol du Kentucky. Chaque petite troupe de pionniers avait ses chefs propres, son but propre. Tous avaient entendu parler, par des voies diverses, de la beauté et de la fertilité du pays, et comme le grand danger qui venait des Indiens, était temporairement écarté, tout le monde partit pour s'établir. Non seulement on agit sans s'être d'abord concertés, mais la plupart ignoraient quels étaient les projets des autres. Toutefois, les périls qui entouraient ces établissements récemment formés et si lointains, étaient si nombreux et d'un caractère si grave, qu'ils n'auraient eu que bien peu de chance de durée sans l'établissement d'une organisation relativement bonne que Boon créa, et sans l'immunité temporaire que le traité de Henderson acheta aux Indiens du Sud.

L'établissement du Kentucky était une entreprise bien plus aventureuse, bien plus hasardeuse qu'aucune de celles qu'avait faites jusque là pour s'étendre vers l'ouest la population des anciennes colonies. En effet, le Kentucky, loin d'être contigu à des districts déjà peuplés, formait une île dans le pays sauvage, séparée des avant-postes les plus lointains des pays de la côte par une zone de forêt de deux cents milles qui ne contenait aucune population, et qui était presque infranchissable. Jusqu'alors chaque nouvel établissement avait été formé par un procédé très simple consistant en ce qu'une partie des pionniers des bois était poussée au dehors et en avant des autres, sans néanmoins perdre le contact avec eux. Ils avaient en quelque sorte leur arrière couvert par le pays déjà peuplé. Désormais, pour la première fois, surgissait une nouvelle communauté de pionniers, isolée au cœur de la région sauvage, projetée bien loin au delà des plus extrêmes limites des anciennes colonies, dont la masse compacte bordait l'Atlantique. La vaste zone de montagnes boisées qui les en séparait formait entre elles une barrière aussi réelle que s'il y eût eu là un bras de l'Océan. Les premiers Américains, qui arrivèrent au Kentucky, furent, pendant bien des années, absolument privés de toute communication avec l'ensemble de leurs compatriotes de l'autre côté des montagnes, tout comme, treize siècles auparavant, leurs ancêtres, les premiers Anglais qui s'établirent en Bretagne, étaient séparés de leurs parents de la Basse Hollande, qui continuaient à habiter la côte orientale de l'Océan germanique.

Henderson et ceux qui s'étaient associés avec lui dans son projet de spéculation foncière, se mirent à entamer des négociations avec les Chérokees, dès que la victoire du Grand Kanawha diminua temporairement le danger que constituaient les Indiens du Nord. En 1774, accompagné de Nathaniel Start, un de ses associés dans l'entreprise, il se rendit aux villes Otari, et fit ses propositions. Les Indiens se montrèrent fort circonspects, et chargèrent l'un d'eux, un chef nommé le Charpentier, de partir avec les deux envoyés blancs et d'examiner les marchandises offertes. Henderson ne fit aucune objection contre ce procédé. Au contraire, il désirait vivement d'avoir entre les mains un titre authentique indien pour s'assurer la propriété de la nouvelle colonie. Le délégué indien fit un rapport favorable en janvier 1775. Alors les Chérokees des Collines furent convoqués à une assemblée qui devait se tenir aux Bas-fonds des Sycomores (Sycamore Shoals) du Watauga. L'ordre en fut envoyé par Ononostota, très vieux chef, renommé pour les prouesses qu'il avait jadis accomplies en faisant la guerre aux Anglais. Le 17 mars, Ononostota et deux autres chefs, le Corbeau et le Charpentier, signèrent le traité des Sycamore Shoals, en présence et avec l'assentiment d'environ douze cents personnes de leur tribu, sur lesquelles il y avait six cents guerriers, car tous ceux qui avaient pu venir s'étaient rendus au lieu où l'on traitait. Henderson obtint ainsi la concession de tout le pays compris le long du Kentucky, et entre ce cours d'eau et les eaux du Cumberland. Il se hâta de donner à la colonie le nom de Transylvanie. Le prix d'achat fut de 10.000 livres en valeur légale anglaise, mais bien entendu il fut payé uniquement en marchandises et non en espèces. Il fallut plusieurs jours pour conclure le traité. Il n'était pas permis de vendre du rhum, et il y eut très peu de cas d'ivresse, mais on amena des troupeaux de bœufs, pour que les Indiens pussent se régaler à souhait.

La principale opposition au traité vint d'un chef nommé le Remorqueur, qui resta pendant des années l'ennemi le plus acharné qu'eussent les blancs parmi les Chérokees. Le second jour de l'entretien, il parla avec énergie contre la proposition de donner aux Américains ce qu'ils demandaient. Il fit remarquer, en un langage d'une ardente éloquence, que les Chérokees, après avoir possédé tout le pays jusqu'à la mer, avaient été constamment refoulés par les blancs jusqu'à ce qu'ils fussent arrivés aux montagnes. Il avertit ses compagnons qu'il était temps de mettre à tout prix un terme aux empiètements des blancs, sous peine de se voir enlever leurs derniers territoires de chasse, les seules ressources qui restaient à leurs enfants pour vivre. Quand il eut fini son discours, il quitta brusquement le cercle des orateurs et tout ne fut plus que confusion dans l'assemblée. Les Indiens, qui étaient simples spectateurs, furent très impressionnés de ce qu'il avait dit, et pendant des heures, les Européens désespérèrent de voir aboutir de nouvelles négociations. On proposa de changer le traité public en un traité privé, mais les négociateurs ne voulurent point y consentir. Ils déclarèrent qu'ils ne voulaient pas entendre parler d'un traité qui ne fût point conclu en conseil public, avec le plein consentement des Indiens. Après bien des efforts, on parvint à ramener le Remorqueur. La réunion fut reprise le lendemain, et enfin la cession fut accordée sans nouvelles difficultés. Les Indiens firent choix de leur interprète. Le traité fut lu à haute voix, et traduit phrase par phrase, avant d'être signé, ce qui eut lieu le quatrième jour après l'ouverture du conseil.

Les chefs savaient, à n'en point douter, que le titre par lequel ils faisaient une cession de terrain reposait sur un droit des plus incertains. Oconostota et Le Remorqueur avaient été d'accord pour dire aux négociateurs blancs que la terre située au delà des montagnes, où ils voulaient aller, était un *pays sombre*, un *pays sanglant*. Ils les avertirent que s'ils y allaient, ce serait à leurs propres risques, et qu'ils ne devraient point rendre responsables des conséquences les Chérokees, car ceux-ci ne pouvaient pas plus longtemps les tenir par la main. Le Remorqueur eut soin de dire à Henderson qu'il y avait un nuage sombre suspendu sur ce pays, car il se trouvait sur le sentier des Indiens du Nord-Ouest, qui étaient déjà en guerre avec les Chérokees, et qui certainement ne se montreraient pas plus cléments envers les blancs qu'envers les rouges. Un autre chef dit à Boon : « Frère, nous vous avons donné une belle terre, mais vous aurez bien de la peine à vous y établir. » Il disait vrai, et les blancs apprirent par bien des années de guerre que le Kentucky était bien, comme les Chérokees le disaient, une terre sombre et sanglante (1).

(1) Le récit de cette négociation est emprunté entièrement aux *Papiers Jefferson*, 5e série, t. VIII, qui contient une « copie des comptes-rendus de la Convention de Virginie, du 15 juin au 19 novembre 1777, relativement au mémoire de Richard Henderson et autres », surtout d'après les dépositions de James Robertson, Isaac Shelby, Charles Robertson, Nathaniel Gist et Thomas Price qui étaient tous présents. Il y a là beaucoup d'autres choses intéres-

Quand eut été conclu le principal traité de Henderson, l'Association de Watauga en fit un autre par lequel les Chérokees lui cédaient, pour 2.000 livres sterling, les terrains qu'ils lui avaient déjà loués.

Aussitôt qu'il fut évident que les Indiens consentiraient au traité, Henderson envoya Boon en avant avec une compagnie de trente hommes pour déboiser une piste allant de Holston au Kentucky (1). Ce chemin, le premier qui ait été tracé régulièrement à travers le pays sauvage, fut longtemps appelé la piste de Boon, et devint pour toujours fameux dans l'histoire du Kentucky sous le nom de Route du désert. Ce fut par là que voyagèrent des myriades d'hommes en quête d'un séjour longtemps espéré dans le fertile pays de l'Ouest. Boon se mit en route, le 10 mars, avec sa vaillante troupe de bûcherons armés du rifle et de la hache, qui abattit les arbres en frayant une étroite route muletière, une piste à poney, comme on dirait aujourd'hui dans l'Ouest. Elle passait à travers le dé-

santes, outre le traité. Simon Girty donne des détails relatifs à la défaite de Braddock et au combat livré par Bouquet. Lewis, Croghan et d'autres montrent combien sont vagues et contradictoires les droits que prétendent les Indiens sur le Kentucky, etc. Bien que les Chérokees parlent de ce pays comme d'une *terre sombre*, d'une *terre sanglante*, il ne semble pas que ces expressions se rapportent au sens réel du nom de Kentucky. Un ou deux témoins ont essayé de prouver que le traité avait été loyalement conclu, mais l'ensemble des témoignages forme une masse accablante dans le sens contraire.

Haywood rapporte un long discours fait par Onocostota contre le traité, mais le rapport original prouve qu'Onocostota y fut, dès le début, favorable, et que ce fut le Remorqueur qui parla contre. Haywood écrivait cinquante ans après l'événement, il emprunta beaucoup de ses faits à la tradition. Probablement la tradition s'était embrouillée et avait interverti les rôles des deux chefs. Haywood affirme avoir rapporté textuellement le langage dont se servit Onocostota, mais s'il se trompe sur l'auteur du discours, il est infiniment peu probable qu'il puisse donner autre chose que le sens général de ce discours.

(1) On la nommait parfois la Louisa; ce nom lui fut donné d'abord par les explorateurs anglais, mais fort heureusement il n'a pas été conservé.

filé de Cumberland, franchissait les rivières de Cumberland, du Laurier, et du Château de Roche (Rockcastle) à des gués où l'on perdait entièrement pied dans les crues soudaines. Quand la piste passait dans une région de grands arbres séparés par des espaces découverts, elle était indiquée par des marques faites au feu sur les troncs d'arbres, tandis qu'un sentier proprement dit était pratiqué par les abatis et le nettoyage du sol, à travers l'épaisseur du sous-bois, et les denses fourrés de roseaux ou de joncs.

Après deux semaines de rude travail, la troupe était déjà parvenue aux bords de la Rivière le Kentucky, et croyait avoir triomphé de ses plus dures épreuves. Mais une demi-heure avant le jour, le 25, comme les pionniers étaient couchés autour de leur feu de bivouac presque éteint, ils furent attaqués par plusieurs Indiens, qui leur tuèrent deux hommes et en blessèrent un troisième. Les autres sautèrent aussitôt sur leurs armes, et tinrent tête à l'attaque sans subir des pertes nouvelles, jusqu'à l'arrivée du jour. Alors les Indiens disparurent sans bruit (1). Reprenant sa marche, Boon atteignit la Rivière de Kentucky et le premier avril, il commença la construction de Boonsborough, dans une plaine où se trouvaient une *lèche* et deux sources sulfureuses.

Pendant ce temps-là, d'autres pionniers aussi vaillants, aussi entreprenants que les compagnons de Boon, avaient de même pris la résolution de venir se mettre en posses-

(1) Collins, t. II, p. 498. Lettre de Daniel Boon, du 1er avril 1775. Collins a rendu de grands services à l'histoire du Kentucky en recueillant un véritable monceau de documents de toute sorte. Mais il ne fait point de triage entre les récits d'une authenticité certaine, et des contes qui n'ont pour base qu'une futile légende. Il faut donc en faire usage avec précaution ; il ne faut pas non plus, cela va de soi, s'en rapporter à lui quand il cède à l'influence de ses rancunes politiques, qui sont des plus marquées. Parmi les historiens du Kentucky, Marshall l'emporte de beaucoup en brillant, et Maun Butler par la sincérité et l'impartialité, et tous deux sont fort supérieurs à Collins.

sion de terres. Formant des bandes ou de petites troupes, ils avaient traversé les montagnes, ou descendu le cours de l'Ohio, sous la direction d'hommes tels que Harrod, Logan, et les Mac Afees (1). Mais à peine avaient-ils construit leurs légères cabanes en troncs d'arbres, couvertes de broussailles ou d'écorce, à peine avaient-ils défriché un peu de terre pour les semailles de blé, que des petites troupes de guerriers indiens, comprenant celle qui avait attaqué la compagnie de Boon, se montrèrent. Parmi eux, plusieurs hommes furent « tués et scalpés » comme dit Boon, et les autres furent saisis d'une vive panique, au point que beaucoup firent leurs préparatifs de départ. Boon n'était pas homme à se laisser décourager ainsi : il envoya aussitôt un exprès pour hâter l'arrivée du corps principal que conduisait Henderson, et écrivit à ce dernier la lettre suivante, modèle de résolution tranquille et de bon sens :

« Je vous engage, Monsieur, à venir ou à envoyer le « plus tôt possible. Votre compagnie est vivement désirée, « car les gens sont fort inquiets, mais ils sont décidés à « rester et à risquer leur vie avec vous. En outre, il n'est « que temps de *flustrer* (sic) les intentions des Indiens, et « de garder le pays pendant qu'on y est. Si nous leur cé- « dons aujourd'hui, ce sera toujours la même chose. »

Henderson était parti dès qu'il en avait fini avec le traité. Il emmenait des chariots, mais il fut obligé de faire halte et de les laisser dans la Vallée de Powell, car au delà de ce point, Boon lui-même, si expert qu'il fût à trouver des pistes et à tailler des chemins, n'était point parvenu à découvrir une route accessible aux véhicules (2),

(1) Benjamin Logan ; cette famille avait de nombreux représentants dans le Kentucky. Le nom de Logan était commun le long de la frontière. Le chef indien Logan avait reçu le sien de la branche établie en Pensylvanie.

(2) Richard HENDERSON, *Journal d'une expédition au Kentucky en 1775* (dans Collins).

En conséquence, on chargea les marchandises et les outils sur des chevaux de bât, et la compagnie repartit, (le 5 avril). Nous avons la très bonne fortune de posséder un récit détaillé de l'expédition, car, au nombre de ceux qui suivirent Henderson se trouvait un certain William Calk, qui nota dans un journal les événements de chaque jour (1). C'est un récit court, mais aussi amusant qu'instructif ; car l'esprit de l'auteur était évidemment aussi robuste que son langage était concis et libre de toute entrave. Il était accompagné d'un petit groupe, qui formait une société, et son journal est le fidèle rapport de toutes les choses, grandes ou petites, qui le frappaient sur le moment. La note du début nous informe tout d'abord que « Le chien de Drake a cassé une patte au chien d'Abram ». Sans doute le propriétaire de ce dernier animal ne dut pas être un fort agréable compagnon dans une excursion de cette sorte, car dans un autre endroit, l'auteur, qui, comme la plupart des forestiers, aime la propreté dans ce qu'elle a d'essentiel, rapporte avec un ton évident de désapprobation que « M. Drake fait cuire le pain sans s'être lavé les mains. » Quiconque a eu la malechance d'être obligé de mener une équipe de chevaux de bât à travers une épaisse forêt, ou sur une mauvaise piste, appréciera toute la saveur de l'incident suivant (2), qui arriva peu après que la troupe se fut mise en route pour rentrer chez elle :

« Je fis tourner mon cheval pour le pousser devant moi
« et il prit peur, et s'emballa, et fit tomber les bâts, cassa
« trois de nos gourdes à poudre, et la bête d'Abram creva
« un sac de grain, dont une grande partie fut perdue, et
« causa un terrible désordre parmi le reste des chevaux :

(1) Il est imprimé dans les *Publications* du Club Filson ; voir *La Route du désert*, par Thomas SPEED, à Louisville, Kentucky, 1886 ; un des meilleurs ouvrages d'une excellente série.
(2) Le récit est écrit avec une orthographe des plus fantaisistes (*Note du traducteur*).

« la jument de Drake se heurta contre un jeune arbre et
« le cassa. Nous les rattrapames tous ; on se remit en
« route, et on logea chez John Duncan. »

Dans un autre endroit, il est question de la satisfaction
qu'éprouva la troupe en arrivant à un fort de bois (avant
d'entrer dans la région sauvage) où elle trouva du bon
pain et du bon whisky.

Ils emportaient du grain pour les semailles (1) et des
pommes de terre d'Irlande pour les planter. Comme provisions de voyage, ils avaient du lard et de la farine de
maïs dont on faisait tantôt des *corn-dodgers* (2), tantôt des
johnny-cakes (3), que l'on faisait simplement cuire en les
exposant près du feu sur une planche, à moins que ce ne
fût sur une pierre chauffée, ou dans les cendres. Il fallait
se montrer fort économe de farine. De temps en temps,
on tuait un bœuf pris dans le troupeau qui accompagnait
les émigrants. Le plus souvent, on vivait du gibier que l'on
tirait, daims, dindons, et quand on arriva au Kentucky, des bisons. Parfois on tuait de ceux-ci au cours du
voyage. Le plus souvent, les chasseurs s'en procuraient en
partant en chasse le soir après l'installation du campement.

Le voyage fut laborieux, fatigant. Parfois il pleuvait ;
il y avait de temps à autre de violentes tempêtes de neige,
dans une desquelles un des émigrants se perdit, et n'arriva
à retrouver le camp qu'à l'aide d'une boussole de poche.
Les montagnes étaient très escarpées. C'était une besogne
extrémement pénible que de les gravir, tout en frayant
une piste avec la hache pour les chevaux de bât. Pendant

(1) Il est à peine nécessaire de rappeler que le mot de *corn* ou
grain signifie maïs. Les Américains ne donnent pas à ce mot le
même sens où on l'emploie en Grande-Bretagne.

(2) Sorte de gâteau de farine de maïs qu'on fait cuire jusqu'à ce
qu'il durcisse dans une enveloppe de papier ou de feuilles de maïs
(*Note du traducteur*).

(3) Gâteau de farine de maïs délayée avec de l'eau (*Note du traducteur*).

la nuit, il fallait monter la garde, à cause des Indiens. On ne trouvait que çà et là dé bons pâturages pour les animaux. Parfois les selles des chevaux tournaient pendant qu'ils luttaient contre l'épaisseur des bois. Mais la principale difficulté consista dans la traversée des *criques*, dont les berges étaient minées par les eaux, dont le fond était mauvais, dont les eaux étaient profondes. Alors les chevaux s'enfonçaient, leurs charges étaient mouillées ; ou bien il fallait les faire passer à la nage, et transporter leurs charges de l'autre côté sur des troncs d'arbres. Un jour, en suivant une *crique*, ils eurent à la traverser non moins de cinquante fois, par des « gués très mauvais ».

Le 7 avril, ils furent rencontrés par l'exprès de Boon, qui leur apprit les pertes causées par les Indiens. Depuis ce jour-là, ils virent des troupes de gens qui avaient voulu se faire colons, et qui, frappés de terreur par ces attaques soudaines, fuyaient le pays. La troupe d'Henderson tint bon malgré tout, et persuada même à un bon nombre de fuyards de revenir avec elle. Parmi ceux qui abandonnaient ainsi le pays, tous n'en étaient pas chassés par la peur. Beaucoup, comme les Mac Afees, n'étaient point partis avec leurs familles ; ils étaient venus seulement pour déblayer le terrain, bâtir des cabanes, semer du grain, et lâcher quelques bestiaux portant leur marque, dans les forêts, où ils ne manqueraient de rien ni l'hiver, ni l'été, grâce à la canne nourricière et à la vigne sauvage. Ces gens-là comptaient revenir aux établissements, et amener leurs femmes et leurs enfants, peut-être pas avant l'année suivante ; de sorte que tout était en quelque sorte préparé pour leur retour, bien qu'ils dussent aussi s'attendre à ce que leurs bestiaux fussent volés par les Indiens ou égarés dans les bois de manière qu'on ne pût les retrouver (1).

(1) *Papiers Mac Afee*. Quelques-uns des Mac Afee revinrent sur leurs pas avec Henderson.

Mais la grande majorité de ces gens qui partaient, se composait simplement de personnes que la peur faisait fuir. Il semble qu'on ait tout lieu de croire (1) que, l'établissement de la colonie forte et bien soutenue de Boonsborough, fut la seule cause qui empêcha l'abandon du [Kentucky à cette époque. Si tel était l'effet produit par les incursions de quelques petites bandes éparses de guerriers indiens dont la tribu était nominalement en paix avec nous (2), on peut s'imaginer aisément quelle entreprise fatalement malheureuse c'eût été que de vouloir coloniser ce pays, alors qu'il eût existé encore une confédération aussi puissante que celle que dirigeait Brin-de-Blé. Sans aucun doute, les infatigables et vigoureux pionniers eussent fini par se frayer une route jusqu'aux terres si enviées de l'Ouest; mais, sans la bataille de Grand Kanawha, Boon et Henderson n'auraient pu établir leur colonie dans le Kentucky; de même, sans Boon et Henderson, il est très improbable que la région eût eu un seul colon jusqu'après la guerre de la Révolution. Alors elle aurait pu rester territoire anglais. Boon était par dessus tout un type, et le grand intérêt qu'il offre tient, à nos yeux, surtout à ce qu'il représente très nettement les traits caractéristiques aussi bien que la tâche assumée pour toute leur vie par ses compagnons les forestiers. Mais ce serait se montrer injuste envers lui que de méconnaître le rôle de chef qu'il remplit, et les services qu'il rendit à la nation.

(1) Voir la lettre de Boon. *Le Journal* d'Henderson, celui de Calk, l'*Autobiographie de Mac Afee* parlent tous de la manière dont les premiers colons quittèrent par essaims le pays, en avril 1775. A en juger par leurs récits, si ce mouvement n'avait pas été enrayé aussitôt, le pays aurait été dépeuplé dans une quinzaine de jours, tout comme en 1774,

(2) Il faut se rappeler que, cette année-là, dans le Kentucky, les violences des Indiens ne furent aucunement provoquées. Ils étaient sur des terres où ils n'avaient point leur demeure, et qui avaient été régulièrement cédées aux blancs par toutes les tribus, — Iroquois, Shawnees, Chérokees, etc., etc., — auxquelles les blancs pouvaient reconnaître un droit, quel qu'il fût. On comprend aisément la colère des Kentuckiens contre les Indiens.

Les immigrants se remirent bientôt de la frayeur que
leur avait causée cette soudaine attaque des Indiens, mais
la colère rancunière qui en résulta ne s'effaça point. Ils
appartenaient à une classe d'hommes déjà aigris par de
longues hostilités avec leurs ennemis des forêts. Ils ajoutèrent leurs nouveaux motifs de haine au trésor de souvenirs innombrables d'anciennes violences. On ne doit donc
guère s'étonner qu'une perfidie, une trahison qui souvent
n'avaient aucun prétexte, aient excité en eux une hostilité
sauvage et générale contre toute la race à peau rouge. Ils
étaient venus s'établir sur un terrain dont les Indiens
avaient cédé la possession, par traité, aussi complètement
que cela était possible. Ils n'avaient chassé des terres
qu'ils prenaient aucun Indien ; ils n'avaient guère l'occasion, ni le désir de faire du tort à ceux-ci. A leurs yeux, l'ag-
gression des Indiens était aussi inexplicable que cruelle. Selon toutes probabilités, cette manière de voir était exacte, et
leurs ennemis étaient poussés par le désir de remporter
des scalps et du butin bien plus que par la colère de voir
occuper des territoires de chasse sur lesquels ils n'avaient
que bien peu de droits. En fait, dans tout ce que nous savons sur la découverte et sur la colonisation du Kentucky,
les premières violences, les premiers meurtres furent
commis par les Indiens sur les blancs, et non par ceux-ci
sur les Peaux-rouges. Dans les guerres ténébreuses et féroces qui s'en suivirent, chaque cité eut sa grande part de
crimes.

La compagnie d'Henderson arriva dans le beau pays de
Kentucky, vers le milieu du mois d'avril, époque où il se
montre avec tous les avantages. Les arbres étaient couverts de feuilles, l'air chargé de parfums. Les fleurs nei-
geuses du viorne se détachaient sur le fond des bois et les
rives des cours d'eaux flamboyaient des teintes cramoisies
de boutons rouges. Le 20, les voyageurs arrivèrent au fort
que Boon était occupé à construire, et ils furent accueillis
par une salve de vingt ou trente coups de carabine, tirés

des murs de bois qui devaient l'abriter. Tout le monde se mit avec entrain à la besogne pour achever l'enceinte, et en faire une citadelle contre les attaques des Indiens. C'était le type complet du village fortifié, tel que les forestiers en construisirent partout dans l'Ouest et le Sud-Ouest, pendant la période où ils poussèrent de l'avant à travers le continent, en affrontant les dangers terribles d'une guerre incessante. Par quelques traits, il rappelait d'assez près la « tun » (1) à l'apparence de hameau, dans laquelle vivaient les ancêtres de ces mêmes pionniers, bien des siècles auparavant, quand ils habitaient les rives noyées du bas Rhin, ou qu'ils venaient à peine de débarquer sur la côte orientale de la Bretagne (2).

La forme du fort était celle d'un parallélogramme, long d'environ deux cent cinquante pieds sur une largeur moitié moindre. Il était construit avec plus d'art que la majorité des forts du même genre, bien que le fer n'entrât point ou bien peu dans les matériaux. A chaque angle s'élevait un blockhaus de deux étages, avec meurtrières, tenant lieu de bastion. Les maisons massives en troncs d'arbres étaient rangées en ligne droite de façon que leur extérieur fît corps avec l'enceinte, les espaces qui les séparaient étant fermés par une haute palissade. Celle-ci se composait de gros poteaux équarris plantés debout dans le sol, et réunis ensemble par des traverses courantes près du sommet. Il y avait des meurtrières comme aux blockhaus. Les lourdes portes de bois, fermées par de grosses poutres, étaient flanquées en dehors par les blockhaus, et en dedans par de petites fenêtres percées dans les maisons voisines. Les habitations avaient des toits pointus, en pente très inclinée, faits en bardeaux très épais, formés de grandes planches. Celles-ci étaient assujetties par de

____

(1) Ou *town*, groupe d'habitations (*Note du traducteur*).
(2) Quand le blockhaus et la palissade entouraient la ferme d'un seul colon, la *tun* était encore plus exactement reproduite, dans un ens plus ancien encore.

longues perches, elles-mêmes fixées aux solives à l'aide de tresses en osier. Les maisons étaient construites de manière à pouvoir se défendre isolément, en cas d'extrême nécessité. Quand le danger menaçait, le bétail était parqué dans l'espace libre au centre de l'enceinte.

Trois autres forts ou stations analogues furent construites à peu près vers la même époque que Boonnsborough, savoir à Harrodstown, aux sources bouillantes (Boiling springs) et à Saint-Asaphs, plus connu sous le nom de station de Logan, qui était celui de son fondateur. Tous trois étaient situés au sud-ouest à environ trente milles de Boonsborough. Chaque fort ou station de ce genre servait de centre de ralliement à la contrée environnante, de citadelle où habitait la population en temps de danger, et plus tard, quand le danger eut disparu, il continua souvent à subsister sous une forme nouvelle, devenant alors la ville principale du district. En outre, chaque colon avait sa ferme distincte, souvent très éloignée du fort, et dont il comptait ordinairement faire sa demeure permanente. Ce système permettait aux habitants de s'organiser pour la défense, tout en occupant les vastes lots de quatre cents à quatorze cents acres, auxquels la loi leur donnait droit (1). Il leur permettait aussi de vivre confortablement dans leur isolement, séparés par des espaces étendus, de manière à n'être point tassés les uns sur les autres, avantage fort apprécié de gens qui avaient profondément enraciné dans l'âme le sentiment d'une extrême indépendance et de l'autonomie individuelle. Aussi les colons étaient-ils disséminés sur de vastes étendues, et comme dans tout le reste du Sud-Ouest, fût-ce le comté et non la

_____

(1) Quatre cents acres se payaient 2 dollars 50 cents les cent acres (environ 13 francs) à la seule condition de bâtir une cabane et de faire une récolte de grain. Chaque colon possesseur d'un « droit de cabane » avait, en outre, le droit de préemption sur mille acres attenant, pour un prix qui était généralement de 40 dollars les cent acres.

ville qui devint l'unité politique. Même dans les divisions administratives d'ordre plus petit, les citoyens agissaient par l'intermédiaire de représentants, et non par des meetings, tenus dans les villes, comme dans la Nouvelle-Angleterre (1). Le centre du gouvernement du comté était naturellement le siège de la cour du comté.

Henderson, après avoir établi une agence immobilière à Boonsborough, se mit en devoir de procurer aux colons de la Transylvanie des certificats d'inscription au cadastre de lots ayant plusieurs centaines de mille acres d'étendue. La plupart des colons avaient des doutes sur la valeur définitive de ces titres. Ils préfèrent s'en tenir à leur ancien « droit de cabane » en quoi ils se montrèrent avisés, bien qu'en définitive la législature de Virginie confirmât les ventes faites par Henderson, au moins en ce qui concernait les ventes faites par lui à des colons réels. Naturellement l'arpentage se fit d'une façon extrêmement sommaire. Il n'y avait qu'un forestier expert qui fut capable de s'acquitter de cette besogne dans un pays pareil. Aussi fut-elle confiée en grande partie à Boon, qui traça les lignes de son mieux, et marqua les arbres de ses initiales, soit au moyen de la poudre, soit avec son couteau (2). L'Etat ne pouvait se charger de l'exécution d'un cadastre. Aussi autorisa-t-il chaque colon à faire l'arpentage en ce qui le concernait. Cela contribua beaucoup à accélérer le peuplement, car on pouvait désormais considérer le sol comme une marchandise, et définir par des lignes les différentes propriétés, mais le résultat futur et inévitable fut de faire

(1) Dans l'*Histoire* si érudite *du Tennessee* par Mac PHELAN, p. 202-204, il est expliqué avec une clarté admirable comment les institutions du Tennessee, comme celles de tout le reste du Sud-Ouest, ont été dérivées directement et sans interruption des institutions anglaises, tandis que celles de la Nouvelle-Angleterre ont plutôt le caractère général de restauration d'institutions antérieures à la conquête normande, et donnent lieu à des parallèles très curieux avec la situation de l'Angleterre telle que la trouva cette conquête.

(2) Déposition de Boon du 29 juillet 1795.

germer pour les fils des colons une abondante moisson de désordres et de procès.

Il est bon de mentionner que la Compagnie de Transylvanie ouvrit un magasin à Boonsborough. La poudre et le plomb, les deux articles les plus demandés, s'y vendaient respectivement 2 dollars 66 cents deux tiers (environ 18 francs) et 16 cents 2 tiers (0 fr. 85 environ) la livre. Rarement le prix s'en payait en espèces. On jugera combien les prix ci-dessus étaient élevés quand on saura qu'une journée ordinaire de travail était évaluée à 33 cents et un tiers (1 fr. 67 environ) et qu'une journée passée à battre les bois, à chasser, et à travailler aux routes se payait 50 cents (2 fr. 55 environ) (1).

Henderson s'occupa sans retard d'organiser le gouvernement de la colonie. En conséquence, il lança un appel pour l'élection de délégués à la législature de Transylvanie, où chacune des quatre stations mentionnées plus haut devait envoyer des membres. Les délégués, au nombre dix-sept en tout, se réunirent à Boonshorough, et le 23 mai, ils organisèrent la Convention. Leurs réunions se tenaient dans l'intérieur du fort, sur une prairie nivelée couverte de trèfle blanc, à l'ombre d'un grand orme. Sous sa vaste ramure, cent personnes pouvaient s'abriter sans être serrées, contre l'ardeur du soleil du midi ; c'était bien l'endroit qui convenait le mieux à cette assemblée législative de chasseurs et de tueurs d'Indiens (2).

Les rudes forestiers au teint hâlé, aux mœurs combatives, qui tenaient leurs délibérations en plein air, montrèrent qu'ils avaient les qualités nécessaires pour mettre sur pied un gouvernement libre. C'étaient des hommes vraiment forts de caractère; ils firent preuve d'une di-

______

(1) Mann BUTLER, p. 31.

(2) *Journal de Henderson.* La beauté de cet orme lui fit une vive impression. D'après la liste des noms, dix-huit délégués avaient été nommés et non dix-sept; mais il semble que ce dernier chiffre ait été le nombre des membres qui prirent une part réelle aux affaires.

gnité et d'une sagesse qui eût fait honneur à tout corps législatif. Henderson, comme représentant des propriétaires de la Transylvanie, leur parla presque comme eût pu le faire un gouverneur de la Couronne. La partie de son allocution où il est question de la destruction du gibier mérite d'être remarquée. Le bison, l'élan et le daim avaient abondé autour de Boonsborough, quand les colons commencèrent à y arriver, mais le carnage avait été si grand que dès la septième semaine les chasseurs éprouvaient déjà de la peine à trouver quoi que ce fût à moins d'aller à quinze ou vingt milles. Néanmoins on tuait chaque semaine aux environs du fort un ou deux bisons égarés (1). Dans le journal de Calk mentionné plus haut, au milieu d'indications relatives à ses affaires domestiques telles que celles-ci : « 29 *avril*, nous avons couvert notre maison avec de l'écorce, et nous y avons placé nos meubles, et avons commencé notre ménage le soir. 2 *mai*, nous sommes partis pour aller déboiser et semer du grain », on trouve de temps à autre la mention qu'on a tué un daim, un dindon, et qu'une fois, en cherchant une jument égarée, il a aperçu quatre « bofelos » (buffalos ou bisons). Il en a blessé un, mais il n'a pu l'avoir ; cette malechance arrivait communément aux chasseurs forestiers, quand ils essayaient pour la première fois leur rifle à petit calibre sur ces énormes et sauvages bêtes à cornes, à la crinière embroussaillée.

Comme le faisait remarquer Henderson, le gibier était la seule ressource sur laquelle purent compter les colons, qui pendant la plus grande partie du temps, vivaient uniquement de la viande d'animaux sauvages, maintenant que leur provision de grain grillé était épuisée ; et sans le gibier, les nouveaux venus n'eussent pu rester une semaine dans le pays (2). En conséquence, il conseillait le

(1) *Journal de Henderson.*
(2) « Notre gibier, le seul soutien de l'existence pour beaucoup

vote de lois relatives à la chasse, et se montrait particulièrement sévère à l'égard d' « étrangers » qui venaient dans le pays uniquement pour chasser, tuaient les bêtes sauvages, emportaient les cuirs et les fourrures au profit de personnes qui n'avaient aucun intérêt dans l'établissement. Ce dernier trait est curieux ; il montre avec quelle rapidité, et de quelle façon naturelle les colons, en remplaçant les Indiens, prirent non seulement leur terre, mais encore leur façon de penser, et regardèrent l'arrivée de gens étrangers au pays sur leurs terrains de chasse d'un œil aussi jaloux, aussi malveillant que l'avaient fait leurs prédécesseurs, les Peaux-Rouges.

Henderson traça aussi les grandes lignes des lois qu'il conseillait d'adopter, et la législature adopta son avis. Elles organiseraient des tribunaux, faisaient des règlements sur la milice, sur la punition des criminels, fixaient les salaires des sheriffs et des employés, et délivraient des mandats de comparution (1). L'un des membres était un clergyman. Grâce à lui, une loi fut adoptée pour défendre les jurons impies ou la violation du sabbat, trait de puritanisme qui indiquait que les colons du Kentucky venaient de la montagne plutôt que de la côte. Les trois autres lois qu'adopta la législature furent beaucoup plus caractéristique encore, et furent proposées par les deux Boon, car le Squire Boon avait cette fois aussi accompagné son frère. Ainsi qu'il convenait, c'était dans le rôle de celui qui fut le plus grand des forestiers chasseurs, de proposer un plan pour la conservation du gibier, plan qui fut adopté d'emblée par la législature ; c'était aussi dans son rôle de présenter un acte « pour la conservation de la race des chevaux, » car, dès le début même, les Kentuckiens montrèrent cet amour des beaux chevaux et des

d'entre nous, et sans lequel il faudrait quitter le pays avant demain ». Discours de Henderson.

(1) *Journal des séances de la Chambre des délégués ou représentants de la colonie de Transylvanie.*

courses de chevaux qui, depuis, les a toujours distingués. Le squire Boon fut l'auteur d'une loi relative à la protection du « range ou pacage, » c'est-à-dire de l'espace de pâturage naturel dans lequel erraient en liberté, après avoir été marqués au feu, les chevaux et les bestiaux des colons ; loi aussi nécessaire à la prospérité de l'élevage que l'était au bien être des hommes celle qui protégeait le gibier. Dans le Kentucky, le pâturage était excellent. Il abondait non seulement en herbe magnifique, mais encore en joncs et pois sauvages ; les animaux y trouvaient à paître toute l'année. Parfois les incendies détruisaient d'immenses étendues de ces prairies, et causaient de lourdes pertes aux colons, et l'un des premiers soins des corps législatifs des pionniers fut de parer à de tels accidents.

Il fut également stipulé qu'il y aurait une liberté religieuse complète et une tolérance absolue pour toutes les sectes. De nos jours, cela paraît tout naturel, mais au XVIIIe siècle les précédents étaient en sens opposé. Le Kentucky ne montra nulle part plus nettement son caractère particulier que dans la diversité des croyances religieuses parmi les colons et cela dès le début. Ils étaient presque tous issus des montagnards forestiers de la Virginie, de la Transylvanie et de la Caroline du Nord, parmi lesquels la foi prédominante avait été le presbytérianisme, mais dès les premiers temps ils avaient parfois reçu la visite de prédicateurs Baptistes (1), dont la foi se répandit sur la frontière plus vite que le méthodisme. Parmi les premiers colons venus à Harrodsburg se trouvaient quelques catholiques du Maryland (2). Le premier office religieux, qui fut jamais célébré au Kentucky, le fut par un clergyman de l'église d'Angleterre, peu après l'arrivée

(1) Peut-être en 1775, certainement en 1776 (*Autobiographie manuscrite du révérend William* HICKMANN, dans la bibliothèque Durrett).

(2) *Vie du révérend Charles Nerinckx*, par le révérend Camillus P. MAES, à Cincinnati, 1880, p. 67.

de Henderson, mais cela était dû à la présence de Henderson lui-même, et il faut se souvenir que Henderson ne tenait en rien du forestier de naissance. Il fut un personnage tout-à-fait isolé parmi les immigrants, dans la courte période de sa vie où il joua le rôle de pionnier. Ses relations véritables le rapprochaient des anciens fondateurs anglais des colonies de propriétaires et des spéculateurs fonciers qui ont paru dans une Amérique plus moderne et dont les projets sont si souvent mentionnés dans la seconde moitié du XVIIIe siècle. L'épiscopat était, parmi les forestiers, une plante exotique et ce fut seulement longtemps après que ce pays eut dépassé la phase des pionniers que l'épiscopat y prit vraiment racine.

Quand la Législature Transylvanienne se sépara pour ne plus se réunir, Henderson avait presque achevé son rôle court, mais important, dans la création du Kentucky. C'était un homme de la région côtière qui avait bien peu de traits communs avec les forestiers dont il était entouré. Il venait d'une vieille colonie bien réglée et n'était pas en état de se mesurer avec ses nouveaux associés. Dans son *journal*, il parle d'eux comme d'une bande de coquins qui avaient à peine la croyance en Dieu et la peur du diable. Un Anglais de ses amis (1), qui visita l'établissement à cette époque, décrivit aussi les pionniers comme des gens indociles, bornés, grossiers, incapables d'aucune subordination, impatients de toute contrainte, ne comptant pour se tirer d'embarras que sur leur force individuelle. Il admettait bien, d'un ton d'humeur, qu'ils étaient francs, hospitaliers, énergiques, audacieux, et doués d'un grand bon sens. Naturellement, c'était peine perdue que de demander que des hommes aussi pleins d'initiative, qui avaient conquis le pays sauvage, se contentassent de l'occuper comme dépendant de Henderson, même alors que celui-ci leur demandait un faible revenu. Mais la colonie

(1) Smyth, p. 330.

de celui-ci fut bouleversée par un coup porté du dehors, avant d'avoir vécu assez longtemps pour que la violence pût faire son œuvre au-dedans et la déchirer.

La Transylvanie était entre l'enclume et le marteau. Les colons se révoltèrent contre son autorité et en appelèrent à la Virginie. La Virginie revendiqua le Kentucky, la Caroline du Nord, agissant comme souveraine des terres qui avoisinaient le Cumberland, déclara nul et de nul effet l'achat de terres fait par les propriétaires de la Transylvanie, en ce qui les concernait eux-mêmes, mais non en ce qui concernait les Indiens. Dès lors, le droit de propriété cédé par ces derniers passait au profit des colonies; car il avait été constamment de règle chez nous, tant avant qu'après la Révolution, de ne jamais permettre à aucun de nos concitoyens l'achat direct, individuel de terres aux sauvages.

Lord Dunmore condamna Henderson et sa manière d'agir. Ce fut en vain que les Transylvaniens en appelèrent au Congrès continental, demandèrent à y envoyer un délégué et protestèrent de leur dévouement à la cause américaine. En effet, Jefferson et Patrick Henry faisaient partie de cette assemblée, et bien qu'ils en fussent d'accord avec Lord Dunmore que sur ce point-là, ils étaient tout aussi résolus que lui à revendiquer le Kentucky comme faisant partie de la Virginie. Ainsi s'éteignit peu à peu, par secousses successives, la vie de la Transylvanie. En 1778, la législature de la Virginie annula solennellement le droit de propriété de la Compagnie, mais elle donna aux créateurs du projet une très juste indemnité consistant en deux cent mille acres de terres (1). La Caroline du Nord adopta la même ligne de conduite. Henderson, après la lente désagrégation de sa colonie, disparaît de l'histoire.

(1) Le gouverneur James T. Morehead dans son *Adresse*, prononcée à Boonsborough, en 1840, et parue, en 1841, à Frankfort (Kentucky).

Restait Boon, qui fut pendant quelques années l'un des chefs du Kentucky. Peu après la construction du fort à Boonsborough, il retourna dans la Caroline du Nord pour aller chercher sa famille et revint à l'automne, ramenant une nouvelle troupe de colons qui comptait « vingt-sept fusils », c'est-à-dire vingt-sept hommes maniant le rifle, et quatre femmes avec leurs familles. Elles furent les premières qui vinrent au Kentucky, bien que d'autres femmes n'aient pas tardé à imiter leur exemple (1). Un petit nombre de chasseurs errants et de pionniers entreprenants arrivèrent également à son fort pendant l'automne. Parmi eux se trouvaient le fameux éclaireur Simon Kenton, et John Todd (2), homme d'un grand et noble caractère, d'un esprit bien formé, qui mourut aux côtés de Boon, en commandant ses troupes, à la fatale bataille des Lèches bleues (*Blue Licks*). Cette même année arrivèrent au Kentucky, Clarke et Shelby (3) et bien d'autres hommes dont les noms devinrent fameux dans l'histoire de la frontière, dont les souffrances et les longues pérégrinations, la force, l'endurance, la hardiesse farouche, les prouesses comme tueurs d'Indiens et chasseurs de gros gibier, devinrent le sujet favori des récits au coin du feu dans une suite de générations nées au Kentucky, alors que l'élan et le bison avaient disparu de son territoire aussi complètement que le Peau-Rouge lui-même. Chaque chef avait autour de lui une poignée d'hommes qui l'aidaient à construire le fort destiné à être la citadelle du district (4).

---

(1) *Adresse de Morehead*, p. 51. Ces quatre femmes étaient Mrs Boon, Mrs Denton, Mrs Mac Garry, et Mrs Hogan, toutes appartenaient à des familles forestières de la Caroline du Nord. Leur origine est indiquée par leurs noms. Elles s'établirent à Boonsborough et à Harrodsburg.

(2) Comme Logan, il était né en Pensylvanie, de race presbytérienne écossaise ; il avait reçu une bonne éducation.

(3) Voir MOREHEAD, p. 52.

(4) *Autobiographie de Shelby* dans la bibliothèque Durret, à Louisville.

Parmi les premiers constructeurs de villes se trouvaient Hugh Mac Garry, James Harrod, et Benjamin Logan.

Mac Garry était un homme grossier, hardi, brutal, toujours en querelle avec ses compagnons (un jour même il tira un coup de feu sur Harrod, dans une querelle au sujet du travail). Il était aussi rancunier, aussi tête-brûlée qu'entreprenant, mais, en dépit de tout, il avait les qualités naturelles pour mener les autres en avant. Peu après son arrivée au Kentucky, son fils, occupé à faire bouillir le sucre tiré de l'érable, fut tué par les Indiens. A dater de ce jour, il ne cessa de poursuivre sans merci tous les Peaux-Rouges.

Harrod et Logan lui étaient supérieurs à bien des points de vue. Comme tant d'autres forestiers, ils étaient de grande taille, de structure athlétique, avec des cheveux noirs et des physionomies graves. Ils étaient aussi intrépides qu'infatigables, et fort aimés de leurs compagnons. Harrod finit par mourir seul dans le désert, et on ne sut jamais, d'une manière certaine, s'il avait été tué par un Indien ou un blanc, ou s'il avait été assailli par une bête chassée. Les vieux colons conservèrent toujours sa mémoire comme celle d'un homme prêt à rendre service, soit qu'il s'agit de courir au secours de quelqu'un qui était attaqué par les Indiens, ou de chercher de tous côtés le cheval de charrue qu'un autre colon, forestier moins expert, avait laissé s'égarer. Pourtant il ne savait ni lire ni écrire. Logan était aussi habile comme forestier et dans le combat homme à homme, et il avait en plus des qualités bien supérieures comme conducteur d'hommes. Il était en même temps juste et généreux. Son père était mort *intestat*, de sorte que tout l'héritage revenait à Logan comme fils aîné, mais il le répartit également entre ses frères et ses sœurs. Dès qu'il arriva au Kentucky, il y fut élevé au rang de chef influent et garda ce rang pendant bien des années parmi les plus en vue des fondateurs de la colonie.

Pendant tout ce temps, il arriva dans les sombres forêts de faibles et lointains échos de la lutte qui s'était engagée entre les hommes de la côte et le roi d'Angleterre. Ces rumeurs éveillèrent un loyalisme (1) passionné dans les cœurs des pionniers, et une troupe errante de chasseurs, campée sur un affluent (2) de la Corne d'élan (Elkhorn) près de la hutte de l'un d'eux nommé Mac Connell, donna à cet endroit le nom de Lexington pour honorer la mémoire des volontaires sédentaires (*minute men*) du Massachussets dont ils venaient d'apprendre la victoire et la mort (3).

Vers la fin de 1775, les Américains avaient solidement pris pied dans le Kentucky. Des maisons avaient été construites et des déboisements opérés. Il y avait des femmes et des enfants dans les forts de bois, des bestiaux paissaient dans les pâturages; deux ou trois cents acres de terre avaient été ensemencés et moissonnés. Il y avait dans le Kentucky environ trois cents hommes, troupe endurante, résolue, vaillante. Ils se tenaient fermement épaule contre épaule dans le désert, loin de toute aide, entourés d'ennemis en nombre et d'une supériorité accablante. La tâche de chaque jour ne s'accomplissait qu'en courant des dangers, alors qu'ils étaient en lutte contre les forces naturelles auxquelles ils arrachaient de quoi vivre. Autour d'eux, dans toutes les directions s'assemblaient les nuages présageant la lutte à mort qui allait s'engager entre eux et les sauvages qui régnaient sur les régions environnantes.

Les forestiers se ressemblaient beaucoup entre eux; leurs chefs n'étaient que des types du simple soldat et n'en

____

(1) Au sens américain (*Note du traducteur*).

(2) Les gens de la frontière appelaient tout cours d'eau, une *course* (run), une *branche* (branche), une *crique* (creek) ou une *fourche* (fork) et jamais un ruisseau (brook) comme dans le Nord-Est.

(3) *Histoire de Lexington*, par G.-W. RANCK, Cincinnati, 1872, p. 19. La ville ne fut occupée d'une manière permanente que quatre ans plus tard.

15*

différaient guère. Néanmoins il y eut deux hommes qui s'élevèrent bien distinctement au-dessus des autres. Parmi cette foule de bûcherons, de chasseurs, de tueurs d'Indiens surgissent et planent les énergiques physionomies de Daniel Boon et de Georges Rogers Clark.

CHAPITRE XI

DANS LE TORRENT DE LA RÉVOLUTION.
LES FORESTIERS DU SUD ACCABLENT LES CHÉROKEES
1776

La grande poussée de notre peuple vers l'Ouest date presque du moment où il devint le peuple américain et cessa d'être simple colonie anglaise. Nos immigrants franchirent la grande ligue de partage qui séparait les cours d'eau de la côte d'avec les sources des eaux occidentales, à peu près vers l'époque où les citoyens américains agirent, pour la première fois, officiellement, comme hommes libres américains, unis ensemble par des liens communs, par des intérêts désormais tout différents de ceux de la mère-patrie. Le mouvement, qui devait faire de la future nation une puissance continentale, commença aussitôt après que les colonies, jusqu'alors distinctes, eurent fait le premier pas vers l'homogénéité. Pendant que les colonies de la côte étaient toutes brûlantes de la fièvre que causait le soulèvement contre l'Acte du timbre (1) les premiers explorateurs s'ouvraient péniblement une route vers le Kentucky, les premiers colons construisaient leurs hameaux fortifiés de palissades sur les rives du Wa-

(1) Voir *New-York*, du même auteur, chap. IX (*Note du traducteur*).

tauga. La même année vit le premier Congrès continental et la courte mais âpre tragédie de la guerre engagée par Lord Dunmore. Les premières batailles de la Révolution furent livrées pendant que les camarades de Boon posaient les fondements de leur communauté.

Jusqu'alors, les deux séries de faits n'avaient eu que des rapports très indirects, mais en 1776, qui fut la date de la Déclaration d'Indépendance, la lutte entre le roi et ses sujets rebelles agita tout le pays, et les hommes de la frontière de l'Ouest furent entraînés, tête en avant, au centre même du tourbillon de la guerre révolutionnaire. A partir de ce moment notre politique devint nationale, et le destin de chaque partie de notre pays fut en quelque sorte lié à la victoire de toutes les autres. Chaque région eut sa tâche particulière à remplir : l'Est conquit l'indépendance tandis que l'Ouest commença la conquête du continent. Néanmoins les exploits de l'un étaient pour l'autre d'une importance capitale. Les Continentaux de Washington donnèrent à l'Ouest la liberté, et en échange ils reçurent de lui pour eux-mêmes et leurs enfants une part de la terre qui avait été conquise et gardée par les petites troupes de forestiers.

Ces forestiers, les hommes du haut pays, furent, dans l'ensemble, d'ardents adhérents au parti patriote ou américain. Cependant, il y avait parmi eux bien des loyalistes ou tories, et dans les rangs de ces tories prédominait l'élément le plus vicieux et le plus désordonné de la population. C'était exactement le contraire de ce qui avait lieu dans les régions côtières où les gens paisibles et aisés se rangèrent en grand nombre du côté du roi. Mais dans le haut pays, les presbytériens irlandais, ainsi que leurs compagnons, calvinistes par l'origine et la croyance, formaient l'ossature de l'élément honnête et ami de l'ordre. Les presbytériens irlandais (1) se montrèrent, du premier

(1) Mac Phelan, dans son *Histoire du Tennessee*, mérite un éloge

au dernier, âpres et fanatiques soutiens du Congrès continental. Naturellement les grandes bandes des assassins, des voleurs de chevaux et des autres outlaws voués à la violence, que ces rudes défenseurs de l'ordre pourchassaient sans merci, s'empressèrent de se déclarer en faveur du parti que leur faisait espérer une revanche sur leurs ennemis. Mais il y avait évidemment des gens sans loi dans les deux partis. En certaines localités, le levain de la jalousie, produit vénéneux des forêts, avait été d'une activité exceptionnelle, et avait, par conséquent, produit à la longue des discordes profondes. Les familles rivales adoptèrent des partis opposés par haine rancunière de l'une contre l'autre. Le résultat fut que la lutte dans les forêts entre whigs et tories, entre partisans du roi et partisans du Congrès (1), ne portait pas uniquement sur les questions en jeu entre les partis américain et anglais. C'était aussi, jusqu'à un certain point, une lutte entre les gens qui se soumettaient à la loi et ceux qui n'en reconnaissaient aucune. C'était parfois l'explosion de sauvages animosités d'un caractère tout personnel, où les gens de la frontière se livraient sans réserve à leurs vengeances les uns sur les autres. Ils exerçaient sans obstacle le droit de guerre privée, auquel on avait depuis longtemps renoncé dans les pays plus civilisés. Il était tout naturel que ces querelles fussent empreintes d'une terrifiante férocité.

Néanmoins cette férocité même était non seulement inévitable, mais elle fut à sa place, en un certain sens. Tout au moins, si l'on doit blâmer bon nombre de ses manifestations, il faut reconnaître l'esprit qui se cachait der-

spécial pour avoir vu très clair dans le rôle joué par les Scoto-Irlandais.

(1) Les *Papiers Campbell* contiennent des allusions à ces inimitiés, en maintes circonstances diverses, où elles séparaient non seulement des familles entre elles, mais encore les membres d'une même famille.

rière elles. Les forestiers n'étaient point des sentimentaux portés à la sensiblerie. C'étaient des hommes farouches, durs, réalistes, qui avaient passé toute leur vie dans une lutte sans trève avec des forces hostiles tant humaines que naturelles ; des hommes qui avaient acquis dans cette lutte bien des qualités d'un aspect peu attrayant, mais qui avaient pareillement appris à évaluer à leur véritable prix des vertus inestimables, comme le courage et le sens commun. La crise exigeait d'eux qu'ils fussent à la fois énergiques et bons, et qu'ils fussent avant tout énergiques. La faiblesse aurait causé leur perte. Il était nécessaire que la justice prît le pas sur la miséricorde ; ils n'eussent pu espérer de conserver leur foyer, s'ils n'avaient pas maintenu d'une main de fer leurs ennemis de toute sorte. Ils ne professaient pas un grand nombre de théories, mais ils avaient pour la liberté un amour trop sincère pour ne pas sentir vivement que leur liberté était mise en péril autant par les désordres intérieurs que par les attaques du dehors.

Les tories étaient mal vus pour deux raisons. Ils étaient les soutiens d'un tyran qui habitait outre-mer, et ils favorisaient l'anarchie dans le pays. Les gens de la frontière voyaient en eux des criminels plutôt que des adversaires ordinaires. Ils rangeaient dans le parti la totalité des gens qui s'étaient rendus coupables des deux crimes les plus graves qui se commissent sur la frontière : le vol des chevaux et l'assassinat, et aux yeux de leurs voisins les actes des tories ne pouvaient se distinguer de ceux des autres voleurs de chevaux et assassins. En conséquence, les forestiers en vinrent bientôt à regarder le torysme comme un crime quelconque. Parfois les tribunaux appliquèrent la même justice sommaire au tory, au bandit, au voleur de bétail, et les regardèrent comme des gens qui avaient également joué leur vie (1).

(1) Les exécutions pour *trahison*, assassinat et vol de bestiaux étaient des plus communes. Pour un cas où les trois crimes furent

Les forestiers avaient à soutenir une triple lutte. En premier lieu, ils devaient résister quelquefois, mais rarement, aux soldats mercenaires anglais et allemands d'un roi étranger. Ensuite ils étaient engagés dans une âpre guerre civile avec les tories qui se trouvaient parmi eux. Enfin ils avaient à tenir tête aux Indiens, en une lutte sans trêve sur la frontière, où une rude et vigoureuse civilisation devait combattre avec succès une société à l'état sauvage fatalement hostile. Les armées régulières anglaises, allant et venant, au cours de leurs longues campagnes sur la côte, s'en éloignaient rarement au point de menacer les gens de la frontière ; ces derniers avaient donc surtout affaire à des tories conduits par des chefs anglais et à des Indiens poussés par des agents anglais.

Fort peu de temps après que le conflit avec les colonies révoltées devint une question militaire aussi bien qu'une question d'opinions, les Anglais se mirent à exciter les tribus indiennes à s'y mêler. Dans le Nord-Ouest, leurs efforts n'eurent d'abord aucun succès : le souvenir de la guerre de Lord Dunmore était encore tout récent dans l'esprit des tribus habitant au delà de l'Ohio, et la plupart d'entre elles restèrent neutres. Et même les Shawnees continuèrent, jusqu'en 1776, à renvoyer dans leurs foyers les blancs faits prisonniers qu'ils retrouvaient parmi leurs bandes détachées, conformément aux stipulations du traité conclu dans les plaines de Pickaway (1).

Mais les Indiens du Sud-Ouest n'étaient point tenus en respect par des souvenirs de défaite récente, et ils étaient alarmés par les empiètements des blancs. Bien que les Chérokees eussent régulièrement cédé aux colons de Wa-

considérés comme méritant un même châtiment, et où les accusés furent pendus, voir le *Calendar* des *Papiers d'Etat de la Virginie*, t. III, p. 361.

(1) *Archives américaines*, 4e série, t. IV, p. 541. Néanmoins des troupes de jeunes braves se lançaient de temps à autre sur le sentier de la guerre.

tauga leurs terres, ils se montraient toujours malveillants à leur égard. Les Creeks et les Chérokees étaient également irrités de la conduite de certains habitants de la frontière de Géorgie, qui ne reconnaissaient aucune loi (1). Les autorités coloniales tentèrent de mettre fin à ces désordres. Un des principaux coupables fut pris et pendu en présence de deux Indiens (2). Cela calma pour un temps les Creeks et les porta sur le moment à observer une sorte de neutralité officielle, bien qu'ils continuassent à fournir des troupes de guerriers auxiliaires aux Anglais et aux Chérokees (3).

Néanmoins, ces derniers, qui étaient les plus proches voisins des Américains, ne tardèrent pas à prendre le tomahawk, à la sollicitation des Anglais. Les agents du roi parmi les Indiens du Sud-Ouest avaient jusqu'alors réussi dans la pratique du système parfaitement machiavélique, mais peut-être nécessaire qui consistait à exciter les tribus à se faire mutuellement la guerre, de manière à laisser les blancs en paix, mais désormais, comme ils le déclaraient officiellement au commandant anglais, le général Gage, ils considéraient cette politique comme n'étant plus de saison, et au lieu de fomenter les querelles entre les Chickasaws et les Creeks, ils s'efforcèrent de les éteindre, pour permettre à ces derniers de tomber de tout leur poids sur les Géorgiens (4). En même temps, on fit tout ce qu'on put pour décider les Chérokees à se mettre sur le pied de guerre (5). On leur promit de la poudre, des couvertures et autres présents (6), mais une partie des mar-

---

(1) *Archives américaines*, t. III, p. 790.

(2) *Archives américaines*, t. VI, p. 1228.

(3) Voir MILFORT, p. 46, 134 et *passim*.

(4) *Archives américaines*, t. IV, p. 317. Lettre de l'agent John Stuart au général Gage, datée de Saint-Augustin, 3 octobre 1775.

(5) *Papiers du département d'État*, n° 71, t. II, p. 189. Lettre de David Taitt, délégué surintendant (des Anglais) chez la nation des Creeks.

(6) *Archives américaines*, t. III, p. 218, 21 août 1775.

chandises promises fut saisie par les Américains au cours de leur transport chez les Indiens (1).

Bref, les Anglais firent de leur mieux et réussirent dans leurs efforts pour réveiller l'esprit guerrier chez les Creeks, les Chérokees, les Choctaws et les Chickasaws, car ils avaient de nombreux agents dans toutes ces tribus (2). Leur succès et les ravages qui en résultèrent de la part des Indiens, exaspérèrent les forestiers américains qui en furent les victimes, et changèrent leur ressentiment contre le roi d'Angleterre en une haine mortelle et durable, qu'ils transmirent à leurs fils et à leurs petits-fils. La guerre indienne avait un caractère si atroce que l'emploi des Indiens, comme alliés détruisit tout espoir d'un arrangement futur. Il n'est pas nécessaire de s'en tenir à l'appréciation des Américains sur les motifs qui inspirèrent cette conduite, pour partager entièrement l'horreur et la colère qu'elle fit naître chez les forestiers. Ils voyaient leurs foyers détruits, leurs femmes outragées, leurs enfants enlevés, leurs amis massacrés et torturés sans merci par les Indiens auxquels les Anglais avaient fourni des armes, que les Anglais payaient de leur or, qui obéissaient à des agents et à des commandants anglais. Il n'était guère probable que l'emportement de leur colère cédât à la considération que le Congrès avait, lui aussi, fait quelques démarches pour enrôler les Indiens parmi les forces nationales, et ils n'étaient guère portés à se rappeler le fait que les Anglais, loin de faire preuve d'une cruauté exceptionnelle, s'étaient montrés réellement moins barbares que nos anciens adversaires, les Français et les Espagnols (3).

(1) *Archives américaines*, t. III, p. 790, 25 septembre 1775.

(2) *Papiers du département d'Etat*, n° 51, t. II, p. 17 (ce volume se compose des Lettres interceptées). Lettre d'Andrew Ramsford, John Mitchell et Alexandre Mac-Cullough, au très honorable lord Georges Germain.

(3) Aucun corps de troupes anglaises ne souilla ses lauriers, pendant la guerre révolutionnaire, d'une tache aussi sombre que celle

Quand on regarde en arrière, il est aisé de voir que les Indiens étaient tout naturellement des ennemis pour le peuple américain, et par là même des alliés pour le gouvernement anglais. Ils avaient sans cesse à craindre la marche en avant des Américains, tandis que de la part des trafiquants en fourrures, des agents indiens, et des officiers de l'armée, ils n'avaient qu'à attendre des trésors de toute sorte et fort désirés. On eût dit qu'ils étaient des instruments forgés tout exprès pour être mis aux mains des commandants royaux, dont les compatriotes étaient trop loin pour avoir à subir des représailles en nature, et c'était peut-être attendre trop de ce siècle que d'espérer qu'on ne se servirait point de pareils instruments (1). Nous avions moins de tentations de les employer, moins de ressources pour les payer, plus de motifs de leur être hostiles et de les craindre. En outre, nous n'avions pas, après tout, tant de droit de nous plaindre à ce sujet, car nous montrâmes, en plus d'une occasion, un certain désir de solliciter leur soutien.

Mais, tout cela pris en considération, il reste le fait bien établi, que nous avons à répondre non point de ce que les Américains *eussent pu faire* dans d'autres circonstances, mais de ce que les Anglais *ont réellement fait*. Sur ce point, il peut y avoir bien des circonstances atténuantes, mais il n'y a pas de justification suffisante. Quand les commissaires envoyés vers les Indiens du Sud écrivaient à Lord

que laissa sur les drapeaux de Montcalm le massacre du fort William Henry. Les Français eux-mêmes, pour ne point parler des Espagnols ou des Mexicains, se montrèrent pour nous des ennemis bien plus cruels que les Anglais, tout en étant généralement bien moins à craindre. En fait, les Anglais, comme conquérants et gouvernants en Amérique, furent sans doute fort désagréables, mais d'ordinaire, ils ne furent ni cruels sans nécessité, ni injustes (au moins d'une manière relative) et la comparaison entre eux et les autres nations européennes est plutôt en faveur des premiers.

(1) Il faut néanmoins se souvenir que dans notre guerre avec le Mexique, nous refusâmes l'aide offerte par les Comanches, — aide qui nous eût été des plus utiles.

Georges Germain : « Nous avons été infatigables dáns nos efforts pour entretenir une succession constante de bandes d'Indiens, en vue de tourmenter les rebelles » (1), les auteurs de la lettre devaient savoir fort bien, et les ministres du roi avaient pour devoir de savoir fort bien, eux aussi, que les bandes guerrières qu'ils se vantaient, en ces termes, de lancer sans trève sur les établissements, dirigeaient leurs efforts surtout, ou plutôt uniquement contre les cultivateurs occupés sans défiance à labourer leurs champs, contre les femmes et les enfants qui tremblaient de peur dans les huttes en troncs d'arbres, et non contre des troupes d'hommes armés. Tout le monde savait que les prisonniers tombés entre les mains des Indiens, quel que fût leur âge, quel que fut leur sexe, étaient le plus souvent destinés à une mort affreuse, épouvantable, qui défiait toute croyance et toute description. Une lettre comme celle qu'on vient de citer fait tomber directement sur les conseillers du roi Georges III la responsabilité des crimes multiples et effrayants de leurs alliés les Peaux-Rouges.

Il ne faut guère s'étonner qu'une lutte pareille ait fait naître dans le cœur des hommes de la frontière non seulement une horreur invincible, éternelle à l'égard des Indiens, mais encore un sentiment d'hostilité âprement vengeresse envers la Grande-Bretagne, sentiment qui garda toute sa vivacité pendant la génération suivante, et dont il reste encore quelques traces, même de nos jours. En outre, les ravages des Indiens nuisirent d'une autre manière à la cause royaliste. Les Indiens avaient reçu des instructions très précises leur enjoignant de ne pas molester les amis du roi (2), mais ils étaient trop ardents à la curée et au brigandage, pour faire des distinctions entre Whigs et Tories. Par suite, leurs ravages poussèrent dans

____

(1) *Département d'Etat, Lettres interceptées*, Pensacola, 12 juillet 1779.

(2) *Département d'État, Lettres interceptées*.

les rangs du parti patriote les tories les plus zélés (1), qui avaient tout d'abord salué avec joie l'attaque des Indiens. La frontière adhéra en masse compact aux whigs, à l'exception des rénégats, qui se montraient disposés à partager le sort des sauvages.

Pendant que les Creeks se tenaient sur la réserve et délibéraient, pendant que les Choctaws et les Chickasaws recevaient la visite des émissaires anglais, les Chérokees se jetèrent sur les gens de la frontière. Ils avaient manqué de munitions, mais quand ils en eurent reçu cinquante charges de chevaux (2) par un envoi que les agents anglais (3) avaient fait passer à travers les villes des Chérokees, ils n'hésitèrent plus. Les agents se montrèrent fort mauvais tacticiens en provoquant une levée aussi prompte, alors qu'il n'y avait point de troupes anglaises dans les Etats du Sud (4) et que par suite les Américains avaient les mains libres et pouvaient accabler à leur aise les Indiens. Si la levée avait été retardée jusqu'au moment où il se trouvait en Géorgie une armée anglaise, elle aurait pu avoir un plein succès.

Les villages chérokees étaient situés dans ce groupe de hautes chaînes de montagnes qui marque aujourd'hui la fin des limites de la Géorgie et des deux Carolines. Ces provinces étaient situées à l'est et au sud-ouest des villages. Exactement au nord se trouvaient les villages fortifiés des pionniers du Watauga, dans la vallée du Tennessee supérieur, et plus loin encore, dans la même vallée, les établissements d'avant-poste de la Virginie. La Virginie, la Caroline du nord et la Caroline du sud, la Géorgie étaient également menacées par l'attaque, tandis que les pionniers

(1) *Archives américaines*, 5e série, t. I, p. 610.
(2) *Archives américaines*, 5e série, t. III, p. 649.
(3) Stuart et Cameron ; ce dernier habitait au milieu d'eux et les excita à faire la guerre.
(4) La seule attaque que les Anglais aient faite à cette époque contre les colonies du Sud fut faite par des troupes trop peu nombreuses et elle échoua.

du Watauga étaient certains d'avoir à en subir tout le dommage. Les Chérokees étaient si près des établissements que leurs incursions étaient doublement dangereuses. D'autre part, il était bien moins difficile d'en finir avec eux en leur rendant coup pour coup, qu'avec les Indiens du nord, car les villes chérokees étaient fort rapprochées les unes des autres, et d'un accès relativement facile. Enfin, cette nation n'était pas regardée comme des plus redoutables. Quand on compare la guerre de Lord Dunmore en 1774 avec cette lutte contre les Chérokees en 1776, il est facile de voir combien diffère une campagne contre les Indiens du nord et une campagne contre les tribus du sud. En 1776, nos ennemis indiens étaient beaucoup plus nombreux qu'en 1774, car il y avait plus de deux mille guerriers Chérokees, — peut-être même deux mille cinq cents, — ils avaient pour auxiliaires quelques Creeks et Tories. Ils étaient plus rapprochés de la frontière, de sorte que leurs ravages furent plus sérieux, mais ils ne se montrèrent pas des guerriers aussi redoutables que ceux de Brin-de-Blé. On arriva plus facilement jusqu'à leurs villages, et on leur infligea un châtiment plus efficace.

Depuis quelque temps, les Chérokees montraient des dispositions hostiles. L'année précédente, ils avaient assassiné deux Virginiens (1). Dans les premiers jours du printemps de 1776, on fit savoir dans les établissements que les sauvages se préparaient évidemment à la guerre, car ils réparaient leurs fusils, fabriquaient des moccasins, et battaient le grain en vue d'une campagne (2). Leurs ravages commencèrent en juin (3). Les Otari ou Chérokees des collines avaient envoyé des coureurs aux villes de la vallée, pour demander à leurs gens d'attendre que tout le monde fût prêt avant de se mettre en route, afin de frap-

(1) *Archives américaines*, 4° série, t. III, p. 1112.
(2) *Archives américaines*, 5° série, t. I, p. 111.
(3) *Archives américaines*, 4° série, t. VI, p. 1229.

per un coup d'ensemble sur tous les établissements, mais il y eut des jeunes braves dans les villes de la plaine que rien ne put retenir, de sorte que les colons les plus éloignés de la Géorgie et des Carolines furent les premiers attaqués.

L'agression principale eut lieu dans les premiers jours de juillet. Les guerriers se précipitèrent de leurs forteresses du haut pays, avec un élan sauvage et téméraire, les différentes bandes prenant en même temps la direction du nord, de l'est et du sud-est. Depuis le Holston jusqu'au Tugelou, depuis la Virginie du sud-ouest, jusqu'à la Géorgie du nord-ouest, les établissements de la frontière furent aussitôt enserrés dans les horreurs d'une guerre soudaine avec les sauvages.

Les gens de Watauga, les plus exposés de tous, furent avertis à temps par une squaw qui leur portait de l'amitié (1) et à laquelle les blancs témoignèrent toujours depuis leur respect et leur reconnaissance. Ils firent aussitôt leurs préparatifs pour parer le coup ; dans tout le monde des forestiers, il n'y avait pas d'hommes mieux faits pour cette étreinte mortelle. Ils formaient encore une communauté typique de pionniers. Leur nombre s'était accru de temps à autre par l'arrivée d'autres hommes au caractère hardi et entreprenant. Leur établissement le plus éloigné se trouvait dans la vallée de Carter, où quatre hommes avaient déboisé quelques acres pour les semailles de grain, et avaient fait la chasse au bison pour s'approvisionner de viande en vue de l'hiver. (2).

Quand on fut bien certain que les guerriers Otari, au nombre d'environ sept cents, marchaient contre les établissements, les blancs se réfugièrent dans leurs forts de bois ou stations. Parmi les plus importants, se trouvait

(1) Elle se nommait Nancy Ward. Voir *Papiers Campbell*, Haywood, etc.
(2) RAMSEY, p. 144. Les bisons furent tués (hiver de 1775-76) à douze milles au nord-est de la vallée de Carter.

celui de Watauga, où commandaient Robertson et Sevier ;
un autre connu sous le nom de station d'Eaton (1), situé
juste au-dessus de la fourche de l'Holston. A environ six
milles de ce dernier, près de l'Ile Longue ou Grande Ile (Long
Island et Big Island) s'étendait une vaste plaine horizon-
tale, couverte d'un fourré peu dense de jeunes arbres, et
connue sous le nom de plaine de l'île (Island flats).

Les Indiens étaient divisés en plusieurs bandes ; quelques
unes franchirent les montagnes pour descendre dans la
vallée de Caster, et, après l'avoir dévastée, passèrent dans
celle du Clinch supérieur. Aussitôt les colons s'enfermèrent
dans leurs petites enceintes de palissades. Ceux qui tardèrent furent surpris par les sauvages, et tués pendant
leur fuite, ou faits prisonniers, peut-être pour mourir dans
les tortures, hommes, femmes et enfants, sans distinction.
Les cabanes furent brûlées, le grain détruit, les bestiaux
et les chevaux emmenés, les moutons et les ports tués à
coups de flèches. Les Indiens s'étaient munis de flèches et
d'arcs exprès pour faire cette besogne sans gaspiller la
poudre et le plomb. Des bandes guerrières plus hardies,
en quête de scalps et de butins, pénétrèrent dans la Virginie à cent milles en deça de la frontière (2), dévastant le
pays avec le tomahawk et la torche jusqu'au gué des
sept milles (Seven Miles Ford). Les routes qui menaient
aux forts de bois étaient encombrées de colons, qui, dans
la hâte de fuir pour sauver leur vie, n'avaient eu le temps
d'emporter que bien peu d'objets mobiliers. Les plus heureux avaient pu faire monter sur leurs chevaux les femmes
et les enfants. Comme il arrive toujours dans une telle
débâcle, il y eut bien des actes de lâche égoïsme, com-

(1) Haywood et ceux qui l'ont suivi se trompent en le nommant
Heaton's ; dans les *Papiers Campbell*, comme dans les *Archives
américaines* (5ᵉ série, t. I, p. 464) il est nommé le fort d'Eaton ou
d'Amos Eaton. C'est là un renseignement contemporain. Il y avait
d'autres forts, le fort d'Evan Shelby, le fort de John Shelby, celui de
Campbell, le fort Wommack, etc.

(2) *Archives américaines*, 5ᵉ série, t. Iᵉʳ, p. 973.

pensés par bien des traits de courage et de dévouement. Une fois réunis dans les forts, les forestiers se formaient souvent en petites troupes, et faisaient des sorties pour tomber sur les Indiens. Parfois ces troupes étaient malmenées, parfois elles venaient à bout de leurs ennemis par des embuscades ou la bataille à découvert. Une de ces troupes, quittant le fort des collines du Loup, tua en une fois onze guerriers indiens, et à son retour, les scalps de leurs ennemis vaincus, trophées de la victoire, furent suspendus à une perche au-dessus de la porte (1). Dans ce fort, là, on lisait la Bible. Les colons avaient avec eux leur ministre presbytérien, car ils avaient organisé une expédition exprès pour rapporter des livres qu'il avait laissés dans sa cabane, et ils s'unissaient pour prier et rendre grâce à Dieu de leur succès, mais cela ne les empêchait pas de scalper ceux qu'ils tuaient. Ils étaient trop au courant des guerres impitoyables qu'avait faites le peuple élu ; d'ailleurs, ils eussent fait preuve d'une grande sottise en agissant autrement, car ils guerroyaient contre un ennemi païen bien autrement féroce et terrible que ne le furent jamais les gens de Chanaan ou les Philistins.

Les deux bandes les plus fortes des envahisseurs indiens (2) se mirent en marche : l'une prit la route des montagnes pour tomber sur le fort de Watauga et les forts du voisinage ; l'autre, conduite par le grand chef de guerre Le Canot Remorqueur, alla dévaster la contrée gardée par la station d'Eaton.

Les éclaireurs blancs, forestiers experts, dont la vie entière s'était passée à la chasse et à la guerre dans les bois, tenaient les commandants ou chefs des forts bien au

(1) *Les Pionniers américains*, t. Ier, p. 534. Lettre de Benjamin Sharpe, qui, à cette époque, était âgé de 14 ans et se trouvait dans ce fort.

(2) Beaucoup d'auteurs s'expriment comme si tous les Indiens s'étaient trouvés dans ces deux bandes, ce qui n'est pas exact. Il est impossible d'indiquer précisément leur nombre ; probablement chacune d'elle comprenait de 150 à 300 guerriers.

courant de la marche des Indiens. Dès qu'on sut exactement quel était le district menacé, des coureurs furent envoyés aux établissements du voisinage, pour avertir les riflemen de se rassembler à la station d'Eaton, où ils se rendirent en conséquence, sous la conduite des capitaines de milice qui commandaient chaque petite troupe (1).

Aucun n'exerçait réellement le commandement en chef. Le capitaine le plus ancien avait un droit plus ou moins vague de faire prévaloir son avis sur celui des autres ; et ceux-ci, à leur tour, n'obtenaient de leurs hommes que le degré d'obéissance que pouvait exiger leur influence personnelle. Mais si cette levée était sans discipline, elle se composait de tireurs et forestiers hors ligne, hommes nerveux, endurants, combattifs, et accoutumés à se concerter pour agir. Un conseil fut tenu, et il fut décidé qu'on ne se laisserait pas enfermer dans le fort, comme des dindons en un poulailler, pendant que les Indiens ravageaient les champs et brûlaient les maisons, mais qu'on marcherait en avant et qu'on frapperait un grand coup comme diversion.

En conséquence, dans la matinée du 20 juillet, la troupe, forte de cent soixante-dix hommes, quitta la station en file indienne, et se dirigea vers la plaine de l'Ile (Island's Flats). Très exacts dans la guerre des bois, les riflemen de la frontière avaient pour marcher, comme pour combattre, leur méthode propre, bien plus efficace dans ce but que la discipline des troupes régulières d'Europe. Les hommes de cette petite armée s'avançaient l'un derrière l'autre, en file indienne, c'est-à-dire sur deux lignes paral-

______

(1) Ces chefs étaient James Thompson, James Shelby, William Buchanan, John Campbell, William Cocke et Thomas Madison. Voir leur lettre du 2 août 1776 dans *Archives américaines*, 5º série, t. Iᵉʳ, p. 464. Haywood, d'après la tradition, dit que cinq compagnies furent formées. Il est d'une valeur inestimable comme autorité, mais il faut se rappeler qu'il s'appuie souvent sur des renseignements traditionnels.

lèles (1) avec des éclaireurs en avant, et des flanqueurs
sur les côtés. Dans cet ordre de marche, il était impossible
de les surprendre, et ils étaient constamment prêts à livrer
bataille aux Indiens, par un feu espacé, et en s'abritant
derrière les arbres, tandis que des soldats réguliers, massés
ensemble, eussent été impuissants contre des sauvages que
la forêt rendait invisibles, et qui regardaient comme une
tâche aisée, celle de combattre un nombre quelconque
d'ennemis, pourvu que ceux-ci furent groupés en une seule
masse (2).

Quand les blancs furent arrivés aux plaines de l'île, par
une marche silencieuse, grâce aux moccasins dont ils
étaient chaussés, ils tombèrent brusquement sur une
troupe de vingt Indiens, qui, dès la première attaque, s'enfuirent à toute vitesse, en abandonnant six de leurs paquets,
car les guerriers du sud, quand ils prenaient le sentier de
la guerre, emportaient un petit paquet contenant les
quelques objets indispensables.

Après ce petit succès, on tint conseil, et comme la
journée tirait à sa fin, on décida de rentrer au fort. Cette
résolution ne plut pas à tous les hommes. Il en résulta un
incident aussi caractéristique en son genre que la bravoure
dont on fit preuve dans la bataille qui eut lieu ensuite. Les
soldats mécontents exhalèrent bruyamment leurs sentiments et firent des remarques surtout sur le défaut de
courage qu'ils imputaient à l'un des capitaines. Celui-ci,
après avoir réfléchi sur l'affaire, jusqu'à ce que les hommes
eurent commencé à quitter le terrain pour reprendre la
route du fort, fit arrêter soudain la ligne dans laquelle il
marchait, et se mit en devoir de haranguer la troupe pour
défendre sa réputation. Il paraît que personne n'intervint

(1) Le rapport des six capitaines parle de « deux divisions ». Grâce
à Haywood, nous savons que par là nous devons entendre deux
files, marchant parallèlement l'une à l'autre, de sorte qu'il y avait
une ligne de droite et une ligne de gauche.
(2) Voir James SMITH, *passim*.

pour interrompre cette étonnante improvisation d'éloquence militaire et justificative. Les soldats avaient, sans nul doute, l'habitude de critiquer ouvertement la conduite de leurs chefs, et ces derniers se défendaient le mieux qu'ils pouvaient. Dès que l'allocution fut terminée, la file se resserra, la marche fut reprise dans son ordre primitif, et immédiatement après, les éclaireurs vinrent annoncer qu'une forte bande d'Indiens, se méprenant sur leur retraite, accourait pour les attaquer en arrière (1).

La file de droite fût promptement un à droite, et la file de gauche un à gauche, de manière à former une ligne de bataille d'un quart de mille de longueur ; ces hommes tirant le meilleur parti possible des abris. Il y eut d'abord quelque confusion, et un moment de panique, qui fut dissipée aussitôt, les officiers et plusieurs hommes réunissant leurs efforts pour ranimer les courages, et rendre leur présence d'esprit à ceux qu'avaient ébranlés la soudaineté de l'attaque. Les guerriers Otari, au lieu de montrer la prudence ordinaire des Indiens, arrivèrent en courant à toute vitesse. Ils croyaient que les blancs fuyaient épouvantés. Quand ils furent à environ trois cents pas d'eux, ils poussèrent le cri de guerre, et chargèrent sans s'arrêter, les chefs les plus considérables proclamant que les hommes blancs couraient pour fuir, exhortant à les poursuivre et à les scalper. Ils étaient commandés par Le Canot Remorqueur en personne, et disposés dans un ordre de bataille des plus curieux : leur centre avait la forme d'un coin, tandis que leurs ailes étaient courbées en dehors. Apparemment ils croyaient que la ligne des blancs fléchissait, et ils espéraient la percer au centre, en même temps qu'ils

____

(1) Parmi les plus récents des *Papiers Campbell*, se trouvent en grand nombre des copies de documents qui contiennent des récits de la bataille d'après des traditions. La plupart de ces récits sont très inexacts, en ce qui concerne le nombre et les pertes des Indiens et des blancs ; et pour ce qui regarde la bataille elle-même, on ne peut guère tirer parti de ces matériaux.

la tourneraient par les flancs. Ils avaient substitué un seul
et furieux assaut à leur tactique habituelle (1). Le résultat
montra qu'ils avaient commis une grande folie. Les forestiers de gauche et de droite augmentèrent encore leurs
distances, et attendant avec sang-froid que les Otari fussent
plus près, les blancs firent feu sur eux. Les détonations
des longues carabines se firent entendre comme le bruit
sec d'un fouet, et comme elles étaient maniées par des
mains habiles, un grand nombre des assaillants tombèrent,
et la charge fut arrêtée sur le champ. Un court combat
d'homme à homme s'engagea ensuite çà et là le long de
la ligne. Le Canot Remorqueur tomba grièvement blessé.
Les Indiens prirent la fuite dans une extrême confusion,
chacun ne comptant que sur lui. Cependant ils emportèrent
leurs blessés et quelques-uns de leurs morts peut-être. Les
blancs prirent treize scalps. Il n'y eut parmi eux que
quatre hommes sérieusement atteints. Ils ramassaient
aussi beaucoup de fusils et de butin.

Dans cette bataille des plaines de l'Ile (2), les blancs
avaient une légère supériorité de nombre (3) sur leurs

(1) *Papiers Campbell.*

(2) Les historiens du Tennessee la nomment parfois la bataille de
Long-Island, ce qui pourrait faire naître une confusion avec celle
où Washington fut battu, à peu près à la même date.

(3) Le rapport des capitaines dit que les Indiens « n'étaient pas
inférieurs en nombre »; ils en donnèrent probablement le chiffre
maximum. Haywood et tous les autres écrivains postérieurs exagè-
rent beaucoup le nombre des Indiens, ainsi que leurs pertes, qu'ils
disent avoir dépassé « 40 hommes, 26 ayant été laissés morts sur le
terrain ». En réalité, il n'y en eut que 13 d'abandonnés ainsi, mais
dans les différentes escarmouches qui eurent lieu à cette époque au
Watauga, les forestiers prirent en tout 26 scalps et un prisonnier
(*Archives américaines*, 5e série, t. Ier, p. 973). C'est là l'origine probable de l'histoire des 26 morts, l'expression de « plus de 40 »
n'étant qu'une figure. Ramsey raconte une histoire où Isaac Shelby
est représenté ralliant les siens pour les mener à la victoire, mais
l'*Autobiographie manuscrite* de Shelby, (dont une copie se trouve
dans la bibliothèque du colonel Durrett à Louisville), outre qu'elle
ne contient aucune mention de la bataille, constate qu'à cette époque, Shelby était au Kentucky. Il revint en août ou en septembre,

adversaires, et ils remportèrent la victoire sans difficulté, en leur infligeant des pertes bien plus graves qu'ils n'en subirent. A ce point de vue, elle diffère d'une manière remarquable d'avec le plus grand nombre des autres combats livrés aux Indiens à la même époque. Elle n'est pas moins digne d'attention à d'autres points de vue de détail. En outre, elle produisit un très bon effet en rendant l'entrain aux hommes de la frontière et les mettant en état de tenir tête aux Indiens découragés.

Le même jour, au lever du soleil, le fort de Watauga (1) fut attaqué par une troupe nombreuse. Il contenait toute une population de femmes et d'enfants, et il n'y avait que quarante ou cinquante hommes. Mais ces derniers n'étaient pas seulement résolus et bien armés, ils étaient ainsi en garde contre toute surprise. Les Indiens furent découvert pendant leur marche à la lueur grise de l'aurore et furent aussitôt repoussés avec perte par le feu des meurtrières. Robertson commandait dans ce fort et avait Sevier pour lieutenant. Naturellement on ne pouvait attendre de

et se trouvait par conséquent à plusieurs centaines de milles de l'endroit où eut lieu la bataille. Ramsey raconte aussi nombre d'anecdotes relatives à de furieux combats isolés qui auraient eu lieu pendant l'affaire. Certains d'entre eux sont d'une valeur très douteuse, par exemple, celle de l'homme qui aurait tué à lui seul six des Indiens les plus audacieux (le nombre total des tués étant de 13) et celle des Indiens battant tous en retraite, quand ils virent un autre de leurs braves succomber. Le comble de l'absurdité a été atteint par un écrivain récent, M. Kirke ; non seulement il a incorporé à son récit toutes les erreurs de ses prédécesseurs en y ajoutant plusieurs autres, pour son propre compte, mais il termine en disant : « que 210 hommes, conduits par Sevier et par [Isaac] Shelby... mirent en fuite... 15.000 Indiens ». On ne peut arriver à ce total qu'en juxtaposant un chiffre exagéré de tous les Chérokees, hommes, femmes et enfants avec les blancs rencontrés par une très petite bande de guerriers Peaux-Rouges dans les deux premières escarmouches. En outre, comme on l'a déjà prouvé, Shelby n'était nullement sur le champ de bataille, et Sevier remplissait des fonctions subalternes sous les ordres de Robinson.

(1) Un autre fort, nommé le fort Lee, avait été précédemment occupé par Sevier, mais il avait été abandonné (voir PHELAN, p. 42).

secours que de la Virginie, la Caroline du nord étant séparée des gens de Watauga par de grandes chaînes de montagnes. Sevier avait déjà fait savoir aux fonctionnaires de Fincastle que les Indiens étaient en marche. Sa lettre était d'une brièveté laconique ; elle se bornait à apprendre que les Indiens étaient indubitablement sur le point d'entrer en campagne « et qu'ils avaient l'intention de pousser jusqu'à la Nouvelle Rivière avant de s'en retourner » de sorte que les gens de Fincastle devaient se préoccuper eux-mêmes de défendre leurs foyers. Sevier était un homme très courageux, plein d'initiative, et, sans doute, il avait la certitude que les colons étaient capables de repousser leurs ennemis. Ses prévisions furent justifiées, car les Indiens, après avoir établi une sorte de siège irrégulier autour du fort pendant environ trois semaines, se retirèrent, au moment même ou des troupes de forestiers arrivaient des différents forts voisins pour secourir les assiégés (1).

Pendant que l'ennemi rôdait encore autour du fort, les gens qui s'y trouvaient n'avaient d'autre nourriture que du maïs grillé. De temps en temps, quelques-uns d'entre eux étaient si énervés de l'existence monotone que leur imposait leur emprisonnement qu'ils s'aventuraient au dehors, sans souci du danger. Trois ou quatre d'entre eux furent tués par les Indiens. Ils enlevèrent aussi un jeune garçon qu'ils emmenèrent dans une de leurs villes pour le brûler vif au poteau de guerre. Une femme, qui fut prise aussi à la même époque, ne dut d'échapper au même sort qu'aux efforts faits par la même squaw chérokee qui avait averti les colons, comme on l'a déjà dit. La tradition rapporte que Sevier, alors jeune et veuf, s'éprit pendant

(1) *Papiers Campbell*. Haywood dit que les premiers secours furent amenés par Evan Shelby et que le colonel Russell, qui était à la station d'Eaton, prit des mesures dilatoires. Dans les *Papiers Campbell*, il y a quelques lettres écrites plus tard par les fils du capitaine Campbell, qui prit part à la bataille des Plaines de l'Ile, lettres qui contredisent cette assertion.

le siège de la femme qu'il épousa ensuite. Elle se nommait
Kate Sherrill. C'était une grande jeune fille, à la chevelure brune, accorte, mince et souple « comme un jeune
noyer ». Un jour qu'elle était sortie du fort, elle faillit être
enlevée par les Indiens. Courant comme un daim, elle
arriva à la palissade, et fit un bond pour en atteindre le
sommet avec les mains et la franchir ainsi. Elle fut reçue
de l'autre côté dans les bras de Sevier, qui avait visé par
la meurtrière et abattu les premiers de ceux qui la pour-
suivaient.

Bientôt après que les Otari déçus eurent abandonné le
siège du fort de Robertson, les autres troupes de guerriers
quittèrent aussi les établissements. Aussitôt les hommes
du Watauga unis à ceux des Virginiens qui se trouvaient
dans leur voisinage immédiat avaient repoussé leurs ennemis, sans avoir reçu d'autre secours que le peu de poudre
et de plomb envoyé par les établissements plus anciens.
En outre, ils avaient infligé plus de pertes qu'ils n'en
avaient subi (1). Ils avaient mené la guerre avec autant de
vigueur que de succès.

Les établissements écartés qui étaient éparpillés le long
de la frontière occidentale des Carolines et de la Géorgie
avaient été attaqués un peu auparavant, les Chérokees des
villes basses, accompagnés de quelques Creeks et Tories
ayant commencé leurs ravages dans les derniers jours de
juin. Une petite troupe de Géorgiens avait, quelques jours
auparavant, fait une marche inattendue dans le pays des
Chérokees. Ils s'efforcèrent de faire prisonnier l'agent
anglais Cameron, qui, marié à une Indienne, habitait dans
la ville de celle-ci, et possédait beaucoup de nègres, de

____

(1) *Archives américaines*, 5e série, t. Ier, p. 973. Parmi les colons
du Watauga, il y avait eu dix-huit hommes, deux femmes et plusieurs enfants tués ; deux ou trois avaient été pris. Du côté des Indiens, vingt-six furent scalpés. Sans nul doute, il y en eut d'autres
de tués. Bien entendu, ces chiffres ne s'appliquent qu'à la région
du Watauga.

chevaux et de bestiaux. Les Chérokees, qui avaient décidé de ne point intervenir, manquèrent à leur engagement, surprirent la troupe, tuèrent quelques hommes, en prirent d'autres qu'ils firent périr dans les tortures (1).

Les frontières furent bientôt en proie à la panique et à l'affolement, car l'attaque des Chérokees était signalée par ses traits ordinaires. Les bestiaux étaient emmenés, les maisons incendiées, les plantations ravagées, tandis que les femmes et les enfants étaient massacrés comme les hommes, sans aucune distinction (2). Les gens s'enfuirent de leurs demeures et s'entassèrent dans les forts de palissades. Ils étaient très embarrassés par le manque de fusils et de munitions, qu'on avait gardés en grande quantité pour les donner aux troupes appelés sur la côte par la guerre avec la Grande-Bretagne. Toutes les colonies du sud furent exaspérées par l'invasion. Elles firent des préparatifs pour en tirer une vengeance immédiate, sachant que, si elles agissaient sans délai, elles auraient le temps de donner une sévère leçon aux Chérokees, avant que les Anglais pussent intervenir (3). Le plan adopté consistait à agir toutes à la fois : les Virginiens envahiraient la région des Collines en même temps que les forces des deux Carolines et de la Géorgie détruiraient les villes de la vallée et les villes du bas pays. Ainsi les Chérokees seraient écrasés sans grand risque. Il fut néanmoins impossible de conduire les attaques avec un parfait ensemble.

Les districts lointains de la Caroline du nord souffrirent cruellement de l'invasion ; mais les habitants prouvèrent qu'ils étaient capables de se défendre eux-mêmes. Les Chérokees descendirent le Catawba en tuant beaucoup d'hommes, mais la plupart des habitants se réfugièrent dans les petits forts, où ils résistèrent aisément aux assauts

(1) *Archives américaines*, 5° série, t. Ier, p. 611.
(2) *Histoire de la Géorgie*, par Hugh MAC CALL, Savannah, 1816, p. 76.
(3) *Archives américaines*, 5e série, t. Ier, p. 610.

des Indiens. Le général Griffith Rutherford fit une levée d'hommes sur les frontières et vint bientôt au secours des stations assiégées. Il fit savoir aux autorités provinciales que si elles pouvaient seulement fournir aux hommes du district de Salisbury de la poudre et du plomb, ceux-ci seraient tout à fait en état de repousser les Indiens, mais que s'il était question d'envahir le pays des Chérokees, il faudrait aussi faire appel aux hommes de Hillsborough (1). On lui promit assistance et on l'invita à mettre sur pied une troupe pour prendre l'offensive de concert avec les Virginiens et les Caroliniens du sud.

Avant qu'il put se tenir prêt à frapper, le premier coup avait été porté par la Georgie et la Caroline du sud. La Georgie était la plus faible de toutes les colonies, et le rôle qu'elle joua dans cette guerre fut presque insignifiant. Elle avait ses côtes menacées par les croiseurs anglais, et pour les Tories de la Floride. Elle était sous la crainte incessante d'une révolte des noirs, dont le nombre dépassait celui des blancs. Les grands troupeaux de bêtes à cornes, les vastes plantations de riz du sud, offraient un appât tentant à toutes sortes d'ennemis. Les Tories étaient nombreux dans la population. On avait d'incessantes querelles avec les Creeks, et il en résultait de nombreuses petites guerres locales, causées aussi bien par la perfidie et les violences des blancs que par la mauvaise foi et la cruauté des Peaux-Rouges. En somme, on ne tenait les Indiens tranquilles qu'à force de présents ; car un des traits funestes qui caractérisaient la frontière tenait à ce qu'on ne pouvait empêcher les blancs de nature indocile, d'empiéter sur les terres des Indiens, et que d'autre part, c'était uniquement par des présents qu'on obtenait des Indiens qu'ils vécussent en paix avec ceux de leurs voisins qui reconnaissaient l'autorité des lois (2).

(1) *Archives américaines*, 5ᵉ série, t. Iᵉʳ, p. 613.
(2) *Archives américaines*, 5ᵉ série, t. Iᵉʳ, p. 7 et t. III, p. 649. Les Géorgiens de la frontière semblent s'être montrés particulièrement

Un petit nombre de guerriers seulement envahirent la Géorgie. Néanmoins ils donnèrent beaucoup de tracas aux colons, car ils capturèrent plusieurs familles et livrèrent quelques escarmouches avec des résultats divers (1). Vers le milieu de juillet, le colonel Samuel Jack (2) se mit en campagne avec une troupe de deux cents coureurs des bois, tous jeunes, car les hommes âgés et les faibles avaient été laissés à la garde des forts. Les Indiens s'enfuirent dès que Jack eut organisé sa troupe. Vers la fin du mois, il marcha contre une ou deux de leurs petites villes du bas-pays, les brûla, détruisit le grain, emmena les bestiaux, sans rencontrer aucune résistance et sans perdre un homme.

Le coup le plus redoutable tomba sur la Géorgie, où les Chérokees étaient conduits par Cameron en personne, accompagné du plus grand nombre de ses Tories. Quelques-uns de ses guerriers venaient des villes du bas-pays qui étaient situées le long du Tugelou et du Keowee, mais le plus grand nombre d'entre eux appartenaient aux villes moyennes, dans la région du Tellico, et des villes des vallées situées fort à l'ouest de ces dernières le long des affluents du Sliawassee et du Chattahoochee. Ils tombèrent avec fureur sur les colons éparpillés, les tuèrent ou les chassèrent dans les forts de bois, ravageant, brûlant, massacrant comme partout ailleurs, sans distinction d'âge ni de sexe. Le colonel Williamson avait le commandement des districts de l'Ouest. Il se mit aussitôt à lever une troupe et s'établit au fort Picken, avec quarante hommes, le 3 juillet (3). Il eut les plus grandes peines à rassembler les hommes, à se pourvoir de fusils et de munitions, mais

violents dans leurs relations avec les Creeks, mais ces derniers se conduisaient tout aussi mal sinon plus mal encore.

(1) Voir Mac CALL. Cinq familles capturées, dans les escarmouches, huit blancs furent tués, et l'on prit six scalps aux Indiens.

(2) Voir Mac CALL, Les historiens du Tennessee se trompent en attribuant le commandement au colonel Mac Bury.

(3) *Tableau de la Caroline du Sud*, par John DRAYTON, Charleston, 1802, p. 231. Ouvrage excellent.

ses efforts énergiques et incessants furent couronnés de succès, et sa troupe s'augmenta d'un jour à l'autre. Dès qu'il eut en main deux cents hommes environ (1), il quitta le fort et marcha contre les Indiens, en faisant des haltes très fréquentes (2), pour permettre à de nombreux volontaires qui accouraient autour de ses étendards, de le rejoindre. A la même époque, les Américains furent fort encouragés par l'heureuse résistance qu'ils firent à une attaque dirigée, juste avant le lever du jour contre, un des forts (3). La troupe qui les assaillit était forte d'environ deux cents hommes, dont la moitié se composait de blancs, nus et peints comme les Indiens ; mais après la tombée de la nuit qui avait précédé l'attaque, une bande de cent cinquante miliciens américains, qui était en marche pour rejoindre Williamson, entra dans le fort. L'attaque eut lieu avant l'aurore ; elle fut aussitôt repoussée, et dès que le jour parut, les ennemis s'enfuirent, après avoir subi quelques pertes ; treize des tories furent pris, mais les Indiens, plus agiles, s'échappèrent.

Vers la fin de juillet, Williamson avait rassemblé plus de onze cents hommes de la milice (4) dont faisaient partie deux petites compagnies de riflemen. Il se mit en route contre les villes indiennes, lançant en avant ses espions et ses éclaireurs. Le dernier jour du mois, il fit pendant la nuit une marche rapide, avec trois cent cinquante cavaliers, en vue de surprendre Cameron, qui était campé avec une troupe de Tories et d'Indiens à la Crique d'Oconoree, au delà de la ville chérokee nommée Eseneka, qui commandait le gué de la rivière de Keowee. Les cabanes et les jardins clos de la ville étaient situés sur les deux bords de la rivière. Williamson avait été informé par ses prison-

(1) Le chiffre précis est de 222 hommes, au 8 juillet.
(2) Par exemple à la Crique de Hogskin, à la Crique de Barker.
(3) Le fort de Lyndley, sur la Crique du Rayborn.
(4) 1151, parmi lesquels il y avait 130 hommes armés du rifle. Il était campé à la Crique des Vingt-trois Milles.

niers que la rive d'en deçà était abandonnée, et il s'avança imprudemment, sans éclaireurs ni flanqueurs. En conséquence, il tomba dans une embuscade, car lorsqu'il fut arrivé aux premières maisons, les Indiens qui se tenaient cachés firent feu sur lui en avant et sur les côtés. Beaucoup de chevaux, y compris celui du commandant, furent jetés à bas.

Les troupes surprises commencèrent à battre en retraite en désordre, et tirant au hasard. Le colonel Hammond rallia une vingtaine d'hommes qui avaient gardé leur sang-froid, leur ordonna de ménager leur tir et fit une charge sur la haie de derrière laquelle était parti le feu le plus vif. Quand on y fut arrivé, on fit feu sur les silhouettes sombres qui étaient derrière et on franchit d'un bond cette haie pour faire une nouvelle charge. Les Indiens s'enfuirent aussitôt, laissant aux mains des blancs un mort et trois blessés. L'action était finie, mais les blancs n'étaient nullement rassurés. Ils avaient perdu cinq hommes blessés à mort ; ils en avaient treize grièvement blessés, et ils étaient quelque peu inquiets. A la pointe du jour, Williamson détruisit les maisons voisines et partit pour franchir le gué. Mais ses hommes, en vrais miliciens qu'ils étaient, montrèrent de la mauvaise humeur, de l'insubordination, et refusèrent de passer, si bien que le colonel Hammond jura qu'il irait seul, et s'élança dans la rivière, suivi de trois volontaires et bientôt après de toute l'armée. Un revirement eut lieu instantanément dans l'esprit de ses hommes. Une fois qu'ils eurent atteint l'autre bord, il semblait qu'ils eussent laissé derrière eux toute crainte aussi bien que toute prudence. Sur la rive d'en deçà, il avait fallu toutes les peines du monde pour les faire avancer ; sur l'autre rive, il fut impossible de les tenir groupés, et ils s'éparpillèrent de tous côtés. Heureusement les Indiens étaient en trop petit nombre pour exercer des représailles. En outre, les Chérokees étaient d'assez mauvais tireurs ; ils mettaient si peu de poudre dans leurs fusils que ces armes ne produisaient que très peu d'effet. Quand toutes les maisons eurent été incendiées et qu'on eut détruit environ six mille boisseaux de grain, tant maïs que pois et fèves, Williamson retourna à son camp. Le lendemain, il reprit sa marche en avant et envoya des détachements contre toutes les villes du bas-pays, qu'il détruisit jusqu'à la dernière vers le milieu d'août, non sans avoir eu une ou deux escarmouches assez vives (1). Ses troupes étaient pleines d'entrain, et ce fut seulement le défaut de provisions qui l'empêcha de marcher contre les villes centrales. Dans cette situation, il se replia pour se rééquiper, en laissant une garnison de six cents hommes à Eseneka, qu'il baptisa le fort Rutledge.

Ainsi finit la première partie de la campagne de représailles, entreprise par les blancs pour se venger de l'invasion. Les Caroliniens du sud, quelque peu secondés par un petit corps indépendant de Géorgiens, avaient détruit les villes chérokees du bas-pays, en même temps que les gens du Watauga repoussaient l'attaque des guerriers des collines.

Le second mouvement, le plus important devait être fait à frais communs par la Caroline du sud, la Caroline du nord, et la Virginie. Chacune enverrait une colonne de deux mille hommes (2) les deux premières contre les villes du centre et celles de la vallée, la dernière contre celles des collines. Si les colonnes agissaient de concert, les

---

(1) A Tomassee, où il mit en fuite un corps de 2 ou 300 guerriers, il eut huit tués et quinze blessés ; au Tugelou, quatre blessés. Outre ces deux villes, il détruisit encore celles de Soconée, de Keowee, d'Ostatay, d'Eustustie, la ville du Sucré et la ville du Bronze.

(2) Bien entendu il s'agissait de miliciens, sans autre connaissances militaires que celles que pouvaient donner quelques jours de parade, mais c'était une troupe fort guerrière, très différente de la milice ordinaire, et bien plus propre à faire aux Indiens la guerre de forêts, que ne l'eût é té toute autre troupe européenne régulière. La campagne contre les Chérokees fut infiniment plus heureuse que celle que firent, en 1760, contre les mêmes ennemis, des armées de grenadiers et de higlanders.

Chérokees devaient être accablés par des forces trois fois supérieures au nombre de leurs guerriers. Le plan réussit bien, quoique la division virginienne eût été retardée au point que son action, tout aussi efficace, s'opéra bien plus tard que les deux autres.

Rutherford et ses Caroliniens du nord furent les premiers à entrer en campagne (1). Il avait une armée de deux mille hommes portant le fusil, et en outre des chevaux de bât, et des gens chargés de conduire le troupeau de bêtes, ainsi que quelques Indiens Catawba, en tout deux mille quatre cents hommes (2). Le 1er septembre, il partit des sources de la Catawba (3) et la route qu'il suivit fut longtemps connue sous le nom de Piste de Rutherford. Dans son armée, il n'y avait pas une tente ; les couvertures étaient en fort petit nombre ; les chevaux de bât transportaient la farine, tandis que les bœufs de boucherie étaient menés par des hommes. Les officiers, comme les hommes, portaient des blouses de gros drap bordés de liseré en coton de couleur, le drap était fabriqué avec du chanvre, de la filasse et les fibres extérieures de l'ortie sauvage.

Rutherford franchit la Chaîne bleue à la passe de Swananva, traversa la large Rivière Française (French Broad) au gué des Guerriers, et parcourut ensuite la région montagneuse jusqu'aux villes centrales (4). Un détachement d'un millier d'hommes fit une marche forcée en avant. Ce détachement reçut quelques coups de feu d'Indiens postés en embuscade, et un homme fut blessé au pied ; mais il ne rencontra pas d'autre résistance, les villes devant être aban-

(1) C'est-à-dire quand les Caroliniens du Sud furent de retour après avoir détruit les villes du Bas-Pays.

(2) *Esquisses historiques sur la Caroline du Nord*, par John H. WHEELER, Philadelphie, 1851, p. 383.

(3) *Archives américaines*, 5e série, t. II, p. 1235.

(4) Il remonta la Crique Hominy, traversa le Pigeon, remonta la Crique de Richland, traversa la rivière de Tuckaseigee et franchit le mont Cowee.

données (1). Le corps principal étant arrivé, des détachements de troupes furent lancés dans toutes les directions,
et toutes les villes centrales détruites. Rutherford s'était
attendu à rencontrer Williamson à cet endroit, mais celui-ci ne paraissant point, le commandant pour la Caroline du nord prit le parti d'attaquer seul les villes de la
vallée le long du Hiawanee. Prenant avec lui neuf cents
hommes d'élite, il tenta de franchir la chaîne de montagnes hérissées qui le séparait de son but, mais faute
d'un guide, il ne découvrit pas le passage proprement dit,
et ce fut là un heureux accident, comme on le vit ensuite,
car il échappa aussi à une embuscade où l'attendaient
cinq cents Chérokees postés (2) le long de ce passage.
Après avoir fait d'inutiles efforts pour pénétrer dans ce la-
byrinthe de sombres défilés et de pics boisés, il retourna
vers les villes centrales à Canucca, le 18 septembre. Ce
fut là qu'il rencontra Williamson qui venait d'y arriver,
et qui avait été retardé au point de ne pouvoir quitter le
fort Rutledge que le 13 (3). Les Caroliniens du sud au
nombre de deux mille avaient traversé la Chaîne Bleue,
près des sources du Petit Tennessee.

Pendant que Rutherford se reposait (4), Williamson se
mit en route le 13 pour franchir la passe de Nœwee, et il
tomba dans le piège qui avait été préparé pour son collègue. La passe était une vallée étroite et découverte, murée
par des montagnes élevées et escarpées. Les Indiens attendirent que les troupes furent engagées à fond dans l'usine,

(1) *Archives américaines*, 5e série, t. II, p. 1235.
(2) *Archives américaines*, 5e série, t. II, p. 1235.
(3) Il y a quelque désaccord dans les récits au sujet de la destruction des villes de la vallée. Après avoir soigneusement comparé les
indications fournies par les *Archives américaines*, Drayton, White,
Ramsey, etc., je crois que l'exposé ci-dessus est le plus conforme à
la vérité. Néanmoins il n'est pas possible de mettre d'accord tous les
récits relatifs à l'ordre des marches de Rutherford et de Williamson.
(4) D'après Drayton. Il y avait une assez vive jalousie entre les
deux armées, et leurs rapports sont en contradiction sur certains
points.

et alors firent sur elle un feu rapide et meurtrier. Les soldats surpris reculèrent en désordre ; ils furent pour la seconde fois sauvés d'un désastre par la bravoure du colonel Hammond, qui les rallia par ses paroles et ses actes, et s'efforça de les faire tenir fermes pendant qu'un détachement était envoyé pour escalader les rochers et tourner les Indiens. En même temps, le lieutenant Hampton, retenant parmi les fuyards une vingtaine d'hommes qu'il réunit, quitta la route et courut en avant, en criant : « En avant les fusils chargés ! Que ceux dont le fusil est déchargé se jettent à terre et rechargent ! » Trente autres l'ayant rejoint, il poussa résolûment en avant. Les Indiens n'attendirent pas le choc pour s'enfuir. Ainsi l'armée dut son salut uniquement à la bravoure de deux officiers. Les blancs eurent dix-sept morts et vingt-neuf blessés (1) ; ils prirent quatorze scalps.

Bien que la distance ne fût que d'environ vingt milles, il fallut à Williamson cinq jours de peines indescriptibles pour arriver jusqu'aux villes de la vallée. Les troupes firent preuve de la plus grande patience. Elles déblayèrent un sentier pour les chevaux de bât le long des flancs escarpés des montagnes, et à travers l'épaisse forêt vierge des vallées. La file se déroulait souvent sur le flanc d'escarpements si rapides qu'un seul faux pas de l'un des animaux chargés suffisait pour le faire rouler au fond de précipices, où il se brisait. Mais bien que la besogne fût rude, elle était salutaire. On remarqua que pendant toute l'expédition pas un homme ne fut obligé de rester longtemps en arrière par suite de maladie.

Rutherford rejoignit Williamson aussitôt après, et se réunissant, ils dévastèrent entièrement les villes de la vallée, dans la dernière semaine de septembre, ils se remirent en route pour rentrer dans leurs foyers. Tous les établissements des Chérokees qui se trouvaient à l'ouest

(1) *Archives américaines*, 5e série, t. II, p. 1235.

des monts Appalaches avaient complètement disparu. On n'avait épargné ni récoltes, ni bétail. La plupart des habitants durent se réfugier chez les Creeks.

Rutherford rentra sans éprouver de pertes, sans avoir rencontré aucune résistance sérieuse. Il n'avait perdu en tout que trois hommes. Il avait tué douze Indiens et en avait pris neuf, ainsi que sept blancs et quatre nègres. Il avait aussi emporté des morceaux de peaux de daim, cent livres de poudre et quinze cents livres de plomb. En outre, il avait détruit et ravagé à satiété. (1)

De son côté, Williamson revint sans avoir subi d'autre perte et rentra au fort Rutledge le 7 octobre. Dans ses deux expéditions, il avait eu quatre-vingt-quatorze hommes tués et blessés, mais il avait fait aux Indiens bien plus de mal qu'aucun autre. On rapporta que les Caroliniens du sud avaient pris soixante-quinze scalps (2) ; en tout cas la législature de la Caroline du Sud avait offert une récompense de soixante-quinze livres pour chaque scalp de guerrier, cent livres pour chaque Indien, et quatre-vingts livres pour chaque tory ou nègre faits prisonniers (3). Mais il fut interdit aux troupes de vendre leurs prisonniers comme esclaves, défense qui n'était point superflue, ainsi qu'on peut en juger par le fait qu'il y eut au moins un cas de vente semblable dans l'armée de Williamson, où un prisonnier indien fut vendu comme serviteur engagé.

Pendant ce temps, les troupes virginiennes s'étaient lentement rassemblées à la Grande Ile de l'Holston, sous les ordres du colonel William Christian, en vue de diriger une attaque contre les Chérokees des collines. Pendant qu'elles s'y réunissaient, les Indiens les menacèrent de temps à autre. Un jour, une petite troupe de braves passa

(1) *Archives américaines*, 5ᵉ série, t. II, p. 1235.
(2) *Archives américaines*, 5ᵉ série, t. II, p. 990. Drayton évalue à 200 hommes la perte totale des Chérokees.
(3) *Archives américaines*, 5ᵒ série, t. II, p. 33.

la rivière, et tua un soldat tout près de la principale force du campement, elle tua aussi un colon. Un on deux jours plus tard, une autre troupe de guerriers se glissa par une marche dérobée jusque vers les établissements, mais un détachement de milice ayant été lancé à sa poursuite, elle fit tête et retourna dans ses villes (1). L'armée se mit en marche le 1er octobre, forte de deux mille hommes (2), parmi lesquels se trouvaient quelques gens de la Caroline du nord, et tous les porteurs de fusil dont on put dégarnir les petits hameaux fortifiés, épars le long du Watauga, du Holston et du Clinch. A part une petite troupe de riflemen montés, tout le monde était à pied ; chaque homme pourvu du tomahawk, du couteau à scalper, et du long rifle à silex à crosse échancrée. Tous étaient bien portants, bien équipés, pleins d'entrain, et emmenaient des chevaux de bât ainsi que du bétail. Détail assez caractéristique, un clergyman presbytérien, partant avec son troupeau de forestiers, suivit l'expédition comme chapelain. L'armée s'avança avec la plus grande prudence. Chaque soir, le campement était protégé par des abatis d'arbres à hauteur d'homme. On ne courait donc aucun risque de surprise. Les Chérokees étaient si inférieurs en nombre que c'eût été folie de leur part d'engager une bataille rangée. Dans leur désespoir, ils implorèrent le secours des Creeks, mais ceux-ci répondirent que les Chérokees avaient tiré du pied des Creeks l'épine de la guerre, et qu'on aimait autant la leur laisser (3).

Les Virginiens avancèrent sans arrêt (4) jusqu'à ce qu'ils

(1) Ces deux événements eurent lieu le 26 et le 29 septembre (*Archives américaines*, 5e série, t. II, p. 540). Ramsey se trompe, par conséquent, en disant qu'aucun blanc ne fut tué pendant cette expédition.

(2) *Papiers Mac Afee*. L'un des Mac Afee partit avec cette armée et tint une sorte de journal des marches.

(3) *Histoire de la Virginie*, par John BURKE, continuée par L.-H. GIRARDIN, à Pétersburg, 1816, p. 176.

(4) Après avoir campé quelques jours aux Doubles Sources (Dou-

fussent arrivés à la Grande île de La Large Rivière Française (1). Là les Chérokees avaient réuni leurs guerriers, et ils envoyèrent un trafiquant tory porteur d'un drapeau pour demander une trève. Christian, sachant fort bien que les Virginiens étaient fort supérieurs en nombre, laissa cet homme circuler à son gré dans le camp (2) et le renvoya pour dire aux Chérokees que leurs villes étaient condamnées, et qu'il était décidé à marcher sur elles pour les détruire. Cette même nuit, il laissa la moitié de ses hommes dans le camp, où ils étaient couchés autour des feux de bivouac, et fit un détour pour prendre par derrière les villes indiennes, mais il vit que les Indiens avaient fui, car « leurs cœurs étaient devenus comme de l'eau », et pendant tout le temps que dura l'expédition, ils ne se hasardèrent point à inquiéter l'armée des blancs. Christian, continuant à les poursuivre, arriva aux villes dans les premiers jours de novembre (3) et passa deux semaines à envoyer des détachements pour brûler les cabanes et détruire les provisions de grain et de pommes de terre. Les Indiens envoyèrent demander une trève, et rendirent les chevaux qu'ils avaient pris, et leurs captifs. Ils convinrent de fixer une limite et de céder en toute propriété aux blancs le territoire déjà occupé par ceux-ci, en y ajoutant une certaine étendue de terres nouvelles. A ces conditions, Christian conclut la paix et cessa ses ravages, mais il fit une exception pour la ville de Tuskega, dont les habitants avaient brûlé vif le jeune garçon qu'ils avaient pris au Watauga. Cette ville-là fut réduite en cendres.

ble Springs), d'où sort la Crique de la Lèche (Lick Creek) afin d'y attendre tous les hommes du Watauga.

(1) Ils envoyèrent des espions en avant. La piste passait par des forêts et des marécages bourbeux couverts de roseaux, en remontant la Crique Longue, descendant la Crique Dimplin, jusqu'à la Large Rivière Française (Haywood et Ramsey).

(2) *Papiers Mac Afee.*

(3) *Papiers Mac Afee.* Le 5 novembre.

Quant au chef, le Canot Remorqueur, il ne voulut pas entendre parler de paix. Il réunit autour de lui ses guerriers les plus farouches, ses jeunes braves les plus indomptables, et, quittant la tribu, il se retira dans les hauteurs inaccessibles du Chickamauga.

Quand eut été conclue la trève préliminaire, Christian ramena ses troupes dans leur pays, et les licencia quinze jours avant Noël, en laissant une garnison à Holston, Grande Ile. Pendant le printemps et l'été qui suivirent, des traités de paix définitive furent signés entre les Chérokees des montagnes et les Virginiens, les Caroliniens du sud et du nord à la Grande Ile du Holston (1), ainsi qu'entre les Chérokes des plaines et la Caroline du sud, et la Géorgie, aux Coins de De Witt. Les Chérokees cédèrent quelques-unes de leurs terres des quatre provinces de la côte. Ce fut la Caroline du sud qui y gagna le plus. Ce n'était que justice, car c'était elle qui avait le plus souffert (2).

Les gens du Watauga et en général les colons de l'Ouest furent ceux qui profitèrent réellement de cette guerre. Si les établissements de Watauga avaient été détruits, ils auraient cessé de protéger la route qui traverse le pays sauvage dans la direction du Kentucky, et dès lors il eût fallu absolument abandonner le Kentucky. Mais les compagnons de Robertson et de Sevier défendirent avec obstination leurs foyers ; pas un d'eux ne s'enfuit en deçà des montagnes. Les Chérokees avaient été si rudement malmenés, que pendant des années, ils renoncèrent à toute

(1) La limite alors établie entre les Chérokees et les gens du Watauga fut désignée sous le nom de Ligue de Brown.

(2) Si l'on cherche à établir une évaluation approximative, après un minutieux examen de toutes les autorités, on peut estimer qu'il y eut un peu moins de 200 Indiens tués, en ne comptant que les guerriers. En guerre, la perte des blancs ne fut probablement pas beaucoup plus grande, mais au total il périt beaucoup plus de femmes et d'enfants, en sorte qu'il y eut au total deux ou trois fois plus de blancs que d'Indiens de tués.

guerre faite d'ensemble. Non seulement cela permit aux colons de reprendre haleine, mais encore ils se fortifièrent au point que quand l'attaque fut renouvelée, ils étaient en mesure d'y résister aisément. Cette guerre forme donc un nouvel et important anneau dans la chaîne des événements qui eurent pour conséquence finale la conquête de l'Ouest. Si un seul de ces anneaux avait été brisé dans la chaîne en ces années de début, la paix de 1783 eût probablement laissé le pays de l'au delà des Alléghanys aux mains d'une puissance non américaine.

CHAPITRE XII

DÉVELOPPEMENT ET ORGANISATION CIVILE DU KENTUCKY
1776

Vers la fin de 1775, le Kentucky avait été occupé par
ceux qui devaient le garder définitivement. Hommes au
cœur fort, capables de conserver ce qu'ils avaient acquis,
ils vinrent s'y établir et y amenèrent leurs femmes et leurs
enfants. Il y vint aussi, naturellement, une forte proportion de population mouvante, et même elle forma la masse
de la population : chasseurs qu'y attirait la saison,
« *cabinners* » ou gens qui s'y rendaient simplement pour
construire une cabane et déboiser sommairement une par-
celle de terrain, afin de s'assurer ainsi le droit de propriété que leur donnait la loi, arpenteurs, aventuriers
tels qu'il s'en trouve toujours dans un pays neuf, gens
trop remuants, ou trop timides, ou trop indécis pour
s'installer à demeure.

Les chefs de famille et les jeunes gens qui projetaient de
se créer un foyer durable formèrent le cœur de la communauté, le seul élément qui mérite d'être pris en considération. Il y avait un courant constant, quoique faible
d'émigrants de cette catégorie, et ils ne tardèrent pas à
créer autour d'eux un ensemble de conditions d'existence
fort analogue à celui qu'ils avaient laissé dans leur ancien

séjour. Dès 1776, il y eut des mariages, des projets d'union, des naissances dans le Kentucky. Les nouveaux venus devaient s'établir dans les forts, où les jeunes gens et les jeunes filles avaient bien des occasions de se faire la cour. On se mariait bientôt, et ces mariages étaient aussi féconds que les époux étaient vigoureux (1). La plupart de ces mariages se réduisaient à des contrats civils, mais quelques-uns purent être célébrés par des clergymen, car la communauté recevait de temps à autre la visite des ministres venus des districts éloignés.

Ces ministres appartenaient à des sectes différentes, mais ils étaient toujours sûrs d'être écoutés. Les forestiers étaient obligés, par la nature de leur milieu, de pratiquer une tolérance assez grognonne envers les différentes formes de croyance religieuse qui se montraient parmi eux, bien qu'ils eussent de la haine et du mépris pour les catholiques français ou espagnols. Quand ils étaient dans la profondeur des bois, ils devaient évaluer un homme d'après ce qu'il faisait, et non d'après ce qu'il pensait. Naturellement, il y eut des exemples du contraire. On conte l'amusante histoire de deux chasseurs qui habitaient seuls, à grande distance de tout établissement, et qui se brouillèrent parce que l'un était catholique et l'autre pro-testant. L'hérétique s'installa dans le creux d'un arbre, à portée de la voix de son compagnon. Chaque matin, en se levant, ils se souhaitaient le bonjour, mais ils n'échan-gèrent jamais un mot de plus pendant bien des mois où ils n'aperçurent pas une figure d'homme blanc (2). Il n'y eut qu'une exception sérieuse, importante, mais d'ailleurs partielle à cette règle générale de tolérance. Après qu'eût éclaté la guerre de la Révolution, les Kentuckiens en vin-rent, comme les autres forestiers, à prendre en une aver-

(1) Imlay (p. 55) estime que, d'après son accroissement naturel, la population du Kentucky doublait tous les quinze ans, ce qui est probablement une exagération.

(2) HALE, *Les Pionniers Transalléghaniens*, p. 251.

sion invincible un corps de croyants qui leur inspirait déjà de la défiance : il s'agit de l'Eglise d'Angleterre, de l'Eglise Episcopale. Ils l'avaient longtemps regardée comme le bras ecclésiastique dont le gouvernement anglais se servait pour la persécution. Tous ceux d'entre eux qui avaient été élevés dans une croyance quelconque, avaient professé quelque forme du Calvinisme. Ils avaient probablement appris à épeler dans un livre élémentaire dont les grossières gravures représentaient John Rogers brûlé vif, devant sa femme et ses sept enfants, et dans leur âge plus avancé ils avaient eu pour livre de lecture, après la *Bible*, le *Pilgrim's progress*. Il était donc tout naturel qu'ils éprouvassent de la défiance envers les successeurs des persécuteurs de Rogers et de Bunyan (1). En somme, cependant, les communautés de la frontière étaient, pour leur époque, d'une grande tolérance en matière religieuse. Naturellement la plupart des hommes n'avaient que bien rarement l'occasion de montrer, ou même d'éprouver l'esprit sectaire sous quelque forme que ce fût, car ils n'avaient point d'objet qui les réunit, ils n'avaient que rarement une église dont ils pussent se faire un centre.

A l'époque où le Kentucky fut colonisé, les Baptistes avaient commencé à pousser vers la frontière, aux dépens des Presbytériens. La rude démocratie d'avant-garde fit bon accueil à une secte qui était essentiellement démocratique. La doctrine des Baptistes avait un attrait tout particulier pour les forestiers, à cause de certains de leurs préjugés et notamment de leur aversion grondeuse et étroite contre toute distinction, qu'elle fût ou non justifiée par le mérite et la science. Partout où leurs prédicateurs prirent pied, on commença à faire aux clergymen presbytériens un reproche d'avoir été élevés, dès leur jeune âge, pour le ministère comme pour un métier. L'amour de la liberté,

____

(1) Daniel DRAKE, *La vie des Pionniers dans le Kentucky*, Cincinnati, 1870, p. 196. Ouvrage dont on ne saurait exagérer le mérite.

l'énergique affirmation de l'égalité, si universels parmi les
forestiers, choses excellentes en soi, prenaient parfois des
formes très contournées, très compliquées, surtout quand
elles les amenaient à s'imaginer que le véritable esprit
démocratique interdit de donner une éducation exclusive
et professionnelle aux personnes qui se destinent à devenir
des soldats, des hommes d'état, des ministres.

Le fait que les prédicateurs baptistes étaient des hommes
entièrement semblables à leurs voisins dans tous les
détails de la vie n'eut pas seulement pour résultat de leur
assurer un bon accueil. Il les mit aussi en mesure de visiter
les établissements les plus lointains, dès les premiers
jours. Ils voyageaient exactement comme les autres forestiers ; et, aussitôt arrivés, chaque prédicateur, chaque
ardent disciple se mettait résolument, sans reculer devant
quoi que ce fût, à sa rude tâche de missionnaire, et devenait un noyau d'attraction autour duquel se formait un
petit groupe de sincères croyants. Deux autres d'entre eux
firent de courtes visites au Kentucky dans les quelques
premières années de son existence. L'un d'eux, qui s'y
rendit au commencement du printemps de 1776, a tenu
un journal de son voyage (1). Il prit la route du pays
désert avec huit autres hommes. Trois d'entre eux étaient
des Baptistes comme lui. Ils faisaient la prière chaque soir.
Les autres, sans y prendre aucune part, ne les interrom-
paient point. Leur voyage à travers la solitude mélanco-
lique et silencieuse fut mêlé d'incidents identiques à ceux
des innombrables voyages du même genre qui se firent
alors et plus tard. On souffrit du froid, de la faim, du
manque d'abris ; on eut les pieds meurtris et las ; on s'é-
puisa à pousser en avant les chevaux de bât. Sur la cime
des solitaires montagnes du Cumberland, on trouva, à
demi mangé par les loups, le cadavre d'un voyageur passé

____

(1) *Autobiographie manuscrite du Révérend William Hickmann.*
Il était né en Virginie le 4 février 1747. Il en existe une copie dans
la bibliothèque du Colonel Durrett, à Louisville, Kentucky.

avant eux et que les Indiens avaient tué. Ailleurs, on
rencontra quatre hommes qui revenaient sur leurs pas,
lâches à qui le cœur avait manqué alors qu'ils se trouvaient en vue de la terre promise. Quand on fut sur la
grande piste indienne de la guerre, on tua un bison, et on
vécut de sa viande séchée. Une nuit, les loups flairèrent
la chair, et vinrent près du feu de campement. Les vigoureux chiens de chasse s'élancèrent en aboyant pour les
mettre en fuite, et cette alarme, réveillant soudain les
voyageurs endormis, leur fit croire un moment qu'ils
avaient été attaqués par des Indiens en maraude. Quand
ils atteignirent le Verger des Sauvageons (Crab Orchard),
leurs périls tiraient à leur fin ; tous ces immigrants en
vinrent à éprouver de l'affection pour le fort qui avoisinait
le petit bosquet de pommiers sauvages. Il est bon de remarquer que les colons de ce temps lointain aimaient à
construire leurs demeures tout près de ces vergers naturels, qui les attiraient par le parfum et la beauté de leurs
fleurs au printemps (1).

Le Baptiste, qui était très las, ne fut pas tout à fait
charmé de Harrodstown, bien qu'il y ait entendu le sermon
d'un prédicateur appartenant à la même secte que lui (2).
Il dit qu'en « ce temps-là, c'était une bien pauvre ville »,
avec ses deux rangées de cabanes enfumées, habitées par
des femmes malpropres, des enfants en guenilles, où l'on
voyait aller et venir les gens de la frontière, hommes de
haute stature, hirsutes, en blouses de chasse tachées de
graisse, en braies à franges, en jambières et moccasins.
Le grain était rare ou manquait entièrement jusqu'à la fin
de la récolte. Il lui fallut apprendre, comme les autres, à
manger la viande sans sel. Ainsi que c'est l'ordinaire dans

(1) Il y eut au moins trois de ces stations du Verger des Sauvageons (Crab-Orchard) en Virginie, au Kentucky et au Tennessee. Les
colons donnaient au mot de *crab* exactement le sens que lui donne
Shakespeare.

(2) Un certain M. FINLAY (*Autobiogr. de Hickmann*).

les villes frontières, où les gens sont enveloppés dans leurs idées personnelles, dans leurs rivalités, obligés, pour passer le temps, de parler les uns des autres, les colons étaient divisés par des querelles, des propos de bavards. A cette époque-là, le principal sujet de leurs disputes était de savoir quels titres étaient les meilleurs, de ceux que conférait le *cabin-right* (droit de cabane) ou de ceux que conféraient les concessions de terre faites par Henderson. Comme ailleurs, le zélé prêcheur Baptiste s'aperçut que les femmes sont les premières « à prendre de la religion », comme il le dit en propres termes. Parfois les maris venaient avec elles ; parfois ils restaient indifférents. Souvent ils avaient des accès de fureur de voir leurs femmes et leurs filles se convertir, et, s'en prenant au prêcheur, ils lui faisaient sentir leur colère autrement que par de simples paroles. En effet, ces forestiers étaient des natures vigoureuses et simples, puissamment remuées par le bien et par le mal, et ceux d'entre eux qui ne craignaient pas Dieu, devenaient le plus souvent des ennemis actifs, des adversaires furieux de toute religion.

Il est curieux de comparer à cette description de la vie dans un fort de la frontière, faite par un observateur évidemment prévenu, celles qu'en faisaient avec autant de préjugés, mais de préjugés optimistes, et non point atrabilaires, les vieux pionniers quand ils décrivaient avec enthousiasme les jours de leur jeunesse. A entendre ces vieillards, les forts de palissades disparus depuis bien longtemps avaient abrité une troupe de frères, qui toujours se montraient généreux, hospitaliers, courtois, inaccessibles à la crainte, toujours prêts à s'entr'aider, ignorant l'envie, et ne sachant pas reculer devant l'ennemi, quel qu'il fût (1). Ni l'une ni l'autre de ces descriptions n'est exacte, la seconde est tout aussi près de la vérité que la première. A la frontière, comme ailleurs, mais en nuances

----

(1) *Papiers Mac Afee.*

plus fortement tranchées, il y avait une forte proportion de bon et de mauvais, de malhonnêteté improductive, et de laborieuse honnêteté. Beaucoup, parmi les chasseurs, étaient des voyageurs incapables de repos, qui ne tardaient pas à abandonner leurs déboisements à de petits squatters s'occupant de culture, mais presque aussi disposés aux changements qu'ils l'étaient eux-mêmes. Ils amenaient le sol à un degré de culture quelque peu supérieur. Après quoi, ils l'abandonnaient et allaient plus avant, cédaient la place à la troisième classe de gens de la frontière, les hommes à caractère constant, qui venaient pour s'établir à demeure. Mais souvent ce furent les premiers chasseurs qui s'établirent ainsi, et devinrent des cultivateurs, des propriétaires fonciers (1). Un grand nombre parmi les premiers pionniers, y compris la plupart de leurs chefs, fondèrent des familles, qui prirent racine dans le pays et continuèrent à prospérer jusqu'à ce jour. Les enfants, les petits-fils, les arrière petits-fils d'hommes qui ont combattu contre les Indiens, sont devenus membres du Congrès, juges, officiers dans l'armée régulière, et dans les troupes tant fédérales que confédérées, pendant la guerre civile (2). En fait, il y a beaucoup de chances pour que les premiers qui arrivent dans un pays sauvage et dangereux soient des hommes doués de qualités précieuses au point de vue du cœur et de la tête, et c'est seulement quand ils ont partiellement dompté le sol que la classe criminelle des gens de la frontière dérive de ce côté-là pour s'y répandre (3).

(1) *Papiers Mac Afee.*

(2) Il en fut ainsi pour les Clark, les Boon, les Sevier, les Shelbys, les Robertson, les Logan, les Cocke, les Crocketts, dont j'ai eu la bonne fortune de connaître beaucoup de descendants.

(3) Cela est aussi vrai aujourd'hui pour le Far West, que ce l'était jadis pour le Kentucky et le Tennessee, au moins à en juger par ma propre expérience dans la région du Petit Missouri, et dans des parties du Kootenai, du Cœur d'Alène, et des régions de la Grosse-Corne (Big Horn).

En 1776, comme dans les années qui suivirent, les immigrants avaient trois routes pour se rendre dans le Kentucky. La première menait par une piste forestière jusqu'aux établissements de l'Eglantier vert (Green Briar) ; de là on descendait au Kanawha jusqu'à l'Ohio (1). Mais la circulation était insignifiante sur cette route, si on la compare avec les autres. Les deux routes vraiment importantes étaient la *Route du désert*, et celle par eau, depuis le fort Pitt, en descendant l'Ohio. Ceux qui se décidaient pour cette dernière s'embarquaient dans de petits bateaux à fond plat, de construction grossière, au fort Pitt, s'ils venaient de Pensylvanie, ou au vieux fort de Pierre Rouge (Redstone fort) sur le Monongahela, s'ils venaient du Maryland ou de la Virginie. Bien que ce fût la méthode la moins fatigante, le danger qu'on y courait du côté des Indiens était si grand, que presque tous les immigrants, de Pensylvanie aussi bien que du Maryland, de Virginie, ainsi que de la Caroline du Nord (2), prenaient la Route du désert. Elle consistait dans la piste tracée par Boon, et qui subsiste encore de nos jours comme un monument de son habileté dans l'art du topographe et de

(1) *Papiers Mac Afee*. Voir aussi *les Pionniers transalléghaniens*, p. 111. Comme l'indique M. Hale, cette route qui fut parcourue par Floyd, Bullitt, les Mac Afee, et bien d'autres, n'a pas obtenu toute l'attente qu'elle méritait, même dans le livre si estimable et si intéressant du colonel Speed, la *Route du désert*.

(2) Jusque vers 1783, les immigrants du Kentucky venaient des forêts de la Pensylvanie, du Maryland, de la Virginie et de la Caroline du Nord. Ils étaient presque identiques, comme caractère, à ceux qui se rendirent au Tennessee (Voir FINLAY, p. 168). A la fin de la guerre de la Révolution, le Tennessee et le Kentucky se ressemblaient beaucoup par la population. Mais, après cette époque, celle du Kentucky acquit rapidement une plus grande variété, et la grande immigration des Virginiens de la classe supérieure lui donna un cachet tout particulier. En 1796, quand Logan échoua dans sa candidature comme gouverneur, la direction du Kentucky avait cessé d'être aux mains des pionniers, tandis que dans le Tennessee les vieux combattants des guerres indiennes continuèrent à donner le ton dans la vie politique de l'Etat et restèrent des personnages prédominants jusqu'à leur mort.

l'ingénieur. Ceux qui la prenaient allaient d'ordinaire à pied, poussant devant eux leurs chevaux et leur bétail. A la dernière ville importante de la frontière, ces immigrants se pourvoyaient de selles à bâts, car en des endroits de cette sorte les deux industries les plus actives étaient toujours celle du fabricant de bâts, et celle des gens qui travaillent la peau de daim. Naturellement, en cas de nécessité, le pionnier était capable de se fabriquer une selle à bât, improvisée au moyen de deux branches fourchues. Quand plusieurs familles étaient réunies, elles se déplaçaient lentement, d'une façon toute patriarcale. Les aînés des garçons poussaient le bétail qui formait généralement l'avant-garde de la caravane. Les petits-enfants étaient empaquetés dans des caisses en planches de noyer suspendues de chaque côté sur le dos de vieux chevaux paisibles, ou assis bien assujettis, sur les grands rouleaux de couvertures transportées de la même façon. Les femmes allaient tantôt à cheval, tantôt à pied, les bébés dans les bras. Les hommes, le rifle sur l'épaule, poussaient les chevaux de charge ; quelques-uns d'entre eux marchaient en ordre, étendus, en avant, sur les flancs, et en arrière, pour se tenir en garde contre les sauvages (1). Une tente ou un abri en branchages servait de couvert pendant la nuit. Chaque matin, les hommes rechargeaient les chevaux, pendant que les femmes faisaient cuire le déjeuner et s'occupaient des enfants. Il fallait prendre grand soin de ne pas laisser les animaux chargés heurter les nids de *corselets-jaunes* qui étaient toujours en nombre infini le long de la piste, sans quoi ces essaims dangereux atta-

----

(1) *Papiers Mac Afee.* A l'époque même où la famille Mac Afee se mit en route pour le Kentucky, la femme d'un d'eux, Georges, était enceinte. Les autres furent obligés de la laisser en route, mais dès la première halte de quelque durée, le mari se hâta de revenir sur ses pas, uniquement pour aller au devant d'elle, car elle était montée à cheval et s'était mise en route pour les rejoindre dès le troisième jour après ses couches. Elle emportait son petit enfant.

quaient bêtes et gens, produisaient une débandade immédiate, au grand dommage des chargements (1). En hiver,
les gués et les montagnes devenaient souvent des obstacles
infranchissables, et les équipes étaient obligées de passer
plusieurs semaines de suite au même endroit. On n'é-
chappait à la mort par la faim qu'en tuant les bêtes
maigres, car, en cette saison, il ne restait dans les montagnes que peu de daims.

La route par eau, comme la route par le désert étaient
en tout temps infestées de sauvages, et partout où régnait l'état de guerre ouverte, les districts à population
très éparse qui étaient le point de départ étaient également harcelés. Quand les tribus du Nord-Ouest menaçaient
le Fort Pitt, et le Fort Henry, ou Pittsburg et Wheeling,
comme on allait les appeler, ils menaçaient une des deux
localités qui servaient à couvrir les communications avec
le Kentucky ; mais la chose devenait bien autrement grave
quand la région du Holston était menacée, car le voyage
par terre fut d'abord le plus important de beaucoup.

Naturellement, les anciens colons avaient à subir de dures
épreuves, même quand ils avaient atteint le Kentucky.
Les seuls outils que les hommes ne manquaient jamais
d'emporter étaient la hache et le rifle, car ils étaient
presque également fiers de leur habileté comme guerriers,
ou comme chasseurs et abatteurs d'arbres. L'instrument
le plus utile après ceux-ci était la faucille ou la faux. Les
trois premières tâches du pionnier cultivateur consistaient à
bâtir une maison, à faire un déboisement, en brûlant les
broussailles, abattant les petits arbres et écorçant les plus
gros, enfin de semer du grain. Jusqu'à la maturité des

(1) *Biographie du Pionnier*, par James Mac Bride (fils d'un pionnier qui fut tué en 1789 par les Indiens dans le Kentucky), parue
à Cincinnati, 1869, p. 183. Cet ouvrage fait partie de l'excellente
série publiée par MM. Robert Clarke et Cie à qui les historiens
américains sont redevables de services qui ne sauraient être trop
appréciés.

semailles, le colon ne cessait de chasser, et sa famille vivait du gibier. Sans son abondance, la colonisation du Kentucky n'eût pu être aussi rapide. Néanmoins, en hiver, tous les animaux sauvages étaient d'une maigreur qui en faisait un aliment fort peu appétissant, à moins qu'on eût la bonne fortune de découvrir dans quelque tronc d'arbre un ours. En ce cas, on faisait un festin royal, où la poitrine de dindon sauvage tenait lieu de pain (2). Si les hommes étaient soudain convoqués par suite d'une attaque des Indiens, leurs familles avaient souvent pour toute nourriture, pendant plusieurs jours, des têtes d'ortie verte bouillies (3). Naturellement, les enfants épiaient avec l'anxiété de la faim la croissance du maïs aux épis empanachés, jusqu'à l'époque où les grains laiteux étaient prêts pour se manger grillés. Quand ils avaient durci, on les pilait en bouillie dans le bloc de bois creusé à cet usage, ou bien on en faisait de la farine avec un moulin de construction primitive : deux meules de calcaire tournant dans un tronc de sycomore évidé. Jusqu'à l'époque où l'on pouvait cueillir le lin, les femmes devaient se contenter d'une filasse faite avec de l'écorce des orties desséchées. On ramassait cette substance au printemps. Tous les gens d'une station se livraient ensemble à ce travail. Une partie des hommes faisait le guet, pendant que les autres, hommes, femmes et enfants, arrachaient les tiges mortes. Les adroites filles d'origine irlandaise se faisaient bien des douzaines de pièces de lingerie, avec cette filasse, qui était aussi belle que le lin, mais moins forte (4).

Il n'était pas d'épreuves capables de décourager les jeunes gens, surtout quand plusieurs familles comptant chacune

---

(1) On procédait et on procède encore comme suit. On entame d'un trait de scie toute l'épaisseur de l'écorce et un peu de bois. Ainsi on tue l'arbre et on détruit même la moelle qui s'effrite en vermoulure (*Note du traducteur*).

(2) Mac Afee.

(3) Mac Bride, t. II, p. 197.

(4) *Papiers Mac Afee.*

plusieurs grands garçons ou grandes filles, habitaient ensemble, comme il s'en trouvait dans presque tous les forts. Les principaux amusements étaient la chasse et la danse. Comme il n'y avait pas de ministres à résidence fixe, le sombre calvinisme de certains pionniers se départait de sa rigueur. Bien longtemps après, l'un d'eux écrivait, avec une sorte de componction amusante, que « la danse n'était point alors considérée comme criminelle », qu'elle entretenait la bonne humeur des jeunes gens, contribuait à les rendre heureux et bien portants. Il rappelait, non sans quelque embarras, la folle gaîté qui régnait dans les établissements, en dépit de la terrible et incessante guerre indienne, et ce moraliste âgé se sentait obligé à exprimer son blâme, à faire remarquer que, faute de ministres de l'Evangile, les leçons données par l'adversité n'étaient point mises à profit.

Malgré la nécessité d'être très vigilants et de tenir leurs familles dans les forts, et bien qu'il y eût bon nombre d'entre eux qui étaient tués par les sauvages (1), les colons, dès 1776, purent aller au loin, explorer à fond le pays (2), faire de petits déboisements qui devaient servir de titres aux *cabin-claims*, ou droits de cabane, se groupant de temps à autre dans des stations qui furent pour la plupart

(1) MOREHEAD (Voir l'appendice, Lettre de Floyd).
(2) Ils conservèrent peu de noms indiens. A ce point de vue, le Kentucky diffère de la plupart des autres divisions de l'Union. Les noms adoptés étaient parfois ceux des explorateurs: telle la Fourche de Floyd. Parfois ils étaient tirés de quelque particularité locale, comme Lu Lèche, ainsi nommée d'après le grand nombre de lèches où venait le gibier ; ou bien encore ils servaient à fixer le souvenir d'un incident. Sur la Crique du Rêve, Boon s'endormit et rêva qu'il était assailli par un essaim de corselets-jaunes. La Corne d'Elan fut ainsi nommée parce qu'un chasseur, ayant tué un élan mâle d'une taille énorme, en fixa les cornes au haut d'une perche qu'il planta près de l'embouchure. A la Course sanglante (Bloody Run) plusieurs hommes avaient été tués. La Branche de l'Aigle (Eagle Branch) fut ainsi nommée à cause des nombreux aigles chauves qui se trouvaient aux environs (Voir les *Papiers Mac Afee*).

détruites par les Indiens et abandonnées (1). Chose beaucoup plus importante, les colons établis définitivement dans les stations bien organisées se mirent à créer un gouvernement civil.

A cette époque, ils n'éprouvaient guère que du dédain à l'égard du système de Henderson ou système transylvanien. Après avoir envoyé aux autorités centrales une pétition contre ce régime, ils espéraient voir se dissiper jusqu'à l'ombre du pouvoir qui en restait encore. Ils tournèrent donc leur attention vers la Convention dans le but de s'y assurer une représentation. Le Kentucky tout entier était encore regardé comme une partie du comté de Fincastle, et les habitants en étaient, par suite, privés de députés à la capitale. Ils résolurent de remédier à cette situation, et après avoir fait une proclamation en règle, ils se réunirent à Harrodstown au commencement de juin 1776. Il y eut une élection qui dura cinq jours. Deux délégués furent désignés pour se rendre à Williamsburg, alors siège du gouvernement.

On agissait d'après les conseils de Clark, qui, après avoir passé l'hiver en Virginie, était revenu au printemps dans le Kentucky. Il arriva seul et à pied. Son apparition soudaine ne fut pas une faible surprise pour les colons. Le premier qui le rencontra fut un jeune garçon (2) qui était allé à quelques milles de Harrodstown pour lâcher au pâturage quelques chevaux. Le jeune garçon avait tué un canard qui prenait sa nourriture près d'une source, et i le faisait rôtir à point devant un petit feu quand il fut dérangé par l'approche d'un homme à tournure militaire qui le salua de ces mots : « Comment allez-vous, mon petit camarade ? Quel est votre nom ? N'avez-vous pas peur d'être ainsi tout seul dans les bois ? » Le nouveau venu avait évidemment grand'faim, car, invité à manger,

(1) MARSHALL, p. 45.
(2) Il fut plus tard le général William Ray (Voir BUTLER, p. 37).

il eut bientôt dévoré tout le canard. Quand le jeune garçon lui eut demandé son nom, il lui répondit qu'il était Clark, qu'il était venu voir ce que faisaient ses braves compagnons au Kentucky, et leur donner un coup de main si c'était nécessaire. Il établit provisoirement son séjour à Harrodstown, sans néanmoins négliger de visiter tous les forts, et de courir seul les bois. Son air de commandement, son caractère audacieux et aventureux eurent bientôt fait de lui, pendant les dix ans de difficultés qu'il y passa, le plus influent parmi tous les hardis « Chasseurs du Kentucky », ainsi que les anciens colons aimaient à s'appeler.

Il avait conseillé de ne pas élire de député à la Convention, pensant qu'au lieu d'agir ainsi, il vaudrait mieux que le Kentucky envoyât des agents accrédités pour traiter avec le gouvernement virginien. Si les conditions qu'ils offriraient n'étaient pas acceptées, on devrait, selon lui, établir aussitôt un état indépendant. Exemple intéressant de cette tendance séparatiste qui se montra si anciennement au Kentucky. Mais le reste du peuple n'était pas d'avis d'aller aussi vite en besogne. Ils élurent deux délégués, et naturellement Clark fut l'un d'eux. Ils les chargèrent d'une pétition pour être autorisés à former un comté distinct. Ces hommes-là étaient avant tout cultivateurs, chasseurs, tueurs d'Indiens, et non des savants. Leur pétition fut rédigée en un anglais assez gauche, mais, en somme, leur idée était exprimée très clairement, de manière qu'on ne pût la méconnaître. Ils affirmaient que s'ils étaient admis, ils apporteraient leur coopération empressée à toute mesure qui aurait pour but d'assurer la paix et le bien publics. En même temps ils ajoutaient, en insistant beaucoup : « Combien il serait regrettable de laisser un respectable corps de Riflemen de premier ordre dans un état de neutralité » pendant la guerre révolutionnaire qui existait alors (1).

(1) Pétition du comité de Fincastle-Ouest, datée du 20 juin 1776.

Armés de cette pièce et des pouvoirs nécessaires, Clark et son collègue se mirent en route à travers les montagnes désolées et hantées par les Indiens. Ils voyagèrent très vite, car la saison était extrêmement humide et ils n'osaient pas allumer de feu par crainte de Peaux-Rouges. Aussi souffrirent-ils cruellement du froid, de la faim et particulièrement d'avoir les pieds « échaudés ». Néanmoins, ils redoublèrent de courage, et présentèrent leur pétition au Gouverneur (1) et au Conseil, la législature s'étant ajournée. Clark demanda aussi cinq cents livres de poudre, dont le Kentucky avait le plus grand, le plus pressant besoin. Le Conseil ayant refusé d'abord de les donner, Clark répondit à ses membres que si le Kentucky ne valait pas la peine d'être défendu, il ne valait pas la peine d'être réclamé, et il fit comprendre clairement qu'en cas de refus, et si le Kentucky était forcé d'assumer les charges de l'indépendance, il en revendiquerait aussi les avantages. Après cette affirmation catégorique, le Conseil céda. Clark amena la poudre par la rivière de l'Ohio et il lui fit traverser sans encombre la distance de là au Kentucky, bien qu'une troupe envoyée sous les ordres de John Todd, pour la transporter par terre depuis la Crique de la Chaux (Limestone Creek), fût rencontrée et défaite par les Indiens, et que le collègue délégué de Clark fût au nombre des morts.

Avant de revenir, Clark avait assisté à la session d'automne de la législature virginienne, et malgré l'opposition de Henderson, qui s'y trouvait aussi, il avait obtenu que le Kentucky fût érigé en comté distinct, avec des bornes correspondant à peu près à celles de l'État actuel. Aussi, dès le commencement de l'année suivante, 1777, le comté fut organisé. Harrodstown ou Harrodsburg, comme on commençait à l'appeler, fut déclaré siège central du comté

Elle est reproduite dans le livre du Colonel John Mason Brown intitulé : « La Bataille de Blue Licks », brochure.

(1) Patrick HENRY.

où elle avait supplanté en importance Boonsborough. La cour fut composée de six ou huit personnes, auxquelles le gouverneur de la Virginie avait donné des commissions de juge de paix. Ils étaient autorisés à se réunir tous les mois pour régler les affaires nécessaires ; ils avaient un shériff et un secrétaire (1). Ils s'occupaient des rapports entre les colons. Afin de pourvoir à la défense, on créa un lieutenant de comté, ayant le rang de colonel (2), qui organisa aussitôt un régiment de milice, en répartit en compagnies et bataillons tous les citoyens, qu'ils fussent résidents permanents ou non. Enfin, deux citoyens furent élus pour représenter le comté à l'assemblée générale de Virginie (3). Par la suite, Daniel Boon remplit les fonctions de député dans la législature de Virginie (4), assemblée fort différente du petit Parlement de Transylanie où il avait fait ses débuts comme législateur. Le vieux héros des forêts eut une étrange existence. Il interrompit ses longues excursions, ses explorations, ses interminables expéditions contre les sauvages, hommes et bêtes, pour se livrer à la construction de routes, à la création de villes, à la fondation de communautés, ou encore pour organiser les forestiers en vue de faire la guerre à l'étranger, puis aussi pour contribuer de sa bonne part à l'élaboration des lois sous lesquelles ils devaient vivre et prospérer.

Mais les pionniers ne tardèrent pas à être engagés dans une lutte pour la vie ou la mort, qui absorba toute leur attention et en écarta toutes les affaires civiles, lutte dans

---

(1) Parmi ces juges se trouvaient John Todd (qui était en même temps élu. — Dans ces temps anciens un homme d'importance remplissait plusieurs fonctions distinctes en même temps) : Benjamin Logan, Richard Calloway, John Bowman, et John Floyd. Ce dernier était un Virginien de bonne éducation, qui fut tué par les Indiens avant que ses belles qualités naturelles eussent pu lui assurer la place à laquelle il serait certainement parvenu.

(2) Le premier colonel fut John Bowman.

(3) John Dodd et Richard CALLOWAY. Voir le *Journal* de Georges Rogers Clark, en 1776, donné par Morehead (p. 161).

(4) Voir BUTLER, p. 166.

laquelle leur pays mérita vraiment le nom que lui donnaient les Indiens — la terre sombre et sanglante, la terre aux cours d'eaux rouges de sang (1).

Il était impossible qu'une paix durât longtemps sur la frontière entre les blancs toujours envahisseurs et leurs ennemis inconstants et sanguinaires. Les gens de cette région, hommes durs, téméraires, et souvent arrivés à ne connaître plus que la violence, hommes avides de terre, exaspérés par les souvenirs de méfaits innombrables, n'avaient pour tous les Indiens que des sentiments farouches, hostiles, et il était inutile de leur rappeler la distinction entre les bons et les méchants (2). Le gouvernement central était aussi impuissant à contenir qu'à protéger ces citoyens éloignés et indociles. D'autre part, les Indiens étaient aussi perfides que féroces, qu'il s'agît des Delawares, des Shawnees, des Wyandots, ou d'autres (3). Tout en endormant les commandants des postes par des protestations pacifiques, ils ne cessaient de commettre des ravages et des meurtres. Alors qu'il était aisé de persuader à un bon nombre des chefs et des guerriers d'une tribu de faire un traité, il était impossible d'obtenir des autres qu'il fût observé (4). Que les chefs fussent partisans de la paix, les jeunes braves étaient toujours enclins à la guerre, et rien ne pouvait les en empêcher (5).

(1) Les Iroquois, aussi bien que les Chérokees, se servaient de ces expressions en les appliquant à des parties de la vallée de l'Ohio (V. HECKEWELDER, p. 118).

(2) Voir *Papiers du Département d'Etat*, n° 147, t. VI, mars 1781.

(3) Sur un grand nombre de traits, citons un exemple (*Papiers Haldimand*) lettre du colonel Hamilton, du 17 août 1778, où Simon Girty rapporte, au sujet des Delawares, pourtant les moins perfides envers les Américains, qu'à ce moment même ces Indiens se rendaient au fort Pitt et entretenaient des relations amicales avec sa garnison, dans le but exprès de tromper les blancs et de se joindre aux tribus hostiles dès que leur grain serait arrivé à maturité.

(4) *Papiers du Département d'Etat*, n° 150, t. Ier, p. 107. Lettre du capitaine John Doughty.

(5) *Papiers du Département d'Etat*, n° 150, t. Ier, p. 115. Interrogatoire de John Leith.

En juillet 1776, les chefs des Delawares, des Shawnees et des Mingos se réunirent au fort Pitt, et se déclarèrent pour la neutralité (1). Les ambassadeurs des Iroquois, également présents, signifièrent avec hauteur que leurs tribus ne permettraient ni aux Anglais, ni aux Américains de faire passer une armée par leur territoire. Ils déclinèrent toute responsabilité au sujet de ce qui pourrait être fait par quelques jeunes étourdis, et ils demandèrent aux Delawares de tenir leur promesse, et de faire circuler le « propos » iroquois parmi leurs gens. D'après l'usage des Indiens, ils soulignèrent chacun des articles qu'ils tenaient à rendre bien présents à l'esprit par un présent d'une corde de wampum (2).

Cependant, à ce même moment, une troupe de Mingos fit une tentative pour tuer les agents des Américains auprès des Indiens, et ils n'en furent empêchés que par Brin-de-Blé, dont la conduite, pleine de noblesse et de loyauté, devait sitôt avoir pour récompense son odieux assassinat. En outre, pendant que le chef shawnee agissait ainsi, plusieurs de ses guerriers se rendaient auprès des Chérokees dans le Sud, et leur donnaient la ceinture de guerre, en leur assurant que les Wyandots et les Mingos les soutiendraient, qu'eux-mêmes avaient reçu la promesse d'un envoi de munitions, que feraient les trafiquants français de Détroit et de l'Illinois (3). En retournant chez elles, cette troupe de Shawnees scalpa deux hommes dans le Kentucky, près de la Lèche du Gros Os (Big-Bone Lick) et captura une femme, mais les colons du Kentucky se mirent à leur poursuite, en tuèrent deux et reprirent la femme (4).

Pendant toute l'année, l'horizon continua à se charger de menaces. Des troupes de jeunes gens faisaient des in-

---

(1) *Archives américaines*, 5ᵉ série, t. Iᵉʳ, p. 36.
(2) Neville B. Craig, *Au temps jadis*, t. II, p. 115.
(3) *Archives américaines*, 5ᵉ série, t. Iᵉʳ, p. 111.
(4) *Archives américaines*, 5ᵉ série, t. Iᵉʳ, p. 137.

cursions sur la frontière et surtout dans le Kentucky, et ceux qui les commettaient n'étaient pas seulement les Shawnees, les Wyandots, les Mingos, les Iroquois (1), ils étaient renforcés de temps à autre par des bandes d'Ottawas, de Pottawatomies, de Chippewas des Lacs qui attaquaient ainsi les colons blancs longtemps avant que ceux-ci eussent le désir ou la chance de leur nuire.

Le soulèvement ne devint général que vers le printemps de 1777 (2). On supposa que trois ou quatre cents guerriers seulement avaient pris le tomahawk (3). Cependant les colons lointains furent, pendant tout ce temps, obligés d'exercer une surveillance aussi attentive que s'ils étaient engagés dans une guerre déclarée. Pendant tout l'été de 1776, les colons du Kentucky furent continuellement harcelés. De petites bandes d'Indiens étaient toujours aux aguets autour des forts, prêts à tirer sur les hommes, et quand ceux-ci étaient en chasse ou occupés sur leurs champs, à enlever les femmes. On vivait dans une constante et monotone succession d'attaques et d'escarmouches sans importance.

Une bande de maraudeurs barbouillés de peinture enleva la fille de Boon. Elle se trouvait en canot avec deux autres jeunes filles dans la rivière, près de Boonsborough, quand

(1) *Archives américaines*, 5e série, t. II, pp. 516, 1236.

(2) Epoque où Brin-de-Blé fut si lâchement massacré par les blancs, bien que le soulèvement fût déjà commencé.

(3) *Papiers Madison*. Mais les hommes d'Etat américains, et tout pareillement les officiers du continent étaient si complètement dupes des perfides mensonges que leur débitèrent les Indiens, que souvent ils évaluèrent à un chiffre bien inférieur à la réalité le nombre des Indiens partis sur la piste de la guerre ; et, chose assez curieuse, leurs indications sont souvent bien plus inexactes que celles des hommes de la frontière. Ainsi les *Papiers Madison* et les *Papiers du département d'Etat* contiennent des évaluations d'après lesquelles justement quelques centaines de guerriers du Nord-Ouest étaient en campagne, à la même époque où 2.000 guerriers avaient été équipés à Détroit, pour agir le long de l'Ohio et du Wabau, ainsi que nous l'apprend une lettre de De Peyster à Haldimand, du 17 mai 1780 (*Papiers Haldimand*).

cinq Indiens bondirent sur elles (1). Dès que Boon l'apprit,
il se lança à leur poursuite avec une troupe de sept hommes
du fort, parmi lesquels se trouvaient les trois fiancés des
trois prisonnières. Après avoir suivi leurs traces pendant
tout un jour et deux nuits presque entières, les libérateurs
arrivèrent tout à coup sur les sauvages, se précipitèrent
sur eux, les tuèrent et les dispersèrent avant qu'ils eussent
le temps de résister ou de tuer leurs captives, et la troupe
de leurs sauveurs reprit en triomphe le chemin du fort.

(1) Le 14 juillet 1776. Ces jeunes filles étaient Betsey et Jenny
Callaway, et Jemima Boon. Voir le récit de Boon et Butler, qui
reproduit la lettre écrite le 21 juillet 1776 par le Colonel John Floyd,
un de ceux qui les reprirent.

Les noms des amoureux étaient respectivement Samuel Henderson (frère de Richard), John Holder, et Flanders Callaway. Trois
semaines après la rentrée au fort, le Squire Boon unit en mariage
le couple le plus âgé, composé de Samuel Henderson et de Betsey
Callaway. Ce mariage fut le premier qui eut lieu dans le Kentucky ;
les deux autres couples furent aussi mariés un ou deux ans plus
tard.

Toute cette histoire ressemble à un épisode d'un roman de
Cooper. Les deux plus jeunes filles, quand elles furent prises, s'abandonnèrent au désespoir, mais Betsey Callaway était certaine qu'on
se mettrait à leur poursuite et qu'on les délivrerait. Pour indiquer
la direction que prenaient leurs ravisseurs, elle brisa de petites
branches. Menacée de recevoir un coup de tomahawk, si elle continuait, elle sema des lambeaux arrachés à ses vêtements. Les Indiens
effaçaient soigneusement les traces de leurs pas et obligeaient les
jeunes filles à marcher séparément, comme ils le faisaient eux-
mêmes à travers l'épaisseur des roseaux, à passer et à repasser dans
les petites flaques d'eau.

Boon se mit à leur recherche le soir même. Pendant toute la
journée du lendemain, il explora la piste embrouillée, comme l'eût
fait un chien d'arrêt. Le surlendemain matin, il tomba sur les Indiens campés à côté d'un veau de bison qu'ils venaient de tuer et
qu'ils se préparaient à faire cuire. La délivrance fut organisée avec
beaucoup d'adresse, car si les Indiens avaient eu le moindre soup-
çon, ils auraient à l'instant tué leurs prisonnières, selon leur coutume invariable. Boon et Floyd tuèrent chacun leur sauvage ; les
trois autres s'enfuirent presque nus, sans emporter ni fusil, ni
tomahawk, ni couteau à scalper. Les jeunes filles n'avaient aucun
mal ; les Indiens tourmentaient rarement leurs captives tant qu'ils
n'étaient point de retour à leurs villes, mais si elles manquaient
de forces, les Indiens les abattaient sans merci à coups de toma-

Ainsi, pendant deux ans, les pionniers travaillèrent dans ce pays sauvage, harassés par d'incessants combats d'homme à homme, mais sans avoir à redouter un effort vraiment redoutable pour les chasser des terres qu'ils avaient conquises. Pendant cette période où ils reprirent haleine, ils se donnèrent un gouvernement civil, explorèrent le pays, firent des semailles, et bâtirent des forteresses. Alors arriva la lutte inévitable. Lorsque, en 1777, les neiges commencèrent à fondre aux jours plus longs du printemps, les riflemen qui gardaient les forts de bois furent convoqués pour tenir tête à une succession de tentatives énergiques dont le but était de les chasser du Kentucky.

APPENDICES

APPENDICE A (CHAPITRE IV)

Il serait fort à désirer qu'une personne compétente se chargeât d'écrire une histoire complète et véridique de nos rapports nationaux avec les Indiens. Sans aucun doute, ces derniers ont souvent été victimes de traitements d'une injustice atroce de notre part. On pourrait en citer bien des cas, comme la conduite des Géorgiens envers les Chérokees, au commencement du siècle actuel, ou l'ensemble des procédés appliqués au chef Joseph et à ses Nez-Percés. Ce sont autant de taches indélébiles sur notre réputation de loyauté, et pourtant, quand les historiens traitent d'ensemble la question de nos rapports avec les Peaux-Rouges, ils sont bien loin d'être justes envers nous.

Il était absolument impossible d'éviter les conflits avec la race faible, à moins que nous eussions consenti à voir le continent américain tomber aux mains de quelque autre grande puissance. Et, lors même que nous eussions adopté une politique aussi grotesque, les Indiens nous auraient néanmoins fait la guerre. On ne saurait trop répéter qu'ils n'étaient point possesseurs du sol, ou du moins que leur titre à sa possession était tout simplement du même ordre que celui qu'alléguaient nos chasseurs blancs. Si, en 1775, les Indiens possédaient réellement le Kentucky, en 1776 il était de même la propriété de Boon et de ses associés, et déposséder les uns était une injustice aussi grande que déposséder les autres. Reconnaître un droit de possession aux Indiens sur les prairies et les forêts sans bornes de ce continent, c'est-à-dire admettre ce droit dans toute son étendue pour une douzaine d'affreux sauvages qui venaient chasser à de longs intervalles, sur ce territoire de mille milles carrés, cela implique nécessairement qu'on admet comme d'éga'e valeur les revendications de tout chasseur, de tout squatter, de tout voleur de chevaux, de tout éleveur qui fait voyager son bétail, s'ils sont de race blanche. Prenons pour exemple la région du Petit Missouri. Quand les éleveurs de bestiaux, qui furent véritablement les premiers colons, arrivèrent dans ce pays, en 1882, ils y trouvèrent une population très clairsemée de quelques blancs chasseurs et trappeurs. Ces derniers furent extrêmement irrités de l'invasion. Ils s'étaient maintenus en dépit des Indiens, et, comme pour les Indiens, l'arrivée des colons et la destruction du gibier qui en était le résultat équivalaient à leur ruine. De même que les Indiens, ils sentaient que le fait d'avoir chassé dans le pays leur donnait un vague droit de prescription d'après lequel ils devaient être seuls à l'occuper, et ils firent de leur mieux pour arrêter les colons. Dans certains cas, pour éviter les difficultés, on leur acheta leurs prétendus droits ; généralement, et avec raison, on n'en tint aucun compte. Et pourtant ils avaient sur la région du Petit Missouri un droit tout aussi respectable que celui que possèdent les Sioux sur la plus grande partie de leurs réserves actuelles. En fait, l'exposé de la situation suffit pour montrer combien il est absurde d'affirmer que le sol appartenait réellement aux Indiens. Les diverses tribus avaient toujours été dans l'impossibilité absolue de définir leurs propres limites. Ainsi, en 1785, bien que les Delawares et les Wyandots fussent des nations tout à fait distinctes, ils revendiquaient, et en un certain sens, ils occupaient presque exactement le même territoire.

En outre, il nous était absolument impossible d'adopter une politique toujours constante. Actuellement, nous devrions, sans aucun doute, supprimer les grandes réserves indiennes. ne tenir aucun compte du gouvernement par tribus, transformer la propriété collective en lots de propriétés individuelles (en limitant néanmoins le droit d'aliénation), et traiter les Indiens sur le même pied que le reste de nos concitoyens, avec certaines exceptions dans leur intérêt comme dans le nôtre. Mais ce système, qu'il serait sage de suivre actuellement, eût été totalement impraticable il y a un siècle. Alors notre gouvernement central était beaucoup trop faible pour contenir ceux même qui en faisaient partie, ou pour punir comme elles le méritaient les agressions dirigées contre eux ; eût-il même été fort, il se serait probablement montré impuissant à maintenir un ordre parfait sur une frontière aussi vaste, aussi pauvrement peuplée, et ayant sur ses deux côtés tant d'éléments turbulents. A cette époque, les Indiens ne pouvaient pas être traités comme des individus. Il n'y avait donc d'autre alternative possible que de traiter leurs tribus comme des nations, ainsi que l'avaient fait avant nous les Anglais et les Français. Nos prédécesseurs nous avaient légué une partie de ces difficultés. D'autres eurent pour causes nos propres maladresses, mais elles furent en très grande majorité le résultat inévitable des conditions qui s'imposaient à la solution du problème. Il n'était pas de sagesse, pas de vertu humaine capable de tirer de là une solution à l'amiable. En tant que nation, notre politique indienne est sujette à blâme, à raison de la faiblesse qu'on y montra, à cause de ses courtes vues, et parce que de temps à autre elle penchait vers un système prôné par de vagues humanitaires. Nous avons souvent promis ce qu'il n'était pas en notre pouvoir de réaliser, mais nous n'avons guère commis de cruautés voulues. Notre gouvernement a toujours fait de son mieux pour agir loyalement vis-à-vis des tribus. Les agents du gouvernement (dont quelques-uns ont été malhonnêtes ; d'autres, incapables ; mais qui, en tant que classe, ont été indignement calomniés) se sont montrés, dans leurs rapports, plus enclins à l'injustice envers les blancs qu'envers les Peaux-Rouges. Les autorités fédérales, qui n'ont pas pu réprimer bien des injustices, ont néanmoins tenu en bride et gouverné les blancs de la frontière beaucoup plus efficacement que les sachems et les chefs de guerre ne maîtrisaient leurs jeunes braves. Les tribus étaient guerrières et sanguinaires, jalouses l'une de l'autre, ainsi que des blancs. Elles revendiquaient le sol comme terrain de chasse, mais leurs revendications se contredisaient mutuellement. Les notions qu'elles avaient sur leurs propres limites étaient si vagues, qu'elles étaient toujours disposées à vendre, moyennant une compensation qui n'était point équivalente, des terres auxquelles elles n'avaient que vaguement droit. Cependant, une fois qu'elles avaient reçu les marchandises, elles mettaient une très mauvaise volonté à livrer même ce qu'elles pouvaient livrer ; elles

voulaient les biens et les scalps des blancs. Les jeunes
guerriers étaient toujours prêts à commettre des violences
aussitôt qu'ils pouvaient le faire impunément. D'autre
part, ceux des blancs qui avaient des dispositions criminelles considéraient les Indiens comme du gibier qu'on
pouvait voler ou violenter à son gré. Les honnêtes gens, en
bien plus grand nombre, qui, eux-mêmes, n'eussent
voulu causer aucun dommage aux Indiens, étaient exaspérés par le souvenir d'affreux traitements qu'ils avaient
soufferts. Ils voyaient avec amertume le gouvernement
intervenir. A leurs yeux, le gouvernement était incapable
de les protéger, et pourtant il cherchait à leur interdire
l'occupation de terres désertes, incultes, qui, selon eux,
n'appartenaient pas plus aux Indiens qu'à leurs propres
chasseurs. Un gouvernement, quel qu'il fût, avec les
meilleures intentions, n'eût pu faire sortir l'ordre d'un tel
chaos sans recourir à l'*ultima ratio*, à l'épée.

Les historiens purement sentimentaux ne tiennent aucun compte de difficultés dont nous étions accablés, non
plus que des violences et des provocations que nous
avons endurées. Cela ne les empêche pas de grossir énor-
mément le nombre malheureusement déjà si grand des
méfaits dont on a le droit de nous imputer la responsabilité. Si l'on veut se faire une idée juste des Indiens d'aujourd'hui, et de nos procédés à leur égard, on a sous la
main un ou deux livres excellents, notamment *les Terrains
de chasse du Grand-Ouest*, et *Nos Indiens Sauvages*, par le
colonel Richard J. Dodge (Hartford, 1882), et les *Massacres des montagnes*, par J. P. Dunn (New-York, 1886).
Comme types de la catégorie contraire, consistant en ouvrages pires que s'ils étaient insignifiants, et qui pourraient faire tomber dans de grossières erreurs les historiens futurs, s'ils étaient trop hâtifs dans leurs conclusions
et trop peu au courant des faits, je puis citer : *Un siècle
de déshonneur*, par H. H. (Miss Helen Hunt Jackson), et
Nos quartiers Indiens (Georges W. Manypenny). Ce dernier se compose d'une diatribe méchante contre divers
officiers de l'armée et ne mérite, ni par son style ni par
son sujet, autre chose qu'une allusion. Quant au livre de
Miss Jackson, il pourrait faire plus de mal, parce qu'il est
écrit en bon anglais, et parce que l'auteur, femme de pure
et noble vie, l'a écrit avec une conviction intense, et qu'elle
se proposait le but le plus digne d'éloge, celui de nous
empêcher de commettre envers les Indiens de nouvelles

injustices. Tout cela était fort bien ; tout homme, toute femme honnête devrait faire de son mieux pour obtenir du gouvernement qu'il traite les Indiens de notre temps avec un esprit de bonne foi et de générosité, qu'il prenne des mesures pour empêcher la répétition des traitements comme ceux qui furent infligés aux Nez-Percés, et à une partie des Cheyennes, ou les malheurs dont sont parfois menacées les nations civilisées du territoire indien. Le but de ce livre est excellent, mais l'esprit dans lequel il est écrit ne saurait être appelé impartial. En tant que polémique, il peut se faire qu'il n'en résulte rien de mal (bien que l'effet d'une polémique soit détruit par l'indifférence maladive à l'égard des faits). Comme livre d'histoire, il serait au-dessous de toute critique, si le caractère élevé de l'auteur, et son grand talent littéraire sur d'autres sujets, ne lui avaient donné une valeur toute factice, et ne l'avaient fait souvent citer par cette nombreuse classe de stupides fanatiques, desquels on peut dire que l'excellence de leurs intentions ne compense que d'une manière très suffisante la folie inévitable et le malheureux effet de leurs actes. On peut dire sans aucune exagération que le livre en question ne contient rien, de la page de titre à la fin de la dernière, qui mérite la moindre confiance, que pas un des faits allégués ne doit être accepté sans preuves indépendantes ; car même les faits qui ne sont pas absolument faux, sont souvent tout aussi inadmissibles, grâce à la suppression d'une très grande partie de la vérité. Un des résultats naturels, c'est que l'auteur, avec ses descriptions de dommages subis par les Indiens, n'arrive pas du tout à nous faire impression, parce qu'elle insiste sur des faits dépourvus de toute réalité, et n'insiste pas moins sur des cas aussi nombreux, où l'injustice a été commise d'un côté tout à fait différent. Si l'on veut se rendre compte de la valeur de ce livre, il suffira de comparer ce que dit l'auteur au sujet de n'importe quelle tribu avec les faits réels, en prenant au hasard. Comparez, par exemple, sa description des Sioux, et des tribus de la plaine, en général, avec celle qu'en fait dans ses deux livres le colonel Dodge. Comparez son récit au massacre de la Crique au sable (Sandy Creek) avec les faits tels que les expose M. Dunn — qui, d'ailleurs, s'il était partial, le serait en faveur des Indiens.

Les sentimentaux imbéciles ne se bornent pas à écrire de

vilaines calomnies contre leurs compatriotes. Ils sont, en
outre, les pires conseillers en tout ce qui concerne les affaires indiennes. Ils feraient bien d'écouter les amères
paroles qu'écrivit le général Shéridan lorsqu'un grand
nombre de gens de l'Est poussaient des clameurs contre
les autorités militaires, pour avoir puni d'un châtiment
bien partiel encore une série de violences brutales : « Je
ne sais jusqu'à quel point leur ignorance excuse ces hu-
manitaires-là, mais assurément c'est la seule excuse qui
puisse donner une ombre de justification à ceux qui ont
aidé et encouragé des crimes aussi horribles. »

APPENDICE B (CHAPITRE V)

Dans l'amusante *Histoire du Kentucky* de M. Shaler, il
y a une description de la population des frontières de
l'Ouest et du Kentucky, intéressante en ce qu'elle jette du
jour sur quelques illusions populaires à ce sujet. Il représente (pages 9, 11, 13) le Kentucky comme peuplé « de
gens de race presque purement anglaise, venus principalement à travers le Dominion ancien, et de districts
qui étaient dans des conditions identiques à celles de la
Virginie. Or, comme cette origine était de la Pensylvanie
ou de la Caroline du Nord, sa dernière phrase, si elle a un
sens, doit forcément signifier que tous les districts en dehors de la Nouvelle Angleterre doivent être considérés
comme ayant partagé l'état de choses de la Virginie. En
consultant Marshall (tome I, p. 441) nous voyons qu'en
1780, environ la moitié de la population venait de la Virginie, et que la Pensylvanie occupait le second rang, bien
loin du troisième ; que, parmi les Virginiens, le plus grand
nombre faisaient partie d'une population bien plus semblable à celle de la Pensylvanie qu'à celle de la région
côtière de la Virginie, ainsi que nous l'apprenons de vingt
côtés différents, comme par exemple, les *Annales du comté
d'Augusta*, par Waddell. M. Shaler parle des Huguenots
ou des Ecossais immigrants, qui arrivèrent après 1745,
mais il ne fait aucune mention des Presbytériens irlandais, ou Scoto-Irlandais, qui formèrent l'élément de beaucoup le plus important dans tout l'Ouest. En fait, à la
page 10, il exclut implicitement toute immigration de
cette origine. Il attribue une place beaucoup trop faible à
l'élément allemand, qui était considérable dans la Virginie de l'Ouest. Il résume en affirmant que les Kentuckiens

étaient « une population vraiment anglaise », assertion bien différente de celle où il les donne comme « anglais ».

La population « vraiment anglaise » consiste en une agglomération de races aussi distinctes qu'on en trouve n'importe où dans l'Europe aryenne. Les immigrants Erses, Gallois et Gaeliques venus en Amérique sont tout aussi différents des Anglais, tout aussi étrangers par rapport à ceux-ci, que le sont les Scandinaves, les Allemands, les Hollandais, les Huguenots, ils le sont souvent davantage. Aussi d'anciennes familles comme les Shelby, Gallois, les Mac Afee, Gaels, ne sont pas plus anglaises que ne le sont les Sevier, Huguenots ou les Stoner, Allemands. Même en tenant compte exclusivement des immigrants venus des îles de la Grande-Bretagne, le seul fait que les Gallois, les Irlandais et les Ecossais se fondent, au bout de quelques générations, avec les Anglais, au lieu de former autant d'éléments distincts, rend la population américaine fort différente de la population de la Grande-Bretagne, de même qu'une carafe d'eau diffère de deux récipients contenant l'un de l'oxygène et l'autre de l'hydrogène à l'état gazeux. M. Shaler paraît aussi enclin à considérer avec quelque dédain les gens du Tennessee et à regarder cette population comme composée en partie d'éléments inférieurs, mais en réalité, bien qu'il y ait des différences très marquées entre les deux populations, celle du Kentucky et celle du Tennessee, elles se ressemblent néanmoins davantage par l'origine et les mœurs qu'elles ne ressemblent à aucun autre Etat américain ; toutes deux ont de trop justes motifs d'orgueil pour que l'une puisse avoir du dédain pour l'autre, ou même pour aucun Etat de notre puissante Union fédérale. Leur origine est exactement semblable, mais tandis que les premiers pionniers, les chasseurs ou tueurs d'Indiens ont gardé toute leur vie la possession du Tennessee, — Jackson, à la mort de Sevier, ayant pris sa place et hérité d'un pouvoir encore plus grand, peut-être, — dans le Kentucky, au contraire, après vingt ans de prédominance, les premiers colons furent enlisés dans la grande vague d'immigration, et quand Logan eut échoué dans sa candidature comme gouverneur, l'influence passa aux mains d'hommes de la même classe que ceux qui gouvernaient la Virginie. Après cette époque, la population de la « Marée montante » prit dans le Kentucky une place qu'elle n'acquit jamais dans le Tennessee, et naturellement l'influence de l'élément Scoto-Irlandais fut grandement diminuée.

L'erreur de M. Shaler est sans importance quand on la compare à celle d'un autre écrivain encore plus connu. Dans l'*Histoire du peuple des Etats-Unis*, du professeur Mac Master (New-York, 1887), il y a une méprise si frappante (p. 70) qu'il ne serait pas nécessaire de la relever, sinon à cause des mérites de toute sorte et de la grande réputation du livre de M. Mac Master. Il dit que parmi les immigrants du Kentucky le plus grand nombre étaient venus « des Etats voisins, la Caroline et la Géorgie », et ce qui montre qu'il ne s'agit pas d'un *lapsus calami*, c'est que l'auteur développe cette assertion dans les paragraphes suivants, où il dit encore que les Carolines et la Géorgie fournirent au Kentucky des colons. Cela montre que l'auteur se méprend complètement sur les sources qui alimentèrent l'immigration vers l'Ouest et sur les conditions où se trouvaient les Etats du Sud. La Caroline du Sud fournit au Kentucky très peu d'immigrants. La Géorgie ne lui en fournit pour ainsi dire aucun. Prises ensemble, elles ne lui en donnèrent probablement pas autant que le New-Jersey et le Maryland. La Géorgie était, elle-même, une communauté de la frontière ; elle recevait des immigrants et n'en envoyait pas. La grande masse de l'émigration de la Caroline du Sud se dirigea vers la Géorgie.

BUREAU DU SECRÉTAIRE D'ÉTAT

Nashville (Tennessee), 12 juin 1888.

A l'honorable Théodore Roosevelt, Sagamore Hill

(Long Island) *New-York.*

« Cher Monsieur,

« Je suis né, j'ai été élevé et j'ai toujours habité dans le comté de Washington, Tennessee Est. Je suis né près des sources de la « Crique Boone » dans le dit comté. J'ai habité plusieurs années dans le « district civil de la Crique Boone, dans le comté de Washington (cela il y a environ vingt ans) à moins de deux milles de l'arbre en question, sur lequel sont gravés ces mots : *D. Boon cilled bar* (1), etc. J'ai visité et examiné l'arbre maintes fois. L'arbre est un hêtre, encore debout, mais dépérissant rapidement. Il est situé à environ huit milles au nord-est de Jonesborough, chef-lieu du comté de Washington, sur les bords de la Crique Boone, laquelle a reçu son nom de Daniel Boone, et sur laquelle il est certain que Boone a *campé* pendant un hiver ou deux. L'arbre se trouve à en-environ deux milles de la source, où l'on a toujours cru que se trouvait le campement de Boone. Il y a plus de vingt ans, j'ai entendu dire par de vieux gentlemen (ha-

(1) *D. Boon Killed bear* (Daniel Boon tua un ours, etc.)

bitant aux environs de l'arbre) et qui étaient alors âgés de cinquante à soixante-dix ans, que l'inscription existait sur l'arbre alors qu'ils étaient des enfants. D'après la tradition du pays, elle se trouvait déjà sur l'arbre quand il fut découvert par les premiers qui s'établirent pour une résidence fixe. L'attitude de l'arbre est inclinée, de sorte qu'un ours ou tout autre animal pouvait y monter sans difficulté.

« A l'époque où je le vis pour la dernière fois, les lettres pouvaient être aisément retrouvées, quoique le développement de l'écorce rendît la lecture assez difficile, et j'ai entendu de vieux gentlemen en parler du changement d'aspect dans l'inscription d'après ce qu'elle était quand ils la virent tout d'abord.

« Boone campa certainement quelque temps sous l'arbre. La crique porte son nom. Elle a toujours été appelée la Crique Boone ; le district civil porte aussi son nom, ainsi que le bureau de poste. A la vérité, l'histoire de l'inscription est fondée sur la tradition mais on pourrait dans le pays discuter tout aussi bien l'authenticité de la Sainte Ecriture que le fait de l'inscription gravée par Boone sur cet arbre.

« Je suis très respectueusement...

« John Allison. »

La copie suivante d'une note originale de Boon m'a été envoyée par le juge John N. Lea.

Juillet, le 20, 1876.

« Monsieur, la terre a été arpentée depuis longtemps, et ne sachant pas quand l'argent serait prêt, c'est pourquoi je ne vous renvoie pas le travail, cependant je puis vous le renvoyer quand il vous plaira. Mais il faut que j'aie un autre double de l'enregistrement, ayant perdu celui que j'avais, quand je perdis mes instruments de géomètre, et qu'il ne me resta plus que mes notes prises sur le terrain, indiquant juste les longueurs, et les arbres d'angle. Je vous prie, envoyez-moi une autre copie que je puisse y mettre les bornes exactes conformément à la localité, j'enverrai le plan au bureau, dès que vous le voudrez ; les frais sont comme il suit :

Salaire de l'arpenteur d'enregistrement	9 livres	3 sh.	8 pences
Frais d'enregistrement	7 »	14 »	»
Porteur de chaîne	8 »	»	»
Provisions pour la forteresse	2 »	»	»
Livres	26	17 »	8 »

« Vous enverrez aussi une copie de l'accord entre M. (nom illisible) Overton et moi-même nous avons lu les articles.
« Je suis, Monsieur, votre humble serviteur.

« DANIEL BOONE. »

APPENDICE E (CHAPITRE VII)

Récemment un ou deux récits du temps et des actions
de Robertson et de Sevier ont été publiés par Edmond
Kirke (M. James R. Gilmore). Ils sont écrits d'une manière
charmante et rendent un service réel en attirant l'attention
sur une partie négligée de notre histoire et lui donnant
de l'intérêt. Mais ils ne tracent aucune ligne de démarca-
tion entre le domaine de l'histoire et celui de la fiction. Il
est très regrettable que M. Gilmore n'emploie pas ses ta-
lents à écrire un roman historique proprement dit sur les
événements dont il traite. Un tel ouvrage de lui aurait une
valeur durable comme le *Robinson fer à cheval* (*Horse shoe
Robinson*) de Robert L. Kennedy. Sous leur forme présente, les ouvrages ne peuvent pas même être regardés
comme contenant des matériaux pour se former un jugement, si ce n'est dans les passages où ils reproduisent des
faits ou des assertions provenant de Ramsey ou de Putnam. Je me fais vraiment violence en parlant ainsi, car
mes relations personnelles avec M. Gilmore ont été agréa-
bles. Dès le premier jour, j'étais très favorablement disposé en faveur de ses livres, mais aussitôt que j'ai dû les
étudier, je me suis aperçu qu'à part ce qui se trouvait dans
les histoires imprimées de l'Etat de Tennessee, ils ne pouvaient guère s'inspirer de confiance. La tradition orale n'est
point dépourvue de valeur propre, quand on s'en sert avec
autant de discrétion que d'intelligence, mais on est stupéfait en voyant un écrivain accepter bonnement comme
parole d'évangile des traditions orales recueillies cent
vingt-cinq ans après l'événement, et surtout quand il s'agit
de sujets tels que les pertes éprouvées par des bandes
d'Indiens en guerre et le nombre des hommes qui les com-

posaient. Aucune personne un peu au fait des gens de la frontière ou du genre de vie qui lui est propre, ne saurait commettre une erreur de ce genre. Si l'on veut se rendre compte de ce que vaut la tradition orale relative à une bataille indienne datant de cent ans, on n'a qu'à aller dans l'ouest et à recueillir les récits sur la bataille de Custer, qui date seulement d'une douzaine d'années. Je crois avoir fait la rencontre ou entendu parler d'une cinquantaine de « survivants uniques » de la défaite de Custer. Je crois possible de recueillir un douzaine de récits complets de cette bataille ainsi que du combat de Reno, avec un bon nombre de gens pour y ajouter foi, et sans que deux de ces récits concordent ou se rapprochent si peu que ce soit. Apparemment M. Gilmore accepte en bloc tous les récits de ce genre et les introduit dans sa narration sans même indiquer les autorités. Je prends à part un ou deux exemples parmi ceux que je pourrais citer en grand nombre dans les chapitres où il est question des guerres avec les Chérokees.

Les livres fondés sur l'acceptation en bloc de toutes les traditions véritables ou soi-disant telles, sont quelque peu absurdes, à moins qu'ils ne se donnent franchement comme romans historiques. Alors ils peuvent être à la fois utiles et intéressants. Je suis obligé de le dire avec un regret sincère. Après avoir examiné soigneusement les livres de M. Gilmore, je ne puis accepter aucune assertion isolée qu'ils contiennent et admettre même qu'elle mérite un examen au point de vue de sa probabilité. Je n'aurais pas demandé mieux que de laisser passer la chose sans commentaire, si je ne craignais que mon silence ne soit interprété comme la reconnaissance d'une valeur historique en faveur de ces livres. En outre, je remarque que certains écrivains, comme les éditeurs de l'*Encyclopédie de Biographie américaine*, paraissent disposés à prendre ces ouvrages au sérieux.

APPENDICE F (CHAPITRE IX)

1

Papiers Campbell

Camp en face de l'embouchure du grand Kenaway,

16 octobre 1774.

« Cher oncle,

« Je m'empresse de saisir une occasion pour vous informer que nous sommes tous vivants, grâce à la bonté de Dieu, et je désire vivement que cette lettre vous trouve, ainsi que votre famille, aussi bien portants que quand je vous ai quittés. Jusqu'à ce jour, je n'ai jamais eu à vous écrire quelque chose qui en valut la peine. L'exprès paraît très pressé, de sorte que je ne peux vous écrire avec autant de sang-froid et de réflexion que je voudrais. Nous arrivâmes, le jeudi 6 octobre, à l'embouchure du grand Canaway et nous campâmes sur une belle pièce de terre, avec l'intention d'attendre le gouverneur et sa troupe, mais en apprenant qu'il allait d'un autre côté, nous prîmes le parti de rester là quelques jours pour donner du repos aux troupes et nous pensions y être en sûreté jusqu'à lundi matin 10 courant, jour où deux hommes de notre compagnie partirent avant l'aube pour chasser. C'étaient Valentin Sevier et James Robinson. Ils découvrirent un parti d'Indiens. Comme je pense que vous entendrez parler quelque peu de la bataille avant de recevoir la présente, j'ai raconté ici l'affaire pour vous à peu près telle qu'elle a eu lieu.

19*

« Pour la satisfaction des gens de votre endroit, ils ont dans la présente un fidèle récit de la mémorable bataille livrée à l'embouchure du grand Canaway le 10 courant. Lundi matin, environ une demi-heure avant le lever du soleil, deux hommes de la compagnie du capitaine Russell découvrirent un gros parti d'Indiens à environ un mille du camp. Un desdits hommes fut tué et l'autre s'échappa et apporta la nouvelle. Deux ou trois minutes après, deux hommes de la compagnie du capitaine Shelby arrivèrent pour la confirmer. Le colonel Andrew Lewis, en étant informé immédiatement, ordonna au capitaine Charles Lewis de prendre le commandement de cent cinquante hommes d'Augusta. Avec eux partirent le capitaine Dickison, le capitaine Harrison, le capitaine Wilson, le capitaine John Lewis, d'Augusta, et le capitaine Sockridge, qui formèrent la première division. Le colonel Fleming reçut aussi l'ordre de prendre le commandement de cent cinquante hommes de plus, composés des troupes de Battertout, de Fincastle et de Bedford, savoir : le capitaine Buford, de Belfort, le capitaine Lewis, de Battertout, les capitaines Shelby et Russell, de Fincastle, qui faisaient la seconde division. Le colonel Lewis marcha avec sa propre division à la droite, à quelque distance de l'Ohio, le colonel Fleming avec sa division en haut de la rive de l'Ohio sur la gauche. La division du colonel Lewis n'avait pas fait plus d'un quart de mille en s'éloignant du camp, lorsque, après le lever du soleil, une attaque fut faite de la manière la plus vigoureuse sur le front de sa division par les tribus indiennes réunies — des Shawnees, des Delawares, des Mingos, des Taways et de plusieurs autres nations, au nombre d'au moins huit cents, et beaucoup crurent qu'il y en avait plus de mille. Dans cette vive attaque, le colonel Lewis reçut une blessure dont il mourut bientôt, et plusieurs de ses hommes tombèrent sur le coup. En fait, la division d'Augusta fut forcée de reculer sous le feu très vif de l'ennemi. Environ une deuxième minute après l'attaque contre la division du colonel Lewis, l'ennemi en engagea une autre contre la division du colonel Fleming sur l'Ohio, et bientôt après le colonel Fleming reçut deux blessures au bras droit et une qui lui traversa la poitrine, et, après avoir exhorté avec calme les capitaines et les soldats à remporter la victoire, il retourna au camp. La perte du brave colonel fut cruellement sentie par les officiers en particulier. Mais les troupes d'Augusta reçurent

bientôt du camp un renfort que leur amena le colonel
Field avec sa compagnie, ainsi que celles du capitaine
Mac Dowers, du capitaine Matthews et du capitaine
Stewart, d'Augusta ; du capitaine John Lewis, du capitaine Paulin, du capitaine Arbuckle et du capitaine Mac
Clannahan, de Battertout. Les ennemis n'étant plus en
état de tenir bon, furent forcés de reculer jusqu'à ce qu'ils
se trouvassent en ligne avec les troupes laissées en action
sur les branches de l'Ohio par le colonel Fleming. Dans
cette retraite précipitée, le colonel Fleming fut tué ; alors
le capitaine Shelby reçut l'ordre de prendre le commandement. Pendant ce moment, c'est-à-dire jusqu'après
midi, l'action continua d'une manière extrêmement vive ;
l'épaisseur du sous-bois, le nombre des berges escarpées
et les troncs d'arbres facilitant beaucoup leur retraite, et
les plus braves d'entre eux en profitant très habilement,
pendant que les autres jetaient leurs morts dans l'Ohio et
emportaient les blessés. Après midi, l'action se ralentit
un peu mais dura assez vivement jusqu'après une heure.
Leur longue retraite leur permit d'arriver à un endroit où
le terrain était très avantageux, et les officiers jugèrent
si difficile de les en déloger qu'on crut préférable de rester
en ligne comme on s'y était formé, cette ligne ayant un
mille et quart de longueur et ayant supporté un feu constant et uniforme depuis une aile jusqu'à l'autre. Ils continuèrent à tirer sur nous jusqu'après le coucher du soleil,
et nous leur rendîmes feu pour feu, à leur désavantage.
Enfin la nuit venant, ils trouvèrent une retraite sûre. Ils
n'eurent la satisfaction de scalper aucun de nos hommes.
excepté un ou deux qui s'étaient écartés, et qu'ils avaient
tués avant l'engagement. Ils scalpèrent un grand nombre
de leurs morts pour nous empêcher de le faire nous-
mêmes, mais nos troupes en scalpèrent plus de vingt de
ceux qui avaient été tués les premiers. Il est incontestable
que leurs pertes surpassent de beaucoup les nôtres qui
sont considérables.

« Officiers supérieurs tués : le colonel Charles Lewis et le
colonel John Fields. — Officiers supérieurs blessés : le
colonel William Fleming. — Capitaines tués : John Murray, capitaine Samuel Wilson, capitaine Robert Mac Clannahan, capitaine James Ward. — Capitaines blessés :
Thomas Buford, John Dickison et John Scidmore. — Subalternes tués : lieutenant Hugh Allen, enseigne Matthen
Brackin, et enseigne Cundiff. — Subalternes blessés : lieu-

tenant Lane, lieutenant Vance, lieutenant Goldman, lieutenant James Robertson ; et environ 46 hommes tués et
60 blessés. Par là, vous pouvez juger, Monsieur, combien
la journée a été rude : il est vraiment impossible à moi
d'exprimer et à vous de comprendre les acclamations que
nous avons entendues, tantôt les cris affreux de l'ennemi,
tantôt les gémissements de nos blessés gisant çà et là,
tout cela était bien fait pour ébranler le cœur le plus ferme.
Selon l'opinion générale des officiers, nous aurons bientôt
un autre engagement, maintènant que nous sommes arrivés jusque dans le pays de l'ennemi. Nous comptons
rencontrer le Gouverneur à quarante ou cinquante milles
d'ici. Rien ne nous sauvera d'une autre bataille, à moins
qu'ils n'attaquent les troupes du Gouverneur. Cinq hommes
qui étaient venus dans la compagnie de papa ont été tué ;
je ne sache pas qu'il y en ait un seul de vos connaissances,
excepté Mark Williams, qui demeurait avec Roger Top.
Faites savoir à M. Carmack que son fils a été légèrement
blessé à l'épaule et au bras et qu'il y a toute probabilité
qu'il s'en guérira. Nous le laissons à l'embouchure du
grand Canaway, avec une personne très attentive pour
prendre soin de lui. On laisse ici une garnison de trois
cents hommes, avec un chirurgien pour soigner les blessés.
Nous nous attendons à retourner à la garnison dans une
quinzaine de jours en revenant des villes Shawneys.

Je n'ai pas d'autres détails à vous faire connaître au
sujet de la bataille. Quant au pays, je n'ai rien à vous dire
de bien élogieux sur le pays que j'ai vu. Papa comptait
vous écrire, mais il n'a su qu'il y avait un messager que
quand il était trop tard. J'ai écrit aussi à maman, mais
pas aussi longuement qu'à vous, car je pensais que l'exprès était sur le point de partir. Il semble que nous soyons
près de nous remettre en marche, et que nous devions
quitter cet endroit, aussi je dois finir, en vous souhaitant
santé et prospérité jusqu'à ce que je vous revoie, ainsi
que votre famille. En attendant je suis votre sincèrement
affectionné ami et humble serviteur.

« ISAAC SHELBY. »

A Monsieur John Shelby

  à Holston River (comté de Fincastle)

 aux bons soins de M. Benjamin Gray.

II

Papiers Campbell

Ce 31 octobre 1774.

« Cher Monsieur,

« En rentrant chez moi à Fincastle Court, j'y ai trouvé des lettres du Colonel Christian et d'autres gentlemen faisant partie de l'expédition, qui contiennent le récit d'une bataille livrée par nos troupes aux ennemis indiens le 10 courant à la Fourche de l'Ohio et du Grand Canhawa.

« Je vous ai envoyé ci-inclus les détails de l'action, donnés par le Colonel Andrew Lewis, ainsi qu'un état des hommes tués et blessés, par lequel vous verrez que nous avons perdu un grand nombre de braves et vaillants officiers et soldats, dont la mort sera un très grand malheur pour leurs familles, ainsi que pour toute la communauté.

« Le Colonel Christian était en marche avec les troupes de Fincastle (à l'exception des compagnies commandées par les capitaines Russell et Shelby, qui étaient sur le lieu de l'action), et il se trouvait le soir de ce jour à environ 15 milles du champ de bataille, quand il apprit que l'action avait commencé dans la matinée. On hâta le pas, et on arriva au camp vers minuit. Les cris des blessés étaient émouvants, car il n'y avait personne d'expérimenté, ni aucune des choses nécessaires à des gens dans cette situation. Les Indiens avaient traversé la rivière sur des radeaux, à 6 ou 8 milles en amont des Fourches, pendant la nuit, et on croit qu'ils avaient l'intention d'attaquer le camp, s'ils n'en avaient pas été empêchés par la marche de nos hommes qui allèrent à eux jusqu'à la distance d'un demi-mille. On dit que l'ennemi s'est comporté avec bravoure et grande prudence, et qu'il a souvent injurié nos hommes en les traitant de blancs, fils de chiennes, leur demandant pourquoi ils ne sifflaient pas en ce moment (faisant allusion aux fifres) et leur disant qu'ils allaient leur apprendre à tirer.

« Le gouverneur était alors à Hockhocking, à environ 12 ou 15 milles en aval de l'embouchure du petit Kanhawa, d'où il comptait partir avec ses troupes vers un endroit appelé Chillicoffee, à environ 20 milles plus loin que les villes où, disait-on, les Shawnees avaient rassemblé leurs familles et leurs alliés, afin de résister, car ils avaient là de bonnes maisons, des munitions et provisions en abondance, et ils avaient déboisé le terrain à une grande distance aux alentours. Sa troupe qui devait partir du camp, se composait d'environ 1.200 hommes, et devait se réunir à celle du Colonel Lewis à environ 28 milles de Chillicoffee. Mais l'action mentionnée ci-dessus aura-t-elle pour résultat de déconcerter ou non ce projet, c'est ce qui semble assez incertain, étant probable que son Excellence, en apprenant la nouvelle, pourrait descendre avec ses troupes la rivière et se réunir à celle du Colonel Lewis pour marcher ensemble contre l'ennemi.

On s'était occupé à construire un épaulement aux Fourches, et après y avoir laissé une garnison convenable pour y prendre soin des blessés et garder les provisions, le Colonel Lewis disposait de plus de mille hommes pour se mettre en marche à la rencontre de sa Seigneurie, de telle sorte qu'à eux deux ils auraient sous la main environ 2.200 hommes d'élite. Quel sera le résultat de leurs opérations, Dieu le sait, mais il est très probable qu'à cette heure la question est tranchée.

Le Colonel Christian dit que, d'après les renseignements qu'il a reçus, l'ennemi s'est comporté avec une bravoure inconcevable. Les chefs subalternes marchaient en avant pendant l'action, exhortant leurs hommes « à se tenir en contact, à tirer juste, à être forts dans le combat ». Ils avaient des troupes postées sur les bords opposés des deux rivières pour tirer sur nos hommes quand ils passeraient à la nage, car ils ne doutaient pas de la victoire, et espéraient qu'elle serait complète. Vers la fin de la soirée, ils crièrent aux nôtres « qu'ils auraient pour eux 2.000 hommes le lendemain, et que ce jour-là ils étaient 1.200, comme les blancs ». En même temps, ils firent des railleries au sujet d'un traité.

« Le pauvre colonel Charles Lewis fut tué d'un coup de feu sur un endroit découvert, où il n'avait point pris d'arbre, et encourageait ses hommes à marcher en avant. Etant blessé, il remit son fusil à un homme près de lui, et retourna au camp, et chemin faisant, il disait à ses hommes : « Je suis blessé, mais je marcherai bravement ». Si la perte d'un honnête homme, et d'un sincère ami, d'un vaillant officier mérite une larme, il y a certainement tous les droits.

« Le colonel Fields fut atteint derrière un grand arbre par deux Indiens, pendant qu'un d'eux, à sa gauche, l'occupait par ses propos, et que le colonel s'efforçait de tirer sur lui.

« Sans compter les pertes que firent les troupes engagées par le colonel Fleming, qui fut obligé de quitter le champ de bataille, pertes qui furent très grandes, les blessés en subirent une plus cruelle encore et qui fut irréparable par cette mort qui les priva d'un chirurgien très capable et très expérimenté. Le colonel Christian dit que les poumons faisaient une saillie par la blessure de Fleming mais qu'on les y fit rentrer. Par la dernière partie de sa lettre, qui est datée du 16 courant, il laisse entrevoir un espoir de guérison.

« Tel est, Monsieur, le récit que je vous envoie de l'action, d'après les diverses lettres que j'ai reçues. Je n'ai qu'une chose à ajouter : c'est que le colonel Christian me prie d'informer Mrs Christian qu'il se porte parfaitement. Je le fais avec le plus grand plaisir par cet intermédiaire, et s'il survenait d'autres nouvelles, comme je m'y attends bientôt, je saisirai la première occasion pour vous les faire savoir. On croit être certain que les troupes reviendront en novembre.

« J'écris à la hâte, et entouré d'une foule de curieux, aussi voudrez-vous bien excuser l'incorrection de ma lettre. Je suis, Monsieur,

« Votre sincère ami et très obéissant serviteur,

« Wm PRESTON. »

« P. S. Si vous le jugez à propos, vous pourrez donner à Mr Purdie copie des papiers ci-joints, et de toute autre chose que vous croiriez intéressante pour le public. »

III

DISCOURS DE LOGAN

On a beaucoup discuté sur l'authenticité du discours de Logan, mais ceux qui en ont douté l'ont fait pour des raisons peu sérieuses. En réalité, cette authenticité n'aurait jamais été attaquée, si le texte n'en contenait pas un blâme injuste à l'adresse de Cresap, accusé d'avoir tué la famille de Logan. Les défenseurs de Cresap, par une singulière folie, ont cru nécessaire de prouver, non point que Logan s'était trompé, mais qu'il n'avait jamais tenu ce langage.

La vérité semble être telle : Cresap aurait, sans provocation, mais après y avoir été excité par des lettres de Conolly, tué quelques Indiens pacifiques, parmi lesquels se trouvaient des amis, et peut-être des parents de Logan (Voir témoignage du colonel Ebenezer Zane, dans les Notes de Jefferson ; voir aussi *Le Pionnier américain*, tome I, p. 12, et la lettre de Clark dans les *Papiers Jefferson*) mais Cresap n'avait pris aucune part au massacre de la famille de Logan, qui fut accompli à Yellow Creek par Greathouse et sa bande deux ou trois jours après. Les deux massacres ayant eu lieu à des dates si rapprochées, produisirent non seulement dans l'esprit des Indiens, mais aussi dans celui de beaucoup de blancs, ainsi qu'il est dit dans le texte, l'impression que Cresap avait été l'auteur de tous les deux. Logan le crut évidemment, comme on le voit dans la lettre qu'il écrivit et qu'il laissa attachée à une massue de guerre dans la maison d'un colon tué. C'était une injustice envers Cresap, mais de la part de Logan, cette erreur était toute naturelle.

Quand ce discours eut été lu, il attira beaucoup d'attention, il fut publié dans des journaux, dans des revues, etc. et cité avec grands éloges. Ainsi que nous l'apprenons par les *papiers de Jefferson* actuellement à Washington, Jefferson le transcrivit en 1775, sous la dictée des officiers de Lord Dunmore et le publia en 1784 dans ses notes. Malheureusement, il considéra comme démontré que les accusations qui s'y trouvaient contre Cresap étaient fondées. En conséquence, il le fit précéder d'une très injuste attaque contre le prétendu assassin. Pendant les treize ans qui suivirent cette publication et vingt-trois ans après que ce discours eut été tenu, il ne vint à personne l'idée de le contester. Alors Luther Martin, du Maryland, en attaqua l'authenticité, d'une part parce qu'il était gendre de Cresap, et d'autre part parce qu'il était fédéraliste et violent adversaire de Jefferson. Comme tous ceux qui lui succédèrent sur ce terrain, il confondit deux choses tout-à-fait distinctes, savoir le lieu fondé de l'accusation contre

Cresap et l'authenticité du discours de Logan. La controverse avec Jefferson revêtit une grande amertume. Luther Martin réussit fort bien à prouver que Cresap était à tort accusé par Logan ; il ne réussit pas du tout à ébranler l'authenticité du discours de ce dernier. Jefferson, grâce à une lettre qu'il avait reçue de Clark, avait dû savoir que Cresap était faussement accusé, mais il était irrité par cette controverse et par un trait caractéristique, il s'abstint, dans toutes ses publications ultérieures, de rendre justice à la mémoire de l'homme calomnié.

Bientôt après, un certain M. Jacobs écrivit une *Vie de Cresap*, dans laquelle il entreprit de renouveler les deux exploits de Luther Martin. C'est un ouvrage des plus intéressants, mais d'une argumentation excessivement faible. Neville B. Craig, dans le numéro de février du *Temps d'autrefois (Olden time)* magazine historique, reprit la discussion. Enfin Brantz Mayer, dans son petit livre si intéressant *Logan et Cresap*, revint sur ce sujet en y portant moins de parti-pris que ses prédécesseurs, et mais encore dans un rôle d'avocat. En effet, bien qu'il ait montré une grande activité à réunir les faits originaux et beaucoup d'impartialité à les exposer (au point que son livre même permet de démontrer l'authenticité du discours de Logan) néanmoins laisse voir une certaine tendance très marquée. Ainsi il exclut rigoureusement tout témoignage porté contre Cresap et qui n'est pas absolument inattaquable, mais il admet sans hésitation des témoignages de toute sorte pour peu qu'ils soient défavorables au pauvre Logan ou à l'authenticité de son discours. Et même (pages 122-123) il va jusqu'à dire que ce n'est pas le moins du monde un « discours » bien qu'il soit fort malaisé de dire quelle autre chose cela pourrait être, puisqu'il déclare que ce n'est point un message. Enfin il montre l'esprit qui anime son ouvrage en supposant gratuitement que si jamais Logan prononça ce discours, il était probablement surexcité à ce moment même « autant par les cruautés qu'il avait commises que par la boisson ».

Il est donc nécessaire de résumer brièvement une partie des témoignages favorables, ainsi que la totalité des témoignages contraires. Les notes de Jefferson et le livre de M. Mayer fournissent tous les éléments.

Les témoignages favorables sont :

1° Le récit de Gibson. C'est la clef de voute. John Gibson était un personnage d'importance, d'une réputation inattaquable. Washington fit de lui un général et il occupa des situations grassement appointées sous Madison et Jefferson. Il fut aussi juge assesseur à la cour des affaires civiles (Court of Common' pleas) de Pensylvanie. Pendant toute sa vie, il jouit d'une réputation de sincérité absolue. Ce fut lui qui se rendit comme messager auprès de Logan, qui entendit le discours, l'écrivit et le transmit à Lord Dunmore. Nous avons sa déposition, faite sous serment, d'après laquelle « Logan lui parla dans les termes qui ont été à peu près reproduits par M. Jefferson, dans ses Notes, alors qu'ils étaient en tête-à-tête » qu'en « revenant au camp il transmit le discours à Lord Dunmore », et enfin « qu'à ce moment même il dit à Logan qu'il se trompait au sujet de Cresap ». Brantz Mayer, qui accepte cette déclaration comme vraie dans le fond, croit que Gibson ne fit que rapporter la *substance* du discours de Logan, ou autant qu'il put s'en souvenir, mais au département d'Etat de Washington, parmi les papiers de Jefferson (5-1-4) se trouve une déclaration de John Anderson, marchand à Fredericksburg, qui était trafiquant indien à Pittsburg en 1774. Il dit avoir demandé à Gibson s'il n'avait rien ajouté de lui-même au discours. A quoi Gibson répondit qu'il n'y avait fait aucun changement, qu'il l'avait traduit mot à mot, aussi littéralement qu'il avait pu, tout en se croyant incapable de rendre toute la force d'expression de l'original.

Ce témoignage à lui seul est absolument décisif, à moins qu'on n'admette l'hypothèse que Gibson était un menteur plein de méchanceté et d'effronterie. Ceux qui allèguent que le discours était fabriqué se mettent dans l'obligation de faire connaître les motifs qui auraient pu décider cette fabrication. Ils mettent donc en avant une théorie suivant laquelle cette supposition aurait fait partie des plans de trahison de Lord Dunmore, qui aurait voulu jeter le discrédit sur Cresap, parce qu'il savait, — sans doute pour l'avoir deviné, — que Cresap devait se ranger du côté des whigs. Or, même en attribuant au comte des motifs perfides et l'esprit de devination, il reste à expliquer pourquoi il cherchait à déshonorer un obscur personnage de la frontière, duquel personne n'avait entendu parler si ce n'est à propos de Logan. Il fut arrivé à son but tout aussi directement s'il s'était servi du nom tout aussi inconnu du vrai coupable, Greathouse. La fabrication du discours eût été un acte tout aussi dépourvu de motifs, tout aussi sot, auquel Gibson, qui était un whig déclaré, eût dû avoir sa part. Ce dernier fait prouve qu'on n'avait pu avoir l'intention de faire servir le discours à l'intérêt anglais.

2° La déclaration du général George Rogers Clark (comme la précédente on peut la voir dans les *Papiers Jefferson*). Clarke se trouvait à cette époque au camp de Lord Dunmore. Il dit : « Il a été maintenant question du discours de Logan, tel que le rapporte M. Jefferson. Il a été généralement regardé comme authentique et personne n'a douté qu'il n'ait été véritable et dicté par Logan. — L'armée savait qu'il était dans l'erreur au sujet de Cresap et qu'il en résultait une occasion de lancer des railleries à ce sujet contre ce gentleman ; — je découvris que Cresap en était ennuyé et je lui dis qu'il devait être un bien grand homme, puisque les Indiens lui attribuaient tout ce qui était arrivé... Logan est l'auteur du discours, tel que l'a rapporté M. Jefferson. » Clark, en se rappelant qu'il a raillé Cresap, montre bien que le discours contenait le nom de Cresap et qu'il avait été lu devant l'armée. Plusieurs autres témoins, dont il est inutile de citer les noms, se bornent à confirmer le témoignage de Clark, et on pourrait apporter un grand nombre de preuves indirectes pour peu que cela fut nécessaire (voir les *Notes* de Jefferson, le *Pionnier américain*, etc.).

Les témoignages contre l'authenticité du discours, en dehors des pures conjectures et des sous-entendus, sont les suivants :

1° Logan qualifiait Cresap de colonel alors que celui-ci était réellement capitaine. La difficulté qu'éprouve un Indien à établir une distinction exacte entre ces deux titres portés par des officiers dans la milice de la frontière, nous est présentée avec solennité comme un argument contre l'authenticité du discours ;

2° Logan accusait Cresap d'un massacre que celui-ci n'avait point commis. Mais, comme nous l'avons dit, Logan avait formulé la même accusation dans sa lettre, dont l'authenticité est certaine et qui avait été écrite auparavant. En outre beaucoup de blancs, aussi bien que d'Indiens, croyaient la même chose que Logan ;

3° Un certain colonel Benjamin Wilson, qui se trouvait avec l'armée de Dunmore, dit qu'il « n'avait point entendu parler de l'accusation formulée contre le capitaine Cresap dans le discours de Logan ». C'est là une assertion négative, sans valeur pour l'une ou l'autre alternative, et qui l'est plus encore devant le récit de Clark ;

4° M. Neville B. Craig dans le *Temps d'autrefois (Olden Time)* dit, en 1847, que « bien des années auparavant, un certain M. James Mac Kee, frère du représentant de M. William Johnson, lui a dit qu'il avait vu le discours écrit de la main d'un des Johnson... avant qu'il eût été vu par Logan ». C'est une déposition faite d'après un ouï dire exprimé juste soixante-dix ans après l'événement, et qui présente des caractères si frappants d'invraisemblance, qu'il est inutile d'en parler davantage, à moins qu'on n'en vienne à expliquer d'une façon ou d'une autre pourquoi les Johnson auraient écrit le discours, comment ils auraient pu le faire passer à Logan, et pourquoi Gibson serait entré dans le complot ;

5° Un certain Benjamin Tomlinson témoigne que le discours fut fabriqué par Gibson. Il donne à entendre, mais il ne dit pas positivement, que Gibson ne fut point envoyé auprès de Logan, et que le messager fut Girty. Il déclare sous serment qu'il a entendu trois fois lire le discours et que le nom de Cresap n'y était pas mentionné.

On dit que cet homme jouit par la suite d'une bonne réputation, mais dans sa déposition il reconnaît avoir été présent au massacre de Yellow-Creek (1) ; il s'agit donc d'un criminel qui n'a pas été convaincu de son méfait, qui a été de connivence ou de complicité dans un des forfaits les plus odieux et les plus lâches qui aient été commis sur la frontière. Quoi qu'il en soit, son affirmation contre Gibson serait sans valeur, mais heureusement ce qu'il dit de l'omission du nom de Cresap dans le discours est catégoriquement contredit par Clark. Quand on voit qu'il a contre lui la parole de deux hommes comme ceux-là, quand on se rappelle que tout ce qu'il dit contre l'authenticité du discours n'est, de son propre aveu, qu'une simple supposition de sa part, il faut rejeter, sans plus ample informé, son témoignage comme dépourvu de valeur. Et de plus, s'il est vrai, il contredit l'assertion 4, de Craig.

Voilà littéralement tous les *témoignages contre* le discours. Ils méritent à peine d'être discutés sérieusement. Ils peuvent se diviser en deux parties, l'une contenant des allégations absurdes, l'autre des allégations discréditées.

(1) OLDEN, *Time*, II, p. 61. L'Editeur, disons-le en passant, le nomme alternativement Joseph et Benjamin.

Il est bien peu probable qu'on trouve quelque peu à ajouter aux témoignages pour ou contre. Voilà toutes les pièces du procès, et on peut sans hésitation admettre l'authenticité du discours de Logan. Assurément quelques mots peuvent avoir été changés. Il n'existe pas une seule reproduction de quelque discours fameux qui ne contienne probablement des mots autres que ceux qui furent réellement prononcés. Il y a aussi beaucoup de confusion dans la question de l'endroit ou eut lieu le conseil : fut-ce dans la ville indienne ou dans le camp de Lord Dunmore. On n'est pas d'accord sur ce point si Logan fut trouvé seul dans sa hutte par Gibson, ou s'il alla chercher Gibson au conseil pour lui parler en tête-à-tête, etc. Dans ce même ordre de faits, nous pouvons affirmer, d'après d'excellentes autorités, qu'avant la bataille du grand Kanawha, Lewis arriva le 1er octobre à l'embouchure de cette rivière, qu'il atteignit ce même point le 6 ; que le jour de l'attaque les troupes s'éloignèrent à un quart de mille du camp, et qu'elles s'en éloignèrent à trois quarts de mille ; que les Indiens perdirent plus d'hommes que les blancs, et qu'ils en perdirent moins ; que Lewis se conduisit bien et qu'il se conduisit mal ; que les blancs perdirent 140 hommes et qu'ils en perdirent 215, etc., etc. Le conflit des témoignages et des détails accessoires en ce qui regarde le discours de Logan n'est pas plus grave qu'en ce qui regarde les dates et les détails accessoires du massacre accompli par Greathouse, ou les petits faits préliminaires de la grande bataille qui marqua cette campagne. Ces détails, venant de la bouche des forestiers, une confusion se produit inévitablement sur certains points, mais sur la question d'ensemble il semble qu'on ait aussi peu de motifs pour mettre en doute l'authenticité du discours de Logan, que pour suspecter la réalité de la bataille du grand Kanawha.

TABLE DES MATIÈRES

Saint-Amand (Cher). — Imprimerie BUSSIÈRE.